Droemer Knaur®

Judith Wallerstein
Sandra Blakeslee

Gewinner und Verlierer

Frauen, Männer, Kinder nach der Scheidung

Eine Langzeitstudie

Aus dem Amerikanischen
von Ute Mäurer und Andrea Galler

Droemer Knaur

CIP-Titelaufnahme der Deutschen Bibliothek

Wallerstein, Judith: Gewinner und Verlierer
Frauen, Männer, Kinder nach der Scheidung
Eine Langzeitstudie
Judith Wallerstein; Sandra Blakeslee
Aus d. Amerikan. von Ute Mäurer u. Andrea Galler
- München: Droemer Knaur, 1989
Einheitssacht.: Second chances [dt.]
ISBN 3-426-26425-0
NE: Blakeslee, Sandra

Umschlaggestaltung: Agentur ZERO, München
Umschlagfoto: ZEFA
Satzarbeiten: MPM, Wasserburg
Druck und Bindearbeiten: May & Co., Darmstadt
Printed in Germany
ISBN 3-426-26425-0

2 4 5 3 1

Inhalt

Einleitung

Sie waren schon seit ihrer Kindheit miteinander befreundet. Und wie so viele ihrer Altersgenossen heirateten Christina und Nicholas Moore gleich nach dem College und gründeten eine Familie. Ihre drei Kinder waren völlig verstört, als Nicholas 1971, nach zwanzigjähriger Ehe, die Scheidung einreichte.

In den darauffolgenden Jahren wurden die Kinder von starken Wut- und Angstgefühlen geplagt. Ruth, die Älteste, fühlte sich um ihre Jugend betrogen, weil sie pflichtgemäß in die Rolle der Helferin und Vertrauten ihrer Mutter schlüpfte. Denise, die Zweitälteste, schien zunächst unter der Scheidung überhaupt nicht zu leiden, bis sie aufs College ging und versuchte, sich an einen jungen Mann zu binden und dadurch mit ihren lange verdrängten Gefühlen konfrontiert wurde. Sammy, der Jüngste, kämpfte sich durch die Grundschule. Seine Lehrer beklagten sich über sein aggressives Verhalten und seine mangelnden Leistungen. 1988 sah ich die Familie zum letzten Mal. Sammy und Ruth hatten die Scheidung schließlich persönlich und sozial gut überwunden. Denise hingegen ging es nach wie vor schlecht.

Christina war bei der Trennung eine schlanke, lebhafte Frau Anfang Vierzig. Aber noch Jahre nach der Scheidung fühlte sie sich innerlich tot. Als ich Nicholas und seine zweite Frau zuletzt traf, arbeitete er sich bei einem Bankett durch einen riesigen Saal zu mir durch. Er kam strahlend auf mich zu und sagte: »Judy, ich möchte dir sagen, daß ich heute glücklicher bin als je zuvor in meinem Leben — glücklicher als ich es jemals für möglich gehalten hätte.«

Bei einer Scheidung gibt es unweigerlich Gewinner und Verlierer. In manchen Familien, insbesondere in solchen, in denen lang andauernde Konflikte bestanden haben oder sogar physische Gewalt gebraucht wurde, ist es möglich, daß es nach der Scheidung allen Beteiligten bessergeht. Aber in den meisten Familien profitiert einer der Erwachsenen mehr von der Scheidung als der andere. Für diesen — meist derjenige, der die Scheidung betrieben hat — kann sich die Lebensqualität entscheidend verbessern, oft sogar weit über seine oder ihre Erwartungen hinaus. Für den anderen Teil jedoch kann die Scheidung tragische Konsequenzen haben — oft bis zu zehn, zwölf oder gar fünfzehn Jahre nach dem eigentlichen Ereignis. Für die Kinder einer gescheiterten Ehe ist das Heranwachsen zweifellos in jeder Etappe schwieriger, obwohl sich viele später als liebenswürdige Erwachsene entpuppen, die sich um ihre Eltern kümmern und für sich selbst eine dauerhafte Beziehung anstreben.

Ich kenne die Moores seit fünfzehn Jahren. Ich führte damals eine Studie mit 60 Familien und insgesamt 131 Kindern durch, die in Scheidung lebten, zu denen auch die Moores gehörten. Meine Kollegin und ich interviewten jedes Familienmitglied persönlich und ausführlich, in jeweils zwei bis vier Sitzungen im Abstand von mehreren Wochen. Wir befragten die Erwachsenen zum Scheitern ihrer Ehe, und wir befragten die Kinder, inwieweit sie verstanden, was sich in ihrer Familie abspielte. Wir wollten die Erfahrungen und Gefühle über die Auswirkungen der Scheidung auf das Leben der Betroffenen wahrheitsgetreu aufzeichnen. Sie erzählten uns, was die Scheidung für sie bedeutete, sie diskutierten mit uns ihre Hoffnungen, Ängste und Enttäuschungen. Nach diesen ersten Interviews hielt ich mit den 60 Familien auch weiterhin Kontakt und interviewte sie erneut persönlich und eingehend fünf, zehn und fünfzehn Jahre nach der Scheidung.[1] Als Ergebnis entstand die umfassendste Langzeitstudie über geschiedene Ehepaare und deren Kinder, die jemals durchgeführt wurde. Sie ist weltweit einzigartig. Die Gespräche und Einsichten, die wir aufgrund dieser Studie gewonnen haben, liefern ein dynamisches Bild von Scheidungen, wie wir es bisher nicht gekannt haben. Da wir mit unseren Familien über die Jahre hinweg in Kontakt blieben, sahen wir — zum ersten Mal und aus erster Hand — deutlich, welche Langzeitauswirkungen eine Scheidung auf Männer, Frauen und Kinder hat. Das Ergebnis ist dieses Buch — das erste, das die Langzeitauswirkungen von Scheidung auf die amerikanische Familie beschreibt.

Als ich 1971 mit dieser Studie begann, war noch sehr wenig darüber bekannt, wie Menschen psychologisch mit einer Scheidung fertig werden. Herrschende Meinung war damals, daß eine Scheidung eine kurzzeitige Krise darstelle, die schon bald von selbst überwunden würde. Aber gegen Ende des Jahrzehnts hatten mehrere Forscher, unter anderem ich selbst, erkannt, daß Scheidung ein viel ernsteres Trauma darstellt.[2] Insbesondere bei den Kindern traten in der Zeit der Trennung ihrer Eltern und unmittelbar danach heftige Symptome auf. Rekordzahlen von Kindern und Jugendlichen aus geschiedenen Ehen wurden in psychologische Beratungsstellen gebracht. Aus den Schulen wurde berichtet, daß Jungen aus geschiedenen Familien ernste Probleme hätten. Während wir über die akuten Auswirkungen einer Scheidung rasch Erkenntnisse gewannen — ein nützliches Wissen, um den Menschen bei den Problemen, mit denen sie unweigerlich konfrontiert wurden, Hilfestellung zu geben —, erkannte ich, daß die entscheidende Frage in bezug auf Scheidungen noch nicht gestellt und nicht beantwortet war: Es scheint offensichtlich, daß jede Scheidung mit Streß verbunden ist, aber hat sie auch Langzeitauswirkungen? Und wenn, wie sehen diese aus? Und wer ist betroffen? Welche Faktoren beeinflussen über längere Zeit hinweg einen »guten Ausgang«, oder anders gesagt, wie überwinden Erwachsene und Kinder den Konflikt am Ende einigermaßen glücklich und psychisch ausgeglichen? Welche Faktoren beeinflussen im negativen Fall einen »schlechten Ausgang«? Wodurch haben Erwachsene später z. B. ständig Probleme in Partnerbeziehungen und warum leiden Kinder unter mangelnder Selbstachtung und einem gestörten Gefühlsleben?

Die Menschen selbst stellten mir diese Fragen: Wie lange werde ich dem anderen wehtun? Wird meine Frau immer so böse auf mich sein? Wird mein Mann mir jemals verzeihen? Ich fange jetzt mit 42 von vorne an. Was wird aus mir werden? Werde ich denselben Fehler wieder machen, wenn ich mich je wieder verheiraten sollte? Oder, bezüglich der Kinder: Was wird aus meinen Kindern werden? Wie werden sie es verkraften? Werden sie dadurch einen Schaden fürs Leben bekommen? Werden auch sie sich scheiden lassen, wenn sie erwachsen sind, weil ich mich scheiden ließ? Werde ich imstande sein, meine Kinder zu erziehen?

Bei einer Scheidung werden zweierlei Zielsetzungen verfolgt: erstens will man einer Ehe entfliehen, die zumindest für einen der beiden Partner unerträglich geworden ist; zweitens will man sich ein neues Leben aufbauen. Jeder, der eine Scheidung aktiv betreibt, verbindet damit die Hoffnung, daß etwas Besseres an die Stelle der gescheiterten Ehe treten wird. Dieser zweite Aspekt des Aufbaus einer neuen Lebensperspektive erscheint zum Zeitpunkt der Scheidung weit wichtiger als die Krise selbst. Die Langzeitwirkungen einer Scheidung sind jedoch schwerwiegender. In welchem Maß es den Menschen gelingt, diese Hoffnung auf ein besseres Leben in die Realität umzusetzen, ist das wichtigste, noch unerforschte Problem bezüglich der Jahre nach einer Scheidung.

Der Gedanke, daß eine Scheidung lang andauernde Auswirkungen haben kann, kommt für viele Menschen, Psychologen nicht ausgenommen, überraschend. Die meisten trösten sich mit der Vorstellung, daß die Zeit alle Wunden heilt. Es wird allgemein angenommen, daß man nach zwei oder drei Jahren eine Scheidung überwunden hat. Zum Teil wird diese Ansicht durch Beobachtung der Symptome gestützt, die Kinder und Erwachsene während der Auflösung einer Ehe entwickeln. Kleine Kinder haben oft Schwierigkeiten beim Einschlafen oder wachen nachts häufig auf. Ältere Kinder haben Konzentrationsschwierigkeiten in der Schule. Jugendliche schlagen oft über die Stränge und geraten in Schwierigkeiten. Männer und Frauen können depressiv oder übererregt reagieren. Einige stürzen sich in sexuelle Abenteuer oder beginnen, exzessiv zu arbeiten. Nach einer gewissen Zeit aber bekommen anscheinend die meisten Männer, Frauen und Kinder zumindest äußerlich ihr Leben wieder in den Griff. Wir haben herausgefunden, daß Frauen durchschnittlich drei bis dreieinhalb Jahre und Männer zwei bis zweieinhalb Jahre brauchen, um nach einer Trennung äußerlich wieder Ordnung in ihr Leben zu bringen.

Dies bedeutet jedoch noch nicht den Beginn der Lösung jener inneren Krisen, die Menschen als Folgen einer Scheidung durchmachen. Grundlegende Einstellungen von Kindern bezüglich der Gesellschaft und zu sich selbst können durch eine Scheidung und durch Erlebnisse in den folgenden Jahren dauerhaft verändert werden. Diese Veränderungen können für immer in ihren sich entwickelnden Charakter und ihre Persönlichkeit eingehen. Eine Familie nach der Scheidung und eine zweite Ehe sind grundsätzlich verschieden von der ursprünglichen intakten Familie. Die Beziehungen sind andere. Die Probleme, Gewißheiten, Verletzlichkeiten und Stärken sind andere. Die Betroffenen mögen ihr Leben wieder in den Griff bekommen, aber es verläuft zumeist in ganz anderen Bahnen als das Leben vor der Scheidung.

Eine Scheidung ist eine schillernde Sache. Aus rechtlicher Sicht handelt es sich dabei um ein Einzelereignis, psychologisch aber um eine — manchmal endlose — sich durch die Zeit fortsetzende Kette von Ereignissen, Ortsveränderungen und sich radikal wandelnden Beziehungsgeflechten. Es handelt sich um einen Prozeß, der das Leben der Betroffenen ein für allemal verändert.

Ich begann mich für Scheidungen zu interessieren, als ich vor mehr als 20 Jahren mit meiner Familie aus dem Mittleren Westen der USA nach Kalifornien zog. Die hohe Scheidungsrate in Kalifornien fiel mir sofort auf, aber erst nach einem Gespräch an einem Sonntagmorgen unternahm ich erste Schritte.

Karen, die neue Freundin meiner Tochter, hatte bei uns übernachtet und wir saßen gerade beim Frühstück. Karen hatte den Löffel im Mund und starrte gedankenverloren ins Leere. »Ich frage mich«, sagte sie, »ob meine Mutter Herrn O'Brien heiraten wird.«

Ich fragte sie ehrlich überrascht: »Karen, nennst du ihn wirklich Herr O'Brien?«

Und sie antwortete: »Natürlich.« Anschließend eröffnete sie mir, daß ihre Mutter dann zum vierten Mal heiraten würde.

Karen war ein kluges, nettes und aufgewecktes Kind. Es interessierte mich, warum sie bei all der Unbeständigkeit und der wechselnden Beziehungen innerhalb ihrer Familie so glücklich war. Es überraschte mich auch, daß sie über jemanden, der bald ihr Stiefvater sein würde, so förmlich redete. Mir kam der Gedanke, daß Kinder durch eine Scheidung nicht notwendigerweise Schaden leiden, sondern daß die Kinder von heute damit fertig werden und so fröhlich und offen wie Karen aus der ganzen Sache herauskommen. Dieser Gedanke faszinierte mich.

Meine eigene Kindheit beeinflußte mich jedoch in noch stärkerem Maße. Als ich acht Jahre alt war, starb mein Vater an Krebs. Meine Mutter wurde mit zwei Kindern im Alter von 29 Jahren Witwe. Sie hatte einige Jahre das College besucht, kaum Geld und auch keine Ausbildung, mit der sie ohne weiteres Arbeit finden konnte. Zweifellos begründet sich mein lebenslanges berufliches Interesse, Kindern zu helfen, aus meiner eigenen anhaltenden Trauer um meinen Vater und dem Mitleid mit meiner Mutter. Sie mühte sich tapfer ab, meinen jüngeren Bruder und mich vor wirtschaftlichen und persönlichen Nöten zu schützen, mit denen sie täglich zu kämpfen hatte.

Nach dem Gespräch mit Karen begann ich die einschlägige Literatur zu sichten und fand bald heraus, daß nur wenig über geschiedene Paare und deren Kinder, die sich nicht in psychologischer Behandlung befanden, geschrieben worden war. Kaum jemand hatte sich bisher eingehend mit den Auswirkungen einer Scheidung auf normale Fami-

lien beschäftigt, und es gab keine Detailstudien über einen längeren Zeitraum hinweg.
Ungefähr zur gleichen Zeit wurde mir angeboten, in einem Vorortgebiet der San Francisco Bay Area an der Entwicklung von Programmen zur psychologischen Beratung mitzuarbeiten. Angesichts eines rasanten Anstiegs der Scheidungsrate bekamen wir sehr viele Anrufe von besorgten Eltern und hilflosen Lehrern, die sich ratsuchend an uns wandten. Was sollten wir den Kindern über das Problem Scheidung sagen? Wie sollten wir mit ihren Ängsten umgehen? Was sollten wir mit den aggressiven kleinen Jungen tun, die auf dem Spielplatz durchdrehten? Oder mit den kleinen Mädchen, die unter Alpträumen litten? Es gab keine Stelle, an die man diese Ratsuchenden hätte verweisen können. Es gab keine Kenntnisse auf diesem Gebiet und keine Experten.
Ich wandte mich daher an den Zellerbach Family Fund in San Francisco und bat um Geld. Da es sich bei vielen der Ausschußmitglieder selbst um besorgte Großeltern handelte, waren sie bereit, mich zu unterstützen. Ich tat mich mit einer Kollegin, Joan Berlin Kelly, zusammen, und wir entwarfen gemeinsam eine Studie, mit der wir untersuchen wollten, wie normale und psychisch gesunde Menschen mit einer Scheidung fertig werden. Wir stellten einen kleinen Stab von Berufspsychologen und Sozialarbeitern aus Kliniken an, die große Erfahrung in der Arbeit mit Kindern und Familien hatten, und wir begannen uns nach Klienten umzusehen. Wir verabredeten uns mit dem Richter des für Scheidungen zuständigen Gerichts zum Essen, und wir sprachen mit Anwälten. In einer Rekordzeit hatten wir mehr Leute, die mit uns reden wollten, als wir brauchen konnten. Als wir 60 Familien mit 131 Kindern im Alter von zwei bis dreizehn Jahren zusammenhatten, wurden keine weiteren Interessenten mehr angenommen. Das war im Frühjahr 1971. Keines der Kinder oder keiner der Erwachsenen unserer Studie wurde zur psychologischen Beratung an uns verwiesen. Die Kinder besuchten die ihrem Alter angemessene Schulklasse und waren noch nie in psychologische Behandlung geschickt worden. All diejenigen, die unter chronischen emotionalen Störungen oder ernsten Lernschwierigkeiten litten, wurden aus unserer Studie herausgenommen und an andere Stellen verwiesen. Die von uns ausgewählten Kinder hatten vielmehr besondere Stärken vorzuweisen, denn diese Jungen und Mädchen verhielten sich trotz des Scheiterns der Ehe ihrer Eltern völlig normal. Trotz der Ängste und des Unglücks angesichts der Scheidung ihrer Eltern war dies eine Gruppe von begabten Kindern.

Viele der Erwachsenen hatten, besonders gegen Ende ihrer Ehe, Eheberatungsstellen aufgesucht. Von wenigen Ausnahmen abgesehen hatten sie jedoch nur Hilfe in dieser besonderen Situation gesucht. Bei diesen Menschen handelte es sich also um Repräsentanten einer völlig gesunden Bevölkerungsgruppe. Diesen Ehepaaren und ihren Kinder ging es, den Umständen entsprechend, anscheinend relativ gut; deshalb können sie als repräsentativ für das Verhalten einer durchschnittlichen Familie der weißen Mittelschicht gegenüber dem Problem einer Scheidung gelten. Ein Viertel der männlichen Probanden sind Doktoren, Rechtsanwälte oder Topmanager; zehn Prozent sind Arbeiter, der Rest arbeitet im Verkauf oder in anderen Angestelltenberufen, oder sie sind Inhaber eines kleinen Geschäfts. Ein Drittel der Frauen haben das College absolviert, und einige haben sogar Universitätsabschluß; insgesamt haben 75 Prozent der Frauen zumindest einige Jahre College hinter sich. Die Hälfte der in der Studie untersuchten Familien gehören der protestantischen, katholischen oder jüdischen Konfession an. Fast alle wuchsen in traditionellen Familien der Mittelschicht mit starker Betonung eines intakten Familienlebens auf. Für fast alle Beteiligten war dies der erste Scheidungsfall in ihrer Familie. Einige wenige waren nach der Scheidung einige Zeit auf Sozialhilfe angewiesen, aber kein einziger der Erwachsenen bezieht heute noch Sozialhilfe.

Von Anfang an war es unsere Absicht, eine relativ homogene Gruppe von Familien auszuwählen, bei denen die Auswirkungen einer Scheidung besonders deutlich hervortreten würden. Bei Familien der weißen Mittelschicht ist die Wahrscheinlichkeit erheblich geringer, daß sie unter Armut, Rassenvorurteilen, Immigrantenproblemen und kulturell bedingten Integrationsschwierigkeiten leiden — all dies Faktoren, die uns von unserem eigentlichen Untersuchungsziel »Scheidung« ablenken würden. Wir suchten nach intakten Kernfamilien, in denen Mutter und Vater ständig mit ihren Kindern unter einem Dach gelebt hatten und weder gravierende soziale Auffälligkeiten, niedriger Bildungsstand oder Kriminalität zu verzeichnen waren. Abgesehen von diesen Einschränkungen wählten wir jedoch ein breites Spektrum von Familien aus. In den ausgewählten Familien gab es neben gesellschaftlich gut integrierten Menschen auch Alkoholiker, Depressive, Langzeitarbeitslose und Personen, die zur Gewalttätigkeit in der Familie neigten, oder die andere Probleme hatten, die oft zur Scheidung beitragen.

Die Zahl der Familien war von uns sehr sorgfältig gewählt worden.

Die Gruppe sollte groß genug sein, um eine signifikante statistische Auswertung zu ermöglichen, gleichzeitig aber klein genug, um alle Probanden gut kennenzulernen. Da wir eine enge persönliche Beziehung zu unseren Testpersonen entwickeln wollten, die uns ihre Erfahrungen hautnah und im Kontext ihrer unverfälschten Gefühle deutlich machen sollten, entschieden wir uns auch dagegen, mit Hilfe von Fernsehinterviews oder Fragebögen die Gruppe zu vergrößern. Wir wollten verstehen, was sich in ihrem Gefühlsleben abspielte, nicht nur was sie rational darüber zu sagen hatten.

Unter diesen Voraussetzungen lassen sich die Folgen von Scheidung am besten untersuchen. Für Kinder aus der Mittelschicht, die in dieser Studie untersucht werden, ist eine Scheidung wohl die größte Belastung ihrer gesamten Kindheit. Sie sind nicht mit Krieg, Rassismus, Hunger, Gewalt oder den bedrückenden Verhältnissen der Armenviertel in amerikanischen Großstädten konfrontiert. Und doch spielten diese Kinder im Spielzimmer unseres Zentrums Geschichten von Monstern, die hungernden Kindern das Essen wegnahmen. Da es sich um behütete und gut ernährte Kinder handelte, deuteten wir diese Spiele als Ausdruck ihrer Angst, daß sich ihre Lebensumstände künftig verschlechtern könnten. Da wir über diese Kinder weitgehend Bescheid wußten, konnten wir zwischen ihren Phantasien und Ängsten und ihrer realen sozialen Situation unterscheiden. Diese Kinder wuchsen relativ beschützt und in intakten Familien auf; deshalb traten die Folgen des Scheiterns der Ehe und der Scheidung besonders deutlich hervor. Wenn diese Kinder uns also erzählten, daß sie Angst hätten, eines Morgens aufzuwachen, und ihre Eltern seien verschwunden, dann konnten wir sicher sein, daß diese Angst etwas mit Scheidung zu tun hatte.

Unsere Studie war auf ein Jahr angelegt, da wir davon ausgingen, daß normale, gesunde Menschen innerhalb eines Jahres in der Lage sein müßten, mit den Problemen einer Scheidung fertig zu werden. In dieser Zeit, so glaubten wir, würden diese Leute ihre Probleme lösen und ihr Leben wieder in den Griff bekommen. Wir wollten dann ihre allmähliche Wiedergesundung dokumentieren und beobachten, wie Kinder mit schwierigen Familienverhältnissen umgehen. Wir zweifelten damals noch keineswegs an der gängigen Vorstellung, daß eine Scheidung nur zu einer kurzfristigen Krise führe.

Als wir unsere Familien jedoch ein Jahr bis 18 Monate später wieder interviewten, stellte sich heraus, daß die meisten die Krise noch nicht überwunden hatten. Ihre Wunden schmerzten noch immer; ihre Verwirrung und ihr Leid hatten kaum nachgelassen. Viele Erwachsene waren immer noch wütend, fühlten sich gedemütigt und zurückgestoßen. Die meisten hatten ihr Leben ganz und gar nicht im Griff. Von den Kindern ging es unerwartet vielen schlechter als bei den letzten Interviews. Die negativen Symptome waren nun stärker ausgeprägt. Auch ihre Schwierigkeiten in der Schule waren größer geworden. Ihr Verhältnis zu Gleichaltrigen hatte sich verschlechtert. Unser Befund stand in diametralem Gegensatz zu unseren Erwartungen.

Vielen Leuten paßten diese Ergebnisse überhaupt nicht, und wir bekamen böse Briefe von Therapeuten, Eltern und Rechtsanwälten, die behaupteten, unsere Ergebnisse seien falsch. Sie vertraten die Meinung, daß es Kindern bessergehen müsse, wenn sie nicht mehr in einer zerrütteten Ehe lebten. Scheidung, so behaupteten sie, sei ein befreiendes Erlebnis.

Unsere Familien machten ganz andere Erfahrungen. Eine Gruppe von Kindern begriff erst ein Jahr oder noch später überhaupt, daß sich ihre Eltern wirklich hatten scheiden lassen. Es gab viele Fälle, bei denen die Kinder eines Tages nach Hause kamen und einen Elternteil weinend und den anderen wütend vorfanden. Die Eltern verkündeten den Kindern dann ohne Vorwarnung, sie würden sich scheiden lassen. Ein Drittel der jüngeren Kinder glaubten nicht, was ihre Eltern ihnen sagten.

Bei unserer ersten Begegnung mit dem siebenjährigen Ned brachte er sein Familienalbum mit in unser Büro. Er zeigte uns nacheinander die Bilder: er mit seinem Vater, seiner Mutter und seiner kleinen Schwester. Strahlend verkündete er: »Es wird alles wieder gut. Ich bin ganz sicher.« Ein Jahr später war Ned ein sehr trauriges Kind. Sein geliebter Vater besuchte ihn kaum, und seine vormals liebevolle Mutter war gereizt und depressiv. Ned war schlecht in der Schule, raufte auf dem Spielplatz mit anderen Kindern und sprach kaum mit seiner Mutter. Er erzählte uns von seinen zwei Kaninchen. Er hatte große Mühe darauf verwendet, einen Stall für die Kaninchen zu bauen. Aber eines Tages hatten streunende Hunde diesen Stall entdeckt, und die beiden Kaninchen waren verschwunden. Ned suchte sie verzweifelt, weil er fürchtete, sie könnten von Hunden gefressen werden. Aber er fand sie nicht. Als Ned im darauffolgenden Jahr einmal spazierenging, entdeckte er eines seiner Kaninchen. Aber es war längst nicht mehr zahm. Es war verwildert und suchte sich seine Nahrung selbst. An diesem Punkt seiner Erzählung brach Ned ab und weinte. Wir gingen davon aus, daß uns Ned mit dieser Geschichte etwas über sich und seine kleine Schwester erzählte. Ned hatte das Gefühl, daß man sich nicht mehr richtig um ihn kümmerte. Der Kaninchenstall war von streunenden Hunden aufgebrochen worden, von mächtigen Gestalten, die seinen Eltern nicht unähnlich waren. Wie die Kaninchen fühlten sich Ned und seine Schwester schutzlos ausgeliefert. Er würde sich selbst um sich kümmern müssen. Nachdem Ned die Scheidung schließlich als Tatsache zur Kenntnis genommen hatte, war er sehr beunruhigt, hielt aber immer noch tapfer an der Vorstellung fest, daß sein Vater zurückkehren würde, seine Mutter wieder glücklich sein würde, und die vertraute und geliebte Familie wieder zusammenfinden würde. Aber er glaubte längst nicht mehr daran.

Ich war über unsere Ergebnisse bestürzt, ging erneut zum Zellerbach Family Fund und berichtete dort, daß unsere Ergebnisse ganz und gar nicht unseren Erwartungen entsprächen. Ich berichtete, daß es den Kindern keineswegs bessergehe und daß auch die Erwachsenen ihre Probleme nicht gelöst hätten. Ich vertrat die Ansicht, daß diese Familien noch ein paar Jahre weiterbeobachtet werden müßten, um herauszufinden, wie und wann diese Schwierigkeiten gelöst sein würden. Der Fonds erklärte sich bereit, eine Folgestudie fünf Jahre nach der Scheidung zu finanzieren. 1975 und 1976 gelang es uns, 56 der 60 Familien der ersten Studie zu kontaktieren und erneut zu interviewen.[3] Dabei stellte sich heraus, daß die psychische Verfassung der Kinder und Jugendlichen von der Gesamtlebenssituation der geschiedenen Familien abhing. Fünf Jahre nach der Scheidung ging es einem Drittel der Kinder ausgesprochen gut; sie hatten eine gute Beziehung zu beiden Elternteilen, und deren Auseinandersetzungen waren inzwischen nicht mehr so heftig. Die Kinder hatten nun eingesehen, daß die Trennung besser war als das Leben in einer zerrütteten Ehe. Insgesamt hatten sich diese Kinder anscheinend wieder stabilisiert. Einigen ging es sogar besser als vor der Scheidung ihrer Eltern.

Gleichzeitig waren wir jedoch sehr besorgt um eine große Anzahl von Kindern — weit mehr als ein Drittel der Gesamtgruppe —, denen es entschieden schlechter ging als vor der Scheidung. Sie waren im klinischen Sinn depressiv und kamen weder in der Schule noch mit Freunden zurecht. Ihr Zustand hatte sich weiter verschlechtert, so daß einige ihrer frühen Störungen, wie beispielsweise Schlafstörungen, Lernschwierigkeiten oder aggressives Verhalten, inzwischen chronisch geworden waren.

Diese Folgeuntersuchung fünf Jahre nach der Scheidung ergab außerdem, daß die Kinder mehrheitlich immer noch hofften, ihre Eltern würden wieder zueinanderfinden. Aus Gesprächsfetzen mit ihren Eltern meinten sie herauszuhören, daß eine Versöhnung zwischen den Eltern möglich sei. Selbst wenn es zu einer zweiten Heirat gekommen war, hielten die Kinder an ihren Versöhnungsphantasien fest. Sie vertraten die Ansicht: »Wenn sie sich schon einmal haben scheiden lassen, dann können sie es ja wieder tun.« Nach den ersten fünf Jahren stellte sich heraus, daß die Kinder sehr wütend auf ihre Eltern waren, da diese sich bei ihrer Entscheidung nur um die Bedürfnisse der Erwachsenen gekümmert hatten und nicht um die der Kinder. Nur wenige Kinder hielten die Entscheidung ihrer Eltern wirklich für richtig oder verstanden, warum sich ihre Eltern hatten scheiden lassen, selbst wenn die Eltern meinten, daß die Gründe auch für ihre Kinder nachvollziehbar sein müßten.

Die Mehrheit der Erwachsenen hatte nach fünf Jahren das Gefühl, daß es ihnen jetzt bessergehe als vor der Scheidung. Und doch war die Zahl derer, die meinten, es gehe ihnen nicht besser, überraschend groß. Die Hälfte der Männer und zwei Drittel der Frauen waren mit ihrem jetzigen Leben zufriedener. Der Rest jedoch war entweder auf demselben Stand oder fühlte sich sogar verwirrter und unglücklicher als während der Ehe. Viele waren in der Zwischenzeit sehr einsam gewesen. Eine Frau beklagte sich darüber, daß es ihr gesundheitlich immer schlechter gehe, und führte diesen Umstand auf ihre angestaute Wut zurück. Sie sagte: »Ich habe niemanden, der sich um mich kümmert, niemanden, der nach mir sieht. Ich bin völlig allein. Meine Kinder haben kein Verständnis für mich, und mein Exmann ist ein Eisberg.«

Die Hälfte der Männer gehörten zur Ober- oder Mittelschicht, während die Frauen fast ausnahmslos ökonomisch schlechter gestellt waren. Jedoch bezahlten im Vergleich zur übrigen Bevölkerung überraschend viele, nämlich zwei Drittel, der Männer unserer Studie damals regelmäßig den vom Gericht festgesetzten Unterhalt für ihre Kinder. Von diesen Beträgen konnte die berufstätige Mutter jedoch in vielen Fällen nicht einmal eine Tagesmutter oder die Gebühr für einen Kindergarten bezahlen.

Fast ein Drittel der Kinder erlebten überaus heftige Auseinandersetzungen zwischen ihren Eltern. Freilich schrien sich die meisten Paare inzwischen nicht mehr in der Küche an, sondern übers Telefon. Manche stritten sich auch lautstark beim Abliefern oder Abholen der Kinder. Insgesamt aber wurde die von uns gehegte Illusion zerstört, eine Scheidung würde das Ende ehelicher Auseinandersetzungen bedeuten.

1980 absolvierte ich ein Jahr an einem Forschungsinstitut für Verhaltenspsychologie der Stanford University (Center for Advance Study in the Behavioral Sciences) in Kalifornien. Ich begann mich für andere Aspekte zum Thema Scheidung zu interessieren: Früher hatte ich mich für die ersten Erfahrungen nach einer Scheidung und deren unmittelbare Auswirkungen interessiert, d. h., ich wollte herausfinden, wie und ob Kinder und Erwachsene mit einer Scheidung fertig werden. Mittlerweile begann ich mich aber mehr für Langzeitauswirkungen wie Veränderung in der Grundeinstellung und im Selbstbild der Betroffenen zu interessieren. Solche Veränderungen würden sich nicht in Symptomen wie beispielsweise im häufigen Partnerwechsel bei Erwachsenen oder im Bettnässen bei Kindern äußern, sondern viel eher Auswirkungen auf die Weltsicht der Menschen bezüglich ihrer Beziehungen und Erwartungen haben. Solche Veränderungen von Einstellungen sind zwar schwerer faßbar als Verhaltensänderungen, aber auf lange Sicht sind sie sowohl für das Individuum als auch für die Gesellschaft von größerer Bedeutung.

Auch andere Forschungsergebnisse deuteten darauf hin, daß ein kurzes Trauma in der Kindheit die Einstellungen eines Individuums zu Leben und Tod langfristig verändern kann. Ein Dammbruch in West Virginia führte beispielsweise dazu, daß sich bei Erwachsenen und Kindern die Einstellung verfestigte, sie könnten zukünftige Ereignisse praktisch nicht beeinflussen.[4] In einem anderen Fall wurde ein Bus mit Schulkindern für sehr kurze Zeit gekidnappt; niemand wurde verletzt. Trotzdem lebten die Kinder in der ständigen Angst vor einer Wiederholung der Katastrophe. Eine spätere Folgestudie ergab, daß sich bei den Kindern die schockierende Vorstellung verfestigt hatte, sie würden nicht älter als 35 Jahre werden.[5]

Ich fragte mich deshalb, mit welchen Einstellungen Kinder aus geschiedenen Ehen ins Erwachsenenalter treten und Beziehungen und Ehen eingehen würden. Würde sich ihre Jugend von der anderer Kinder unterscheiden? Schließlich wollte ich zu meinen früheren Fragestellungen zurückkehren und diese neu formulieren. Zu den Fragen, die sich mir bei der Beobachtung Karens, der Freundin meiner Tochter, aufgedrängt hatten: Wie *bewältigen* Kinder und Erwachsene verschiedene Erfahrungen? Wodurch unterscheidet sich die Verarbeitung einer Scheidung von der Verarbeitung eines Todesfalls? Wie wirkt sich die Bewältigung einer Krise auf die Weltsicht des betreffenden Individuums, auf seine Einstellung gegenüber Beziehungen zu anderen Menschen und seine künftigen Erwartungen aus? Und

schließlich war eine Frage besonders wichtig: Konnten wir die Ergebnisse unserer Arbeit nutzen, um anderen Menschen zu helfen, die negativen Auswirkungen einer Scheidung zu vermeiden?
Ich wandte mich erneut an den Zellerbach Family Fund und bat um Unterstützung für eine weitere Folgestudie nach zehn Jahren, die anhand derselben 60 Familien unserer ersten Studie diesen Fragen nachgehen sollte. Bei unseren Interviews nach fünf Jahren hatten mich viele Teenager gefragt: »Werde ich Sie in fünf Jahren wiedersehen?« Die Vorstellung, sie alle wiederzutreffen, reizte mich, und ich fragte mich, wie sie wohl den Übergang ins Erwachsenenalter bewältigt haben würden. Es handelt sich hierbei um eine psychologisch kritische Phase für alle Jugendlichen, und noch nie war diese Phase vor dem Hintergrund einer zurückliegenden Scheidung untersucht worden.
Die Folgestudie nach zehn Jahren beschäftigte sich sowohl mit den Kindern, die gut mit der Scheidung zurechtkamen und davon profitierten, als auch mit Kindern, die größere Schwierigkeiten hatten. Wir wollten uns außerdem mit der Gruppe von Erwachsenen beschäftigen, die mittels der verschiedensten Mechanismen ihr Leben wieder in den Griff bekommen hatten, als auch mit denen, die an dieser Aufgabe gescheitert waren. Mit nahezu denselben Mitarbeitern interviewten wir 1981 und 1982 unsere Familien.[7] (Da wir für diese Interviews mehr als zwei Jahre benötigten, sahen wir viele der Leute erst elf oder fast zwölf Jahre nach der Scheidung wieder.)
Es handelt sich also hierbei um die ersten und einzigen 10-Jahres-Berichte über die psychologischen Auswirkungen einer Scheidung auf Männer, Frauen und Kinder. Bereits während der Durchführung der Studie und beim Schreiben dieses Buches mußte ich mit Verblüffung feststellen, welche tiefgreifenden Veränderungen sich um uns herum abspielen, und zwar nicht nur bei den einzelnen hier beschriebenen Menschen, sondern auch in der Gesellschaft. Obwohl die Scheidungsrate Anfang der siebziger Jahre anstieg und seither unvermindert hoch blieb, nimmt man nur sehr zögernd zur Kenntnis, daß dies sehr ernste und bedeutsame Auswirkungen auf unser aller Leben hat. Wir wollen offenbar aus Angst nicht sehen, was sich vor unser aller Augen abspielt.
1980 gründete ich das Center for the Family in Transition, das allen Paaren Hilfe anbietet, die sich gerade trennen, sich scheiden lassen oder sich wieder verheiraten. Meine Mitarbeiter und ich beraten mehr in Scheidung lebende Familien als irgendeine andere Organisation in Amerika. Meine Besorgnis über die Vielzahl von Scheidungen

ist durch diese Erfahrungen nur noch größer geworden. Meine Erfahrungen bei der Arbeit mit mehr als 2000 Familien in Beziehungskrisen haben mir gezeigt, daß sich die Situation keineswegs zum Besseren verändert und daß Probleme mit Scheidungen keinesfalls abnehmen. Im Gegenteil, die Situation verschärft sich eher noch. Die Erfahrungen dieser Familien sind daher für jeden von uns von Bedeutung.

1987 und 1988 suchten wir viele Kinder und Erwachsene aus unseren Familien erneut auf und baten sie um ihre Erlaubnis, ihre Erfahrungen — selbstverständlich unter geänderten Namen — für ein Buch zu verwenden, das anderen Leuten helfen sollte, mit einer Scheidung fertig zu werden. Bei dieser Gelegenheit konnten wir der Versuchung jedoch nicht widerstehen, sie erneut mehrere Stunden lang zu interviewen, um eine Folgestudie 15 Jahre nach der Scheidung zu machen. Beobachtungen aus dieser Studie sind auch in dieses Buch eingegangen und zeigen, daß die 15 Jahre zurückliegende Scheidung in diesen Familien im Guten wie Bösen immer noch Nachwirkungen hat. Der Großteil des Buches umfaßt jedoch die umfassend ausgewerteten Ergebnisse der Folgestudie nach zehn Jahren. Wir konnten bis jetzt noch nicht die Fülle der Daten unserer Folgestudie nach 15 Jahren auswerten und systematisieren. Aber soviel läßt sich jetzt schon sagen: von einigen faszinierenden Veränderungen und Umschwüngen abgesehen entsprechen unsere neuesten Beobachtungen voll den Ergebnissen unserer Folgestudie nach zehn Jahren.

Die gemeinsamen Erfahrungen der Menschen, die in diesem Buch beschrieben werden, liefern uns umfangreiches neues Wissen. Obwohl jede der hier beschriebenen Geschichten einzigartig ist und nur die Art und Weise wiedergibt, wie der einzelne mit dem Problem Scheidung fertig zu werden versuchte, stellen sie doch in ihrer Gesamtheit eine sehr wertvolle Anleitung praktischer Lebenshilfe für andere dar. Dieses Buch kann zur Verhütung von Unheil von allen zu Rate gezogen werden, die über eine Scheidung nachdenken (Wenn ich diesen Schritt wage, wie kann ich mich und meine Kinder schützen?). Ebenso kann es Leuten helfen, die ihre Scheidung bereits hinter sich haben (Warum fühle ich so und nicht anders? Wie ist alles so gekommen? Geht es mir anders als anderen Leuten in meiner Situation?).

Die Familien unserer Studie sind im Laufe der Jahre ganz verschiedene Wege gegangen; ihre Erfahrungen zeigen daher eine Vielzahl von Möglichkeiten auf. Zum jetzigen Zeitpunkt, zehn bis 15 Jahre danach, lassen sich im Rückblick bestimmte Muster feststellen. Wir

können heute sagen, welche Leute wahrscheinlich gut, und welche schlecht mit der Scheidung fertig werden. Die Entscheidungen, die diese Menschen getroffen, und die Wege, die sie gewählt haben, sind Ergebnis eines langwierigen Prozesses. Die Kinder dieser Menschen haben in der Zwischenzeit wichtige Entwicklungsstadien durchgemacht, und auch die Eltern sind älter geworden. Wir wissen heute, wann bei Kindern am häufigsten mit Schwierigkeiten zu rechnen ist, um welche Art von Schwierigkeiten es sich handelt, und wir kennen die unterschiedlichen Probleme von Mädchen und Jungen. Wir wissen, welche Hindernisse Männer und Frauen überwinden müssen, wenn sie versuchen, die gescheiterte Ehe hinter sich zu lassen und ein neues Leben aufzubauen. Und, was besonders wichtig ist, wir wissen, daß die Wege breiter werden und sich auch verzweigen. Wir können neue Perspektiven, Möglichkeiten und Methoden aufzeigen, wie man Schwierigkeiten vermeiden oder überwinden kann.
Ich hoffe, daß die folgenden Berichte anderen helfen werden, viele der bedrückenden psychologischen und ökonomischen Konsequenzen einer Scheidung zu vermeiden. Wie Sie sehen werden, gibt es immer noch zu viele Opfer. Zu viele Menschen, ob jung oder alt, sind auf der Strecke geblieben. Ich habe mir zum Ziel gesetzt, die Zahl dieser Opfer zumindest drastisch zu senken. Daher habe ich bildlich gesprochen einen präzisen Stadtplan entworfen, der die Straßenführung genau wiedergibt, die Sackgassen, in die man nicht geraten darf, und die Hindernisse, die auf dem Weg überwunden werden müssen. Diese Karte wurde anhand der Erfahrungen der Männer, Frauen und Kinder entworfen, die uns während der letzten 15 Jahre an ihrem Leben Anteil nehmen ließen. Dieses Buch ist all diesen Menschen gewidmet — und nicht nur aus pflichtschuldiger Dankbarkeit, sondern aus der ehrlichen Überzeugung heraus, daß diese Menschen unsere Lehrer sind.
Eine Scheidung hat nicht nur auf die betroffene Familie unmerkliche Auswirkungen, sondern auf unsere ganze Gesellschaft. Der Schriftsteller Pat Conroy sagte angesichts seiner eigenen gescheiterten Ehe: »Jede Scheidung bedeutet den Tod einer kleinen Zivilisation.« Wenn es innerhalb einer Familie zur Scheidung kommt, sind davon Verwandte, Freunde, Nachbarn, Arbeitgeber, Lehrer, Pfarrer und Scharen von Fremden betroffen. Obwohl mehr Menschen zusammenbleiben, als sich scheiden lassen, ist Scheidung nicht das Problem der *anderen*, das *uns* nichts angeht. Jeder ist schon auf die eine oder andere Weise damit in Berührung gekommen. Heutzutage werden sämtliche

Beziehungen zwischen Männern und Frauen von dem Wissen um die Höhe der Scheidungsrate beeinflußt. Kinder aus intakten Familien haben Angst, daß sich ihre Eltern scheiden lassen könnten. Lehrer aus allen Teilen des Landes berichteten mir, manche Schüler seien morgens mit vor Angst aufgerissenen Augen in die Schule gekommen und hätten erzählt, daß ihre Eltern sich in der vergangenen Nacht gestritten hätten. Und sie fragen ängstlich: »Heißt das, daß sie sich scheiden lassen?« Radikale Veränderungen im Familienleben wirken sich auf alle Familien, Elternhäuser, Eltern, Kinder, Partnerschaften und Ehen aus und verändern auf stillem Weg die sozialen Beziehungen der Gesellschaft. Und deshalb geht dieses Buch uns alle an.

Teil 1

Neue Chance, neues Glück

1

Das Wesen der Scheidung

Eine Scheidung ist für Männer und Frauen gleichermaßen ein entscheidender Einschnitt. Sie wirft drängende Fragen auf und zieht schwerwiegende Veränderungen nach sich. Zunächst einmal geht es um rein äußerliche Probleme: Wo will ich leben? Wieviel Geld werde ich haben? Soll ich eine berufliche Fortbildung machen? Muß ich das Haus verkaufen? Was für eine Arbeit kann ich finden? Wer wird bei uns einziehen? Auf wen kann ich zählen, wenn ich Hilfe brauche? Gravierender sind oft die seelischen Probleme. Die Betroffenen fragen sich: Wer bin ich? Was will ich? Was ist mir wichtig? Wen will ich? Wie kann ich das Geschehene ungeschehen machen? Wie kann ich die gleichen Fehler künftig vermeiden? Vor allem bei Paaren, die viele Jahre verheiratet waren, ist die eigene Identität emotional eng mit dem Partner verknüpft; eine Scheidung kann dann die Identität eines Menschen in ihren Grundfesten erschüttern.

Es gibt viele Gründe, warum Menschen eine Scheidung in Erwägung ziehen. Manche möchten einer Beziehung entfliehen, die belastend, erniedrigend oder unerträglich geworden ist. Ein Partner oder vielleicht auch beide glauben, daß jeder andere Zustand besser ist als das Gefängnis ihrer Ehe. Die Rechtslage, finanzielle Abhängigkeit, Liebe, Schuldgefühle, Mitleid, Haß, Sorgen um die Kinder und viele andere Gründe können Menschen dazu bewegen, an einer Beziehung festzuhalten. Die Scheidung erscheint dann oft als die einzige Möglichkeit, dem Unglück einer gescheiterten Ehe zu entfliehen.

Was immer den Ausschlag für diesen Schritt gegeben hat: Wenn ein Ehepartner die Scheidung einreicht, glaubt er, das sei für ihn und für die Kinder die beste Lösung. Er hofft, eine neue Liebe, eine erfüllendere Beziehung, einen einfühlsameren Sexualpartner, einen verläßlicheren Lebensgefährten oder einen besseren Ernährer zu finden. Soll-

te all das nicht gelingen, dann verspricht das Leben als Single zumindest mehr Selbstachtung, Zufriedenheit und Ruhe, und weniger Aufregungen, Kränkungen und Leid.
Die Scheidung bedeutet viel mehr als nur das Ende einer Ehe, die zur Belastung geworden ist. Der zentrale Aspekt ist: Eine Scheidung ist ein neuer Anfang, eine zweite Chance im Leben. Sie bietet die Möglichkeit, die Weichen ganz neu zu stellen.
Die Betroffenen glauben vielleicht, daß sich mit der Scheidung alle Probleme in Luft auflösen würden, daß sie sozusagen wieder zurück an die Startlöcher gehen und ihr Leben noch einmal von vorne anfangen könnten. Aber eine Scheidung beseitigt keineswegs alle Probleme. Drei kleine Kinder, eine schlechtbezahlte Stelle und die Schatten einer gescheiterten Ehe können eine schwere Belastung für den Neubeginn sein. Oder der Partner beginnt sein neues Leben mit dem dem Gefühl, daß er gewaltsam von den Kindern getrennt wurde, ohne zu wissen, wie er sich je wieder ein Heim schaffen soll. So mancher Neubeginn ist überschattet von Einsamkeit und der Furcht, nicht geliebt zu werden oder nicht wert zu sein, geliebt zu werden. Häufig können aus akuten Krisen langdauernde Probleme entstehen. Und nicht zuletzt macht es einen entscheidenden Unterschied, ob der Neubeginn mit 42 oder mit 32 angegangen wird.
Aber es besteht auch die Chance für einen besseren Neuanfang. Die Geschiedenen fassen neuen Mut, weil sie eine unerträgliche Beziehung beendet haben.
Nur wenige Erwachsene sehen voraus, was nach einer Scheidung auf sie zukommt. Fast immer wird das Leben mühsamer und komplizierter, als sie es sich vorgestellt hatten. Zumindest einer der beiden Eheleute wird ärmer und einsamer. Zum Zeitpunkt der Scheidung beschäftigt die Partner nur ein Gedanke: Sie wollen nicht länger unglücklich sein. Aber dann fällt es ihnen schwer, sich auf eine völlig veränderte Situation einzustellen. Sie sind auf die vielfältigen Veränderungen nicht vorbereitet, die eine Scheidung mit sich bringt. Vor allem aber machen sie die Erfahrung, daß sie sich ihr neues Leben mühsam erarbeiten müssen.
Der weitere Lebensweg der Betroffenen hängt entscheidend davon ab, wie dieser erste und die folgenden Wendepunkte bewältigt werden. Eine Scheidung kann tiefgreifende psychische, soziale und wirtschaftliche Veränderungen auslösen. Sie kann aber auch Veränderungen blockieren oder den psychischen, sozialen und wirtschaftlichen Abstieg verhindern. Eine Scheidung eröffnet oder verschließt eine Viel-

zahl von Möglichkeiten. Meist hängt alles vom ersten Schritt ab – der erste Schritt bestimmt die Richtung.
Manche Menschen fragen sich vor dem Hintergrund der Scheidung noch einmal, warum ihre Ehe gescheitert ist. Sie denken über Rollenverhalten und Beziehungen nach; sie überlegen, wer sie sind, wie sie sich fühlen, und was sich zutrauen. Margaret sagte mir bei unserem Gespräch zehn Jahre nach ihrer Scheidung: »Nachdem Scott mich verlassen hatte, habe ich zwei Jahre lang geweint. Er warf mir vor, ich hätte alles falsch gemacht. Voller Wut beschloß ich, es ihm zu zeigen. Und das ist mir dann auch gelungen. Ganz allmählich hatte ich Erfolg, und ich begann, auf mein Leben zurückzublicken. Mit fiel vieles wieder ein, das ich ganz vergessen hatte. Zum Beispiel, daß mich als Teenager viele Leute wegen meiner Fähigkeiten bewundert hatten. Plötzlich erinnerte ich mich wieder an eine Szene bei meiner Verlobung: Unser alter Pfarrer nahm mich beiseite und sagte, daß es vielleicht ein Fehler sei, Scott zu heiraten.« Beim Rückblick auf ihre Vergangenheit entdeckte Margaret ein längst vergessenes Selbstbild wieder, und das half ihr, ein neues Selbstbild aufzubauen. Durch die Rückbesinnung auf die Wurzeln ihres Selbstwertgefühls konnte Margaret die Chance des Neubeginns sinnvoll und konstruktiv nutzen.

»Erst in meiner zweiten Ehe habe ich begriffen, wie wichtig Väter sind«, sagte Martin. »Meine Stieftochter und meine zweite Frau haben mir gezeigt, wieviel Väter tun können. Meine eigene Tochter verstehe ich erst jetzt richtig.« Auch Martin lernte und entwickelte sich durch seinen Neubeginn.
Leider sind viele Menschen nicht in der Lage, die Chance zu einem Neubeginn auch nur zu erkennen. »Wissen Sie«, sagte Jessica zu mir, »ich bin jetzt 45 Jahre alt und nicht gut im Bett.«
»Sagte Ihr Exmann das?« fragte ich sie.
Sie nickte.
Es verblüfft mich immer wieder, wie viele geschiedene Männer und Frauen die Kritik ihrer ehemaligen Partner verinnerlicht haben. Jessica hatte die negative Sicht ihres Ehemanns voll akzeptiert und internalisiert. Noch lange nach der Scheidung hielt sie an Vorstellungen fest, die sie sich in ihrer Ehe angeeignet hatte. So glaubte sie immer noch, die Welt wolle ihr Böses, sie habe selbst unzählige Fehler, und niemand finde sie begehrenswert. Sie lebte weiterhin nach den Spielregeln der gescheiterten Ehe, so als ob die Scheidung nie stattgefunden hätte.

Bob hatte Tränen in den Augen, als er mir erklärte, warum er seine Kinder immer seltener besuche. »Sie brauchen mich nicht«, sagte er. »Sie haben ja ihre Mutter, und außerdem hat Charlie meinen Platz eingenommen. Es geht ihnen wahrscheinlich besser, wenn ich sie nicht besuche.«
Nach der Scheidung hatte Bob die Chance verpaßt, eine neue Beziehung zu seinen Kindern aufzubauen. Für ihn als Erwachsenen wäre das sehr wertvoll gewesen, und außerdem hätte es auch für das Glück und das Selbstwertgefühl seiner Kinder zentrale Bedeutung gehabt.

Viele Menschen glauben, daß eine Lebenskrise der anderen sehr ähnlich sei. In Wirklichkeit aber ist eine Scheidung in einer Familie mit Kindern ein Einschnitt, der sich mit keiner anderen Lebenskrise vergleichen läßt. Allenfalls vielleicht noch mit einem Todesfall, denn auch der Tod eines Angehörigen bringt äußere und innere Veränderungen mit sich. In beiden Situationen sind Verlust und Trauer die Folge. Der ganze Alltag verändert sich, und Beziehungen zu vertrauten Menschen werden abgebrochen. Aber trotz mancher Gemeinsamkeiten besteht zwischen Scheidung und Tod ein wesentlicher Unterschied: Bei einer Scheidung gibt es Alternativen, und die Krise nach der Scheidung birgt die Chance für einen positiven Ausgang der Krise in sich. Die Scheidung soll die Familienmitglieder aus einer bedrückenden Situation befreien. Sie sollen künftig weniger unglücklich sein. Ganz gleich, ob diese Ziele tatsächlich erreicht werden oder nicht, eine Scheidung ist der Beginn einer besonderen Lebenskrise, die zugleich neue Probleme aufwirft und neue Lösungen fordert.
Die Gefühle von Verlust und Schmerz, von Liebe und Haß vermischen sich. Sexuelle Eifersucht wird ausgelöst und verstärkt durch das Gefühl, betrogen worden zu sein. Sowohl das Gefühl der Erleichterung als auch Schuldgefühle treten gleichzeitig auf. Die erlittene Demütigung schlägt sich in selbstzerstörerischer Wut nieder, die Zurückweisung löst akute Depressionen aus. Das Scheitern einer langjährigen Ehe kann die Identität eines Menschen ernsthaft bedrohen. Und diese Emotionen und inneren Konflikte werden nicht innerhalb kurzer Zeit verarbeitet. Die meisten Menschen kommen nicht darüber hinweg, daß nur der andere die Scheidung wünschte.
Wenn wir uns verlieben, idealisieren wir das Objekt unserer Liebe; bei einer Trennung »entidealisieren« wir den ehemals geliebten Menschen, ja manchmal verteufeln wir ihn sogar. Die Scheidung ist das Gegenteil einer sich anbahnenden Liebesbeziehung. Sie führt unwei-

gerlich zu Wut- und Zornausbrüchen, und alle Beteiligten halten ihren Zorn für gerechtfertigt. Doch *diese Aggressionen sind nötig.* Sie sind eine Folge davon, daß man sich ausgenutzt und zutiefst gedemütigt fühlt. Aber ihr Zorn hilft den Betroffenen unter anderem auch, mit Depressionen fertig zu werden und das Gefühl zu ertragen, daß sie nicht mehr geliebt werden und im Stich gelassen wurden. Sie können die Verantwortung für das Scheitern der Ehe damit ein Stück weit von sich wegschieben. Die Rolle des »Bösen« fällt dem zu, der die Scheidung will; der »Gute« hält an der Ehe fest. In welcher anderen Lebenskrise spüren wir so drängend den Wunsch zu töten? Wann sonst werden Kinder als Waffen gegen den Partner benutzt? Im Gegensatz zu anderen Lebenskrisen bringt eine Scheidung die elementarsten menschlichen Leidenschaften zum Vorschein — Liebe, Haß und Eifersucht.

In der amerikanischen Gesetzgebung hat sich inzwischen allgemein der Gedanke durchgesetzt, daß das Schuldprinzip überholt ist. Ich bin jedoch noch keinem Mann, keiner Frau und keinem Kind begegnet, die emotional eine Scheidung ohne Schuldzuweisung akzeptiert hätten. In ihrem Innersten sind die Menschen nämlich davon überzeugt, daß der Ehepartner, der die Scheidung will, die Schuld am Scheitern der Ehe trägt. Die Erwachsenen geben fast immer dem Partner die Schuld, und nur ganz selten, wie wir noch sehen werden, sich selbst. Die Kinder jedoch machen ihre Eltern dafür verantwortlich, bei einer der wichtigsten Lebensaufgaben versagt zu haben: der Aufgabe, Ehe und Familie in guten wie in schlechten Zeiten zu erhalten. Bei einer Scheidung wird die Wut viel häufiger als in anderen Lebenskrisen durch physische und verbale Gewalt ausgedrückt. Diese Ausbrüche können langdauernde und schwerwiegende psychische Schäden zur Folge haben. Gewalttätigkeiten können sich gegen die Kinder und alle am Scheidungsverfahren Beteiligten richten. Laut Statistik werden Richter, Rechtsanwälte und Polizisten häufiger von wütenden Familienmitgliedern angeschossen oder getötet als von Kriminellen.

In den meisten Krisensituationen — bei Erdbeben, Überschwemmungen oder Brandkatastrophen — bringen die Eltern instinktiv zuerst ihre Kinder in Sicherheit. In der Krisensituation Scheidung hingegen kommen für Väter *und* Mütter die Kinder erst an zweiter Stelle; die eigenen Probleme haben Vorrang. Während das Scheidungsverfahren läuft, vernachlässigen die Eltern ihre Kinder in fast allen Bereichen: Die häusliche Ordnung bricht zusammen, und die Kinder werden al-

lein gelassen. Eltern, die in Scheidung leben, verbringen weniger Zeit mit ihren Kindern und reagieren weniger einfühlsam auf deren Bedürfnisse. In der Panik der Umbruchsituation dominiert der nackte Egoismus.
Zudem ist eine Scheidung die einzige schwere Familienkrise, in der von der Gesellschaft kein Beistand zu erwarten ist. Bei einem Todesfall in der Familie kommen die Leute zuhauf und bieten ihre Hilfe an. Nach einer Naturkatastrophe finden die Betroffenen Unterstützung bei den Nachbarn. In solchen Krisen kommt der Pfarrer ins Haus, spricht den Erwachsenen Mut zu und tröstet die verstörten Kinder. Anders bei einer Scheidung. Die Freunde fürchten, sie müßten für einen der Partner Partei ergreifen, und die Nachbarn wollen mit all dem nichts zu tun haben. Die Hälfte der Familien, die wir befragt haben, gehört einer der großen Religionsgemeinschaften an; aber nicht ein einziger Pfarrer oder Rabbi besuchte sie während oder nach der Scheidung. Großeltern können eine Hilfe sein, aber oft fürchten sie, zwischen die Fronten zu geraten. Oder sie leben weit weg und wissen nicht, wie sie helfen könnten. Wenn ein Ehepaar sich scheiden läßt, werden die Partner plötzlich so behandelt, als hätten sie eine ansteckende Krankheit.
Nach außen hin wird eine Scheidung inzwischen zwar im großen und ganzen von der Gesellschaft akzeptiert, aber im Grunde bleibt sie nach wie vor für die meisten Menschen ein schreckliches Ereignis. Die Verheirateten scheinen zu fürchten, daß durch eine Scheidung in ihrer Nachbarschaft Risse in der eigenen Ehe sichtbar werden könnten. Instinktiv erleben sie jede Scheidung als eine Bedrohung ihrer eigenen Ehe.

Die Phasen einer Scheidung

Der emotionale Prozeß, der zu einer Scheidung führt, dauert mehrere Jahre und kann in drei nicht genau voneinander trennbare Phasen eingeteilt werden. Leider entwickeln sich die Betroffenen nicht kontinuierlich von einer Phase zur nächsten; eine Familie oder ein Familienmitglied kann viele Jahre in einer bestimmten Phase steckenbleiben.
In der ersten, akuten Phase wächst das Leiden an der zerrütteten Ehe so sehr, daß einer der beiden Partner sich zur Scheidung entschließt und aus dem gemeinsamen Haushalt auszieht. In dieser Phase kommt

es zu Wutausbrüchen, sexuellen Eskapaden, Depressionen und zur allmählichen Auflösung der Familie. Dieses Verhalten, bei dem sich die Partner gegenseitig »verrückt machen«, erhellt die Bedeutung der Ehe. Vom psychischen Aspekt aus gesehen stützt die Ehe den Teil der Persönlichkeit der Partner, der »erwachsen« ist. Wenn eine Ehe scheitert, werden viele Regungen nicht mehr im Zaum gehalten. Der »kindliche« Teil der Persönlichkeit gewinnt für einige Zeit die Überhand.

In der akuten Phase der Scheidung wurden mehr als die Hälfte aller Kinder Zeugen von Gewalttätigkeiten zwischen den Eltern. Bei 75 Prozent der Familien war das bis dahin noch nie vorgekommen. Völlig verängstigte Kinder mußten mit ansehen, wie ihr Vater (ein Bankpräsident) seine schreiende Frau in den Wandschrank im Flur sperrte oder wie eine Grundschullehrerin mit einer Lampe nach ihrem Mann warf, als er aus dem Zimmer gehen wollte. Gerade in Gegenwart der Kinder kommt es besonders häufig zu Ausbrüchen von Gewalt. Ich habe keine Hinweise darauf gefunden, daß Eltern versuchen, ihren Kindern solche Szenen zu ersparen. Im Gegenteil: Entweder brauchen die Erwachsenen Zeugen für ihre Gefühlsausbrüche, oder die kindlichen Zuschauer sollen sie durch ihre bloße Anwesenheit von schlimmeren Gewalttaten abhalten.

Wenn Geschiedene ihre Sexualpartner wieder frei wählen können, benehmen sie sich zeitweilig wie Jugendliche. Viele Männer wechseln die Geschlechtspartnerinnen extrem häufig. Viele Erwachsene geben sich in der akuten Phase der Scheidung sexuellen Phantasien hin. Alice, eine gepflegte Frau Mitte Vierzig, wohnt in einem noblen Vorort. Sie beschrieb ihre Gefühle sehr anschaulich: »Ich gehe die Straße entlang und sehe plötzlich folgendes Bild vor mir: Ich sitze nur im Höschen auf einem ungemachten Bett in einem schmuddeligen Hotel. Ich bin ganz allein.« Besorgt fragte sie mich: »Judy, was ist los mit mir? Solche Gedanken verfolgen mich. Warum werde ich sie nicht los?«

Im Verlauf unseres Gesprächs wurde mir allmählich klar, daß Alice die Scheidung zwar betrieben hatte, jedoch gleichzeitig sehr große Angst davor hatte; sie fürchtete, die Kontrolle über ihre Sexualität zu verlieren. Sie hatte Angst davor, keinen Sexualpartner mehr zu finden und ihre sexuellen Bedürfnisse nicht befriedigen zu können. Gleichzeitig fürchtete sie sich aber auch vor der Zudringlichkeit der Männer. All das ängstigte sie so sehr, daß sie sich gedemütigt und erniedrigt fühlte. Ihre zwanghaften sexuellen Phantasien spiegelten diese Ängste und vielleicht auch ihre Wünsche wider.

In dieser Phase leben Männer und Frauen oft ihre sexuellen Bedürfnisse extensiv aus: In unserer Gruppe nahm sich z. B. eine 50jährige Akademikerin eine Reihe jugendlicher Liebhaber, oder ein 42jähriger Mann verführte die jugendliche Babysitterin seiner Kinder. Diese von der Norm abweichenden sexuellen Abenteuer sind jedoch meist sehr kurzlebig. Die Menschen sind über ihr eigenes Verhalten überrascht. Eine starke Verunsicherung ist die Folge. Auch dies macht Kindern Angst, denn sie können nicht wissen, daß sich das Verhalten ihrer Eltern wieder ändern wird und dieser Zustand nur vorübergehend ist. Die Kinder können auch keinen Zusammenhang zwischen dem Verhalten ihrer Eltern und der erfolgten Trennung herstellen. Sie haben das Gefühl, Mama und Papa seien verrückt geworden.
Diese Phase dauert normalerweise zwischen mehreren Monaten bis zu einem oder zwei Jahren nach der Trennung. Wenn die Trennung in einer Atmosphäre gegenseitigen Vertrauens und wechselseitiger Fürsorge vollzogen wurde, ist diese akute Phase viel weniger chaotisch. Andererseits kann diese Phase aber auch viele Jahre andauern. Den meisten Familien gelingt es jedoch früher oder später, in die zweite Phase, die sogenannte Übergangsphase, einzutreten.

An diesem Punkt werden Erwachsene und Kinder mit neuen Rollen und neuen Beziehungen innerhalb der Familie konfrontiert. Sie bemühen sich darum, Probleme zu lösen, und experimentieren mit neuen Lebensstilen in neuen Umgebungen. Erwachsene besuchen wieder die Schule. Sie versuchen, eine neue Beziehung aufzubauen, sie ziehen um oder pflegen alte Freundschaften wieder. Es ist eine Zeit, die von Erfolgen und Rückschlägen gekennzeichnet ist, eine Zeit des Ausprobierens und der wechselnden Stimmungen. Kinder schließen sich oft neuen Gemeinschaften an, wechseln die Schule oder die Freunde. Sie sind entwurzelt und versuchen, neue Wurzeln zu schlagen.
Leben und Elternhaus können mehrere Jahre lang destabilisiert bleiben. Die Familie hat ihre Grenzen nicht klar abgesteckt. Sie kann neue Menschen aufnehmen, neue Schulen, neue Liebhaber und bei alldem eine gute oder schlechte Wahl treffen. Während dieser Zeit ist es nicht klar, was Familie bedeutet und wer dazugehört. Viele Familien wechseln in dieser Übergangsphase mehrmals den Wohnort.

Die dritte Phase ist durch ein wiedererstarktes Gefühl von Stabilität gekennzeichnet. Die Familie nach der Scheidung hat sich zu einer neuen, sicheren und funktionierenden Einheit entwickelt. Meist haben sich die Beziehungen der Familienmitglieder untereinander normalisiert. Langzeitregelungen für Besuche eines Elternteils bei den Kindern sind getroffen worden, und auch die materielle Situation ist weniger problematisch. So haben wir bei unserer Folgestudie nach zehn Jahren kaum Änderungen in den Besuchs- und Unterhaltszahlungen im Vergleich zu der Studie nach fünf Jahren feststellen können. Mit der Zeit bilden sich klare Lebens- und Ausbildungsperspektiven heraus.

Gleichzeitig ist erkennbar, daß alleinerziehende Mütter und Väter mehr Krisensituationen durchstehen müssen als intakte Familien. Regelungen bezüglich der Kinder werden oft nicht mehr eingehalten, wenn die Eltern neue Bindungen eingehen. Die Pubertät ist sowohl für Alleinerziehende als auch für die Kinder, ob Junge oder Mädchen, viel schwieriger. In Zweitehen mit Kindern aus erster Ehe kommt es häufiger zu Scheidungen. Die Hälfte der Kinder unserer Studie erlebten innerhalb des zehnjährigen Untersuchungszeitraums mindestens zwei Scheidungen der Mutter oder des Vaters. In unserer Folgestudie nach zehn Jahren schilderten uns die Männer und Frauen eindrücklich, daß die Belastungen für einen Alleinerziehenden eigentlich nie abnehmen und daß die Angst, allein zu sein, nie nachläßt. Da viele Alleinerziehende finanziell sehr schlecht gestellt sind, haben sie kaum Rücklagen für Notsituationen wie Krankheiten oder Todesfälle. Sie haben weniger Ressourcen, um mit auftretenden Problemen fertig zu werden. Wenn eine zweite Ehe geschlossen wird, folgt für die Familie wiederum eine Zeit der Ungewißheit. Neue Beziehungen bringen neue Probleme mit sich, und die Familie muß für ihren Neubeginn erneut ihr Leben umgestalten.

Kinder aus geschiedenen Ehen

Kinder und Eltern erleben eine Scheidung völlig verschieden. Viele Menschen möchten glauben, daß das, was für die Erwachsenen gut ist, auch für die Kinder das Richtige sein wird. Die Vorstellung, daß die psychologischen Probleme eines Kindes im wesentlichen die Probleme der Familie widerspiegeln, ist bestechend einfach. Doch Kinder reagieren anders. Man kann nicht davon ausgehen, daß es den Kindern in dem Maße bessergehen wird, wie sich Vater oder Mutter in den Jahren nach der Scheidung wieder erholen. Eine unglückliche

Frau kann kaum eine gute Mutter sein — daraus folgert man umgekehrt, daß eine glückliche Frau automatisch eine gute Mutter sein müsse.

Meine Erfahrungen bestätigen jedoch diesen Umkehrschluß keineswegs. Es stimmt zwar, daß es einem unglücklichen Erwachsenen oft schwerfällt, optimal für seine Kinder zu sorgen, weil ihn sein eigenes Unglück daran hindert, die für ein Kind nötige Zuwendung und das erforderliche Verständnis aufzubringen. Das Glück des einzelnen ist jedoch nur ein Aspekt des Glücks der ganzen Familie.

Ein aufregendes Liebesabenteuer oder eine Beförderung im Beruf können aus einem Erwachsenen einen glücklicheren Menschen machen, aber es besteht keinerlei Grund zu der Hypothese, daß ein glücklicherer Erwachsener sich verständnisvoller und interessierter gegenüber seinen Kindern zeigt. Oft tritt sogar das Gegenteil ein: Wenn der Erwachsene ein erfüllteres Leben führt, hat er weniger Zeit für seine Kinder. Leider muß man feststellen, daß die Kinder aus erster Ehe nicht immer von der Liebe und Zuneigung zwischen den Ehepartnern der zweiten Ehe profitieren.

Obwohl der Entschluß zur Scheidung in den seltensten Fällen einmütig gefällt wird, sind sich die Ehepartner über den Zustand der Ehe im allgemeinen einig. Es ist äußerst ungewöhnlich, wenn auch nicht ausgeschlossen, daß ein Ehepartner wirklich überrascht ist, wenn der andere um die Scheidung bittet. In der Regel gestehen sich die Erwachsenen offen oder insgeheim ein, daß die Spannungen in der Ehe unerträglich geworden sind. In den meisten Fällen sehen beide Teile diese Schwierigkeiten, sind jedoch anderer Meinung darüber, wie sie behoben werden könnten. Kinder hingegen sind oft völlig zufrieden, selbst wenn die Ehe für einen oder beide Elternteile nur noch eine Qual ist. Nur eines von zehn Kindern unserer Studie war erleichtert, als sich die Eltern scheiden ließen. Es handelte sich dabei meist um ältere Kinder, die offene Gewalt in der Ehe ihrer Eltern miterlebt hatten und die in der Angst gelebt hatten, ein Elternteil oder sie selbst könnten Opfer dieser Gewalttätigkeiten werden. Trotzdem rechnen nur sehr wenig Kinder damit, daß sich ihre Eltern scheiden lassen. Auch wenn es zu tätlichen Auseinandersetzungen in der Familie kommt, hoffen die Kinder beharrlich, daß diese Auseinandersetzungen aufhören werden. Sie leben in der Erwartung friedlicherer Zeiten und bereiten sich nicht auf eine Scheidung vor. Wenn sie von den Eltern gesagt bekommen, daß die Scheidung bevorsteht, weigern sich viele Kinder, das zu glauben.

Für Kinder ist eine Scheidung ein völlig anderes Erlebnis als für Erwachsene, weil die Kinder etwas verlieren, das für ihre Entwicklung fundamental ist: die geordnete Struktur der Familie. In dieser geordneten Welt vollzieht sich die Entwicklung vom Kind zum Jugendlichen. Die Familie bietet Kindern den psychologischen, materiellen und emotionalen Rückhalt für ihre Entwicklung zu erwachsenen Menschen. Bricht diese Struktur zusammen, haben die Kinder vorübergehend keinen Rückhalt. Kinder haben ein stark verdichtetes Zeitgefühl und wissen nicht, daß das Chaos nur von vorübergehender Dauer ist. Ein Jahr ist für ein siebenjähriges Kind eben ein Siebtel seines bisherigen Lebens, also vom psychologischen Standpunkt aus ein sehr viel längerer Zeitraum als für einen Dreißigjährigen. Sie wissen hingegen sehr genau, daß sie von der Familie abhängig sind. Bei einer Scheidung bricht diese Struktur zusammen, und die Kinder fühlen sich allein gelassen und haben große Angst vor Gegenwart und Zukunft.

Ein neugeborenes Kind ist eines der hilflosesten Lebewesen auf der Welt. Menschenkinder brauchen ihre Eltern viel länger als sämtliche anderen Lebewesen, und Kinder sind sich dieser Tatsache sehr wohl bewußt. Sie wissen, daß sie völlig von den Erwachsenen abhängig sind. Deshalb haben sie eine sehr primitive, sehr reale Angst davor, allein gelassen zu werden. Ein Kind reagiert deshalb auf eine Scheidung sofort mit Angst. Wenn die Familie zerbricht, fürchtet es, sein Lebensnerv könne getroffen werden. Gefühle der Trauer und des Verlustes sind bei Kindern sehr ausgeprägt. Ein fünfjähriger Junge aus unserer Studie sagte vor einem Interview: »Ich möchte mit Ihnen über den Tod sprechen.« Kinder trauern um den Verlust der Familie, den Verlust des Elternteils, der die Familie verlassen hat, und den von ihnen befürchteten Verlust beider Elternteile. Ihre Trauer scheint oft völlig unabhängig von der realen Beziehung, die sie zu dem Elternteil, der die Familie verlassen hat, unterhalten haben, denn Kinder trauern ohne Rücksicht darauf, ob sie zu dem Elternteil eine enge Beziehung hatten oder nicht.

Kinder sorgen sich jedoch nicht nur um ihr eigenes Wohlergehen, sondern auch um das ihrer Eltern. Es macht sie traurig, Vater oder Mutter weinen zu sehen. Ein zehnjähriges Mädchen sagte zu mir: »Mama denkt, niemand macht sich um sie Sorgen. Aber das stimmt nicht. Ich mache mir Sorgen.« Kinder sehnen sich nach dem Elternteil, der die Familie verlassen hat, und sie fürchten, Mutter oder Vater könnten nie wieder zurückkommen. Eine Frau hatte ihrem siebenjährigen Jungen erzählt, sein Vater sei nach Oakland gezogen. Daraufhin jammerte der Junge: »Wo ist Oakland? Ist Oakland in Mexiko? Wo ist Mexiko?«

Kinder aller Altersstufen fassen eine Scheidung sehr stark als Ablehnung ihrer Person auf. Wenn ein Elternteil den anderen verläßt, beziehen sie dies direkt auf sich. Folgende Äußerungen von Kindern belegen das: »Er hat Mama verlassen. Ich bedeute ihm also gar nichts.« Oder: »Sie hat Papa verlassen. Mich hat sie also auch nicht gewollt.«

Kinder werden wütend auf ihre Eltern, weil sie das ungeschriebene Gesetz der Elternschaft verletzt haben, nach dem Eltern Opfer für ihre Kinder bringen müssen, und nicht umgekehrt. Einige verbergen ihre Wut jahrelang, weil sie Angst davor haben, ihre Eltern zu verärgern, oder weil sie fürchten, bestraft zu werden; andere aber zeigen ihre Wut. Kleine Kinder bekommen Wutausbrüche; ältere Kinder drehen durch, wie zum Beispiel ein 15jähriges Mädchen aus unserer Studie, das mit der Faust eine Wand durchbrechen wollte. Diese Wut ist jedoch gekoppelt mit einem Gefühl der Ohnmacht. Kinder haben das Gefühl, keinen Einfluß auf das Ereignis zu haben, das ihr Leben entscheidend verändert. Obwohl sie nach wie vor die Vorstellung haben, daß sich alles auf wunderbare Weise zum Besseren wenden wird, können sie weder die Scheidung verhindern noch die Sache wieder in Ordnung bringen, und sie können weder Mama und Papa noch die Ehe retten.

Kinder fühlen sich in dieser Zeit sehr einsam. Es verwundert mich immer wieder, wie wenig Unterstützung sie selbst von ihren Großeltern in dieser Zeit erhalten. Scheidung ist für Kinder ein höchst problematisches, schmerzhaftes und ihnen lange in Erinnerung bleibendes Ereignis, das sie oft unter dem Eindruck, allein in der Welt zu stehen, verarbeiten müssen. Niemand, nicht einmal ihre Eltern, scheint ihnen beizustehen. Es gibt niemanden, mit dem sie reden können. Ein Kind wird sich viele Jahre später noch an den Nachbarn aus demselben Block erinnern, der in der Zeit der Scheidung nett zu dem Kind war. Bei weniger als zehn Prozent der Kinder in unserer Studie gab es einen Erwachsenen, der sich zum Zeitpunkt der Trennung einfühlsam mit ihnen unterhalten hätte.

Loyalitätskonflikte und das Hinundhergerissensein zwischen den beiden Elternteilen belasten die Kinder zusätzlich. Viele Kinder wechseln im Lauf der elterlichen Auseinandersetzung mehrmals die Seite. Selbst in solchen Fällen, in denen Kinder nicht dazu aufgefordert werden, Partei zu ergreifen, meinen sie oft, gerade dies tun zu müssen.

Wenn sie aber Partei ergreifen, um wenigstens eine feste Bezugsperson zu haben, sind sie gleichzeitig verzweifelt, weil sie dadurch den anderen Elternteil verraten müssen. Ergreifen sie überhaupt nicht Partei, haben sie das Gefühl, allein dazustehen und beide Elternteile verraten zu haben — ein unlösbares Dilemma.

Viele Kinder fühlen sich schuldig, und einige meinen, es sei ihre Pflicht, die Ehe zu retten. Ein siebenjähriges Mädchen glaubte fünf Jahre lang, für die Scheidung ihrer Eltern verantwortlich zu sein, weil sie eine Nachricht eines Elternteils an den anderen nicht weitergegeben hatte. Ein kleiner Junge meinte, er sei Schuld an der Scheidung, weil sein Hund immer so laut gebellt hatte.

Kinder haben bei einer Scheidung ein Gefühl der Zerstörung wie beim plötzlichen Tod eines Elternteils. Beide Ereignisse zerstören enge Familienbande. Beide Ereignisse schwächen die Schutzfunktion der Familie; beide beginnen mit einer akuten Krise, die zu einem gestörten seelischen Gleichgewicht führt, das mehrere Jahre andauern kann; beide Ereignisse führen zu langfristigen Veränderungen, die anfangs noch gar nicht überschaubar sind. Aber dennoch kann eine Scheidung für ein Kind eine psychologisch schwieriger zu bewältigende Tragödie sein.

Verlust durch Tod ist etwas Endgültiges; der Verstorbene wird niemals zurückkehren. Nur ein sehr kleines Kind oder ein Psychotiker kann über einen längeren Zeitraum hinweg die Endgültigkeit des Todes leugnen. Überdies hat jeder Tod ein kalendarisch exakt bestimmbares Datum und normalerweise eine eindeutige Ursache, ganz gleich, wie lange sich das Sterben hingezogen hat oder wie unerwartet der Tod kam. Die Auswirkungen einer Scheidung sind anders. Eine Scheidung ist nicht so endgültig wie der Tod, und daher nehmen Kinder logischerweise an, daß eine Scheidung jederzeit rückgängig gemacht werden könnte. Oft gehen einer Scheidung mehrere Trennungen voraus, die alle anfangs endgültig schienen, sich jedoch dann als nur vorübergehend erwiesen haben. Dies führt bei Kindern zu Verwirrung, und sie erwarten, daß es, wenn nicht sofort, so doch zu guter Letzt zur Versöhnung zwischen den Eltern kommen werde. Überdies bedeutet eine Scheidung gewöhnlich nur einen bedingten Verlust eines Elternteils. Die meisten Kinder werden von dem Elternteil, der die Familie verlassen hat, auch noch Jahre später besucht. Kinder aus geschiedenen Ehen leben vielmehr ständig in der quälenden Vorstellung, der Verlust der intakten Familie sei nicht endgültig und alles könne wieder gut werden. Leute, die sich scheiden lassen, können wieder heiraten. Leute, die sich trennen, können sich wieder versöhnen. Die Unbestimmtheit einer Scheidung, deren für Kinder nicht nachvollziehbare Ursachen und der Glaube der Kinder an die potentielle Umkehrbarkeit dieses Ereignisses machen es ihnen viel schwerer, damit fertig zu werden. Die Hoffnung der Kinder auf eine Versöhnung der Eltern wird wohl am meisten durch das bei Kindern sehr stark ausgeprägte Bedürfnis genährt, sich ihre Eltern als glücklich vereintes Paar vorzustellen.

Dieses Bedürfnis kann über Jahrzehnte hinweg andauern. Eine Frau mittleren Alters, deren Eltern sich vor 30 Jahren hatten scheiden lassen, kam wegen periodisch auftretenden Depressionen zu einer meiner Mitarbeiterinnen in psychologische Beratung. Einige Zeit später gestand sie, daß sie zusätzlich bei einem männlichen Psychologen einer anderen Beratungsstelle in Behandlung sei. Sie wünschte sich nichts sehnlicher, als beide Psychologen zusammenzubringen. Sie sollten sich dann in ihrer Gegenwart die Hand reichen und somit symbolisch die intakte Familie wiederherstellen, die sie als Fünfjährige verloren hatte. Es war nicht einfach, diese intelligente Frau davon zu überzeugen, daß eine derartige Inszenierung ihrer Phantasien ihre Depression nicht heilen würde.

Ein Neubeginn nach einer Scheidung bedeutet für Eltern etwas anderes als für Kinder. Erwachsene können sich wieder verlieben, können einen geeigneteren Partner finden und in einer anderen Beziehung oder einer zweiten Ehe glücklich werden. Sie haben die Möglichkeit, zu neuer Würde zu finden, Fehler wiedergutzumachen, ihr Leben und ihre Ziele als Erwachsene neu zu definieren und die Erfahrungen der ersten Ehe zu nutzen. Erwachsene bekommen die Chance, mit oder ohne neuen Partner psychologisch zu reifen und bessere Eltern zu werden.

Kinder erleben eine Scheidung nicht als Chance für einen Neubeginn, und darauf ist ein Teil ihres Leidens an der Trennung zurückzuführen. Für sie bedeutet eine Scheidung unweigerlich das Ende der Kindheit. *Sie* bezahlen den Preis für die Fehler ihrer Eltern und sehen ihre Zukunft gefährdet. Aber auch Kinder aus geschiedenen Ehen haben gerade in der als bedrohlich empfundenen Zukunft die Chance zu einem Neubeginn. In den Jahren nach der Scheidung, insbesondere als Jugendliche oder junge Erwachsene, können Kinder für ihr eigenes Leben andere und bessere Lösungen finden und ihre früheren Erfahrungen mit Hilfe der erworbenen Reife neu deuten. Vielleicht wiederholen sie die traumatischen Beziehungen, die sie in der Ehe ihrer Eltern erlebt haben. Vielleicht gelingt es ihnen aber auch, in dem Maße, wie sie die erlittenen Wunden bewußt oder unbewußt zu verarbeiten vermögen, die tiefsitzende Angst zu überwinden, daß sie die Fehler der Eltern wiederholen könnten. Diese Kinder haben die Chance, eine bessere Partnerwahl zu treffen und die ungelösten Fragen einer Kindheit zu lösen, die mit dem Trauma einer Scheidung behaftet war. Vielen Kindern gelingt das; aber traurigerweise gehen auch viele daran zugrunde.

Ich war überrascht, als ich feststellte, daß die unmittelbaren Reaktionen eines Kindes auf die Scheidung der Eltern nichts darüber aussagen, wie es diesem Kind fünf, zehn oder gar fünfzehn Jahre später gehen wird. Sämtliche Programme für Kinder aus geschiedenen Ehen arbeiten aufgrund einer ganz anderen Hypothese. Wir gehen davon aus, daß wir Kindern in der Zeit der Trennung dabei helfen müßten, sich ihre Gefühle bewußtzumachen, weil sie es dadurch in den folgenden Jahren angeblich leichter haben würden. Unsere Beobachtungen nach zehn oder fünfzehn Jahren widerlegen diese Annahme. Einigen der verstörtesten, traurigsten und gereiztesten Kinder unserer Studie ging es zehn Jahre später prächtig, während es einigen der am wenigsten mitgenommenen, anscheinend zufriedenen und ruhigsten Kinder nach diesem Zeitraum sehr schlechtging. *Die Langzeitauswirkungen einer Scheidung auf Kinder lassen sich nicht daran ablesen, wie diese Kinder sich in der akuten Krise der Scheidung verhalten.* Diese neue Erkenntnis hat wichtige Auswirkungen auf die Arbeit von Psychologen und Juristen. Wir verwenden zuviel Mühe und Energie auf die akute Krise der Scheidung und zuwenig auf deren Langzeitauswirkungen. Unsere Gespräche mit den Familien haben uns gezeigt, daß die Jahre nach einer Scheidung einem Mosaik gleichen, das aus vielen Einzelteilen besteht. Aus keinem Detail konnte man jedoch auf das Gesamtbild schließen. Im Lauf der Jahre stellte sich heraus, daß sich die Themen und Muster mit jeder Entwicklungsphase ändern. Eine Farbe, die anfangs kaum wahrnehmbar war, dominierte manchmal später das ganze Bild.

Scheidung als Spiegelbild der Ehe

Es wird Zeit, sich in Amerika eingehend mit dem Thema Scheidung zu beschäftigen. Dabei erleben wir Überraschungen, denn die Scheidungen sind Spiegelbilder der Ehen. Bei der Beschäftigung mit dem

Thema Scheidung werden wir zugleich mit den Grundwerten unserer Gesellschaft konfrontiert, anhand derer wir die Bedeutung und den Wert menschlicher Beziehungen, der Liebe und der Familie beurteilen. Wenn wir also tiefgreifende Veränderungen innerhalb der Familie konstatieren, haben wir es stets auch mit tiefgreifenden Veränderungen in unserer Gesellschaft zu tun.

In der zweiten Hälfte dieses Jahrhunderts hat es einen Wandel in der Einstellung gegenüber Scheidung, Ehe und Familie gegeben. Die Möglichkeit der Scheidung hat zur Folge, daß sich der einzelne gegenüber dem Partner und gegenüber der Institution Ehe weniger verpflichtet fühlt. Gleichzeitig wird die unausgesprochene moralische Verpflichtung gegenüber den Kindern geringer. Wir erwarten heutzutage mehr von einer Ehe als frühere Generationen, respektieren sie als Institution jedoch weniger. Heute zeigen uns Scheidungen und Ehen ein Bild, das sich in erschreckender Weise von allem bisher Bekannten unterscheidet. Doch es gibt kein Zurück mehr in eine vermeintlich bessere Vergangenheit.

Die Feststellung, daß Scheidung ein belastendes, langwieriges Familientrauma ist, impliziert jedoch keineswegs, daß wir gegen die Scheidung sind. Scheidung ist ein nützliches und notwendiges Mittel, um einen sozialen Mißstand zu beheben. In Anbetracht der egalitären Natur der amerikanischen Gesellschaft und der Rechte des Individuums darf an der Institution Scheidung nicht gerüttelt werden. Überdies machen sich Ehepaare mit Kindern den Entschluß zur Scheidung nicht einfach; man läßt sich erst nach reiflicher Überlegung scheiden. Viele Paare sind oft jahrelang unglücklich und einsam, bevor sie den Mut aufbringen, sich zu trennen, und die meisten machen sich Sorgen über die Auswirkungen dieses Entschlusses auf ihre Kinder. Es gibt hinreichend Beweise dafür, daß eine konfliktbeladene Ehe nicht im Interesse der Kinder ist. Ebenso ist bewiesen, daß Kinder von der Auflösung derartiger Ehen profitieren.[1] Bei unseren Interviews stellte sich überdies heraus, daß die meisten Menschen auch zehn Jahre danach nicht der Ansicht sind, sie hätten mit der Scheidung einen Fehler begangen.

Trotzdem darf man nicht verkennen, daß die heutigen Heranwachsenden grundlegend andere Erfahrungen machen als vor 25 Jahren. Die Eltern-Kind-Beziehung ist eine andere geworden. Die Beziehungen zwischen den Geschlechtern haben sich verändert, und die Familienstrukturen haben einen Wandel durchgemacht. Selbst Großeltern sehen sich neuen Herausforderungen gegenüber — und die Institutionen versagen vor der Aufgabe, mit diesen Veränderungen Schritt zu halten.

Oberflächlich betrachtet — nach unseren eigenen Vorstellungen und den Reden unserer Politiker zu urteilen — scheint in unserer Gesellschaft alles beim alten zu sein. Wir versuchen uns einzureden, daß die Familie intakt sei und das abgegebene Versprechen für immer und ewig gelte. Geheiratet wird noch immer in Weiß, und die Schleier sind länger als je zuvor. In Wahrheit weigern wir uns einzugestehen, daß die Kluft zwischen unseren Wertesystemen und unserem realen Leben immer größer wird. Die Familie *hat* sich verändert. Unser Wunschbild entspricht nicht der Realität. Und das weiß jedes Elternpaar und jedes Kind in den westlichen Industrienationen. Scheidungen sind gleichzeitig Ursache und Wirkung dieser Veränderungen. Werfen wir kurz einen Blick auf die Welt, in der wir heute leben.

- Es ist eine Welt, in der unser Vertrauen in die Verläßlichkeit von Beziehungen, insbesondere der grundlegendsten und intimsten, gestört ist. Ein junges Mädchen, das sich noch so gut an die Scheidung ihrer Eltern erinnert, als sei es gestern gewesen, sagte mir: »Ich wage nicht, das Wort *Liebe* zu benutzen. Man kann zwar auf Liebe hoffen, aber erwarten darf man sie nicht.«
- Beziehungen zwischen Männern und Frauen sind angstbeladen, besonders in der Anfangszeit einer Beziehung. Menschen aus geschiedenen Ehen sind viel stärker darauf bedacht, stabile Beziehungen aufzubauen, und gleichzeitig fürchten sie mehr als andere, daß ihnen dies nicht gelingen könnte. Diese Angst ergreift auch Menschen, die selbst nie direkt von einer Scheidung betroffen waren.
- Es ist eine Welt, in der geschiedene Erwachsene sich beim Nachdenken über ihre Chancen für einen Neubeginn ständig fragen, ob sie überhaupt noch für irgend jemand interessant sind. Die Frau oder der Mann, der von seinem Ehepartner zurückgewiesen wird, akzeptiert oft das Urteil des anderen. Er oder sie hält sich wirklich für unattraktiv, kaputt und nicht liebenswert.
- Es haben sich mehr Aggressionen zwischen den Geschlechtern angestaut, und sie werden freimütiger geäußert. Erwachsene leiden oft lebenslang an unterdrückten Aggressionen. Die Auseinandersetzungen vor den Gerichten werden mit unsachlicher Polemik geführt. Streitpunkte bezüglich Versorgungsfragen werden ideologisch verbrämt. Es wird so getan, als gehe es um die Inter-

essen der Kinder, während es in Wirklichkeit um Geld, sexuelle Eifersucht, Rache oder Sehnsucht nach der Geborgenheit in der gescheiterten Ehe geht.

- Auch das Verhältnis zwischen Kindern und Eltern hat sich verändert. Viele Kinder übernehmen heute Verantwortung, die sie altersmäßig überfordert, beispielsweise wenn sie versuchen, einem sorgengeplagten Elternteil psychisch beizustehen.
- Alleinerziehende Mütter und Väter stehen angesichts eines sinkenden Einkommens und wachsender Verantwortung unter einer extremen Belastung. Kinder ohne Partner aufzuziehen zehrt sowohl an den psychischen als auch den physischen Kräften eines Menschen. Obwohl sich an der Praxis der Vergabe des elterlichen Sorgerechts einiges geändert hat, bekommt in fast 90 Prozent der Fälle die Mutter das Sorgerecht für die Kinder zugesprochen.
- Der Elternteil, der die Kinder nur besuchen darf, bildet einen ganz neuen Elterntypus. Es gibt noch keine Handbücher, in denen man nachlesen könnte, wie man beispielsweise als »Wochenendvater« die Beziehung zu seinen Kindern aufrechterhalten kann. Fast immer werden nach einem Besuch von Eltern und Kindern Fragen bezüglich des nächsten Besuches gestellt. »Möchtest du lieber zur Disco in der Schule gehen, anstatt mich nächsten Samstag zu besuchen? Wirst du mich nächsten Sonntag trotzdem besuchen, auch wenn ich gereizt war?«
- Die Sozialwissenschaftler sehen sich einem völlig unerforschten Wissensgebiet gegenüber. Unser gesamtes Wissen über die Entwicklungsstadien des Kindes und die Familie basieren auf Daten aus intakten Familien; die geschiedene Familie wurde als Variante oder Abweichung der intakten Familie begriffen. Jetzt stellt sich jedoch heraus, daß es sich bei der geschiedenen Familie um einen neuartigen Typ von Familie handelt, der als eigenständiger Problembereich untersucht werden muß. Die Realität, die in geschiedenen Familien gelebt wird, stimmt nicht mit den Vorstellungen überein, die Psychologen in ihrer Ausbildung gelernt haben. Wir dürfen uns nicht auf Spekulationen beschränken, sondern müssen neue Theorien entwickeln, mit deren Hilfe die veränderte Realität angemessen beschrieben und gedeutet werden kann.
- Wir leben in einer Welt, in der zunehmend der ökonomische und soziale Status auch von Kindern der Mittelschicht bedroht ist. Viele Kinder aus geschiedenen Familien erreichen nicht mehr den sozialen Status ihrer Eltern. Wie wir sehen werden, haben 40 Pro-

zent der jungen Männer in unserer Studie keine persönlichen Ziele, sondern lassen sich treiben. Während zwei Drittel der Kinder im Collegealter entweder aufs College oder andere weiterführende Bildungseinrichtungen überwechseln, brechen viele die Schule ab. Nur die Hälfte beendet die Schule, obwohl sie in wohlhabenden Bezirken aufwuchsen, in denen 85 Prozent der Schüler der Abschlußklassen aufs College überwechseln. Die Entwicklung erfaßt also auch die wohlhabenden Schichten. In den USA nehmen die Universitäten auf die finanzielle Situation von Studenten aus geschiedenen Familien keine Rücksicht. In Anträgen auf finanzielle Unterstützung müssen die Studenten das Einkommen ihrer Mutter und ihres Vaters angeben, wobei weder die Scheidung berücksichtigt wird noch die Tatsache, daß viele geschiedene Väter, die vom finanziellen Standpunkt sehr wohl dazu in der Lage wären, ihre Kinder nach dem 18. Lebensjahr nicht mehr unterstützen, vor allem dann nicht, wenn Kinder aus einer zweiten Ehe vorhanden sind.[2]

- In positiver Hinsicht leben wir in einer Welt, in der wir die Möglichkeit haben, Fehler zu korrigieren und Chancen zu einem Neubeginn zu nutzen. Wir können demütigende, erkaltete und konfliktbeladene Beziehungen auflösen. Frauen, die von ihren Männern geschlagen werden, können ihre neurotischen Ehemänner verlassen. Kinder müssen nicht mit einem aufbrausenden Elternteil zusammenleben. Wir leben in einer Gesellschaft, in der man davon ausgeht, daß Männer und Frauen das Recht haben, in einer glücklichen Ehe zu leben. Funktioniert eine Ehe nicht, soll niemand gezwungen sein, weiter in dieser Gemeinschaft zu leben. Diese Möglichkeiten hatten unsere Großeltern noch nicht, denn damals war eine Ehe oft eine ökonomische Notwendigkeit, und eine Scheidung war mit den religiösen und sozialen Werten der damaligen Zeit nicht zu vereinbaren.

Unsere Gesellschaft sieht sich jedoch angesichts der Veränderungen der modernen Welt einer Reihe von Problemen gegenüber, auf die sie bisher noch nicht mit angemessenen Mitteln reagiert hat. In der Hauptsache geht es dabei um folgende Probleme:
Die psychologischen Bedürfnisse von Kindern bleiben die gleichen, auch wenn es Veränderungen in der Familienstruktur gibt.
Die labile Struktur unserer Familien entspricht längst nicht mehr unseren psychologischen Bedürfnissen. Die Familie soll eine Oase sein,

ein Ort der Entspannung, wo sich Erwachsene und Kinder von den Strapazen am Arbeitsplatz und in der Schule erholen können. Das Zuhause ist für das Vorschulkind der Ort, wo es den Kopf in Mutters Schoß legen kann, und für den Erwachsenen ist es der Ort, wo er neue Kräfte schöpft, nachdem er sich dem täglichen Lebenskampf gestellt hat.

Ganz sicher stehen die Wünsche, aber auch die Bedürfnisse von Erwachsenen und Kindern im Konflikt mit dem Entschluß zur Scheidung. Eltern sehen sich vor die schwierige Frage gestellt, was mit den Kindern geschehen soll.

Was für einen Ehepartner von Vorteil sein mag, ist nicht notwendigerweise auch für den anderen gut. In den meisten Familien mit Kindern wird die Scheidung nur von einem Ehepartner betrieben.

Vom wirtschaftlichen Standpunkt aus gesehen sind Frauen und Kinder eindeutig die Leidtragenden einer Scheidung. Eine in Kalifornien durchgeführte Studie ergab, daß Frauen mit minderjährigen Kindern im ersten Jahr nach der Scheidung durchschnittlich einen Rückgang des Lebensstandards um 73 Prozent hinnehmen mußten. Bei ihren Ehemännern hingegen stieg der Lebensstandard um 42 Prozent. Die Studie prognostiziert eine Zweiklassengesellschaft, in der Frauen und Kinder die unterdrückte Klasse bilden.[3]

Obwohl Kinder Eltern brauchen und Eltern ein gutes Verhältnis zu ihren Kindern aufrechterhalten möchten, verändert sich die Eltern-Kind-Beziehung durch eine Scheidung dauerhaft.

Die Institution Scheidung spiegelt unser demokratisches Ethos. Wir erachten die Rechte des Individuums für genauso wichtig wie die Rechte der Gruppe. Durch die Möglichkeit zur Scheidung werden die Bedürfnisse des einzelnen über die der Familie gestellt. Wie wird bei uns über Prioritäten entschieden? Wer ist in einer bestimmten Situation wichtiger — das Individuum oder die Familie? Wie immer wir uns entscheiden, die Gesellschaft steht in jedem Fall vor einem moralischen Dilemma.

Diese Probleme und die tiefgreifenden Veränderungen in Familie und Ehe werden von unserer Unterhaltungsindustrie als Stoffe verwertet. In *E. T.*, einem weltweit ganz außergewöhnlich erfolgreichen Film, brennt der Vater mit seiner Freundin nach Mexiko durch; die Mutter bleibt verzweifelt zurück und bricht jedesmal in Tränen aus, wenn eines ihrer Kinder den Vater auch nur erwähnt. Der jüngste Sohn der Familie trifft einen kleinen Außerirdischen, der sich in diese Welt verirrt hat. Der Fremdling wird sein Alter ego. Beide, der Außerirdische und der kleine Junge, sind einsam und verwirrt. Beide sind entwurzelt; sie haben ihre vertraute Welt verloren. Mit *E.T.* griff unsere Unterhaltungsindustrie zum ersten Mal das Problem der Auflösung der Familie auf — und zwar ganz beiläufig! Fast möchte man glauben, daß es völlig normal und alltäglich sei, wenn ein Vater mit seiner Freundin durchbrennt und eine weinende Frau mit ihren einsamen und verwirrten Kindern zurückläßt.

Der Film zeigt einen wichtigen Ausschnitt heutiger amerikanischer Alltagsrealität: Erwachsenen sind die eigenen Kinder fremd, und die Kinder verstehen die Erwachsenen nicht. Erwachsene werden in dem Film als inkompetent und distanziert dargestellt; sie sind so unglücklich und so sehr mit sich selbst beschäftigt, daß sie nicht angemessen für ihre Kinder sorgen. Deshalb bleibt das Kind, das außerirdische wie das irdische, auf sich selbst und seine Phantasie angewiesen.

Es ist kein Zufall, daß die beliebteste Fernsehserie der letzten Jahre einen liebenden Vater mit einer intakten Familie als Helden hat. Es ist auch kein Zufall, daß Bing Cosby, vielen auch unter dem Namen Cliff Huxtable bekannt, uns ein idealisiertes Bild der Familie liefert, in der, zu unser aller Erleichterung, Liebe, Tugend und Freundlichkeit die Alltagsprobleme lösen und letztlich immer siegreich bleiben. Denn genau das haben wir anscheinend verloren. Auf dem Bildschirm wird eine Welt gezeigt, wie wir sie uns erträumen; aber auch vor dem Fernseher wissen wir genau, daß es nicht so ist und vielleicht auch nie so war. Und doch sind wir nur zu gern bereit, uns in diese Scheinwirklichkeit zu flüchten, obwohl sie nicht die Wahrheit, sondern nur einen falschen Trost bieten kann.

Als ich mit den Interviews zu unserer Studie nach zehn Jahren anfing, erwartete ich, daß die meisten Erwachsenen mit der Scheidung abgeschlossen hätten. Für die Kinder gehörte dieses Kapitel sicherlich einer längst vergessenen Zeit an, denn die meisten hatten den Großteil ihres Lebens mit nur einem Elternteil oder in Zweitehen verbracht. Ich erwartete, ein breites Spektrum an Möglichkeiten vorzufinden, wie Menschen mit ihrer Scheidung fertig geworden waren. Ich war darauf gefaßt, daß einige glücklich, andere chronisch unglücklich waren; auf Tränen, Nostalgie und eine Abneigung, über die Vergangenheit zu sprechen, auf immer noch bestehende Bindungen, und manchmal sogar auf Bedauern darüber, daß es zu einer Scheidung gekommen war — auf all das war ich gefaßt. Nicht gefaßt war ich darauf, daß die Scheidung bei vielen noch so präsent war; daß sie für viele immer noch traurige Realität war, immer noch verbunden mit leidenschaftlichen Gefühlen, voller lebhafter Erinnerungen, Phantasien, mit vielfachen Brüchen in der Entwicklung, intensiven Wutgefühlen und eklatanten Unterschieden des Lebensstandards. Ebensowenig war ich auf die Schwierigkeiten gefaßt, mit denen so viele junge Menschen beim Übergang ins Erwachsenenalter zu kämpfen haben. Obwohl ich mich immer für jemanden gehalten hatte, der die Dinge realistisch einzuschätzen vermag, war ich völlig überrascht von dem, was ich bei diesen Gesprächen zu hören bekam.

2

Kontaktaufnahme

Zehn Jahre später

Zehn Jahre nachdem sich ihre Eltern getrennt hatten, gelang es uns, 116 der 131 Kinder unserer ursprünglichen Studie wiederaufzuspüren. Das jüngste dieser »Kinder« ist heute elf Jahre, das älteste 29. Die meisten ließen sich bereitwillig interviewen, manche schienen sogar begierig darauf, von ihren Erfahrungen zu berichten.

Die Kinder erinnerten sich erstaunlich gut an uns und warteten sogar mit Details über unsere ersten Treffen vor zehn Jahren auf. Da wir zu den Menschen gehörten, die ihnen während der größten Krise ihres Lebens begegnet waren, als sie sich einsam und verlassen gefühlt hatten, waren wir anscheinend immer noch etwas Besonderes für sie. Sie sahen in uns Interviewern offenbar Menschen, die wirkliches Interesse an ihnen hatten und denen sie vertrauen konnten. Wenn wir uns zusammensetzten und Erinnerungen austauschten, schien es so, als gehörten wir alle zu einer großen Familie.

Wir trafen uns in Restaurants, in unserem Büro, bei ihnen zu Hause, auf dem Flughafen oder wo immer es für sie am günstigsten war. Meine Mitarbeiter und ich sprachen zwei bis vier Stunden mit jedem einzelnen. Wir ließen uns bis ins Detail ihre gegenwärtigen Lebensumstände schildern, stellten jedoch auch umfassendere Fragen, die uns Einblick in ihre Beziehungen, Gefühle, Konflikte, Einstellungen, Hoffnungen und Träume geben sollten. Hier einige unserer Fragen: Wie siehst du dich jetzt und in der Zukunft? Würdest du dich als selbstsicher bezeichnen? Was bereitet dir Sorgen? Glaubst du, daß du je heiraten wirst? Hast du einen Freund oder eine Freundin? Wenn ja, wie ist er/sie? Möchtest du Kinder?

Obwohl wir ja genau wußten, was sich während und nach der Scheidung ihrer Eltern ereignet hatte, stellten wir ihnen viele Fragen zur Vergangenheit, um so mögliche Veränderungen von Haltungen bei den Kindern festzustellen: Welchen Einfluß hatte deiner Meinung nach die Scheidung auf deine Beziehungen zu anderen Menschen und auf deine Zukunftspläne? Wie würdest du insgesamt die Auswirkungen der Scheidung auf dich und deine Eltern beschreiben? Wie würdest du deine Beziehung zu deinen Eltern, Stiefeltern und Geschwistern beschreiben? In welcher Weise haben sich diese Beziehungen in den letzten Jahren verändert? Welche Erinnerungen hast du an die Scheidung? Ist diese Trennung für dein heutiges Leben noch von Bedeutung? Kannst du Ehepaaren, die in Scheidung leben, oder anderen jungen Leuten irgendwelche Ratschläge geben, sowohl für die Zeit der Scheidung selbst als auch für die Zeit danach?

Dieses Erlebnis schien kathartisch zu wirken. Es überraschte mich, wie rasch intensive Gefühle, insbesondere Gefühle der Trauer, bei den Jugendlichen geäußert wurden. Viele junge Männer gaben sich anfangs kühl und emotionslos, aber sobald Ereignisse aus der Vergangenheit ins Gespräch kamen, fiel diese Fassade, und sie brachen in Tränen aus.

Viele wollten von uns erfahren, wie sie sich in der Vergangenheit in bestimmten Situationen verhalten hatten. Wir mußten ihnen etwas über sie und ihre Geschwister als Kinder erzählen, und es schien, als ob wir ihnen verlorene Seiten des Familienalbums zurückgeben könnten. Sie interessierten sich dafür, wie es anderen jungen Leuten aus unserer Studie ging, obwohl sie diese Personen selbst nie kennengelernt hatten. Sie schienen sehr bedacht darauf, daß wir ihren Schmerz und ihre Anstrengungen gebührend beachteten, und sie waren dankbar, wenn sie sich verstanden fühlten.

Nachdem sie ihre anfängliche Scheu abgelegt hatten, erzählten die Kinder, wie oft und wie sachlich sie während der letzten zehn Jahre über die Scheidung ihrer Eltern nachgedacht hatten. Es zeigte sich, daß fast alle eine Verbindung herstellten zwischen der Erfahrung, mit geschiedenen Eltern aufgewachsen zu sein, und ihren heutigen Erfahrungen. Während die jungen Leute ihre Einsichten beschrieben, achteten sie sehr darauf, daß wir die von ihnen geschilderten Gefühle exakt wiedergaben, und korrigierten uns, wenn sie den Eindruck hatten, wir verstünden auch nur eine winzige Nuance nicht richtig.

Nachdem die Interviews abgeschlossen waren, wollten zahlreiche Versuchspersonen länger mit uns reden. Während ich abfuhr, stand eine junge Frau über 20 mit Tränen in den Augen auf dem Gehsteig. Andere schlossen mich zum Abschied in die Arme. Die Aufgeschlossenheit dieser Kinder aus geschiedenen Ehen und ihre Freude an unserem Interesse war in der Tat rührend. Vielleicht haben wir es hier mit einer existentiellen Einsamkeit vieler junger Leute in unserer Gesellschaft zu tun — vielleicht ist die Einsamkeit bei den Kindern aus geschiedenen Ehen aber auch etwas Spezifisches.

Trotz ihrer sehr unterschiedlichen Lebenswege haben diese jungen Menschen aus geschiedenen Ehen viele gemeinsame Gedanken, Gefühle und Erwartungen. Nach ihren Aussagen fühlen sie sich in vielfacher Hinsicht als eine eigenständige Gruppe. Obwohl sie der Kindheit längst entwachsen sind, betrachten sie sich als Kinder aus geschiedenen Ehen. Daraus leiten sie eine Gruppenidentität und eine Selbsteinschätzung ab, die in starkem Maße ihre jetzigen und zukünftigen Beziehungen beeinflußt.

Es ist überraschend, bei Kindern aus geschiedenen Ehen auf das Phänomen der Gruppenidentität zu stoßen. Zu diesem Phänomen kommt es nach den bisherigen Erfahrungen, wenn klar umgrenzte Personengruppen ein bestimmtes Trauma erleben. Vietnamesische Boat People haben beispielsweise alle ähnliche traumatische Erfahrungen hinter sich und entwickeln ganz bestimmte Emotionen, die Teil ihrer Identität werden, und zwar sowohl ihrer individuellen als auch ihrer gruppenbezogenen Identität. Andererseits ist die Ausbildung von Gruppenidentität im Zusammenhang mit dem Erlebnis des Verlusts einer geliebten Person bisher nicht bekannt. Ein Kind, das einen Elternteil durch Tod verliert, identifiziert sich nicht ein Leben lang mit all jenen, die auf dieselbe Art und Weise ihre Eltern vorzeitig verloren haben. Kinder aus geschiedenen Ehen jedoch fühlen sich ihren Leidensgenossen verbunden. Dieses Erlebnis läßt sie zeit ihres Lebens nicht mehr los. Sie fühlen sich allen andern Kindern aus geschiedenen Ehen verbunden und beanspruchen eine gemeinsame Identität, die sie von anderen Gleichaltrigen unterscheidet.

Die Kinder aus geschiedenen Ehen scheinen nicht nur sich selbst als Überlebende einer Katastrophe zu betrachten, sie projizieren diese Identität bereits auf ihre *ungeborenen Kinder.* Wenn sie über die Zukunft sprechen, erklären sie einmütig, erst dann Kinder in die Welt setzen zu wollen, wenn sich gezeigt habe, daß ihre Ehe funktioniere. Es ist klar, daß sie auf diese Weise ihre Kinder davor bewahren wollen, dasselbe zu erleben wie sie. »Niemand sollte das durchmachen müssen, was ich durchgemacht habe«, sagte mir ein 23jähriger Mann. »Eine Eheschließung kann man rückgängig machen, aber die Geburt eines Kindes nicht«, so die Begründung einer 23jährigen Frau.

Die Befragten berichteten uns, daß das Heranwachsen für Kinder aus

geschiedenen Ehen in jeder Hinsicht schwerer sei. Sie erklärten übereinstimmend, daß ihr Leben von der Scheidung ihrer Eltern überschattet war, daß sie sich in finanzieller und psychologischer Hinsicht der Unterstützung beraubt fühlten, die Kinder aus glücklichen und intakten Familien als selbstverständlich empfinden würden.
Sie glaubten zwar längst nicht mehr daran, daß ihre Eltern je wieder zusammenfinden könnten, aber der Verlust schmerzte sie immer noch, und sie verspürten eine wehmütige Sehnsucht nach der Vergangenheit; ihre Gefühle waren tief und heftig. Sie fühlten sich weniger beschützt, weniger umsorgt und weniger getröstet. Zusätzlich zur Vorstellung einer gemeinsamen Identität hatten diese Kinder allesamt immer noch lebhafte, bedrückende Erinnerungen an die Zeit der Trennung und Scheidung ihrer Eltern.
»Ich bin 19 Jahre alt und wache immer noch auf, wenn ich laute Stimmen oder Gebrüll höre«, erzählte mir Betty. »Und dann weine ich.«
»Ich habe gesehen, wie mein Vater meine Mutter verprügelte«, erzählte der 24jährige Tom. »An dieses schreckliche Erlebnis denke ich jeden Tag.« *Jeden Tag*. Tom lebt, wie viele andere Kinder aus geschiedenen Ehen, mit noch immer klaren schmerzlichen Erinnerungen. Und diese jungen Menschen berichteten über Ereignisse, die zehn Jahre zurücklagen! Wir neigen zu der Ansicht, daß Erinnerungen mit der Zeit verblassen und wir mit der Vergangenheit abschließen – aber für diese jungen Leute ist die Vergangenheit ständig präsent.
Streit und Schläge sind etwas, woran sich diese jungen Menschen besonders deutlich erinnern. Der heute 23jährige Jason erinnert sich an ein Ereignis, das 15 Jahre zurückliegt: »Mutter und Vater stritten sich zuerst im Badezimmer. Dann rannte meine Mutter ins Schlafzimmer und mein Vater hinterher. Ich versuchte, Vater aufzuhalten, aber er schleuderte mich durchs Zimmer. Und dann hörte ich, wie er sie verprügelte. Ich hörte, wie sie stöhnte.« Er fügte rückblickend hinzu: »Ich verstehe nicht, wie jemand so etwas *tun* kann.« Dieses Erlebnis verfolgt Jason. Die Erinnerung daran quält ihn noch heute.
Die meisten erinnern sich sehr gut an den Tag, an dem die Familie für immer auseinanderging. »Ich weiß noch genau, wie wir mit Mutter zusammen wegfuhren, ohne Vater Lebwohl zu sagen. Wir fuhren den ganzen Tag über, und ich mußte immer daran denken, wie er am Abend in ein leeres und verlassenes Haus heimkommen würde«, berichtet ein 19jähriges Mädchen.
Kinder aus geschiedenen Ehen vertreten Moralvorstellungen, die im allgemeinen konservativer sind als die ihrer Eltern. Sie als Gruppe

möchten erreichen, was ihren Eltern nicht gelungen ist — eine gute Ehe, Verläßlichkeit, dauerhafte zärtliche Liebe und Treue. Das Wort *treu* taucht in den Interviews immer wieder auf. Ihre Hoffnungen sind jedoch, wie wir sehen werden, beständig von der Angst überschattet, daß sie dieses Ziel einer dauerhaften Bindung nicht erreichen könnten. Sie fürchten alle, vom anderen Geschlecht betrogen und abgewiesen zu werden.

Um die Fehler ihrer Eltern zu vermeiden, wollen alle mit dem Partner ihrer Wahl vor der Ehe zusammenleben. Sie sind übereinstimmend der Meinung, daß man nicht zu früh und nicht unüberlegt heiraten sollte. Sie haben sich sehr lange Gedanken darüber gemacht, wie man den richtigen Partner findet und somit eine Scheidung vermeidet. Das Ergebnis dieser Überlegungen lautet:

»Ich habe aus den Fehlern meiner Eltern gelernt. Ich möchte eine dauerhafte Beziehung. Sex ohne Liebe ist animalisch. Ich möchte verliebt sein. Man hat letztlich einfach mehr von einer dauerhaften Beziehung.«

»Ehe ist gut. Treue ist gut. Man darf sich nicht belügen. Man muß über alles sprechen. Man darf sich nicht trennen.«

»Mein Ideal ist, jemand für immer und ewig zu finden. Das ist schwer, aber ich glaube, daß es möglich ist, es muß einfach möglich sein. Ich muß es nur richtig wollen, dann werde ich auch nicht der Versuchung erliegen, meinem Partner untreu zu werden. Ich bin der Meinung, daß man eine Ehe nicht auflösen darf.«

Die Kinder aus geschiedenen Ehen haben in bezug auf Ehe altmodische Ansichten. Sie verachten Vorstellungen von wechselnden Partnerbeziehungen oder einer »offenen Ehe«, und ihre Moralvorstellungen sind, verglichen mit denen ihrer Eltern, eher konservativ. Ihre Hinwendung zu den traditionellen Werten ist jedoch nicht religiös motiviert, sondern wird mit ihrem eigenen Unglück begründet. Nur bei jedem achten Jugendlichen unserer Studie kam es zu einer glücklichen Zweitehe beider Elternteile.

Viele dieser Kinder hatten auch in ihrer Jugendzeit Gefühle, die sie in der Krise gehabt hatten, noch nicht verarbeitet. Als besonders problematisch erwies sich die Wut darüber, wie sich ihre Eltern während der Ehe benommen hatten. Diese Emotionen sind von erstaunlicher Dauerhaftigkeit. Obwohl ein Großteil der Kinder nach zehn Jahren die Scheidung als solche akzeptiert hatte, waren und sind nicht wenige wütend über das Verhalten der Eltern während der Ehe und der Trennung. Diese Art von Wut bezieht sich nicht unbedingt nur auf ständige Feindseligkeiten zwischen den Eltern. Sie ist vielmehr Ergebnis der jahrelangen genauen und geduldigen Beobachtung des Verhaltens der Erwachsenen. »Meine Eltern haben beide zuviel gefordert und zuwenig gegeben«, sagt die 15jährige Laura. Junge Leute kommen völlig selbständig zu solchen Schlüssen. Eltern glauben das zwar nicht und meinen, die Kinder seien anderweitig beeinflußt worden, aber das stimmt nicht. Die Kinder haben wirklich das Gefühl, daß einer oder beide Elternteile sich falsch verhalten haben.

»Meine Eltern belogen und betrogen sich.«

»Vater benahm sich verantwortungslos. Daher hasse ich auch Verantwortungslosigkeit so sehr, und darum habe ich ihm auch nie verziehen. Ich fühle ihm gegenüber immer noch Abscheu und Bitterkeit.«

»Ich bin verbittert über das ganze durcheinander in meinem Leben. Ich wünschte, es wäre nie dazu gekommen.«

Diese Kinder bleiben für immer skeptisch gegenüber demjenigen Elternteil, der den Ehepartner verlassen hat. Die 21jährige Eloise litt an einem unheilbaren Melanom. Als sie im Sterben lag, sagte sie zu ihrer Mutter: »Ich muß Dad sagen, daß ich nicht vergessen habe, was er dir angetan hat, und daß ich immer noch wütend auf ihn bin.« Die Mutter glaubte ihren Ohren nicht zu trauen. Ihr Mann war nun schon zehn Jahre aus dem Haus, aber in den Jahren nach der Trennung hatte sich eine enge Beziehung zwischen Vater und Tochter entwickelt. Es gab die ganze Zeit über keinerlei Anzeichen, daß die Untreue des Vaters der Tochter immer noch zu schaffen machte. Die Mutter überredete Eloise, dem Vater gegenüber zu schweigen, weil sie wußte, daß er über diesen Vorwurf von seiner Tochter nicht hinwegkommen würde. Das Mädchen starb, ohne dem Vater ihre innersten Gefühle offenbart zu haben.

Kinder sind zwar wütend auf die Versäumnisse und Fehler ihrer Eltern und urteilen oft sehr hart, aber sie haben auch Verständnis für den Kummer der Eltern. Trotz ihrer eigenen Bedürftigkeit und Wut bringen die Kinder aus geschiedenen Ehen außerordentlich viel Verständnis für die Fehler ihrer Eltern auf; als junge Erwachsene sind sie viel eher dazu in der Lage, ihre Eltern mit ihren typisch menschlichen Schwächen zu akzeptieren. Von dem Gedanken, früher bei Streitigkeiten für die eine oder andere Seite Partei ergriffen zu haben, sind sie später peinlich berührt. Einige sagen, diese Auseinandersetzungen seien sehr unangenehm gewesen und man müsse das Ganze einfach hinter sich lassen; andere hingegen behaupten, diese Streitigkeiten

seien die traumatischsten Erlebnisse ihres Lebens gewesen, schlimmer als die Scheidung selbst.
Ich war überrascht, wie viele Kinder aus geschiedenen Ehen sich durch Offenheit, Aufrichtigkeit, Sanftmut und Freundlichkeit auszeichnen, Eigenschaften, die ungewöhnlich sind, wenn man bedenkt, was sie durchgemacht haben. Während viele Zurückweisung und Deprivation erlebt haben, sind sie in ihren eigenen Beziehungen überraschend einfühlsam, ja sogar freimütig in ihren Gefühlsäußerungen. In ihren heterosexuellen Beziehungen fürchten sie zwar Zurückweisung. Sie äußern sich über diese Beziehungen jedoch keineswegs zynisch oder oberflächlich. Sie nehmen moralische Kategorien wie Gut oder Böse, Richtig oder Falsch sehr wichtig. Unser Anteilnahme freut sie, und sie geben bereitwillig Auskunft über ihre Erfahrungen, um dadurch möglicherweise anderen jungen Leuten zu helfen.
Die Kinder aus geschiedenen Ehen haben als Gruppe auch nicht das Gefühl, besondere Ansprüche stellen zu dürfen. Da sie die Erfahrung gemacht haben, daß ihre Ansprüche innerhalb der Familie nicht immer an erster Stelle standen, haben sie gelernt, die Bedingungen zu akzeptieren, die ein geplagter alleinerziehender Mensch stellen muß. Sie haben gelernt zu teilen, sie haben gelernt, daß die Ressourcen eines Menschen begrenzt sind und daß sie sich gegenüber anderen fair verhalten müssen.

Seltsamerweise reagierten die Erwachsenen nicht so eindeutig auf unser Wiedersehen zehn Jahre nach der Scheidung. Einige fanden meinen Vorschlag glänzend, sich noch einmal zusammenzusetzen. Nach einem dreistündigen Anfahrtsweg kam eine Frau in mein Büro gerannt und umarmte mich stürmisch; ein Mann küßte mich auf beide Wangen und sagte: »Ich finde Ihre Idee großartig.« Aber mir wurde bald klar, daß diese Erwachsenen von widersprüchlichen Emotionen geplagt wurden. Einerseits beteuerten sie, daß sie mich gern wiedersehen würden, andererseits wollten sie jedoch dieses Kapitel ihres Lebens endlich abschließen. Ungefähr die Hälfte der Erwachsenen in unserer Studie gehörte zur zweiten Gruppe und ging nur zögernd auf unsere Anfrage ein. Obwohl wir allen Betroffenen strengste Anonymität zusicherten, legten sie überaus großen Wert auf die Respektierung ihrer Privatsphäre. Außerdem konnten sie sich nicht vorstellen, daß ihre Erfahrungen für andere Menschen von Nutzen sein könnten. Vor allem Männer wollten schon weit im Vorfeld wissen, mit welchen Fragen sie bei unseren Interviews zu rechnen hätten.

Für mich ist es nicht einsichtig, warum es Erwachsenen so schwerfällt, über eine Scheidung zu sprechen, die zehn Jahre zurückliegt. Wenn eine Ehe in die Brüche geht, ist das für Eltern und Kinder eine gleichermaßen belastende Erfahrung; die Scheidung ist für beide Teile schmerzvoll. Zehn Jahre danach scheinen die Erwachsenen jedoch eine viel stärkere Abwehrhaltung entwickelt zu haben als die Kinder. Nicht ein einziges Kind war derart mißtrauisch, als wir anriefen und um Mithilfe bei unserer Folgestudie baten. In der Öffentlichkeit wurde wiederholt darüber diskutiert, daß Kinder sich schuldig an der Scheidung der Eltern fühlen. Ich habe vielmehr den Verdacht, daß die Zurückhaltung der Erwachsenen teilweise auf fortdauernde, unterbewußte Schuldgefühle gegenüber ihren Kindern oder ihrem früheren Ehepartner zurückzuführen ist.

Was letztlich die meisten Männer und Frauen dazu bewegt, unser Büro zu betreten, ist die Sorge um ihre Kinder. Da wir uns parallel mit allen Familienmitgliedern treffen, können wir den Eltern anbieten, ihnen zu berichten, was ihre Kinder über ihr Leben denken — dies natürlich nur, sofern die Kinder zustimmen und wir es als hilfreich für die Familie erachten. Schließlich bekamen wir von allen jungen Leuten die Erlaubnis zur Weiterleitung ihrer Ansichten an ihre Eltern. Ein junger Mann erklärte uns: »Richten Sie meiner Mutter aus, daß sie sich irrt. Sie meint, ich sollte nicht die Pflichten des Mannes im Hause übernehmen. Aber es wäre wirklich besser, wenn ich mehr Pflichten übernehmen würde. Alles, was dazu beiträgt, daß wieder alles normal wird, finde ich gut. Ich möchte, daß sie das weiß.«

Bei den Erwachsenen fällt insgesamt auf, daß sie offensichtlich das Bedürfnis haben, sich von ihrer besten Seite zu zeigen, ihre Mißerfolge zu verbergen und ihr Leid zu kaschieren. Sie meinen wohl, sie müßten beweisen, daß durch eine Scheidung sämtliche Probleme gelöst worden seien.

Laura trug ein teure Leinenkleid und eine Perlenkette. Ihr Haar war zu einem eleganten Nackenknoten hochgesteckt. Sie beteuerte: »Es ist für uns alle jetzt einfacher. Es geht uns allmählich besser. Es braucht eben alles seine Zeit. Das hätten wir von Anfang an wissen müssen.« Im Verlauf des Interviews stellte sich jedoch heraus, daß Lauras Tochter soeben ihre zweite Abtreibung hinter sich hat und daß ihre zweite Ehe kurz vor der Trennung steht.

Ich habe mit vielen Interviewpartnern die Erfahrung gemacht, daß im Lauf des Gesprächs die schöne Fassade abbröckelt. Dann wurde ich stets mit einer realistischeren Einschätzung der vergangenen fünf oder zehn Jahre konfrontiert. In Wirklichkeit war das Leben viel schwieriger, als es sich die meisten je vorgestellt hatten.

»Ich hatte in den letzten Jahren nur eine Reihe kurzlebiger Beziehungen zu Frauen«, sagte mir ein Mann Anfang Fünfzig. »Die einzige Frau, die mich wirklich interessiert hätte, heiratete schließlich einen anderen, von dessen Existenz ich bis dahin nicht einmal wußte.«

Eine 48jährige Frau berichtete: »Ich wäre gerne wieder Hausfrau. Ich habe es satt, in all diese Rollen zu schlüpfen: die Rolle der voll Berufstätigen, der Frau mit vielerlei Freizeitaktivitäten und der alleinerziehenden Mutter.« Sie holte tief Luft und fuhr fort: »Ich hatte die ganze Zeit über einen Freund. Wir bleiben wahrscheinlich für länger zusammen. Aber sicher ist das nicht.« Den letzten Satz fügte sie nach einer längeren Pause hinzu.

Bevor wir mit den Interviews angefangen hatten, gingen wir davon aus, daß zehn Jahre für die Geschiedenen vollauf genügen müßten, um ihre Probleme zu lösen. Fünf Jahre nach der Scheidung plagten sich zwar immer noch viele Erwachsene mit der Frage herum, was sie mit ihrem Leben anfangen sollten. Aber die meisten befanden sich inzwischen in der dritten Phase der Scheidung, das heißt, sie hatten eine neue Stelle, waren wieder verheiratet oder hatten in anderer Form ihre Chancen zu einem Neubeginn genutzt. Wir waren absolut sicher, daß die große Mehrheit der Männer und Frauen unserer Studie *nach zehn Jahren* die Scheidung innerlich verarbeitet haben würde. Wir nahmen an, daß wir nun an die Untersuchung der Frage gehen könnten, auf welche Weise Menschen ihre Probleme nach einer Scheidung lösen.

Eine Scheidung beginnt mit Konflikten in der Ehe und gipfelt in der Trennung und dem Einreichen der Scheidung, worauf dann die Jahre des Übergangs folgen. Trotz allem hat man mit einer Scheidung länger als zwei, länger als fünf Jahre zu kämpfen; ja, es stellt sich heraus, daß die Angelegenheit selbst nach zehn oder fünfzehn Jahren noch nicht ausgestanden ist. Bei vielen Leuten sind die Gefühle und Erinnerungen an eheliche Auseinandersetzungen auch zehn oder fünfzehn Jahre nach der Trennung noch frisch und intensiv. Wie sich der Betreffende in der Anfangsphase nach der Scheidung gefühlt hat, sagt überhaupt nichts über die langfristigen Auswirkungen auf seine Person aus. Sie wirken oft ein Leben lang nach.

Es war uns klar, daß wir die Höhen und Tiefen im Leben dieser Frauen und Männer untersuchen mußten. Wir mußten ihren Lebensweg nachzeichnen und untersuchen, welchen Weg sie eingeschlagen hatten, um herauszufinden, wie sie ihre Probleme angegangen waren. Die wirklichen Folgen einer Scheidung für die Betroffenen sieht man erst, wenn der Streit zwischen den Eheleuten beigelegt ist und die Rechtsanwälte die Akten geschlossen haben; die Tragweite der Scheidungsfolgen läßt sich an dem ablesen, was die Leute Jahre später über sich denken und wie sich ihr Leben verändert hat — zum Guten oder Schlechten.

Wir haben uns mit unseren Versuchspersonen ausführlich unterhalten, als ihre Ehe in die Brüche ging, dann wieder zwölf bis 18 Monate später und schließlich nach fünf Jahren. Jetzt, nach zehn Jahren, haben wir uns die Fülle der angesammelten Informationen wieder vorgenommen und damit begonnen, nach bestimmten Mustern, immer wieder auftauchenden Gefühlen, Erinnerungen, Einstellungen und Beziehungen zu suchen. In unseren Interviews versuchen wir herauszufinden, ob unsere Gesprächspartner hoffnungsvoll oder entmutigt sind und ob sie im allgemeinen mit ihrem Leben zufrieden oder aber enttäuscht sind. Wir untersuchen ihr Familienleben, ihr Arbeitsleben, ihr Sexualleben und ihre sozialen Kontakte. Schließlich unterziehen wir alle unsere Beobachtungen der statistischen Analyse, um Verbindungen zwischen der Vergangenheit und der Gegenwart herzustellen.

Zur Messung der Lebensqualität des einzelnen übernehmen wir die von den Betreffenden abgegebene Selbsteinschätzung ihrer Lebenssituation. In unsere Messung gehen jedoch subjektive und objektive Beobachtungen ein, das heißt, wir verbinden die Selbsteinschätzung unserer Interviewpartner mit unseren eigenen Beobachtungen zu ihrer Lebenssituation.

Wir wollten erfahren, wie diese Menschen über Entscheidungen dachten, die sie nach der Scheidung getroffen hatten. Haben sie aus dem Scheitern ihrer ersten Ehe gelernt? Oder haben sie in den zehn Jahren, die inzwischen vergangen sind, dieselben Fehler noch einmal gemacht? Geben sie sich noch immer denselben Tagträumen hin? Haben sie wieder einen Alkoholiker geheiratet? Oder haben sie ein realistischeres Selbstbild entwickelt und sich vom Urteil des ehemaligen Ehepartners über ihre Person freigemacht? Treffen sie heute realistischere Entscheidungen?

Da wir damit in heikle Bereiche vorstoßen, vermeiden wir bei unseren Interviews direkte Fragen, die den freien Fluß der Gedanken, Erinnerungen und Gefühle unserer Interviewpartner hemmen könnten. Statt dessen lassen wir unsere Gesprächspartner den Verlauf des

Gesprächs bestimmen und steuern nur ab und zu neutrale Kommentare bei. Mit dieser Methode erhalten wir ihre Gedanken und Bemerkungen zum Thema Scheidung in Reinform und ermutigen sie, ihre eigenen Entdeckungen zu machen und Zusammenhänge herzustellen. Schließlich sind wir vor allem an ihren Ansichten und den Zusammenhängen interessiert, die sie zwischen dem Gestern und Heute sehen.

Ungefähr die Hälfte der Männer und Frauen waren mit ihrem derzeitigen Leben zufrieden. Sie hatten mit der Scheidung endgültig abgeschlossen und bedauerten sie auch nachträglich nicht. Zu unserer Überraschung mußten wir jedoch feststellen, daß die Scheidung auch 15 Jahre danach noch eine zentrale Rolle im psychischen und emotionalen Haushalt vieler Erwachsener spielt. Sie haben ihr Leben immer noch nicht im Griff und leiden an den Folgen der Scheidung, die nun über ein Jahrzehnt zurückliegt. Viele sind emotional nach wie vor stark in der gescheiterten Ehe verhaftet und plagen sich noch mit den Hoffnungen und Enttäuschungen dieser Ehe herum. Einige haben bereits eine zweite Scheidung hinter sich, leiden unter chronischer Einsamkeit und unter der Entfremdung von ihren Kindern oder aber sie fühlen sich verraten und im Stich gelassen. Ein Drittel der Frauen und ein Viertel der Männer, vor allem die älteren, fühlen sich vom Leben betrogen, enttäuscht und sind einsam. Mit Erschrecken habe ich zur Kenntnis genommen, wie unglücklich diese Menschen zu diesem Zeitpunkt waren.

Ich wußte längst, daß man nicht einfach abwarten kann, bis die Zeit die Wunden einer Scheidung heilt. Dennoch war ich überrascht, wie lange Menschen mit ihren Gefühlen zu kämpfen haben. In den USA hatte man sich den Ablauf ganz anders vorgestellt: Männer und Frauen würden ihr Leben neu ordnen, sich rasch aufrappeln und ihr Leben wieder in geordnete Bahnen bringen. Sie würden einen besseren Partner und eine bessere Stelle finden. Sie würden immer genug Geld für ihre Kinder haben, und die Väter würden bereitwillig das Schulgeld für ihre Kinder bezahlen, wenn diese sie nur regelmäßig besuchten und nett zu ihnen wären. Vor allem aber glaubte man, sie würden ihre Fehler nicht ein zweites Mal begehen.

Mit dem typischen amerikanischen Optimismus wollten wir uns einreden, daß mit der Zeit die Gefühle der Demütigung und der Wut nachlassen würden, daß die Zeit alle Wunden heile und daß der Mensch von Natur aus sehr widerstandsfähig sei. Aber es gibt keinerlei Hinweise darauf, daß diese schmerzlichen Erinnerungen mit der Zeit von selbst verblassen. Zahlreiche Erfahrungen sind zehn Jahre später noch genauso schmerzlich, und viele Erinnerungen verfolgen uns ein Leben lang. Die Menschen leben selbstverständlich weiter; man darf jedoch aus der Tatsache, daß sie inzwischen zehn Jahre älter geworden sind, nicht schließen, daß ihre Wunden verheilt sind. Die meisten Menschen gehen bei ihrem Entschluß zur Scheidung davon aus, daß man im Erwachsenenalter jederzeit die Chance zu einem Neubeginn nutzen und sich ein neues Leben aufbauen kann. Das erweist sich jedoch oft als Trugschluß. Mit ein bißchen Hilfe und Glück gelingt das manchen; sehr viele aber können ihre Chance nicht nutzen, oder, und das ist erheblich wichtiger, sie tun es einfach nicht. Bei den von uns untersuchten Geschiedenen wurde folgendes Muster sichtbar: Einer der beiden ehemaligen Ehepartner findet eine dauerhafte zweite Beziehung und Ehe, während der andere ein zweites und drittes Mal geschieden wird oder nie wieder heiratet.

Ein Erwachsener hat dann bessere Aussichten für die Zeit nach der Scheidung, wenn er oder sie auf wirtschaftliche Unabhängigkeit und menschliche oder berufliche Erfolge in der Vergangenheit zurückblicken kann. Für alle Betroffenen ist der Weg aus der Krise ein aktiver Prozeß. Glückstreffer oder Zufallsbegegnungen können hilfreich sein, aber dieser Prozeß beinhaltet immer aktive planvolle Beteiligung des einzelnen und die Fähigkeit, konstruktiv von neuen Optionen Gebrauch zu machen und sich auf diese Weise weiterzuentwickeln. Für den einzelnen kann es hilfreich sein, über bestimmte Begabungen, verwertbare Fertigkeiten und Fähigkeiten zum Aufbau eines sozialen Netzes zu verfügen. Wer von einer hilfsbereiten Familie und ebensolchen Kindern unterstützt wird und über Geld verfügt, kann von Glück reden. Diese Dinge erleichtern den Prozeß, aber trotzdem gibt es keine Erfolgsgarantie. Wie wir sehen werden, entscheidet eine Reihe von Faktoren über unsere Chancen für einen Neubeginn: Alter, Geschlecht, Geld, Aussehen, Mut, Glück und die vielen Entscheidungen, die während dieses Prozesses getroffen werden.

Ich habe mich zur Illustration der komplexen Probleme und der Möglichkeiten einer Scheidung in diesem Buch auf drei Familien konzentriert. Die Moores sind eine traditionelle Familie der oberen Mittelschicht. Beide Ehepartner haben einen hohen Bildungsstand, der Vater ist Arzt. Die 20jährige Ehe umfaßte einen Gutteil des Erwachsenenlebens von Nicholas und Christina. Nicholas wünschte die Scheidung und heiratete kurz nach der Scheidung ein zweites Mal.

Christina war gegen die Scheidung und ist in den letzten 15 Jahren allein geblieben. Beide leben weiterhin in traditionellen Verhältnissen, wobei die Mutter die Rolle der Hüterin des Heimes übernimmt und der Vater der Ernährer der Familie ist. Bei ihren drei Kindern Ruth, Denise und Sammy zeigten sich während der Ehe und Scheidung wenig Anzeichen einer Krise; die Langzeitwirkungen sind jedoch bis zum heutigen Tag spürbar.

Die Burrelles ließen sich scheiden, als sie Anfang Dreißig waren. Ich muß gestehen, daß ich die Gründe für diesen Entschluß eigentlich nie so richtig verstanden habe. Betty zog mit ihren drei Kindern Steve, Tanya und Kyle von Kalifornien nach New Mexico. Der aufstrebende Dale hingegen, Verwaltungsangestellter in einem Krankenhaus, wurde befördert und nach New York versetzt. Dale war überzeugt, er erfülle seine Vaterpflichten vollkommen. Er schickte gelegentlich Geld und schrieb ab und zu einen Brief oder rief an, bemühte sich ansonsten aber kaum um weitergehende Kontakte. Betty kämpfte sich so gut es ging als alleinerziehende Mutter durch. Sie übernahm finanziell, sozial und psychologisch die Verantwortung für das Wohlergehen der Kinder. Durch die Scheidung verlor sie den komfortablen Lebensstandard der Mittelschicht und geriet in Armut.

Die Catalanos heirateten, als Rosemary 18 und Bob 21 waren. Sie gehören der unteren Mittelschicht an und absolvierten beide die High-School. Bob arbeitete als Fernsehtechniker. Nach sechsjähriger Ehe reichte Rosemary wegen fortwährender Differenzen die Scheidung ein. Bob gestand die Schwierigkeiten zwar ein, widersetzte sich jedoch der Scheidung. Schließlich beugte er sich aber dem Willen seiner Frau. Rosemary besuchte wieder die Schule, war voll berufstätig, zog die beiden Kinder auf und ging aus der ganzen Sache als völlig neuer Mensch hervor. Ihre zweite Ehe war ein voller Erfolg — ebenso wie das Geschäft, das sie damals eröffnete und bis heute betreibt. Obwohl Bob Schwierigkeiten hatte, sein Leben nach der ersten Scheidung wieder in den Griff zu bekommen, hat auch er ein zweites Mal geheiratet. Diese Ehe wurde jedoch nach sieben Jahren geschieden. Die beiden Kinder Billy und Kelly haben ihren Vater in diesen Jahren nur selten gesehen. Sie wuchsen im Haushalt des Stiefvaters auf. Kelly hatte — anders als Billy — ein gutes Verhältnis zu seinem Stiefvater.

Selbstverständlich können drei Familien nicht das ganze Spektrum von Erfahrungen mit Scheidung widerspiegeln, aber in diesem Buch werden auch andere Personen zu Wort kommen. Die drei Familien verdeutlichen jedoch wesentliche Ergebnisse unserer Studie. An ih-

nen lassen sich die vielschichtigen Probleme des Themas »Scheidung« auf persönliche und zusammenhängende Weise darstellen.
Ich berichte im folgenden Tatsachen. Die Identität der an unserer Studie beteiligten Personen wurde von uns sorgfältig verschleiert, um ihre Intimsphäre zu schützen. Ihre Äußerungen sind jedoch alle wortgetreu wiedergegeben.

Teil 2

Gewinner und Verlierer

3

Nicholas und Christina Moore

Nicholas Moore und Christina Woodward kannten sich seit ihrer Kindheit. Sie heirateten 1951, kurz nach dem College-Abschluß. Die Kinder kamen erst, nachdem er das Medizinstudium abgeschlossen hatte. Der frischgebackene Dr. Moore trat daraufhin in eine einträgliche Praxis für Radiologie in San Francisco ein.

Heute kann keiner von beiden mehr sagen, warum sie eigentlich geheiratet haben. Christina war und ist heute noch sehr hübsch. Ihr Vater war Präsident einer Ivy-Leage-Universität. Sie wuchs in guten und behüteten Verhältnissen auf. Christina war in ihrer Hochzeitsnacht Jungfrau. Nicholas war aus derselben Stadt und stammte aus einer zwar armen, aber geachteten Familie. Von seiner Großmutter mütterlicherseits hatte er ein wenig Geld geerbt, mit dem er sein Medizinstudium an der Universität von Nebraska finanzierte. Obwohl Nicholas und Christina schon während ihrer College-Zeit miteinander befreundet waren, interessierte er sich auch für andere Frauen. Er hatte vor der Hochzeitsnacht sexuelle Erfahrungen gemacht.

Nach außen hin war die Ehe von Anfang an ein voller Erfolg. Nicholas wurde ziemlich wohlhabend, und Christina schuf die Art von Heim, wie er es sich immer erträumt hatte — ein Ambiente, das Harmonie, Sicherheit und konservative Eleganz ausströmte. Christina widmete sich voll und ganz der Familie und dem Haushalt.

Obwohl ihre 20jährige Ehe nie besonders glücklich war, drängte nur Nicholas auf Scheidung. Christina klammerte sich krampfhaft an diese Ehe. Keiner von beiden kann sich daran erinnern, daß ihre Beziehung je besonders leidenschaftlich gewesen wäre, und ihr Sexualleben war von Anfang an für beide eine einzige Enttäuschung. Als ich Nicholas 1971, kurz nach ihrer Trennung, zum ersten Mal sah, sagte er mir: »Sie hat einfach kein Interesse am Sex. Einmal war es ihr zu lasch,

dann zu stürmisch. Dann paßte ihr dies nicht, dann das nicht. Schließlich haben wir überhaupt nicht mehr miteinander geschlafen.«
Christina hatte an ihrem Mann auch einiges auszusetzen. »Nicholas ist ein sehr dominanter und eigensinniger Mann, der leicht die Geduld verliert und erwartet, daß alles sofort richtig und perfekt erledigt wird. Ich konnte es ihm nie recht machen.« Ihre Antwort auf meine Frage bezüglich ihres Sexuallebens verblüffte mich: »Er hat einfach kein Interesse am Sex. Wir schlafen schon seit drei Jahren nicht mehr miteinander.« Aus der Art, wie sie das sagte, schloß ich, daß sie diesen Umstand bedauerte, und das paßte nun wiederum gar nicht zu dem, was Nicholas mir erzählt hatte. »Ich war früher ein sehr passiver Mensch«, fügte Christina hinzu. »Daß ich mich jetzt besser durchsetzen kann, paßt ihm gar nicht.«
Die Moores führten abgesehen von den durch Nicholas' Beruf bedingten sozialen Verpflichtungen ein sehr zurückgezogenes Leben. Christina richtete zwar gekonnt formelle Abendgesellschaften für zehn bis zwölf Personen aus, aber zwanglose Zusammenkünfte mit engen Freunden gab es in der Zeit ihrer Ehe nicht. Solche Gelegenheitstreffen verunsicherten Christina. Sie wollte auch nicht, daß Leute unangemeldet bei ihr vorbeikamen.
Die Ehe hielt vor allem deshalb zwei Jahrzehnte, weil Nicholas und Christina die zwischen ihnen bestehende soziale Bindung respektierten, ihre drei Kinder liebten und gerne ihre Pflichten als Eltern erfüllten. Sie konnten auf ihre Kinder stolz sein. Die Töchter Ruth und Denise waren bei der Scheidung vierzehn und zehn Jahre alt. Sie waren bei Lehrern, Pfarrern und Verwandten gleichermaßen beliebt und geschätzt. Die beiden Mädchen bereiteten den Eltern sehr viel Freude. Der Sohn Sammy war zum Zeitpunkt der Scheidung gerade sieben. Er stand im Schatten seiner beiden erfolgreichen Schwestern, war aber sicher der Sohn, den sich sein Vater immer gewünscht hatte.
Nachdem sich Nicholas zur Scheidung entschlossen hatte, teilte er Christina seinen Entschluß mit. Was sich danach abspielte, war typisch für die Interaktionsformen in dieser Familie. Die beiden riefen ihre Kinder zu sich ins Wohnzimmer, und Nicholas sagte: »Christina, sag du es ihnen.« Es war Christina zwar unangenehm, aber sie tat es, mit dem Ergebnis, daß Nicholas später die Art und Weise kritisierte, wie sie die Sache angegangen war. Ruth und Sammy weinten.
Nicholas zog eine Woche nach der Bekanntgabe seines Entschlusses in ein Mietshaus in der Nachbarschaft. Wenn er überhaupt irgendwelche Zweifel bezüglich seines Entschlusses hatte, so betrafen sie sei-

ne Vaterrolle. Wie sollte er weiterhin das Familienoberhaupt sein, wenn er überhaupt nicht zu Hause war? Wie sollte er seine Autorität gegenüber den Kindern wahren, wenn sie diese nicht mehr täglich zu spüren bekamen?

Schon bei unserem ersten Treffen fand ich Nicholas sympathisch. Er sieht gut aus und wirkt weltmännisch. Er ist groß, muskulös und hat blonde Locken. Er hat eine sanfte Stimme und nahm die Vorschläge, die ich in bezug auf seine Kinder machte, bereitwillig auf. Er zückte sogar einen Stift und schrieb sich alles auf, was ich sagte. Er unterhielt mit seinen Kindern enge und intensive Beziehungen, und mit jedem der Kinder verband ihn ein besonderes Hobby. Mit Ruth ging er ins Theater, mit Denise segelte er und mit Sammy suchte er Fossilien. Er bombardierte mich mit Fragen bezüglich der möglichen Auswirkungen der Scheidung auf die Kinder. Er machte sich besonders Sorgen um Sammy, weil er sich zur Zeit in der Schule fast täglich prügelte. Ruth machte ihm ebenfalls Kummer. Wie sollte er ihr Ratschläge geben und ihr durch die Pubertät helfen? Nicholas hatte Schwierigkeiten damit, seine Rolle als Autoritätsperson aufzugeben.

Gleichzeitig interessierte sich Nicholas kaum dafür, wie seine Frau mit der Scheidung fertig wurde. Er löste sich erstaunlich schnell von ihr. Nach wie vor fühlte er sich für sie verantwortlich. Sie war ja schließlich die Mutter seiner Kinder. Er bestand darauf, Christina auch nach der Scheidung finanziell zu unterstützen, und wies die Anregungen seines Anwalts zurück, seine finanziellen Verpflichtungen völlig legal auf ein Minimum zu reduzieren. So viel Großzügigkeit kann man den meisten anderen Männern nicht nachsagen. Christinas Lebensstandard war zwar nicht mehr derselbe wie vor der Scheidung, aber sie brauchte keine Not zu leiden.

Bei unserem Interview nach fünf Jahren sah Nicholas blendend aus. Er war gebräunt von der frischen Luft beim Segeln, beim Tennis und beim Sammeln von Fossilien mit seinem Sohn. Mit seinen regelmäßigen, blendendweißen Zähnen, dem von der Sonne gebleichten Haar und dem gewinnenden Lächeln sah ihm niemand seine 47 Jahre an. Vor drei Jahren hatte er die 42jährige Krankenschwester Connie geheiratet. Sie arbeitete im selben Krankenhaus. Er hatte für sich und seine zweite Frau ein großes neues Haus in der Nähe seiner Kinder gekauft. Nicholas hatte die Ratschläge, die ich ihm gegeben hatte, befolgt und mit jedem einzelnen Kind viel unternommen. Er hatte sich überdies besonders viel um Sammy gekümmert.

Er war bei diesem Treffen viel glücklicher. Beruflich ging es ihm gut,

und auch mit Christina gab es keine Auseinandersetzungen. Er erklärte mir: »Meine Entscheidung war goldrichtig. Ich hätte mich schon vor Jahren scheiden lassen sollen. Ich führe eine glückliche Ehe, meine zweite Frau ist wunderbar, den Kindern geht es gut, und ich habe meine Entscheidung noch keinen Augenblick bereut.« Es gab nur einen Umstand, der das Glück trübte: »Meine Kinder wollen mit Connie nichts zu tun haben. Das Verhältnis ist sehr gespannt.«
Nicholas fühlte sich als das Streitobjekt zwischen seiner zweiten Frau und seinen Kindern, besonders seinen Töchtern. Ihm kam es vor, als kämpften alle um ihn. Seine zweite Frau verlangte, er solle mehr Zeit mit ihr verbringen. Seine Töchter benahmen sich zwar stets korrekt und höflich, mochten seine Frau aber nicht und wollten ihren Vater für sich haben. Bei den häufigen Besuchen seiner Töchter herrschte eine gespannte Atmosphäre. Ich hatte jedoch den Eindruck, daß Nicholas diese Situation in gewisser Weise auch genoß. Aus seinen Berichten über das Verhältnis zwischen seiner zweiten Frau und seinen Töchtern schloß ich, daß das eifersüchtige Buhlen um seine Gunst, obschon zuweilen anstrengend, auch gewisse Reize für ihn hatte.

Bei unserem Interview nach zehn Jahren sah Nicholas immer noch adrett und gesund aus. Er ist ein erfolgreicher, wohlhabender Arzt, der vertrauenswürdig und glücklich wirkt. Kaum hatte er mein Büro betreten, gratulierte er mir zu meinen kürzlich erzielten beruflichen Erfolgen. Er ist ein Mensch, dem es wichtig ist, über solche Dinge Bescheid zu wissen.
Er ist auch weiterhin in seiner zweiten Ehe glücklich. »Connie ist eine gute Ehefrau«, erklärte er mir stolz. »Sie ist in letzter Zeit in der Sozialhilfe aktiv und arbeitet ehrenamtlich in einem Kinderkrankenhaus. Den Haushalt hält sie auch wunderbar in Schuß. Alles in allem bin ich sehr glücklich. Ich habe meine Scheidung noch nie bereut.«
Wie er mir berichtete ging es den Kindern gut. »Ich habe mit allen dreien Kontakt. Denise ist ja jetzt weg von hier, auf dem College. Ehrlich gesagt mache ich mir ein bißchen Sorgen um sie. Sie hat sich sehr verändert, seit sie weg ist, aber ich glaube, es liegt an der Schule und an dem jungen Mann, mit dem sie befreundet ist. Ruth hat sich auch verändert. Ich hoffte, sie würde direkt auf die Graduate School überwechseln, aber sie läßt sich Zeit damit. Christina sehe ich jeden Freitag, wenn ich bei ihnen vorbeischaue, um Sammy sein Taschengeld zu geben. Judy, Sie würden staunen, wenn Sie sehen könnten, wie Sammy sich verändert hat. Er ist in den letzten Jahren richtig anstän-

dig geworden. Wir unternehmen sehr viel miteinander. Meine Kinder rufen mich regelmäßig an, und ich glaube, sie betrachten mein Haus als ihre zweite Heimat.«

»Ach, das ist aber wirklich schön. Und mit Connie verstehen sich ihre Kinder jetzt auch besser?« fragte ich.

»Eigentlich nicht. Und das enttäuscht mich«, erwiderte er in seiner formellen Art. Ich weiß, daß ihm das sehr viel ausmacht, aber er läßt sich nichts anmerken.

Ich bohrte weiter: »Meinen Sie, daß sich an dieser Situation noch etwas ändern wird?«

»Im großen und ganzen bin ich wirklich glücklich«, sagte er, ohne auf meine Frage einzugehen. Er ist ein ziemlich verschlossener Mensch und wollte dieses Thema nicht weiter erörtern. Er zeigte sich jedoch besorgt wegen Christina.

»Ich hoffe, daß sie in Zukunft mehr aus dem Haus kommt, vielleicht Arbeit findet oder sonst irgendwie mehr aus ihrem Leben macht. Es geht mich zwar nichts an, aber ich finde, sie ist in den letzten zehn Jahren eigentlich nicht weitergekommen. Ich habe keine Ahnung, womit sie sich beschäftigen soll, wenn Sammy nächstes Jahr das Haus verläßt, um aufs College zu gehen.«

Nicholas ist wie immer sehr höflich. Er dankt mir in seinem und seiner Familie Namen für meine Bemühungen. Ich erkläre ihm, wie sehr es mich beeindruckt, daß es ihm gelungen ist, auch weiterhin in ihrem Leben eine Rolle zu spielen, und daß er jedem seiner Kinder eine College-Ausbildung finanziert. Er ist stolz auf seine Kinder und liebt sie.

Nicholas Moore gehört zu denjenigen, die von der Scheidung profitieren. Er ist auf der Höhe seiner beruflichen Karriere, hat in zwei Berufsverbänden hohe Posten und lebte in den letzten zehn Jahren in außerordentlich stabilen Verhältnissen. Seine zweite Frau kommt seinen Bedürfnissen in viel stärkerem Maße entgegen, insbesondere im sexuellen Bereich. Sie reisen, haben Gäste und freuen sich auf einen angenehmen Lebensabend. Nicholas vermißt seine Kinder, obwohl er sie regelmäßig sieht. Er ist sich über ihre versteckte, aber trotzdem spürbare Kritik an seiner Person und seiner Entscheidung, Christina zu verlassen, bewußt. Er hat inzwischen eingesehen, daß sich in diesem Punkt nichts mehr ändern wird. Dennoch hat er seine erste Frau verlassen. Seine erste Ehe sieht er als einen Fehler, den er korrigiert hat. Nicholas ist sehr selbstbewußt und lebt ein erfülltes Leben. Alles in allem hat er durch die Scheidung weit mehr gewonnen als verloren.

In Familien mit Kindern wird der Entschluß zur Scheidung von den Ehepartnern fast nie einmütig gefaßt. Ein Ehepartner möchte die Ehe beenden, während der andere der Scheidung entweder nur zögernd zustimmt oder sich mehr oder weniger vehement widersetzt. In unserer Studie betrieben 65 Prozent der Frauen und 35 Prozent der Männer die Scheidung gegen den Widerstand ihres Ehepartners. Nur ein Paar war sich wirklich einig in ihrem Willen zur Scheidung.[1] Im Laufe der Studie nach zehn Jahren stellte ich zwischen den geschiedenen Ehepartnern allmählich signifikante Unterschiede in körperlicher, emotionaler und sozialer Hinsicht fest. In ihren Lebensstilen, ihren beruflichen Karrieren, ihrem sozialen Status, ihren Beziehungen zu den Kindern, zu neuen Lebenspartnern traten jetzt deutliche Unterschiede hervor. Ganz allmählich kristallisierten sich bestimmte Muster heraus.

In zwei Dritteln der Fälle hat einer der ehemaligen Eheleute zehn Jahre nach der Scheidung eindeutig von der Scheidung profitiert. Die Lebensqualität dieser Menschen hat sich verglichen mit der Situation in der zerrütteten Ehe entscheidend verbessert. Sie haben entweder eine erfüllende Partnerbeziehung gefunden oder aber ein Netz von sozialen Beziehungen aufgebaut. Symptome eines gestörten Gefühlslebens wie Angst und Depressionen sind bei ihnen kaum anzutreffen. Auch in wirtschaftlicher Hinsicht sind sie so weit abgesichert, daß sie sich kaum Sorgen machen müssen. Viele haben all dies innerhalb einer geglückten zweiten Ehe erreicht, andere in stabilen Beziehungen ohne Trauschein.

Dem anderen Teil dieser geschiedenen Ehepartner ist es zehn Jahre nach der Scheidung nicht gelungen, seine Lebensqualität zu verbessern. Sie sind unglücklich und einsam, ängstlich und depressiv. Viele haben überdies mit wirtschaftlichen Problemen zu kämpfen. Zehn Jahre nach der Scheidung geht es in nur zehn Prozent der Fälle *beiden* Ehepartnern besser. Bei den restlichen 26 Prozent geht es insgesamt gesehen weder dem Exmann noch der Exfrau besser (vielen geht es de facto schlechter) als während der Ehe. Diese Zahlen beruhen auf der Selbsteinschätzung der Betroffenen und werden durch unsere eigenen Beobachtungen gestützt. Es läßt sich weiterhin feststellen, daß es meist demjenigen bessergeht, der die Scheidung aktiv betrieben haben. Dem Partner, der sich der Scheidung widersetzte, geht es heute schlechter. Damit sind die bösen Vorahnungen der Scheidungsunwilligen scheinbar in Erfüllung gegangen.

Ich habe keineswegs erwartet, daß sich nach einer Scheidung Gewinner und Verlierer herauskristallisieren, und schon gar nicht, daß es zwischen den ehemaligen Eheleuten zu einer derartigen Aufteilung kommen würde. Um dieses Ergebnis unserer Studie zu überprüfen, untersuchte ich Hunderte weiterer Scheidungsfälle, die seit 1980 in unserem *Center for the Family in Transition* beraten wurden. Auch hier wurde dasselbe Muster von Gewinnern und Verlierern erkennbar. In einigen Fällen wachsen Menschen persönlich und gewinnen an Selbstbewußtsein, wenn es ihnen gelingt, nach der Scheidung die Familie zusammenzuhalten, Familie und Beruf unter einen Hut zu bringen und eine starke Bindung zu ihren Kindern aufrechtzuerhalten. Gleichzeitig aber merken sie, daß ihre Lebensqualität darunter leidet, da sie weniger Freunde haben und die Beziehungen zu anderen Menschen weniger intensiv werden. Trotz ihres Stolzes auf das Erreichte sind sie einsam, unglücklich und ruhelos.

Als mir dieses Muster von Gewinnern und Verlierern bei einer Scheidung klar wurde, erschrak ich, denn es widersprach allen bisherigen Annahmen über Scheidungen. Man ging allgemein davon aus, daß sich Scheidungswillige von ihrem Schritt zweierlei erhoffen: das Ende einer unerträglichen Ehe und eine höhere Lebensqualität für beide Eheleute. Die erste mit einer Scheidung verknüpfte Erwartung wird sicherlich erfüllt. *Zehn Jahre nach der Scheidung stehen 80 Prozent der Frauen und 50 Prozent der Männer nach wie vor zu der von ihnen getroffenen Entscheidung.* Nicht alle behaupten, daß sie mit ihrem jetzigen Leben zufrieden sind, aber sie *sind* glücklich darüber, der früheren Ehe entronnen zu sein. Unter dem Gesichtspunkt, daß eine Beziehung nur noch als belastend empfunden wird, ist eine Scheidung für die meisten Menschen der richtige Schritt.

Für viele Menschen jedoch erfüllt sich die zweite an die Scheidung geknüpfte Erwartung nicht. Zehn Jahre danach geht es der Hälfte der Frauen und zwei Dritteln der Männer nicht besser, manchmal sogar schlechter, als vor der Scheidung.

Viele erhoffen sich in einer zweiten Ehe ein erfüllteres Leben. Auch diese Hoffnung wird vielfach enttäuscht. Meistens schloß nur einer der geschiedenen Eheleute eine stabile zweite Ehe, während der andere Partner erneut geschieden wurde oder gar nicht mehr heiratete. Ein Fünftel der von uns untersuchten Paare heiratete während der zehn Jahre nach der Scheidung nicht wieder. In nur einem Siebtel der Fälle gingen die geschiedenen Eheleute jeweils wieder eine dauerhafte zweite Ehe ein.

Aus der Beurteilung des Gefühlslebens, der Partnerbeziehungen und ihrer sonstigen sozialen Kontakte, ihrer beruflichen Situation, ihres Familienlebens und der wirtschaftlichen Lage dieser geschiedenen Ehepaare lassen sich Erklärungen dafür finden, warum ein Teil dieser Menschen zehn Jahre später zu den Gewinnern und andere zu den Verlierern gehörten.

Das Alter ist ein sehr wichtiger Faktor. Gutverdienende Männer, die sich zwischen dem 30. und 50. Lebensjahr scheiden lassen, gehören zehn Jahre nach der Scheidung oft zu den Gewinnern. Die meisten verdienen zu diesem Zeitpunkt bereits das in ihrer Position mögliche Spitzeneinkommen oder werden es zumindest in Bälde verdienen und sind daher zehn Jahre nach der Scheidung finanziell gut gestellt. Sie haben mehr Selbstachtung und sind glücklicher als Männer in den Zwanzigern. Die meisten dieser älteren Männer zahlen regelmäßig Unterhalt für ihre Kinder, wenn auch nur in der vor zehn Jahren vom Gericht festgesetzten Höhe. Nur sehr wenige dieser Männer bieten freiwillig höhere Unterhaltszahlungen für ihre heranwachsenden Kinder an, obwohl das für sie finanziell überhaupt kein Problem wäre. Ein Mann beispielsweise verdiente annähernd 200 000 Dollar im Jahr und erhöhte den monatlichen Unterhalt für seinen inzwischen zum Teenager herangewachsenen Sohn freiwillig von 150 auf 200 Dollar. Sein Sohn nannte diese Summe schlicht »ein Trinkgeld«.

Ältere Männer sind im Vergleich zu Frauen eher bereit, die Verantwortung für das Scheitern der ersten Ehe zu übernehmen. Sie geben oft zu, daß sie hinsichtlich der Scheidung gemischte Gefühle haben; manche bereuen diesen Schritt sogar. Tatsächlich bereuen fast nur ältere Männer die Scheidung.

Andererseits überraschte mich die scheinbare Leichtigkeit, mit der ältere Männer wie beispielsweise Nicholas ihre Frauen verlassen, obwohl sie zehn, fünfzehn oder zwanzig Jahre mit ihnen verheiratet waren. Vielleicht haben sie sich allmählich in der Ehe distanziert, aber trotzdem muß ich zugeben — was als Indiz für meine Vorurteile gewertet werden kann —, daß die Radikalität des Bruches, den diese Männer vollzogen, mich verblüfft hat. Nicholas Moore ist ein grundanständiger Mann mit viel Verantwortungssinn, der seine Frau einst liebte. Er übernimmt heute nach wie vor Verantwortung für seine Exfrau, neigt aber stark zur Gleichgültigkeit ihr gegenüber. Er verspürt heute keinerlei Zuneigung mehr für sie, nur noch ein sehr allgemeines Verantwortungsgefühl. Viele andere ältere Männer zeigten weniger Verantwortungsbewußtsein gegenüber ihren Frauen, und viele benahmen sich grausam gegenüber den Frauen, mit denen sie lange

Jahre verheiratet gewesen waren. Für viele Ehemänner, die sich nach fünfzehn oder zwanzig Jahren Ehe scheiden ließen, war das Alter ihrer Frauen ein wichtiger Grund für die Trennung. Sie gaben zu, daß die körperlichen Veränderungen, die Falten und Runzeln, sie abstießen. Während ich ihnen zuhörte, kam mir der Gedanke, daß sich in dem von ihnen Geäußerten nur die Angst vor der eigenen Sterblichkeit ausdrückte. Sehr viele suchen sich eine jüngere Frau, und es kommt mir so vor, als ob sie dadurch ihr eigenes Altern und ihren Tod hinauszögern wollten.

Das Wohlbefinden und Glück dieser älteren Männer beruht zehn Jahre nach der Scheidung vor allem auf ihrer glücklichen zweiten Ehe. Im Vergleich mit ledigen oder geschiedenen Männern waren wiederverheiratete Männer meist stärker in der Gemeinde verankert, hatten mehr Freunde, waren im Beruf erfolgreicher und führten insgesamt ein geordneteres Leben.

Zehn Jahre nach der Scheidung waren weniger als ein Drittel der Männer über Fünfzig und die Hälfte der Männer über Vierzig immer noch glücklich in ihrer zweiten Ehe. Viele lernten ihre zweite Frau im ersten Jahr nach der Scheidung kennen, und die meisten waren binnen drei Jahren wieder verheiratet. Männer wie Nicholas scheinen aus der Scheidung gelernt zu haben. Sie machten das Beste aus der ihnen gebotenen Chance zu einem Neubeginn und suchten sich eine Frau, die sie als körperlich anziehender, weniger kritisch, umgänglicher und weniger fordernd empfanden. Sie wußten, was sie wollten.

Die Männer, die sich in ihren Dreißigern scheiden lassen, bilden die glücklichste Gruppe der von uns Untersuchten. Sie sind seltener einsam, haben Freunde und zeichnen sich — zumeist dank einer sehr gut funktionierenden zweiten Ehe — durch ein hohes Selbstwertgefühl aus. Sehr oft leben in ihrem Haushalt Kinder, und meist sind sie finanziell abgesichert. Insgesamt hat diese Gruppe ihren Lebensstandard während der vergangenen fünf Jahre aufrechterhalten oder verbessern können.

Männer durchleben bei einer Scheidung aufgrund einer Vielzahl von Gründen geringere psychische Veränderungen als Frauen. Wie im Falle von Nicholas Moore ändert sich in ihrem Leben durch eine Scheidung erstaunlich wenig. Viele Frauen hingegen sind zehn Jahre nach der Scheidung völlig andere Menschen. Bei den Männern ist das kaum der Fall, weil die soziale Position eines Mannes über seinen Beruf definiert wird, während Frauen eine scharfe Trennung zwischen ihrer Rolle im Beruf und in der Familie machen. Im Leben eines Mannes ändert sich durch eine Scheidung nur wenig, da er nach wie vor seinem Beruf nachgeht, sein sozialer Status unberührt bleibt und er weiterhin auf seine beruflich bedingten Kontakte zurückgreifen kann.

Meist zieht der Mann nach einer Scheidung aus und überläßt der Frau und den Kindern die Wohnung, bis endgültige Regelungen getroffen sind. Deshalb sind Männer auch selten gezwungen, nach der Scheidung die Verantwortung für die Kinder und den Haushalt allein zu übernehmen. Der Partner, der die Aufgabe übernimmt, die Kinder großzuziehen, wächst psychologisch an dieser Aufgabe. Die Rolle des »externen« Elternteils bietet diese Chance zur persönlichen Weiterentwicklung kaum; deshalb bekommen Männer auch von dieser Seite keinen Anstöße zur Veränderung ihrer Persönlichkeit.

Aus ökonomischen und kulturell bedingten Gründen haben es geschiedene Männer leichter, eine geeignete Partnerin zu finden. Männer finden viel schneller eine Frau, die zu ihren Wünschen, Bedürfnissen, Fehlern und Schwächen paßt. Eine geschiedene Frau ist in bezug auf neue Beziehungen viel weniger wählerisch, da die Zahl der geeigneten Männer viel niedriger ist. Männer haben eine größere Auswahl und stellen daher viel höhere Ansprüche an die künftige Partnerin. Insgesamt gesehen besteht für einen Mann viel weniger Anlaß zur Persönlichkeitsveränderung und zur Anpassung an die Bedürfnisse eines Partners.

Obwohl einige Männer in unserer Studie nach der Scheidung sexuelle Abenteuer mit jüngeren Frauen hatten, wurden nur wenige Männer eingefleischte Junggesellen. Die meisten haben Schwierigkeiten, sich ohne Frau ein Zuhause zu schaffen, in dem sie sich wohl fühlen. Das soll nicht heißen, daß alle Männer unfähig sind, ihre Wohnung behaglich zu gestalten, aber viele sind überzeugt, daß sie sich ohne eine Frau an ihrer Seite kein richtiges Zuhause schaffen können. Männer sind oft nach einer Scheidung sehr einsam, und um dieser Einsamkeit zu entfliehen, suchen Männer viel häufiger Trost bei einer Frau und versuchen seltener allein mit ihren Problemen fertig zu werden oder diese schwierige Situation mit der Unterstützung ihres Freundeskreises zu meistern.

Die Hälfte der Männer über Vierzig waren zehn Jahre nach der Scheidung nicht wieder verheiratet. Sie berichteten uns bei unseren Folgeinterviews, daß sie ein sehr einsames und freudloses Leben führten.

Beim Betreten von David Norris' Optikergeschäft bemerkte ich, daß er sehr gut aussah, und freute mich. Er machte mit seinen 61 Jahren einen ausgeglichenen und gesunden Eindruck und sah in seinem weißen Labormantel regelrecht elegant aus. Wir gingen in sein Büro im hinteren Teil des Ladens, wo David mir einen bequemen Sessel anbot. Ich merkte jedoch bald, daß ihm das Interview unangenehm war. Er gab nur einsilbig Antwort und wirkte nervös. Schließlich stellte er mir jedoch Fragen, die ihn schon lange beschäftigt haben müssen. Während dieses Gesprächs wurde mir klar, daß David ein sehr einsamer Mensch war. Als seine Frau Alice sich vor zehn Jahren von ihm scheiden ließ, nahm sie ihm das Kind weg, und er verlor die meisten Freunde und brach sämtliche sozialen Kontakte ab. David arbeitete immer sehr lange im Geschäft, weil es für ihn keinen Grund gab, nach der Arbeit nach Hause zu gehen. Davids Exfrau verkehrte nur noch schriftlich mit ihm.

Ich frage ihn, was er heute über die Scheidung denke, und er antwortet, es habe so kommen müssen. Seine Frau sei so unduldsam. Ich frage ihn, ob er sich mit anderen Frauen treffe, und habe sofort das Gefühl, die Grenze des Schicklichen überschritten zu haben. Er erwidert, er habe einmal eine andere Frau kennengelernt.

»Was passierte?«

»Sie nahm einen anderen.«

»Hat Sie das sehr getroffen?«

»Nun ja, man muß eben bei anderen Leuten mit Überraschungen rechnen. Ich habe das weggesteckt«, antwortet David.

»Haben Sie Pläne für die Zukunft?«

»Ja, ich habe mir schon Gedanken gemacht. Aber man kann ja eigentlich nicht planen. Diese Dinge hat man ja nicht im Griff. Ich werde wohl in vier bis fünf Jahren in Rente gehen. Vielleicht reise ich, wer weiß.«

David bereut, daß er nach der Scheidung das Haus nicht behalten hat. Er überließ es damals seiner Frau, weil sie meinte, ihre Tochter brauche es. Er fühlt sich in einer Mietwohnung nicht wohl und bedauert, daß er kein anderes Haus gekauft hat. Inzwischen hat er gehört, daß seine Frau das Haus verkaufen will. »Ich finde es traurig, daß dann niemand von unserer Familie mehr in unserem Haus wohnen wird«, sagt er. »Ich würde es sofort kaufen, wenn ich das Geld dazu hätte.«

David bittet mich, ihm von seiner Frau zu erzählen. Er macht sich manchmal Sorgen um sie und hofft, daß sie sich wieder verheiraten wird. Seine Tochter berichtet ihm, sie rauche zuviel.

David scheint auch fünf Jahre später bei unserer Folgestudie nach fünfzehn Jahren unverändert. Er ist jetzt 66 und steht im Begriff, sein Geschäft zu verkaufen, weiß aber immer noch nicht, wie er seinen Lebensabend gestalten soll.
Die Art, wie er über seine einzige Tochter spricht, macht mich besonders nachdenklich und traurig. »In ihrem Beruf kann man das Leben nicht richtig genießen. Aber was soll ich tun? Ich wollte immer, daß sie einen Hochschulabschluß macht. Das hat sie nicht getan, gegen meinen Willen.« Er macht auf mich einen völlig hilflosen Eindruck.
»Wissen Sie, wir beide stehen uns nicht besonders nah«, erklärt mir David. »Sie besucht mich kaum, und ich rufe sie nicht gern an, weil sie so unregelmäßige Arbeitszeiten hat. Ich möchte sie nicht gern wecken, und deshalb ist es mir lieber, wenn sie mich anruft. Aber das tut sie nicht oft. Ich hätte schon gern mehr Kontakt mit ihr, aber... die Zeit verrinnt, und das Leben ist unwiederbringlich verloren.«
Über sein Privatleben sagt David: »Ich bin ein Einzelgänger. Ich denke nicht, daß ich je wieder heiraten werde. Ich habe jetzt vielleicht noch ein Viertel meines Lebens vor mir und möchte an meiner Lebensweise nichts mehr ändern. Was mir am meisten gefehlt hat, war, meine Tochter aufwachsen zu sehen. Sie hat mich manchmal besucht, aber es ist doch etwas ganz anderes, wenn man mit seinem Kind zusammenlebt.« Dann fährt er mit Bitterkeit in der Stimme fort: »Es ist vorbei — unwiederbringlich vorbei. Das ist für mich das Schlimmste. Es ist wie ein Tod, nur schlimmer. Wenn jemand stirbt, ist dieser Mensch ein für allemal aus der Welt, und man vergißt ihn. Aber bei einer Scheidung ist das nicht so.«
David scheint mir sehr einsam und traurig. Ich vermute, daß unser Gespräch die intensivste Unterhaltung war, die er seit fünf Jahren geführt hat. Er ist ein unglücklicher, beengt lebender, einsamer Mann, der heute um ein Vielfaches älter und verbitterter wirkt als vor zehn oder fünfzehn Jahren. Er hat resigniert und sich darauf eingestellt, den Rest seines Lebens ebenso isoliert zu verbringen wie bisher, so als ob er um das traure, was er für immer verloren hat.
David Norris gehört zu der Gruppe älterer Männer, deren soziale Beziehungen völlig vom familiären Bezugsrahmen abhängen. Obwohl Davids Ehe schlecht funktionierte und seine Frau ihn nicht mehr liebte, bot ihm diese Ehe die nötigen sozialen Beziehungen. Als seine Frau ihn verließ, gelang es ihm nicht, wieder ein vergleichbares so-

ziales Netz aufzubauen. Zehn Jahre später erzählt mir seine einundzwanzigjährige Tochter: »Er hat mich nie nach meinen Plänen gefragt, und darum meinte ich, es interessiere ihn nicht.«
Ältere Frauen bauen sich wieder ein Netz sozialer Kontakte auf, fühlen sich aber trotzdem einsam. Ältere Männer haben es jedoch noch schwerer. Wenn sie nicht in Vereinen, der Kirche, in politischen Organisationen oder im Gemeindeleben aktiv sind, haben sie neben der Arbeit kaum soziale Kontakte, und es fällt ihnen sogar schwer, ein gutes Verhältnis zu ihren Kindern aufzubauen. Zehn Jahre nach der Scheidung sind ein Viertel der älteren Männer immer noch völlig isoliert.
Unsere abschließende Auswertung scheint nahezulegen, daß Männer nach einer Scheidung weniger Veränderungen unterworfen sind als Frauen. Vielleicht bemerken wir aber wichtige Veränderungen bei den Männern nur nicht. Vielleicht lassen unsere Fragen und die Vorurteile, mit denen wir an die Studie herangehen, einen Einblick in die Veränderungen, die bei Männern stattfinden, gar nicht zu.
Viele Menschen behaupten, daß in unserer Gesellschaft Männer im Gegensatz zu Frauen ihre Gefühle weniger gut ausdrücken könnten und daß sie zu Nähe, Liebe, Zuneigung, Selbstzweifel und Einfühlungsvermögen unfähig seien. Ich halte diese Behauptung aufgrund meiner Erfahrungen für falsch. Viele Männer, die wir im Lauf unserer Studie wirklich gut kennengelernt haben, litten unter der Scheidung und weinten. Sie vermißten ihre Kinder, ihre Frau und ihr Heim und hatten das Gefühl, völlig alleine dazustehen. Sie fühlten sich regelrecht blockiert, denn Liebe, Anerkennung, Anteilnahme, ein Zuhause und ein ausgeglichenes Selbstwertgefühl konnten ihnen nur eine Frau und ihre Kinder geben. Deshalb ist es gewiß kein Zufall, daß alle Männer, die die Scheidung wollten, bereits Kontakte zu einer anderen Frau hatten.

Als Nicholas die Scheidung verlangte, war Christina wie vor den Kopf geschlagen. Christina wußte, daß ihre Ehe nicht konfliktlos war, aber sie hätte niemals daran gedacht, daß es so weit kommen könnte. Sie war in einer bürgerlichen Familie aufgewachsen und dazu erzogen worden, Versprechen zu halten und übernommene Pflichten zu erfüllen. Wenn man Christina überhaupt einen Fehler vorwerfen kann, dann nur, daß sie zu nett, zu kultiviert und zu anständig war. Ich sah sie, kurz nachdem Nicholas aus der gemeinsamen Wohnung ausgezogen war, zum ersten Mal — sie war fassungslos. Trotz ihres

selbstbewußten Auftretens, ihrer modischen Frisur und ihres Chanel-Kostüms sah man sofort, daß sie völlig verstört war. Sie hatte zwei Scheidungsratgeber und drei Zeitschriften zu diesem Thema bei sich, hatte soeben einen Kursus für Kindererziehung absolviert und überlegte, ob sie einen weiteren belegen sollte.
Christina war unfähig, Entscheidungen zu treffen. Sie fragte mich beispielsweise: »Wie soll ich Denise zum Oboe-Unterricht bringen? Was soll ich in den Sommerferien mit den Kindern machen?« Bis zum Sommer waren noch einige Monate. Was sie »mit den Kindern in den Sommerferien machte«, war im Moment völlig unwichtig, aber Christina konnte an nichts anderes denken. Es schien, als ob sie nicht in der Lage sei, die Verantwortung auch nur für die unwichtigsten Dinge des täglichen Lebens zu übernehmen. Und doch mußte sie gerade jetzt zum ersten Mal die Verantwortung für sich selbst und für ihre Kinder tragen.
Ich hatte Mitleid mit Christina. Sie hatte ihr Leben lang versucht, das Richtige zu tun. Sie las Spock, Gesell und andere Kinderpsychologen. Sie holte sich regelmäßig Rat von ihrem Kinderarzt. Aus allem, was sie sagte, war herauszulesen, daß sie sich darum bemühte, eine gute Mutter und Ehefrau zu sein. Aber all ihre Anstrengungen waren gescheitert. Sie mußte sich das Scheitern ihrer Ehe eingestehen. Ihr Ziel, ein perfektes Zuhause zu schaffen, in dem ihre Familie ein ruhiges, angenehmes Leben führen sollte, hatte sie nicht erreicht.
Christina versuchte, sich nach außen hin nichts anmerken zu lassen. Das gelang ihr auch einigermaßen, denn sie sah blendend aus. Aber die Ereignisse der letzten Wochen hatten anscheinend ihr Selbstwertgefühl vernichtet. Sie war unfähig, Entscheidungen zu treffen und überlegt zu planen. Christina konnte über ihre Ehe und die bevorstehende Scheidung nur oberflächlich, distanziert und in abgedroschenen Floskeln sprechen. Sie trug eine Maske, hinter der sich eine zutiefst verletzte und verbitterte Frau verbarg. Sie konnte sich nicht einmal eingestehen, wie wütend, wie gedemütigt sie war und wie undankbar ihr das Verhalten ihres Mannes erschien. Sie sprach gehetzt, und ihre Stimme drohte überzuschnappen: »Ich weine nie. Nur im Kino, wenn es dunkel ist. Ich versuche alles zu meiden, bei dem ich die Kontrolle über mich verlieren könnte.«
Obwohl Christina die Probleme in ihrer Ehe sehr wohl kannte, wehrte sie sich mit allen Kräften gegen die Scheidung. Sie hatte ein behütetes Elternhaus mit der Ehe vertauscht und hatte auch als Erwachsene nie für sich selbst sorgen müssen. Jetzt hatte sie verständlicher-

weise Angst davor, drei Kinder alleine aufziehen zu müssen. Während unseres ersten Treffens stellte sie unaufhörlich Fragen bezüglich Kindererziehung: Was sollte sie tun, wenn sie sich am Mittagstisch nicht anständig benahmen? Wie konnte sie jetzt, da ihr Mann nicht mehr zu Hause war, durchsetzen, daß die Kinder pünktlich zu Bett gingen? Was sollte sie unternehmen, wenn Ruth abends nicht zur bestimmten Zeit nach Hause kam? Wie konnte sie Sammy dazu bringen, wieder in die Schule zu gehen? Neue Regeln für die Haushaltsführung mußten aufgestellt werden — wie sollte sie das angehen?
Christina hatte sich in psychologische Behandlung begeben, und ich riet ihr, diese Behandlung nicht abzubrechen. Nachdem sie mein Büro verlassen hatte, fragte ich mich, ob sie wohl in der Lage sein würde, mit den an sie gestellten Anforderungen fertig zu werden, jetzt nachdem ihrem seelischen Gleichgewicht der nötige äußere Rahmen entzogen war.
Als ich Christina fünf Jahre später wieder anrief, begrüßte sie mich, als hätten wir uns gestern erst gesprochen. Sie kam wieder gut frisiert und in einem eleganten Kleid in mein Büro, lächelte und versprühte mädchenhaften Charme. Ich hatte ganz vergessen, daß sie so groß war und so gut aussah. Christina erklärte mir, daß es ihr sehr gutgehe: »Ich wohne in einem neuen Haus — zehn Minuten von unserem alten Haus entfernt. Die Mädchen und ich suchten es gemeinsam aus. Ruth kroch unter die Veranda und erklärte, das Haus habe ein gutes Fundament. Der Grundstücksmakler staunte mächtig über das Mädchen.«
Christina biß sich auf die Unterlippe und seufzte: »Sammy ist nach wie vor mein größtes Problem. In der Grundschule hat er überhaupt nichts gelernt. Jetzt geht er auf die High-School, und bezweifle, ob er das Versäumte je wieder aufholen kann. Er verprügelt immer noch andere Kinder und ist schwer zu bändigen. Manchmal denke ich, es wäre besser gewesen, wenn Sammy nach der Scheidung bei Nicholas geblieben wäre. Aber ich weiß auch genau, daß Nicholas ihm alles mögliche befehlen und verbieten würde. Sammy würde bei ihm völlig durchdrehen.«
Ansonsten hatte sich in Christinas Leben kaum etwas verändert. »Ich sollte mich wirklich nach einer Beschäftigung umsehen«, sagte sie, »aber die Kinder machen mir soviel Arbeit, das Haus und der Garten müssen in Ordnung gehalten werden. Manchmal gebe ich Klavierunterricht. Aber viel mehr ist nicht drin.«
Ich erkundigte mich nach ihrem neuen Haus.

»Es ist natürlich nicht mit dem alten zu vergleichen. Aber ich habe alles getan, um es den Kindern leichter zu machen, sich an die neue Umgebung zu gewöhnen.«
Ich fragte sie nach Freunden, nach einem neuen Partner.
»Wissen Sie, das ist mir nicht so wichtig. Ich bin eine Zeit lang zu dem Treffen einer Gruppe Alleinerziehender gegangen, aber ich habe gemerkt, daß das nicht das Richtige für mich ist. Es wird sich alles von alleine finden, wenn ich soweit bin.«
Geldschwierigkeiten hat Christina kaum: »Mein Rechtsanwalt hat in dieser Hinsicht wirklich viel erreicht, und Nicholas war überaus anständig. Was die Kinder brauchen, bekommen sie, und wenn ich einen Rat in Geldangelegenheiten brauche, rufe ich Nicholas an, und er berät mich gern.«
Auch nach diesem Besuch war ich nicht weniger in Sorge um Christina. Sie sah zwar viel besser aus und war noch schöner als beim letzten Mal, aber ich merkte, daß sich in ihrem Leben kaum etwas veränderte. Sie hatte das ja selbst auch betont. Die Situation war sicherlich nicht das, was sie sich vom Leben erhofft hatte.

Auch bei unserem Interview zehn Jahre nach der Scheidung fällt mir wieder auf, wie wenig Christina sich verändert hat. »Ich bin Vollzeit-Mutter. Ich hatte keine Zeit für soziale Kontakte, und es stimmt schon, daß ich sehr wenig Kontakt mit anderen Menschen habe. Ich spiele manchmal Bridge und verbringe ansonsten die meiste Zeit mit Sammy. Er ist im vergangenen Jahr wirklich erwachsener geworden. Wir haben viel durchgemacht, aber ich glaube, er hat es geschafft.«
Sammy ist siebzehn. Er hat seinen kleinen, jetzt schon beachtlichen »Privatzoo« soeben um eine Eidechse, zwei Sittiche und ein Kätzchen vergrößert. Christina fährt jede Woche rund 50 km hin und zurück, um für die Eidechse lebende Grillen aus einem Spezialgeschäft am anderen Ende der Bucht zu kaufen.
»Wie ist Ihr Verhältnis zu Nicholas heute?« frage ich Christina und versuche das Gespräch von den Kindern wegzubringen.
»Wir telefonieren häufig, aber gesehen habe ich ihn zuletzt vor vier Jahren. Denise war mit Freunden am Clear Lake wandern, und wir hatten im Radio gehört, daß ein großer Waldbrand ausgebrochen war. Nicholas und ich fuhren gemeinsam hoch, um sie zu suchen. Gott sei Dank war ihr nichts passiert.«
Ich frage sie, was sie heute über die Scheidung denkt.
»Wir hätten nicht mehr zusammenleben können«, antwortet sie. »Er

liebte eine andere Frau. Und außerdem waren er und ich in so vielem anderer Meinung, zum Beispiel in puncto Disziplin und Kindererziehung. Er ist ein Mann, der Frauen eigentlich nicht liebt, und ich konnte seinen Ansprüchen nie gerecht werden. Er hat mich behandelt, wie er sehr viele andere Leute auch behandelt. Jetzt hat er ein Haus genau nach seinen Vorstellungen. Aber vielleicht ist er so ein besserer Vater. Wer weiß.«

Mir fällt auf, wie sehr sie ihre Bitterkeit nach außen verbirgt, wie großzügig sie im Denken ist — und gleichzeitig wie unfähig, die Beengtheit ihres Lebens zu erkennen. Sie scheint unfähig, für die Zeit, nachdem Sammy das Haus verlassen haben wird, irgendwelche Pläne zu machen.

»Ich habe mir überlegt, ein paar Seminare zu belegen. Vielleicht mache ich den Magister in Musiktheorie oder in Musikgeschichte. Ich habe bereits den Dekan der Universität von San Francisco aufgesucht und mich mit ihm unterhalten. Ich glaube, die Fakultät für Musik ist dort sehr gut.«

»Das ist eine gute Idee«, sage ich. »Was würde sich dadurch in Ihrem Leben ändern?«

Aus ihrer Antwort schließe ich, daß es höchst unwahrscheinlich ist, daß sie diesen Plan realisiert. Sie sieht sich in erster Linie als Hausfrau und Mutter. Ihre Ansichten und ihre Lebenseinstellung haben sich in den letzten zehn Jahren nicht verändert. Noch immer widmet sie sich voll und ganz ihrer Mutterrolle und dem Kind, das noch zu Hause ist.

Im Unterschied zu ihrem Exmann Nicholas hat Christina Moore durch die Scheidung mehr verloren als gewonnen. Sie ist zwar nicht mehr mit einem Mann verheiratet, der sie ständig kritisiert. Heute ist sie unabhängiger. Aber sobald ihr Sohn das College besucht, wird sie mit ihren Problemen konfrontiert werden. Sie wird merken, wie einsam sie ohne Partner ist, ohne Befriedigung ihrer sexuellen Bedürfnisse, wie wenig Gelegenheit sie zu sozialen Kontakten hat und wie schlecht ihre Aussichten sind, beruflich etwas zu erreichen. In den kommenden Jahren werden sich ihre sozialen Kontakte vorwiegend auf die Kinder beschränken, die ja längst nicht mehr zu Hause wohnen. Wenn sie je wieder ein erfülltes Leben führen möchte, wird sie gewaltige Anstrengungen machen müssen. Sie ist weiterhin von ihrem Exmann abhängig, und ihr Selbstwertgefühl ist allzu abhängig von ihrer derzeitigen Aufgabe.

Das Alter spielt bei geschiedenen Frauen eine entscheidende Rolle. Alle Frauen in unserer Studie, die bei der Scheidung 40 Jahre oder älter waren, hatten auch zehn Jahre später nicht wieder geheiratet. Einige hatten in der Zwischenzeit zwar kurze Liebesbeziehungen oder sexuelle Abenteuer, aber keine Frau dieser Gruppe lebte zum Zeitpunkt der Folgestudie nach zehn Jahren in einer stabilen Partnerbeziehung. Ihre Ehemänner waren zu diesem Zeitpunkt hingegen fast alle wieder verheiratet; die zwei, die nicht verheiratet waren, unterhielten homosexuelle Beziehungen.

Die Ergebnisse unserer Studie wichen erstaunlich stark von staatlichen Statistiken ab. Angeblich verheiraten sich 75 Prozent der geschiedenen Frauen und 80 Prozent der geschiedenen Männer wieder. Wir konnten nicht ausschließen, daß unsere Ergebnisse die Realität falsch widerspiegelten. Ich fragte Dr. Arthur Norton, den stellvertretenden Leiter des Statistischen Bundesamtes der Vereinigten Staaten.[2] Norton meinte, die Ergebnisse könnten durchaus richtig sein, und erläuterte uns, wie die demographischen Zahlen des Statistischen Bundesamtes zustande kommen: Die Prozentzahlen über geschiedene und wiederverheiratete Frauen sind Durchschnittswerte. Neben achtzehn- bis zwanzigjährigen Frauen werden auch Frauen mitgezählt, die bereits zehn oder zwanzig Jahre verheiratet gewesen waren. Es ist selbstverständlich, daß diese jungen Frauen verglichen mit älteren sich überdurchschnittlich oft wieder verheiraten. Für ältere Frauen stehen die Chancen für eine Wiederverheiratung jedoch sehr schlecht.[3]

Eine 1985 vom Statistischen Bundesamt der USA durchgeführte Untersuchung ergab, daß 65 Prozent aller geschiedenen Frauen sich wieder verheiratet haben. Aus der Gruppe der bei der Scheidung unter 30jährigen Frauen waren 53 Prozent wieder verheiratet; aus der Gruppe der über 30jährigen waren es 33 Prozent; bei den über 40jährigen 11 Prozent und bei den über 50jährigen nur noch drei Prozent. Damit ist erwiesen, daß ältere Frauen nach einer Scheidung völlig andere Lebenschancen haben als jüngere Frauen.

Bei den Frauen, die bei der Trennung oder Scheidung 40 Jahre oder älter waren, müssen zwei Gruppen unterschieden werden. In dieser Altersgruppe wünschte die Hälfte der Frauen die Scheidung, weil sie sich in ihrer Ehe erniedrigt, gedemütigt oder sehr einsam fühlten. Eine Frau war von ihrem Mann mißhandelt worden. Einige glaubten, die Scheidung sei ihre einzige Chance, diese Leiden zu beenden. Sie wollten nicht unbedingt wieder heiraten, aber sie fühlten sich durch ihre Ehe ausgelaugt und kraftlos. Doch sie wollten versuchen, in Zukunft ein besseres Leben zu führen, und manchen gelang das auch. Alice Norris zog beispielsweise nach Vancouver und arbeitete für Greenpeace, nachdem ihre Tochter die High-School absolviert hatte. Obwohl sie finanziell sehr schlecht gestellt ist, liebt sie ihre Arbeit für den Umweltschutz und geht ganz in ihr auf. Bei unserem Interview zehn Jahre nach der Scheidung ist Alice gerade 54 geworden. Sie macht einen glücklichen und zufriedenen Eindruck und erzählt mir, daß sich der Kontakt zu ihrer Tochter auf Telefongespräche beschränkt. Sie rät allen anderen: »Wenn man merkt, daß man unter einer Beziehung leidet, sollte man sie beenden. Ich bin sehr froh, daß ich diesen Schritt getan habe. Ich fühlte mich früher immer für meinen Mann verantwortlich und nicht für mich selbst. Ich habe immer getan, was andere Leute wollten, und nicht, was ich wollte.« Im Gegensatz zu Christina hat sie sich aus ihren früheren Verpflichtungen gelöst. Das betrifft übrigens auch ihre Tochter, über die sie sagt: »Ich habe wirklich keine Ahnung, was meine Tochter denkt. Das ist ein Grund dafür, warum ich gerne mit Ihnen sprechen wollte. Vielleicht können Sie es mir sagen.«

Die andere Hälfte der Frauen in unserer Studie meinte, ihr Leben sei sinnlos geworden, nachdem ihre Ehemänner die Scheidung eingereicht hatten. Nach langjähriger relativ harmonischer Ehe war die Scheidung ein harter Schlag für sie. Viele Frauen dieser Gruppe liebten ihre Ehemänner wirklich. Sie waren mit ihrem Leben zufrieden, sie liebten ihr Heim, das sie als Teil ihrer Identität betrachteten. Für viele war dieses Zuhause der Inbegriff des Glücks und die Erfüllung ihrer Kindheitsträume, gleichsam Erweiterung ihrer Persönlichkeit. Sie liebten es, Kinder großzuziehen, und sie wollten in wirtschaftlich gesicherten Verhältnissen leben. Das Leben bot ihnen viele glückliche Stunden und gab ihnen Sicherheit und Geborgenheit. Einige waren zwar in sexueller oder persönlicher Hinsicht nicht mit ihrer Ehe zufrieden, aber ihre früheren Hoffnungen und Träume waren in Erfüllung gegangen. Für sie war die Scheidung ein traumatisierendes Schockerlebnis.

Zehn Jahre nach der Scheidung läßt sich eindeutig sagen, daß ältere Frauen eine Sonderstellung innerhalb der von uns untersuchten Personengruppe innehaben. Sie verändern sich — von wenigen Ausnahmen abgesehen — kaum. Sie nutzen ihre Chance zu einem Neubeginn seltener und haben im Beruf weniger Erfolgserlebnisse als ihre jüngeren Geschlechtsgenossinnen. Sie verändern sich weder in ihrer

Persönlichkeit noch in ihrem Verhalten gegenüber anderen Menschen. Acht Prozent dieser Frauen sind finanziell schlecht gestellt. Ihr Lebensstandard ist in den letzten fünf Jahren gesunken. Im Vergleich dazu haben jüngere Frauen im Vergleichszeitraum durch eine zweite Ehe oder durch Erfolge im Beruf ihren finanziellen Status verbessern können.

Leider sind sich viele Richter nicht darüber im klaren, daß eine Scheidung für ältere Frauen viel problematischer ist als beispielsweise für eine zwanzigjährige. Ältere Frauen werden genauso behandelt wie jüngere. Die Gerichte gehen davon aus, daß sie gesund sind, ihr Haus verkaufen und eine Stelle annehmen können und sich in der Gesellschaft behaupten werden. Wer diese Ansicht vertritt, verkennt jedoch die psychologischen, wirtschaftlichen und sozialen Schwierigkeiten, mit denen ältere Frauen zu kämpfen haben. Viele Ehevermittlungsinstitute sind in dieser Hinsicht erheblich realistischer: Männer, die *bereit* sind, mit Frauen über Fünfzig Kontakt aufzunehmen, müssen für die Partnervermittlung nur die Hälfte bezahlen.

Die wirtschaftlichen Unterschiede zwischen geschiedenen Frauen und Männern sind schockierend. Obwohl die meisten Frauen arbeiten, haben sie meist eine ganze Reihe von verschiedenen Halbtags- oder Vollzeitarbeiten angenommen. Zwischen diesen Tätigkeiten waren sie immer wieder längere Zeit arbeitslos. Nur eine Frau arbeitete in dem von ihr erlernten Beruf. Viele Frauen aus unserer Versuchsgruppe sind ausgebildete Lehrerinnen, aber sie arbeiten als Verkäuferinnen, Näherinnen oder sitzen in einem Supermarkt an der Kasse. Sie gehen Tätigkeiten nach, die ihren intellektuellen Fähigkeiten in keiner Weise entsprechen. Außerdem ist der Verdienst in diesen Wirtschaftsbereichen auf Frauen berechnet, die *verheiratet sind* und lediglich etwas dazuverdienen wollen, und nicht auf Frauen, die ihre Familie allein durchbringen müssen. Sie müssen scharf kalkulieren, um ihre fixen Ausgaben zu decken. Die Exehemänner dieser Frauen hingegen befinden sich oft auf dem Höhepunkt ihrer beruflichen Karriere. Die meisten von ihnen sind finanziell sehr gut gestellt. Dasselbe läßt sich nur von wenigen älteren Frauen sagen. Viele Frauen müssen sich außerdem um ihre gebrechlichen Eltern kümmern. Oft tragen sie die ganze Last eines Pflegefalles. Viele fühlen sich überfordert und allein gelassen, weil von den Kindern und vom Exmann kaum Unterstützung zu erwarten ist.

Ältere Frauen suchen Unterstützung bei Freunden, in Vereinen oder bei der Kirche; einige engagieren sich in Interessengruppen, pflegen gemeinsam mit anderen ein Hobby oder werden in ihrer Gemeinde aktiv und kommen so in Kontakt mit anderen Frauen. Doch obwohl diese Frauen nicht sozial isoliert sind, fühlen sie sich sehr einsam. Wenn sie ihr jetziges Leben mit ihrem Leben während der Ehe vergleichen, haben sie den Eindruck, sie hätten einen schrecklichen Verlust erlitten. Diese Frauen liebten und schätzten ihre Rolle als Ehefrau, Mutter und Hüterin des Heimes. Selbst in einer zerrütteten Ehe war mehr Platz für diese Rolle als in der Situation der alleinstehenden Frau. Trotz aller Probleme in der Ehe hatten die Identität und das Selbstwertgefühl dieser Frauen keinen Schaden gelitten.

Selbst zehn oder fünfzehn Jahre nach der Scheidung fühlen sich ältere Frauen immer noch einsam und haben Angst vor dem Alleinsein. Sobald das jüngste Kind das Haus verlassen hat, werden sie nicht mehr gebraucht. Manche Frauen geben ihre Ängste offen zu. Sie möchten ihre Kinder am liebsten zu Hause halten. Corinne bekennt beispielsweise: »Ich brauche Jimmy. Ich glaube, ich binde meine Kinder zu stark an mich, und das ist nicht gut für sie. Das macht mir wirklich Sorgen.« Andere Frauen erkennen den Konflikt zwischen ihren eigenen Interessen und den Bedürfnissen ihrer Kinder überhaupt nicht. Sie zeigen ihren Kindern, wie sehr sie sie brauchen. Ihre Kinder fürchten sich vor dem Schritt, das Elternhaus und ihre Mütter zu verlassen. Sie haben es deshalb schwerer, sich materiell und geistig vom Elternhaus zu lösen, und manchen gelingt es gar nicht.

Auch Christina Moores Selbstwertgefühl hängt immer noch ganz von der Rolle ab, die sie in den langen Jahren ihrer Ehe spielte. In einer glücklichen Ehe entwickelt sich eine Art gemeinsamer Identität, weil jeder Partner bis zum gewissen Grad die Werte und Einstellungen des anderen übernimmt. Das Selbstwertgefühl des einzelnen basiert auf den eigenen Werten, denen des Partners und der innerhalb der Ehe entwickelten Identität — jeder möchte, daß der andere auf die eigenen Leistungen stolz ist, und jeder möchte Anerkennung und Liebe vom anderen. Allmählich wird es für einen oder beide Partner immer schwieriger, sich die eigene Person außerhalb des ehelichen Kontextes vorzustellen, und zuletzt entsteht eine übergeordnete Identität. In einer guten Ehe leisten beide Partner ihren Beitrag zu dieser neuen Einheit und bei den Aufgaben des gemeinsamen Wirkungskreises. Aus dieser Partnerschaft erwächst eine von Sicherheit und Wärme geprägte Identität, die es bei Alleinstehenden nicht gibt.

In eher konventionellen Ehen, wie beispielsweise bei den Moores, basiert die gemeinsame Identität auf der starken Persönlichkeit oder den beruflichen Erfolgen eines Ehepartners. Manche Ehefrauen definieren sich über den Beruf ihres Mannes, sie betrachten sich als »Frau Doktor« (so zum Beispiel Christina) oder als »Frau Direktor«. Wenn solche Ehen nach vielen Jahren zerbrechen, kommt es bei Frauen häufig zu schweren Identitätskrisen. Für diese Frauen ist es dann besonders schwer, außerhalb der Ehe eine neue Identität zu finden.

Die Hälfte der alleinstehenden Frauen berichten, daß sich ihr Gesundheitszustand in dem schwierigen Jahrzehnt nach der Scheidung zunehmend verschlechtert hat. Sie klagen über körperliche Beschwerden wie Erkältungen, Kopfweh, Rückenschmerzen, Verstopfung, Migräne, Dickdarmentzündung, Bluthochdruck und Kieferschmerzen. Solche Beschwerden treten bei alleinlebenden, geschiedenen Frauen aller Altersgruppen auf, nicht nur bei älteren Frauen. (Wiederverheiratete Frauen leiden viel weniger an psychosomatischen Erkrankungen.)

Die Ehe ist anscheinend für manche Frauen und Männer die entscheidende Stütze ihrer Persönlichkeit. Sie gewährleistet Ordnung und Sicherheit. Sie wird gleichsam als der natürliche Ort ihrer sozialen Existenz angesehen, als Basis der Selbstverwirklichung des erwachsenen Menschen. Zugleich hat die Ehe für Männer und Frauen in reiferen Jahren eine weitere wichtige Funktion: Sie verringert die Angst vor dem Altwerden, vor dem Alleinsein und vor dem Tod. Der Partner ist die wichtigste Hilfe, wenn die Gebrechen des Alters zunehmen. Die Verschlechterung des Gesundheitszustands ist also ein Ausdruck innerer Konflikte und emotionaler Störungen, hervorgerufen durch das Gefühl der Schutzlosigkeit. Nicht jeder kann sich nach einer Scheidung wieder ein glückliches Leben aufbauen. Nicht jeder verfügt über die inneren Ressourcen, die Jugend oder die Schönheit, um problemlos die Zuneigung und Unterstützung anderer Menschen zu erringen. Vor allem aber hat nicht jeder Mensch die Fähigkeit zur Veränderung und Gestaltung seines Lebens. Das darf für die Zeit nach einer Scheidung keinesfalls bei allen Menschen als selbstverständlich vorausgesetzt werden.

4

Denise Moore

Die Fähigkeit zu lieben

In den Jahren, die ich mich mit dem Problem »Scheidung« beschäftige, mußte ich immer wieder an den surrealistischen Film *Das Blut eines Dichters* denken. In dem Film spielen ein Mann und eine Frau Karten. Neben dem Mann steht eine dunkle Gestalt. Unter dem Tisch liegt ein totes Kind. Die Frau ist sehr schön; sie streckt dem Mann ihre Hand hin, lächelt einladend und sagt: »Sie brauchen die Herzdame.« Der Mann betrachtet seine Hand, und Schweißperlen bilden sich auf seiner Stirn. Er hat die Herzdame nicht und bekommt es mit der Angst zu tun. Er greift unter den Tisch und holt die Herzdame aus der Jackentasche des toten Kindes. Er wirft die Karte auf den Tisch. Die maskierte Gestalt neben dem Mann gibt ihm einen Revolver. Der Mann erschießt sich.

Als Psychologin fasziniert mich diese Szene besonders, da in ihr ein Schlüsselproblem vieler junger Menschen von heute dargestellt wird. In meiner Interpretation symbolisiert die Herzdame die Fähigkeit zu lieben. Dem erwachsenen Mann fehlt diese Karte, aber er weiß, daß er sie in der Kindheit einmal besaß. Die Zeit drängt. Wenn er die schöne Frau für sich gewinnen will, muß er die Herzdame wiederfinden. Er greift auf seine Kindheit zurück, um die Herzdame wiederzufinden, und Angst, Schuldgefühle und Erinnerungen aus seinen Kindertagen steigen in ihm auf. Er ist unfähig, mit diesen Gefühlen umzugehen, und wählt daher den Weg der Selbstzerstörung.

Viele junge Menschen leiden unter ihren Kindheitskonflikten. Jugendliche aus geschiedenen Ehen gehen an Beziehungen zum anderen Geschlecht häufig mit der Einstellung heran, daß sie eigentlich keine Aussichten auf Erfolg hätten. Die Herzdame dieser Kinder aus geschiedenen Ehen ist verborgen hinter Erinnerungen an Leid, an aggressive Auseinandersetzungen und manchmal sogar an Gewalttätigkeiten, an Elend, Einsamkeit und Treulosigkeit; Erinnerungen, die real oder auch nur projiziert sind.

Jugendliche werden in der Regel zwischen dem 18. und 21. Lebensjahr erwachsen. Dieser Lebensabschnitt ist für alle jungen Menschen eine schwierige Zeit. Um erwachsen zu werden, muß in der Pubertät eine eigenständige Identität entwickelt werden. Dabei muß der junge Mensch lernen, Verantwortung zu tragen, eine enge Bindung einzugehen und aufrechtzuerhalten. Es ist für sein Gefühlsleben sehr hilfreich, wenn er zu diesem Zeitpunkt das Vorbild einer glücklichen, dauerhaften Beziehung zwischen Mann und Frau hatte. Da die Familie das Grundmuster dieser Beziehungen verkörpert, ist das Verhältnis zwischen den Eltern auch für ihre Kinder prägend.

Alle jungen Menschen fürchten, sie könnten in der Pubertät und kurz danach nicht wiedergutzumachende Fehler begehen. Ihre Entscheidungen bergen in diesem Alter von Natur aus größere Risiken und Gefahren als in der Kindheit. Eine einmal getroffene Entscheidung schließt vielleicht andere Möglichkeiten für immer aus. Die sich wandelnden Geschlechterrollen, die größere sexuelle Freizügigkeit und die hohe Scheidungsrate machen aus der Suche nach einem geeigneten Partner eine schwierige Aufgabe. Jugendliche spüren die Auswirkungen dieser Veränderungen in der Gesellschaft, und sie fürchten Zurückweisung, Mißerfolg und Enttäuschung.

Kinder aus geschiedenen Ehen geht es im Prinzip genauso, doch ihre Angst ist erheblich größer. Es ist nie leicht, »die Herzdame zu spielen«, aber bei jedem Kind aus einer geschiedenen Ehe liegt bildlich gesprochen ein totes Kind unter dem Tisch. Sie rufen sich beim Übergang ins Erwachsenenalter immer wieder ihre Kindheit in Erinnerung. Sie sehen dann die Schatten ihrer Eltern, denen es nicht gelungen ist, eine liebevolle Beziehung zu erhalten. Diese Kinder fühlen, daß sie selbst etwas riskieren müssen. Sie müssen jemandem vertrauen und sollen sich binden, doch ihre Suche nach Liebe und Vertrautheit wird von den Erfahrungen der Vergangenheit überschattet. Als Jugendliche machen sie sich vielleicht gelegentlich Gedanken über dieses Problem, aber jetzt als junge Erwachsene überkommt sie panische Angst. Sie fürchten, betrogen oder verlassen zu werden. Sie fürchten, den geliebten Menschen zu verlieren. Sie ziehen daraus den Schluß, daß Beziehungen stets hochgradig gefährdet sind. Vom Partner belogen und betrogen zu werden halten sie für die Regel. Ihre Befürchtungen sehen die jungen Menschen tagtäglich bestätigt. Die Furcht vor der Unbeständigkeit von Beziehungen breitet sich in der modernen Gesellschaft immer mehr aus. Ich bin überzeugt, daß sich heute auf einer Hochzeit sehr viele im stillen fragen: »Wie lange hält diese Ehe wohl?«

Unsere Gespräche mit Jugendlichen haben gezeigt, daß die Adoleszenz große Probleme mit sich bringt. Auch wer mit der High-School keine Probleme hatte, wer Freunde und feste Beziehungen hatte, berichtete uns, daß er Anfang Zwanzig mit großen Ängsten zu kämpfen hatte. Gerade in diesem Lebensabschnitt erinnerten sie sich besonders häufig an die Scheidung der Eltern. Alle Heranwachsenden stellen sich dieselben Fragen: Wie werde ich als Erwachsener leben? Wen werde ich heiraten? Was kann ich vom Leben erwarten? Aber die Kinder aus geschiedenen Ehen stellen sich darüber hinaus die Frage: Welche Art von Partnerbeziehung werde ich führen? Wird es mein Schicksal sein, die Fehler meiner Eltern zu wiederholen?

Das Verhalten von Kindern aus geschiedenen Ehen steht oft in krassem Gegensatz zu ihren übersteigerten Hoffnungen und ihrem moralischen Rigorismus. Sie hassen Unehrlichkeit, leben aber oft in Beziehungen, die von Unehrlichkeit geprägt sind. Sie möchten heiraten, fürchten sich aber gleichzeitig davor. Sie lehnen die Scheidung strikt ab, werden aber häufig geschieden. Sie glauben an die Liebe, gehen aber überwiegend davon aus, ihr Partner werde sie betrügen. Diese Widersprüche machen ihnen das Leben schwer. Ihre inneren Konflikte verunsichern und verwirren sie und veranlassen sie zu völlig unberechenbaren Verhaltensweisen.

Junge Erwachsene aus geschiedenen Ehen fürchteten durchweg, daß es ihnen nicht gelingen könnte, eine dauerhafte Beziehung aufzubauen. Inwieweit diese Angst ihr Leben beherrscht, ob als voll bewußte Sorge oder als unterbewußte Unruhe, ist bei allen verschieden. Alle jedoch haben zwei Dinge gemeinsam: sie fürchten sich vor Zurückweisung und Untreue, und sie leiden ihr Leben lang unter Verlustängsten.

Verdrängte Gefühle

Ich freue mich darauf, Denise Moore wiederzusehen. Sie ist die erste Jugendliche, die ich zehn Jahre nach der Scheidung interviewe, und, wie ich gestehen muß, schätze ich sie besonders. Ihre Mutter Christina hat mir erzählt, daß sie im College sehr erfolgreich ist und daß sie einen Freund hat. Ich bin gespannt, welches Hauptfach sie am College gewählt hat und was für ein Mensch ihr Freund ist. Ich erinnere mich an Denise als Sechzehnjährige mit blondem Haar, roten Wangen und kindlichen Kulleraugen.

Denise begrüßte mich beim Betreten des Büros überschwenglich. »Sie haben mich genau zum richtigen Zeitpunkt angerufen«, rief sie, »denn ich bin gerade einundzwanzig geworden!« Doch kaum daß wir uns gesetzt hatten wurde sie plötzlich ganz ernst und sagte: »Zur Zeit leide ich...«

Das hatte ich bei ihr keineswegs erwartet.

Ich kenne Denise, seit sie elf ist. Sie war damals ein kräftiges, robustes und nettes Kind. Man hatte den Eindruck, daß sie in behüteten und geordneten Verhältnissen aufgewachsen war. Ihre Eltern und Lehrer hatten mir berichtet, daß sie eine sehr gute Schülerin und begabte Musikerin und bei jedermann beliebt wäre. Überdies pflegte sie eine Vielzahl von Interessen. Sie nahm Oboe-Unterricht, betätigte sich sportlich und segelte. Sie hatte Unterricht bei dem berühmten Oboisten des Orchesters von San Francisco und war der Star des College-Orchesters. Sie träumte damals von einer Karriere als Musikerin.

Denise war vor zehn Jahren sehr gern zu den Interviews in mein Büro gekommen. Sie beantwortete meine Fragen offen und direkt und betonte besonders, wie wenig sich zu Hause geändert habe, seit ihr Vater ausgezogen war. Mama war jetzt »glücklicher« und spielte öfter Klavier als früher. Papa war auch glücklicher, aber Denise fürchtete, er könnte wieder heiraten und wegziehen. Wenn ihr Vater eine Freundin hatte, sagte Denise stets: »Ich will mal sehen, ob ich sie mag.«

Bei unserem ersten Interview fragte ich: »Hat dich in letzter Zeit irgend etwas beunruhigt?«

»Meinen Sie die Scheidung?« fragte Denise.

»Zum Beispiel.«

»Die Scheidung war kein Problem für mich«, antwortete Denise. »Ich wußte ja schon vorher, daß meine Eltern nicht gut miteinander auskamen. Ich ging jeden Morgen in ihr Schlafzimmer und sah nach, ob die Betten zusammengeschoben waren oder nicht«, sagte sie mit schelmischem Lächeln. »Ich finde es besser so, wie es jetzt ist. Ich muß jetzt nicht mehr so tun, als würde ich den ewigen Streit im Schlafzimmer nicht mitbekommen.«

Denise erzählte mir dann, wie sie einmal auf dem Nachhauseweg ein junges Hündchen aufgelesen hatte. Es war anscheinend herrenlos, und deshalb nahm sie es mit nach Hause. Ihre Eltern hatten zwar Mitleid mit dem Kleinen, aber Denise durfte ihn trotzdem nicht behalten. Die Erinnerung daran bedrückte Denise offenbar immer noch; sie war den Tränen nahe. Doch dann wollte sie anscheinend mit diesem Kapitel abschließen. Sie richtete sich auf und sagte in nüchternem Ton: »Mir wurde klar, daß ich da nichts machen konnte.«

Ich nahm an, daß Denise einen Teil ihrer Gefühle bezüglich der Scheidung auf diesen kleinen Hund, den ihre Eltern nicht hatten haben wollen, projiziert hatte. Der Bericht von dem Erlebnis hatte Denise zwar innerlich berührt, aber der Kummer war schnell wieder vergessen. Sie ist wirklich ein pragmatisch denkendes Kind, dachte ich mir im stillen. Sie hat sich gut unter Kontrolle — vielleicht sogar zu gut.

Ich gab Denise Stifte und ein Blatt Papier und forderte sie auf: »Möchtest du deine Familie zeichnen?«

»Nein, lieber nicht«, antwortete sie rasch und zeichnete ein klares Stilleben mit Blumen und Früchten. Ich sah dadurch meinen Eindruck bestätigt, daß Denise ihre Gefühle sehr unter Kontrolle hat.

Denise sprach gern über die Schule und ihre Freunde, aber sie wollte weder über ihre Familie noch über ihre Zukunft sprechen. Sie lebte ganz in der Gegenwart und wollte weiter im selben Haus wohnen, zur selben Schule gehen und dieselben Freunde haben.

Heute, zehn Jahre später, sitzt Denise mir wieder gegenüber. Ihr strohblondes Haar ist kurz geschnitten. Sie erzählt mir die neuesten Ereignisse aus ihrem Leben. Ich bin sehr erstaunt, als sie sagt, sie leide, denn Denise hatten wir alle trotz der Scheidung eine sehr positive Zukunftsprognose gestellt. Obwohl sie dazu tendierte, ihre Gefühle zu unterdrücken, erschien sie prädestiniert, die Scheidung ihrer Eltern problemlos zu verkraften. Zahlreiche Faktoren sprachen dafür: Sie hatte eine überdurchschnittliche Intelligenz, viele Freunde und Eltern, die mit der Trennung distanziert umzugehen wußten. Außerdem hatte sie keine finanziellen Probleme und einen guten Rückhalt im College. Als wir mit den Interviews zehn Jahre nach der Scheidung anfingen, hatten wir nur eine unklare Vorstellung davon, wie die erfolgreiche Verarbeitung einer Scheidung aussehen könnte. Aber wir waren überzeugt, wenn dies jemandem gelingen würde, dann Denise.

Während Denise nun vor mir sitzt und mir von unerwarteten Schwierigkeiten berichtet, werde ich nicht nur mit den Problemen ihres Lebens, sondern auch denen anderer Kinder aus geschiedenen Ehen konfrontiert. Nachdem Denise die High-School mit Auszeichnung absolviert hatte, studierte sie am University College of Los Angeles Musik.

Die ersten Prüfungen absolvierte sie dort mit großem Erfolg. Dann aber passierte etwas, das sie aus der Bahn warf. »Ich fand meine erste große Liebe«, berichtet Denise. Der junge Mann war ungefähr gleich alt und faszinierte sie so sehr, daß sie eine dauerhafte Liebesbeziehung eingehen wollte. Doch als sie gemeinsam auf dem Weg nach Montana waren, wo sie zusammen die Sommerferien verbringen wollten, verließ Denise der Mut, wie sie sich ausdrückte. »Ich bin statt dessen nach New York getrampt und von dort aus quer durch Amerika. Ich wußte nicht, was ich eigentlich suchte. Ich dachte, das Ganze sei nur ein Zeitvertreib. Ich hab mich nie ausgeruht und nachgedacht. Ich war ständig auf Achse, ohne mir über irgend etwas Gedanken zu machen. Aber die ganze Zeit habe ich darauf gewartet, etwas von meinen Eltern zu hören. Ich glaube, ich wollte sie testen. Verstehen Sie? Ich wollte herausfinden, ob sie spüren, daß ich in Schwierigkeiten bin. Aber keiner von beiden — weder meine Mutter noch mein Vater — hat mich gefragt, warum ich mich so ganz allein auf den Straßen herumtreibe.«

»Wie erklärst du dir das?«

»Ich glaube, meine Eltern waren bei meiner Erziehung mir gegenüber nicht ehrlich«, antwortet Denise. »Na ja, aber das ist noch nicht alles. Ich hab damals nichts mehr gegessen und bin auf 44 kg abgemagert. Eines Tages hat eine Freundin im Studentenwohnheim mich vor den Spiegel gestellt, und da bin ich richtig erschrocken. Plötzlich wurde mir klar, wie schlecht es mir ging und wie ich mit mir umging. Ich wurde richtig wütend — das bin ich übrigens immer noch. Ich habe eine Wut auf meine Eltern, weil sie ihre Gefühle verdrängen. Außerdem haben sie mir nicht geholfen, mit meinen Problemen fertig zu werden. Sie haben nie danach gefragt, wie es mir geht, und immer ignoriert, daß es mir schlechtgeht...« Denise ist den Tränen nahe. »Ich versuche es, Judy, das müssen Sie mir glauben. Ich versuche es wirklich, aber es fällt mir schwer, ihnen zu verzeihen.«

»Es tut mir leid, daß du in letzter Zeit so viel gelitten hast. Wann hast du bemerkt, daß du innerlich wütend bist?«

»Sie werden lachen«, antwortet sie, »im Karatekurs. Ich ging gern zum Karate. Das Zuschlagen gefiel mir. Ich wollte zuschlagen. Ich schlug einfach drauflos. Und dann wurde mir klar, daß ich aggressiv war, und zwar schon ziemlich lange.«

»Denise, ich erinnere mich, wie ich dich das erste Mal sah. Damals hast du deine Gefühle fast ganz unterdrückt. Auch bei den späteren Interviews hast du nur selten deine Gefühle gezeigt. Hätte ich dich damals mehr ermuntern sollen, aus dir herauszugehen? Meinst du, das hätte dir geholfen?«

Sie lächelt mich verständnisvoll an und sagt: »Nein, ich glaube nicht. Das war ja das Problem. Ich hab die ganzen Jahre über meine Gefühle verdrängt. Ich hab nicht gelogen, das war es wirklich nicht. Ich hatte immer eher das Gefühl, die Zeit totzuschlagen. Ich wollte mit allem fertig werden, ohne darüber nachzudenken, was eigentlich mit mir los war. Ich hab mir wirklich eingeredet, daß ich ohne Liebe, ohne Sorgen, ohne Wut und ohne Schmerz leben könnte. Nur so konnte ich das Leid meiner Eltern ertragen. Deshalb hat mich auch die Scheidung nicht aus der Bahn geworfen. Deshalb hab ich damals bei den Interviews einen so guten Eindruck gemacht. Erst letztes Jahr, als ich Frank begegnet bin, wurde mir bewußt, wieviel ich die ganze Zeit verdrängt hatte. Ich habe Angst davor, ihn zu lieben, weil ich Angst habe, ihn wieder zu verlieren. Bevor ich Frank traf, hab ich mir immer gesagt, ich werde es verhindern, daß etwas oder jemand mir weh tun kann. Aber als ich mich verliebt habe, ging das nicht mehr. Wissen Sie, Judy, man braucht Übung, um mit dem Schmerz umgehen zu können.«

Denise ist nun wirklich sehr offen: »Ich kann jetzt zum ersten Mal in meinem Leben weinen. Das Leben ist ganz schön schwierig. Es fällt mir schwer, all diese Gefühle aus der Kindheit wieder hochkommen zu lassen. Ich meinte, ich sei betrogen worden. Deshalb hab ich auch gesagt, ich leide. Aber ich hoffe, daß mir das heute vielleicht helfen könnte.«

Die dreieinhalbstündige Unterhaltung mit Denise hat mir klargemacht, daß wir von falschen Voraussetzungen ausgegangen sind. Ich befürchte nun, daß ich mich bei den anderen jungen Frauen auf ähnliche Überraschungen gefaßt machen muß.

Denise war ein lebenstüchtiges Kind. Ihr Selbstbewußtsein war so gut entwickelt, daß sie anscheinend unter der Scheidung ihrer Eltern nicht litt. Sie war geradezu eine ideale Tochter — klug und hübsch, sie wurde mit Auszeichnungen überschüttet, und sie war noch dazu schlagfertig. Ihre derzeitige Krise war nicht vorhersehbar. Heute meine ich, meine Besorgnis darüber, daß sie als Elfjährige so wenig Gefühle zeigte, könnte eine erste böse Vorahnung gewesen sein. Sie glaubte, ihre Eltern verböten ihr, zu trauern, sich Sorgen zu machen oder Schmerz zu zeigen; deshalb zwang sie sich, ihre Gefühle zu unterdrücken. Außerdem stand sie unter dem psychischen Druck, sich bedingungslos anzupassen, um die Eltern nicht zu enttäuschen und die Familie zusammenzuhalten.

Denise ist verliebt und sehnt sich nach Vertrautheit. Doch sie hat Angst, sie könne keine dauerhafte Beziehung eingehen. Denise ist im richtigen Alter für eine Bindung. Sie möchte jemanden lieben, sich öffnen, etwas riskieren und eine Ehe schließen, doch die Ehe ihrer Eltern ist gescheitert. Aus Angst, die Beziehung könne scheitern, will sie sich gar nicht erst binden. Ihre akuten Depressionen und ihre Magersucht traten nicht zufällig gerade dann auf, als sie mit einem jungen Mann zum ersten Mal in engeren Kontakt trat. In dieser Situation wird sie mit den Ängsten, Schuldgefühlen und Sorgen konfrontiert, die sie jahrelang unterdrückt hat. Jetzt müßte sie die »Fähigkeit zu lieben« haben, aber sie ist blockiert, weil ihre unterdrückten Gefühle zwischen ihr und dem jungen Mann stehen.

Sie reist anscheinend ziellos durchs Land. In Wirklichkeit dient diese Reise der Suche nach jenen Gefühlen, die zehn Jahre zuvor verschüttet wurden. Denise wünscht sich sehnlich, daß ihre Eltern sie jetzt umsorgen, sie hegen und pflegen und ihr gestatten, ihre Gefühle zu zeigen. In Wahrheit muß sie sich selbst gestatten zu lieben — auch wenn sie dabei das Risiko eingeht, daß diese Liebe eines Tages zu Ende geht. Erst dann hat sie die »Fähigkeit zu lieben«.

Die Scheidung ihrer Eltern hat bei Denise unterbewußte Bindungs- und Verlustängste hervorgebracht. Diese Ängste hat sie in die hintersten Winkel ihrer Seele verbannt. Nach zehn Jahren brachen diese verdrängten Gefühle wieder mit unverminderter Kraft hervor. Ihr Verhalten ist eine verzögerte Reaktion auf ein Ereignis, das viele Jahre zurückliegt. Bei vielen jungen Frauen sind akute Depressionen ganz sicher die Folge verzögerter Reaktionen auf die Scheidung ihrer Eltern. Diese psychischen Störungen sind besonders bedrohlich, weil sie in einer Lebensphase auftreten, in der viele junge Frauen Entscheidungen treffen, die weitreichende Folgen für ihr ganzes Leben haben. In diesem Lebensabschnitt werden sie erstmals mit Beziehungen zu Männern, mit Liebe und Sexualität konfrontiert. Wenn sie sich zu früh an einen Mann binden, zu früh Kinder bekommen oder sich exzessiv ausleben, kann das tragische Folgen haben. Jetzt entdecken die jungen Frauen den Zusammenhang zwischen ihren Ängsten und dem Scheitern der Ehe ihrer Eltern. Immer wieder bekamen wir folgende Sätze zu hören:

»Ich habe Angst, einen Mann wie meinen Vater zu bekommen.«

»Wie soll ich an eine dauerhafte Beziehung glauben, obwohl der andere jederzeit seine Meinung ändern kann?«

Nehmen wir das Beispiel Ellen. Sie war sechzehn, als ich sie zum er-

sten Mal traf. Wie Denise war auch sie das behütete Kind einer Mittelschichtsfamilie. Die Scheidung ihrer Eltern war ohne Exzesse verlaufen; deshalb hoffte ich, Ellen sei gut darüber hinweggekommen. Zehn Jahre später wurde mir berichtet, daß sie bei dem Magazin *Ms.* Redaktionsassistentin sei und gute Aufstiegschancen habe. Wir fanden Gelegenheit zu einem Treffen.
Ellen entspricht voll meinen Erwartungen. Sie ist mit ihren 24 Jahren eine gutgekleidete, herzliche, extrovertierte und humorvolle Frau. Sie erzählt mir zuerst einige Witze, die gerade in ihrer Redaktion die Runde machen. Zuletzt bringt sie einen sehr sarkastischen Witz über das Verhältnis zwischen Mann und Frau. Danach erzählt sie mir zehn Minuten lang von ihrem Freund. Sie lebt seit zwei Jahren mit ihm zusammen. Nachdem sie mir ausführlich seine vielfältigen Vorzüge geschildert hat, stelle ich ihr eine einfache Frage:
»Ellen, mich wundert, daß du bis jetzt mit keinem Wort von *Liebe* gesprochen hast.«
Sie erstarrt. Nach einer langen Pause sagt sie: »Ich habe Angst davor, dieses Wort zu benutzen.«
Ich merke, daß ich einen wunden Punkt berührt habe und bohre weiter: »Warum hast du Angst, dieses Wort zu gebrauchen? Wegen mir oder wegen dir?«
»Wegen uns beiden«, sagt sie. Und jetzt sprudeln die Worte nur so hervor, und sie läßt auch ihren Gefühlen freien Lauf. »Ich habe Angst, das Wort *Liebe* zu benutzen, weil Beziehungen immer eine unsichere Sache sind. Man hofft vielleicht, daß eine Beziehung dauerhaft ist, aber erwarten kann man das nicht. Mein großes Problem ist die Eifersucht. Wenn mein Freund eine halbe Stunde später kommt als verabredet, denke ich sofort, daß er mit einer anderen Frau zusammen ist. Er arbeitet nämlich mit einer Frau zusammen. Ich denke ständig darüber nach, ob sie im Bett besser ist als ich oder ob die beiden sich ineinander verlieben werden. Ich bin mir seiner nie sicher. Ich glaube, bei den meisten Paaren geht mal die Frau oder der Mann fremd. Das macht mich ganz fertig.«
Ellen stützt den Kopf in die Hände. »Wie kann man auf eine dauerhafte Beziehung hoffen, wenn es jederzeit möglich ist, seine Meinung zu ändern?« Sie schaut hoch, und ich sehe Tränen in ihren Augen. »Ich werde respektiert. Ich habe Freunde. Ich strenge mich an, aber es funktioniert nicht. Das macht mich sehr depressiv.«

Viele junge Frauen leben immer in der Furcht vor der Untreue ihres Partners. Sie leiden fortwährend, obwohl ihre Partner ihnen vielleicht nie untreu werden. Ich war schockiert darüber, daß Ellen bereits beunruhigt war, wenn ihr Freund sich einmal um eine halbe Stunde verspätete. Diese Angst vor der Untreue des Partners muß man von Denises Angst, sich an jemanden zu binden, unterscheiden. Ellen hat mit beiden Formen der Angst zu kämpfen — sie fürchtet eine enge Bindung und ist zudem geradezu krankhaft eifersüchtig. Beide Formen der Angst treten bei den jungen Frauen in dem Lebensabschnitt auf, in dem sie erstmals eine tiefere Liebesbeziehung knüpfen. Von diesen Ängsten werden auch Frauen geplagt, die beruflich sehr erfolgreich sind. Ellen hat an der Universität sehr gute Leistungen gebracht. Sie ist ehrgeizig und hat gute Aufstiegsmöglichkeiten im Beruf. Doch weil Ellen und Denise ständig fürchten, betrogen zu werden, sind ihre Liebesbeziehungen stark belastet. Erfolge im Beruf sind gut und schön, reichen aber auch nach Ansicht dieser jungen Frauen nicht aus.

Sie behaupten zwar trotzig: »Was meiner Mutter passiert ist, wird mir bestimmt nicht passieren.« Sie bemühen sich auch, wie jede Generation, eine klare Trennung zwischen sich und ihren Eltern zu ziehen. Aber sie haben große Probleme in ihren Beziehungen. Sie leiden vor allem, weil sie sich feste Bindungen wünschen und weil sie heiraten und Kinder haben möchten. Außerdem möchten sie gleich beim ersten Mal den richtigen Partner finden. Sie streben verbissen nach einer festen Bindung und sie leiden unter einem inneren Konflikt: Das, was sie sich am meisten wünschen, fürchten sie gleichzeitig am meisten.

Dieser Konflikt tritt vor allem bei jungen Frauen auf. Das rührt vermutlich zum Teil daher, daß sie als Kinder mit der Scheidung ihrer Eltern psychisch besser klarkommen als kleine Jungen. Mädchen sind angeblich in jeder Beziehung — sozial, emotional und was ihre Leistungsfähigkeit angeht — erheblich ausgeglichener als gleichaltrige Jungen. Wissenschaftler, die sich mit Scheidungsfolgen beschäftigen, verweisen immer wieder darauf, daß Mädchen in der Regel die Scheidung der Eltern besser überstehen als Jungen.

Junge Männer sind in diesem Lebensabschnitt in viel stärkerem Maße in Einklang mit ihrer Kindheit. Ihr Verhalten spiegelt die Schwierigkeiten wider, die sie während ihrer Schulzeit hatten. Bei vielen Mädchen treten die Probleme mit ihren verdrängten Gefühlen erst beim Übergang ins Erwachsenenalter auf, und zwar vor allem bei ihrer ersten ernsthaften Liebesbeziehung. Bei Jungen gibt es keine vergleichbaren verzögerten Reaktionen. Sie haben auch keine Bindungs- oder

Verlustängste. Obwohl auch sie sich über ähnliche Schwierigkeiten bei Beziehungen Sorgen machen, sind ihre Ängste längst nicht so dominierend.
Die Spätfolgen verdrängter Gefühle bei Kindern aus geschiedenen Ehen konnten wir nur dank unserer Langzeitstudie nachweisen. Bei Kindern unserer Versuchsgruppe, die in der Pubertät und in der Schule kaum Probleme hatten, kamen die danach auftretenden seelischen Krisen völlig überraschend. Erst nachdem Denise bekannte, daß sie leide, kamen wir auf die Idee, auch bei anderen jungen Frauen verzögerte Reaktionen zu vermuten.
Unsere Ergebnisse zu den Problemen junger Frauen korrigieren möglicherweise unsere Annahme, daß Jungen meist mehr unter einer Scheidung leiden. Sie leiden ganz einfach zu einem anderen Zeitpunkt. Man macht es sich viel zu einfach, wenn man nur die schlechten Noten der Jungen oder ihr aggressives Verhalten auf dem Spielplatz konstatiert.
Die Angst vor der Untreue des Partners beherrscht das Leben allzu vieler junger Frauen. Auch Frauen, die nicht von einem Elternteil oder von ihrem Partner im Stich gelassen wurden, fürchten sich vor Untreue. Diese Angst wirkt sich so stark auf die Beziehungen dieser Frauen zu Männern aus, daß sie oft zu unbrauchbaren Mitteln greifen, um diese Angst zu bekämpfen. Einige gehen mehrere Beziehungen gleichzeitig ein. Andere bevorzugen ältere Männer, weil sie meinen, bei diesen sei die Gefahr geringer, betrogen zu werden. Manchen gelingt es wegen dieser Angst nicht, unglückliche Beziehungen zu beenden. Viele hält diese Angst davon ab, ihren beruflichen Ehrgeiz zu befriedigen. All diese Verhaltensweisen junger Frauen sind auf den Wunsch zurückzuführen, sich vor Untreue, Trennung oder Zurückweisung zu schützen. Denise hat das klar formuliert: »Ich meinte, ich brauche keine Liebe.«
Erst dann fühlte sie sich sicher — und war traurig.

Das hungrige Kind

Ich warte in einem Restaurant auf Dolores und blättere in alten Aufzeichnungen. Dolores hatte uns als Kind bei der Scheidung ihrer Eltern erzählt, ihr Vater sei sehr oft von zu Hause weg gewesen und habe ihr sehr gefehlt. Die Kinder lebten mit der Mutter in einem hübschen Zweifamilienhaus in einer gepflegten Arbeitersiedlung. Ihre

Mutter arbeitete 60 Stunden pro Woche als Filialleiterin einer Reinigung. Auch sie hatte zuwenig Zeit für ihre Kinder. Dolores war ein sehr liebebedürftiges Kind. Ich bin gespannt, was aus ihr geworden ist.
Kurze Zeit später steht eine schlanke, dreiundzwanzigjährige Frau mit kurzem, schwarzem Haar vor mir. Sie hat ein feingeschnittenes Gesicht und dunkle Augen.
Sie kommt direkt von der Arbeit, und ich lade sie zum Essen ein. Wir reden über gemeinsame Erinnerungen, Leute, die wir kennen, und darüber, wie ich mit der Studie vorankomme. Dolores hat von unserem Gespräch anscheinend Hunger bekommen. Sie verspeist ein Steak von 350 Gramm. Ich denke mir, daß sehr viel von dem, was sie mir erzählt, zum Thema »Hunger« paßt. Ich habe die Beobachtung gemacht, daß Kinder aus geschiedenen Ehen sehr liebebedürftig sind.
Dolores erzählt mir, daß sie kurz nach der High-School zu Hause auszog und wenige Monate später mit einem Mann zusammenlebte. »Er hat mich auf ein Podest gestellt. Ich sollte nur für ihn dasein. Das hat mich ganz verrückt gemacht. Ich habe ihn nach drei Monaten wieder verlassen.« Seither hat sie mehrere Beziehungen zu Männern gehabt. »Manche halten ein paar Monate, aber dann breche ich wieder aus«, sagt sie leichthin. »Eigentlich stehe ich ja mehr auf ältere Männer. Da steckt bestimmt ein kleiner Vaterkomplex dahinter, obwohl ich ja viele Ersatzväter hatte. Außerdem verlieben sich ältere Männer auch nicht sofort. Junge Männer schnappen immer gleich über und hängen dann an einem wie die Kletten. Meistens bin ich mit älteren Männern zusammen. Und meistens hält es nicht länger als sechs Monate.«
Dolores ist zur Zeit schon über ein Jahr mit einem fünfundvierzigjährigen Mann zusammen. Er ist älter als ihr Vater. Sie berichtet, er sei weder besonders hübsch noch reich, aber er habe einen gewissen Charme.
»Was gefällt dir an ihm am besten?«
»Er behandelt mich wie eine Königin«, erwidert Dolores. »Er kümmert sich um mich und hat mich gern. Er ist wie mein Vater. Der hat mir auch immer irgendwelche Dinge beigebracht, und mein Freund macht das auch. Manchmal wird er grob und laut, aber er hält mich für die Beste, obwohl er viele vor mir hatte.«
Dolores hat eine andere Lösung gefunden, um mit ihren Ängsten fertig zu werden. Zahlreiche junge Frauen unserer Versuchsgruppe fühlten sich vorwiegend zu älteren Männern hingezogen. Dabei handelt

es sich keineswegs nur um kurze Bekanntschaften. Diese jungen Frauen berichten vielmehr von engen Beziehungen. Die Männer sind überwiegend sehr fürsorglich und nett. Die jungen Frauen arbeiten ausnahmslos und sind finanziell nicht von ihren Geliebten abhängig. Es ist ihnen sehr wichtig, daß sie keine »ausgehaltenen« Frauen sind. Sie legen großen Wert darauf, finanziell unabhängig zu sein, um auch emotional unabhängig zu bleiben.

Mit der Bindung an ältere Männer gehen sie Komplikationen aus dem Weg, die bei jüngeren Männern auftreten: närrische Verliebtheit, Eifersucht und Untreue. Der ältere Mann ist in der Regel verläßlicher, häuslicher und berechenbarer, und es ist weniger wahrscheinlich, daß ein Fünfundvierzigjähriger eine Fünfundzwanzigjährige betrügt. Jüngere Frauen fühlen sich daher bei reifen Männern sicherer.

Außerdem suchen sie bei älteren Männern einen Vaterersatz. Ich vermute, daß diese Männer häufig für ihre Lebensgefährtin väterliche Gefühle hegen. Ganz sicher spielen starke Beschützerinstinkte eine wichtige Rolle. Die sexuellen Beziehungen haben für die jungen Frauen in der Regel eine untergeordnete Bedeutung. Der ältere Partner ist also psychologisch in vielfacher Hinsicht besonders geeignet. Aus dem Kind ist eine junge Frau geworden, aber sie sehnt sich nach wie vor nach jemandem, der sich um sie kümmert. In der Beziehung zu einem älteren Liebhaber verbindet sie die sexuelle Beziehung mit einer Eltern-Kind-Beziehung. Der Geliebte übernimmt die Rolle von fürsorglichen Eltern, er übernimmt Mutter- und Vaterrolle zugleich. Wenn jüngere Frauen über ihre älteren Partner reden, betonen sie stets vor allem diesen Aspekt. Dolores sprach es offen aus: »Er kümmert sich um mich und hat mich gern.«

Diese Frauen sind jung und hübsch und keineswegs auf das Geld oder die soziale Sicherheit aus, die diese älteren Männer ihnen bieten. Aber sie sind pragmatisch und nehmen lieber den Spatz in der Hand als die Taube auf dem Dach. Sie äußern sich zuweilen über ihre Geliebten sogar negativ: »Er ist zwar häßlich, aber er ist immer nett zu mir.« Ihre Partnerwahl spiegelt ihr niedriges Selbstwertgefühl wider: Sie glauben, sie hätten nichts Besseres verdient.

Diese Analyse trifft jedoch nicht auf alle Beziehungen zwischen älteren Männern und jüngeren Frauen zu. Häufig zeichnen sich diese Beziehungen durch Liebe und Respekt füreinander aus. Bei den meisten jungen Frauen drückt die Wahl eines älteren Partners ihre Suche nach dem Vater aus. Sie können sich nicht bewußt daran erinnern, daß sie als kleine Mädchen wirklich geliebt worden wären. Ihnen ist das Gefühl neu, geliebt, umsorgt und respektiert zu werden. Deshalb ziehen sie menschliche Wärme dem Sex vor. Sie wollen von ihren älteren Geliebten gehätschelt und verwöhnt werden. Sie suchen physische Nähe wie kleine Kinder, die auf Papas Schoß klettern, und vielleicht machen sie diese Erfahrung zum ersten Mal in ihrem Leben.

Ich muß betonen, daß die jungen Frauen, die unter starken Angstgefühlen leiden, nie wirklich im Stich gelassen worden sind. Sie hatten alle Kontakt mit ihren Vätern. Ungefähr die Hälfte der jungen Frauen zwischen 19 und 23 Jahren sahen ihre Väter regelmäßig etwa ein Mal im Monat, manche sogar häufiger. In der Regel gehen Vater und Tochter miteinander aus. Diese Treffen sind gekennzeichnet von einer Mischung aus gegenseitiger Anziehung und ständiger Enttäuschung.

Die Art, wie diese jungen Frauen ihre Vater-Tochter-Beziehung beschreiben, erinnert sehr an Beziehungen zu jungen Männern. Vielleicht hat das Ritual zwischen Vater und Tochter, sich über die Jahre hinweg ohne die Mutter in einem Restaurant zu treffen, den erotischen Aspekt ihrer Beziehung verstärkt.

Trotz der häufigen Treffen zwischen Vater und Tochter haben diese jungen Frauen nicht das Gefühl, von ihren Vätern geliebt oder geachtet zu werden, und sie äußern sich über sie in einer eigentümlichen Mischung aus Zuneigung und Verachtung. Sie lassen sich des langen und breiten darüber aus, daß sie ihren Vätern nicht trauen, und kritisieren mir gegenüber ganz offen die Einstellung ihrer Väter zu Frauen. Zweifelsohne betrachten diese jungen Frauen ihre Vater-Tochter-Beziehung als Modell dafür, was sie von Männern zu erwarten haben. Eine junge Frau sagte: »In meinem Leben gab es keine richtige Vaterfigur.«

Der emotional blockierte Junge

Zehn Jahre nach der Scheidung sind fast die Hälfte der Jungen, jetzt 19 bis 29 Jahre alt, unglücklich und einsam. Sie hatten, wenn überhaupt, nur wenige kurzlebige Beziehungen zu Frauen.

Robert überreicht mir bei dem Interview zehn Jahre nach der Scheidung seiner Eltern seinen Lebenslauf. Diese Geste ist typisch für ihn. Er hat ein Stipendium für Hochbegabte bekommen und sein Studium mit hervorragenden Noten abgeschlossen. Schon als Schüler interessierte er sich für Naturwissenschaften und bekam einen Förder-

preis für ein Projekt über Biolumineszenz. Noch heute faszinieren ihn Glühwürmchen und tropische Leuchtfische. Er arbeitet zur Zeit an seiner Doktorarbeit in Biologie an der Stanford University.
Roberts Vater ist kein Akademiker. Robert spricht nicht über seine Gefühle für seinen Vater, obwohl sie sich über die Jahre hinweg besucht und einmal sogar zusammen eine Kanufahrt gemacht haben. Aus seinen Äußerungen ist nicht viel zu entnehmen. Seine steife Haltung scheint mir der äußere Ausdruck seiner intensiven Beschäftigung mit dem Phänomen der Biolumineszenz, des Lichts ohne Wärme, zu sein. Ich versuche, diesen Schutzmantel zu durchbrechen, aber ohne Erfolg.
Wir unterhalten uns zuerst über sein Interesse an Biologie. Robert beschreibt mir voll Bewunderung und Respekt einen ehemaligen Lehrer, der ihn förderte. »Es ergab sich irgendwie«, erklärt er. »Ich glaube, das Fach hat eher mich gewählt als umgekehrt. Man wird weiterempfohlen, eins gibt das andere, und schon hat man sich festgelegt.«
»Haben Sie Freunde?« frage ich. Seine Antwort: »Ich mache wahrscheinlich mehr für mich allein als die meisten anderen Leute. Mein Tagesablauf sieht normalerweise so aus: Ich mache morgens meinen Waldlauf und gehe dann so gegen halb acht ins Labor. Dort arbeite ich bis nachts um elf oder zwölf. Der Verlauf meiner Experimente muß alle paar Stunden überprüft werden. Ich fürchte, daß die Hilfskräfte das nicht ordentlich machen. Aber es macht mir eigentlich auch gar nichts aus.«
Ich warte darauf, daß er weiterredet. Er wartet auf meine nächste Frage.
»Wie geht es Ihrem Vater?«
»Gut. Wir sehen uns häufig. Wir verstehen uns ganz gut. Wenn man bedenkt, wie lange ich von zu Hause weg bin, stehen wir uns erstaunlich nah.«
»Wie geht es Ihrer Mutter?«
»Sie hat viel zu tun. Mit meinem Bruder hat sie Kontakt.«
Unsere Unterhaltung verläuft schleppend. Er kann einfach nicht locker plaudern. Ich beschließe daher, ihm Fragen zu seiner Kindheit zu stellen. Welche Erinnerungen hat er an die Scheidung seiner Eltern? Als sich Roberts Eltern trennten, war er fünfzehn. Ich bin erstaunt über seine Antwort: »Ich kann mich an das Jahr der Scheidung überhaupt nicht erinnern. Da Sie ja gerade das Folgeinterview nach zehn Jahren machen, muß es zehn Jahre her sein.« Robert richtet sich im Stuhl auf. Ich spüre, daß er all seine Gefühle hinter der Fassade sei-

nes coolen, unbeteiligten Auftretens verbirgt. Ich frage ihn nach seinem Privatleben, nach Beziehungen zu Frauen.

»Selten. Ich hab meistens zuviel zu tun. Ein paarmal bin ich mit Mädchen ausgegangen. Aber ich habe keine Freundin. Nun ja, wenn's passiert, passiert's. Wenn ich erst mal eine kennenlernen würde, denke ich schon, daß ich sie öfters sehen wollte. Dann müßte ich mir das richtig überlegen. Vor allem wenn man bedenkt, daß eine Heirat heute mehr eine juristische Bindung als eine emotionale ist.«

»Und wenn Sie eines Tages doch heiraten?«

»Was soll dann sein? Dann wäre ich eben verheiratet. Ich müßte sie allerdings schon mehrere Jahre kennen. Sie wissen ja wahrscheinlich, daß Professoren am College eine überdurchschnittlich hohe Scheidungsrate haben. Zwei Drittel der Leute in meinem Beruf werden geschieden. Das sind verdammt schlechte Aussichten.«

Ich weiß nicht, wie Robert zu diesen Zahlen kommt. Was er behauptet, stimmt keineswegs.

Er fährt fort: »Falls ich eine Frau gut genug kennen würde, um sie zu heiraten, dann würde ich nicht an Scheidung denken. Ich hoffe, daß mir das nicht in den Kopf kommen würde.« Sein Tonfall verrät jedoch, daß er das für unwahrscheinlich hält.

Inzwischen ist mir klargeworden, daß Robert eine unüberwindliche Barriere zwischen seinen Gefühlen und seinem bewußten Denken aufgebaut hat. Ich frage ihn: »Wie hat die Scheidung Ihrer Eltern Ihr Leben verändert, Robert?«

»Ich bin ganz sicher viel vorsichtiger geworden«, antwortet er. »Wäre meine Familie damals zusammengeblieben, wäre ich wahrscheinlich nicht so vorsichtig. Wer weiß.«

Robert gehört zu einer Gruppe von jungen Männern, die einen Teil der Anforderungen an einen Erwachsenen gut bewältigen. Sie sind im Beruf erfolgreich, aber sie entwickeln nicht die Fähigkeit zu lieben.

Robert hat eine ausgezeichnete Berufswahl getroffen. In der Schule zeigte ihm ein Mentor den Weg. Er arbeitete mit großem Erfolg und brachte es so zu Anerkennung auf einem Gebiet, das seiner Begabung entspricht. Obwohl er in der sozialen Hierarchie inzwischen über seinen Eltern steht, wird er von ihnen nach wie vor unterstützt und ermutigt. Darüber hinaus wird er nicht von traurigen Erinnerungen gequält. Er erinnert sich vielmehr kaum an seine Kindheit. Er hat das Erlebnis der Scheidung verdrängt und sich gerade so viel psychische Energie bewahrt, wie er zur Durchführung seiner ehrgeizigen Karrierepläne brauchte.

Ich mache mir Sorgen um Robert und andere junge Männer in seiner Situation, weil sie sich ihrer emotionalen Blockade nur in geringem Maße bewußt sind. Robert ist gehemmt, unverheiratet und hat kaum Kontakt zu anderen Menschen. Der Fünfundzwanzigjährige verbringt den größten Teil seiner Zeit allein und hat wenig menschliche Ansprache. Er ist ein intelligenter junger Mann, der komplexe wissenschaftliche Zusammenhänge referieren kann. Aber er ist unfähig, sich an wichtige Ereignisse in seinem Leben zu erinnern. Selbstverständlich gibt es viele junge Männer wie Robert, die nicht aus geschiedenen Familien stammen. Seine psychische Verfassung spiegelt jedoch ein Muster wider, das wir bei zahlreichen jungen Männern in unserer Studie festgestellt haben.
Roberts zurückhaltende Art war mir schon aufgefallen, als er fünfzehn war. Dieses Verhalten hat sich verstärkt durch die Art, wie er wichtige Ereignisse verarbeitet, vor allem das wichtigste Ereignis seiner Pubertät, die Scheidung seiner Eltern. Es läßt sich heute noch nicht sagen, ob dieses Verhaltensmuster für sein Leben prägend sein wird, aber es hat nicht den Anschein, als ob sich an seiner emotionalen Abkapselung und sozialen Isolation in nächster Zeit etwas ändern würde. Selbst wenn er heiraten sollte, wird er gehemmt bleiben und seine Gefühle weiterhin stark unterdrücken.
Junge Männer und Frauen gehen unterschiedlich mit den Gefühlen um, die sie im Lauf der Jahre gegenüber der Scheidung ihrer Eltern entwickeln. Mir scheint jedoch, daß Frauen sich ihre Gefühle häufiger eingestehen. Viele junge Männer hingegen sind anscheinend in der Lage, ihre Gefühle völlig zu verdrängen. Sie zahlen jedoch mit zunehmendem Alter einen hohen Preis für diesen Umgang mit sich selbst.
Sie sind meist gehemmt, vor allem gegenüber Frauen. Wenn sie mit einer jungen Frau eine Beziehung anknüpfen wollen, haben sie große Angst vor Zurückweisung und sind sehr verletzlich bei kleinen oder auch nur eingebildeten Kränkungen. Die Folge ist, daß sie meist sehr zurückgezogen leben, sich ihre Einsamkeit jedoch nicht eingestehen. Es ist schwer zu beurteilen, ob Robert sich in seiner Isolation bewußt unglücklich fühlt.
Junge Männer wie er gestatten sich keinerlei Gefühle und verdrängen ihre Erinnerungen. Ein wesentlicher Teil des psychischen Erlebens bleibt ihnen verschlossen. Um sich schmerzliche Gefühle zu ersparen, haben sie alle Gefühle aus ihrem Leben verbannt und ganze Lebensabschnitte aus ihrer Erinnerung gestrichen. Sie sind auf tragische

Weise gehemmt und können kaum Nähe und Vertrautheit aufbauen. Sie sind unfähig, anderen Menschen ihre verborgenen Gefühle zu zeigen. Sie führen meist das Leben von Einzelgängern, damit ihre Hemmungen nicht so deutlich zum Vorschein kommen.

Wenn es um Partnerwahl geht, haben junge Frauen und Männer unterschiedliche Zeitpläne und Lösungen für ähnlich gelagerte Probleme. In Leben von jungen Frauen spielen Beziehungen in allen Bereichen eine größere Rolle als im Leben von jungen Männern. Die jungen Männer in unserer Studie sind in der Regel psychisch reservierter als junge Frauen. Manche gehen bewußt keine Bindung ein und konzentrieren sich ganz auf ihre Karriere. Im Gegensatz zu den Frauen, die vor allem fürchten, verlassen zu werden, fürchten die jungen Männer häufiger, sie könnten nicht die wahre Liebe finden.

Bevor Kinder aus geschiedenen Ehen die Fähigkeit zu lieben entwickeln können, müssen sie viele Gefühle und Erinnerungen an die Scheidung der Eltern verarbeitet haben. Häufig werden sie von Schuldgefühlen geplagt. Sie glauben, sie wären der Anlaß für die Scheidung gewesen oder sie hätten die Ehe durch das richtige Verhalten kitten können. Sie leiden unter irrationalen Ängsten. Sie fürchten, der Partner könnte ihrer überdrüssig werden. Sie erwarten — vereinfacht gesagt — immer den Mißerfolg.

5

Sammy Moore

Wenn Jungen aus dem Haus gehen

Als Sammy Moore mit sieben Jahren erfuhr, daß sein Vater für immer von zu Hause fortgehen würde und daß er zusammen mit seinen beiden älteren Schwestern bei der Mutter bleiben würde, schrieb er mit einem Stift »Scheiß Mama« auf den Kühlschrank.

Diese Reaktion überraschte mich nicht im geringsten. Im Unterschied zu seinen Schwestern hatte Sammy keine Ahnung, daß seine Familie auseinanderbrechen würde. Für ihn kam die Trennung wie ein Blitz aus heiterem Himmel, und er reagierte sehr aggressiv. Sehr viele Jungen in Sammys Alter haben in ähnlich unvorhersehbarer Weise mit Wut auf ihre Eltern reagiert. Außerdem geben kleine Jungen sehr oft der Mutter die Schuld am Scheitern der Ehe. Manche weigern sich, abends zu Bett zu gehen, ihre Schularbeiten zu machen, im Haushalt zu helfen oder andere kleine Aufgaben zu erledigen. Andere lassen ihre Wut an jüngeren Geschwistern aus. Bei Sammy, einem wohlerzogenen Jungen aus einer kultivierten Familie, war die empörende Aufschrift auf dem Kühlschrank nur der Auftakt zu einer ganzen Reihe von aggressiven Verhaltensweisen.

Als ich Sammy das erste Mal sah, trug er Jeans und ein T-Shirt mit wilden Mustangs auf dem Rücken. Mit seinen graublauen Augen und seinem sandfarbenen Haar sah er seinem Vater Nicholas verblüffend ähnlich — was anscheinend beiden sehr gefiel.

Sammy wollte nicht konkret über die Scheidung sprechen. Wir saßen im Spielzimmer unserer Beratungsstelle. Sammy zeigte kein Interesse für das bereitliegende Spielzeug und fühlte sich offensichtlich nicht wohl bei uns. Trotzdem bekam ich bei diesem ersten Besuch einige Informationen über seine Gefühle.

Ich fragte ihn, ob er irgendwelche Probleme habe, und er antwortete mir ernst: »Ich kann abends nicht einschlafen. Manchmal dauert es

Stunden, bis ich einschlafe. Aber gestern abend gab mir meine Schwester ein Malbuch, und ich bin beim Malen eingeschlafen.«
Auf die Frage, welche Wünsche er habe, antwortete er: »Ich wünsche mir eine Schminke, die mich schwerelos macht, und eine Spraypistole, die unsichtbar macht.« Später fügte er hinzu: »Ich möchte mein Haar ganz kurz schneiden lassen, damit ich wie ein Mann aussehe.«
Einige Tage danach malte Sammy ein Bild von seiner Familie. Er selbst planschte allein in einem großen Swimmingpool, seine Mutter und seine Schwestern standen ganz in der Nähe und hielten sich an der Hand. Seinen Vater Nicholas, den er um diese Zeit einmal pro Woche sah, hatte er als winzige Figur an den äußersten Rand des Bildes gemalt.
Nach Sammys Besuch rief ich seine Lehrerin an und fragte, welchen Eindruck sie von ihm habe. Sie berichtete in beunruhigtem Ton, daß er im Klassenzimmer an ihr hänge wie eine Klette, draußen auf dem Spielplatz jedoch die anderen Kinder verprügle; außerdem habe er fast keine Freunde mehr. Wörtlich fügte sie hinzu: »Gestern sagte er zu mir: ›Manchmal habe ich das Gefühl, daß etwas in mir aufbricht, und ich möchte, daß das alles nach außen kommt.‹ Und vor ein paar Wochen erzählte er mir, daß er täglich eine Viertelstunde traurig sei. Aber den Rest des Tages spielt er verrückt. Ich mache mir wirklich große Sorgen um Sammy.«
Beim zweiten Interview stürmte Sammy in mein Büro und rief: »Ich vermisse meinen Daddy nicht. Ich sehe ihn jeden Tag. Es ist alles wie früher.« (Sammy sah seinen Vater damals einmal pro Woche.) Anschließend weigerte er sich strikt, über seinen Vater oder über die Scheidung zu sprechen.
Bei diesem Besuch sah sich Sammy das Spielzeug in unserem Spielzimmer genau an, aber er spielte nicht damit. Als er nach einer Stunde gehen sollte, sträubte er sich: »Warum? Warum muß ich gehen? Ich bin noch nicht fertig. Ich will nicht.«
Obwohl Sammy sich kaum mit mir unterhalten hatte, erzählte mir Christina später, habe er auf dem Nachhauseweg sehr viele Fragen gestellt, die er vorher nicht zu stellen gewagt hatte. Sie mußten ihm wohl schon lange auf der Seele gelegen haben: »Werdet ihr irgendwann wieder zusammensein? Wird Daddy wieder heiraten? Wird er noch andere Kinder haben?«
Bei unserem dritten Interview war Sammy viel freundlicher und wirkte gelöst. Er baute aus Holzbauklötzchen eine Kanone und erzählte mir vom Boot seines Vaters. »Schauen Sie, jetzt geht gleich der Mast

über Bord«, sagte er und zielte mit seiner Kanone auf ein unsichtbares Boot. Er ahmte das Geräusch einer Explosion nach und spielte mir das Unglück vor.

Ein Jahr später hörte ich, daß es ihm immer noch schlechtging. Er machte manchmal in der Schule in die Hose, worüber er sich schrecklich schämte. Nach solchen Vorfällen weigerte er sich, in die Schule zu gehen, und täuschte körperliche Beschwerden vor. Die Lehrerin berichtete, daß er immer noch extrem aggressiv sei. Er stürze sich in Gruppen von Kindern und schlage wild um sich. Im Unterricht hatte er Konzentrationsschwierigkeiten und lernte dementsprechend schlecht. Das Schuljahr hatte für ihn mit einer großen Enttäuschung begonnen. Er sollte von einer Frau unterrichtet werden. Sofort lief er ins Büro des Rektors und verlangte, in eine Parallelklasse versetzt zu werden. Er wollte einen Mann als Lehrer.

Doch bei unserem Interview ein Jahr nach der Scheidung konnte Sammy bereits sehr offen mit mir sprechen. Die Trauer hinter seiner Wut wurde jetzt erkennbar. »Meine Eltern mögen sich nicht mehr«, sagte er. »Als sie noch verheiratet waren, haben sie sich immer wegen mir gestritten. Ich glaube, sie hatten viel Kummer, weil ich nicht zur Schule gehen wollte. Aber ich wollte ja nicht, daß sie streiten...« Sammys Stimme versagte, seine Augen füllten sich mit Tränen, und er wollte nach Hause gehen. Ich sah, wie sehr der Junge litt; deshalb beschloß ich, offen mit ihm über seine Schuldgefühle zu sprechen. »Glaubst du, daß du für die meisten Probleme, die deine Eltern hatten, verantwortlich bist?« sagte ich. Wir unterhielten uns eine ganze Weile über seine Schuldgefühle. Ich versuchte, ihm klarzumachen, daß er an der Scheidung keinerlei Schuld habe. Aber offensichtlich ließ er sich nicht davon abbringen und verstand mich nicht.

Später fragte ich ihn: »Sammy, wenn du drei Wünsche frei hättest, was würdest du dir wünschen?«

Er antwortete: »Ich wünsche mir, daß zwischen meinen Eltern wieder alles gut wird. Das ist Wunsch Nummer eins, zwei und drei.« Er brach in Tränen aus und sagte: »Sonst wünsche ich mir nichts.«

Sammy hatte das Glück, liebevolle und verantwortungsbewußte Eltern zu haben, deren Scheidung überaus »zivilisiert« verlaufen war. Aber offensichtlich wurde er mit seinem Kummer, seiner Trauer und seiner Wut nicht fertig. Und es bestand durchaus die Gefahr, daß dies auch so bleiben könnte.

Ich war keineswegs überrascht, daß ich Sammy seine Schuldgefühle nicht nehmen konnte. Eine simple Erklärung kann schwerlich die

Überzeugung eines Kindes erschüttern. Kinder bilden sich häufig ein, sie trügen die Schuld an der Scheidung der Eltern. Hinter diesen Schuldgefühlen verbirgt sich das Gefühl völliger Hilflosigkeit, das noch schlimmer ist als die Schuldgefühle selbst. Mit anderen Worten: Es kann weniger bedrohlich sein, sich schuldig zu fühlen, als das Gefühl völliger Ohnmacht zu ertragen. Manchmal stehen diese Schuldgefühle auch in Zusammenhang mit »negativen« Gedanken oder Phantasien des Kindes. Die Scheidung wird dann als Strafe für das eigene Fehlverhalten interpretiert. Kinder stellen oft Zusammenhänge zwischen Kleinigkeiten wie der Unordnung im Kinderzimmer und der Scheidung der Eltern her. Manchmal sind diese kindlichen Schuldgefühle auch auf den konkreten Wunsch zurückzuführen, nur einem Elternteil nahe zu sein. Der andere Elternteil soll dann in den kindlichen Phantasien aus dem Haus verbannt werden. Häufig ist Eifersucht das Motiv dieser Wünsche. Verschwindet dann der Rivale tatsächlich, dann ist das Kind verstört, weil es an die Macht seiner geheimen Wünsche glaubt.

Der Hausarzt der Familie riet den Moores damals, Sammy in psychotherapeutische Behandlung zu geben, aber Nicholas und Christina entschieden sich dagegen, in der Hoffnung, die Symptome würden von allein verschwinden.

Fünf Jahre nach der Scheidung ging es Sammy etwas besser. Er war jetzt zwölf und noch immer sehr kindlich, aber in seinem Körperbau kündigte sich bereits die Pubertät an. Zweifellos würde er einmal so muskulös wie Nicholas werden.

Bestimmte Probleme gab es jedoch nach wie vor, beispielsweise Sammys Angst vor der Schule. Sehr häufig klagte er morgens über Halsschmerzen, Kopfweh, Magenbeschwerden oder darüber, daß er Angst vor dem Schulweg habe, weil ihm angeblich irgendwelche Raufbolde auflauern könnten. Christina hörte sich seine Klagen geduldig an, blieb aber hartnäckig und setzte ihren Willen durch. Folglich ging Sammy trotz seiner Ängste in der Regel zur Schule. »Er hatte schon immer Probleme mit der Schule«, sagte Christina. »Schon im Kindergarten wollte er wieder mit mir nach Hause. Das war wirklich eine schlimme Zeit.«

Nach dem Interview fünf Jahre nach der Scheidung entschieden sich seine Eltern, dem Rat des Arztes zu folgen und Sammy zu einem Psychotherapeuten in Behandlung zu bringen. Er wurde über einen Zeitraum von zwei Jahren ein Mal pro Woche von einem Therapeuten behandelt. Durch die Therapie verbesserten sich seine schulischen Lei-

stungen merklich, und er konnte sich wieder besser konzentrieren. Einer seiner Lehrer berichtete mir: »Sammy ist ein kluges Kind. Er hat viel Humor. Manchmal begreift er etwas schneller als alle anderen Kinder in der Klasse.« Außerdem hatte er in der Zwischenzeit wieder ein gutes Verhältnis zu Gleichaltrigen.
Sammy entwickelte in der Pubertät ein erfreuliches Interesse an Zoologie. Er liebte Tiere; nachdem er im Fernsehen eine Dokumentarsendung gesehen hatte, war er von der Idee begeistert, Wildtiere in Gefangenschaft zu züchten. Als ich ihn am Ende seiner Behandlung wieder sah, sprachen wir fast nur über seine Tiere. Sammy hatte ein Chamäleon, sieben Zebrafinken, eine Tarantel, einen Schäferhund, zwei Katzen, eine »unglaublich kluge« weiße Ratte namens Zorro, ein Kaninchen, eine Schildkröte, ein Terrarium mit Ameisen, und sobald seine Mutter die Erlaubnis geben würde, wollte er auch ein Frettchen kaufen.
»Deine Mutter muß dir bestimmt helfen, die vielen Tiere zu versorgen?« fragte ich.
»Ja, sie ist ganz toll«, sagte Sammy. »Wir haben die hintere Sonnenterrasse zu einem Vivarium umfunktioniert. Jetzt habe ich viele Käfige und das ganze Futter dort. Ich möchte am liebsten auf dem Land wohnen. Dann könnte ich auch exotische Tiere halten. Vielleicht ein Lama oder so. Aber wir wohnen in einem Vorort, und da muß ich eben noch ein bißchen warten.«
Als ich Sammy erneut auf die Scheidung seiner Eltern ansprach, sagte er: »Mir gefiel es besser, als sie noch verheiratet waren. Lange Zeit saß ich im Klassenzimmer und dachte darüber nach, und ich stellte mir vor, wie man sie bestrafen sollte — oder mich... Vor allem dachte ich immer, sie hätten sich nur wegen mir scheiden lassen. Aber das ist jetzt vorbei, heute denke ich nicht mehr darüber nach.«
Sammy erzählte mir viel über seinen besten Freund David, der auch Tiere hatte. »Wir sind wie Brüder, nur seine Eltern sind nicht geschieden«, meinte Sammy.
Ich fragte Sammy nach seinem Vater.
»Ich bin gern bei meinem Vater, aber ich besuche ihn nicht gern in seinem Haus«, antwortete Sammy. »Ich komme mit seiner neuen Frau nicht gut aus. Sie heißt Connie. Ich glaube, ich mag meine Mutter erst richtig, seit mein Vater wieder verheiratet ist. Bei uns zu Hause darf ich meine Schildkröte im Spülbecken lassen. Wenn ich das bei meinem Vater mache, flippt Connie aus.«

Zehn Jahre nach der Scheidung. Sammy heißt nun Sam. Wir unterhalten uns, er trinkt eine Cola und ich ein Glas Wein. Er berichtet mir vom College: Er gehört der Leichtathletikmannschaft an und ist Vizepräsident des Skiclubs. Er ist zu einem selbstbewußten jungen Mann herangewachsen. Wie die meisten anderen Siebzehnjährigen aus geschiedenen Ehen hat auch Sammy, obwohl sein Vater wohlhabend ist, einen Teilzeitjob angenommen. Er bedient zehn Stunden pro Woche in einem vegetarischen Restaurant. Im Unterschied zu vielen anderen Jungen seines Alters redet Sam voller Begeisterung von seinen Plänen fürs College.

»San Diego gefällt mir, und außerdem ist das Angebot an Unterrichtsveranstaltungen an der Universität von Kalifornien sehr gut. Ich bin überzeugt, daß ich im Wildpark einen Job bekomme. Sie haben dort wirklich das beste Zuchtprogramm für Wildtiere in Gefangenschaft. Meine Mutter hat mich dazu erzogen, selbständig Entscheidungen zu treffen, und das ist mit ein Grund, warum ich so sicher bin, daß ich in meinem ersten Semester keine Probleme haben werde. Ich glaube, deshalb werde ich mit dem College gut klarkommen.« Sobald die Rede auf seine Mutter und die bevorstehende Trennung kommt, senkt er die Stimme. »Zu Hause ausziehen, das ist wirklich schlimm. Meine Mutter und ich kommen in letzter Zeit wirklich gut miteinander aus. Wir streiten zwar manchmal, aber sie ist eine prima Mutter. Sie hat immer Zeit für mich, obwohl sie ja über vieles nachdenken muß. Wenn sie einen anderen Mann hätte, wäre es für sie nicht so schwer.« Besorgt fährt er fort: »Dann wäre sie nicht so nervös. Ich mache mir wirklich Sorgen um meine Mutter. Neulich hat es in unserer Küche gebrannt. Es war nur ein Glück, daß ich da war und die Feuerwehr rief, denn sie stand wie gelähmt herum und wußte nicht, was sie tun sollte.«

Sam kaut an seinem Daumennagel. »Es wird bestimmt schwer für sie, wenn ich ausziehe. Ich versuche ums Haus herum alles in Ordnung zu halten, aber wer soll ihr helfen, wenn ich weg bin. Denise ist ja weg. Ruth besucht sie oft. Es ist ein Glück, daß sie nach dem College wieder in unsere Gegend gezogen ist. Aber es wird für meine Mutter bestimmt viel schlimmer als für mich.«

»Du machst dir Sorgen um sie.«

»Ich wünschte, sie würde wieder heiraten«, sagt Sam. »Aber ich glaube nicht, daß sie das tut. Sie ist nur ganz selten ausgegangen. Wissen Sie, ich glaube, ohne mich wäre sie bestimmt öfter ausgegangen.«

Sam lebt auf, als wir auf seinen Vater Nicholas zu sprechen kommen.

»Vater und ich sind uns letztes Jahr viel nähergekommen. Früher dachte ich immer, daß er sich nichts aus mir macht. Außerdem war ich lange Zeit davon überzeugt, daß er Mutter nur wegen mir verlassen hat.« Sam senkt den Blick, als ob er mir Zeit geben will, das Gesagte aufzunehmen. »Ich habe Jahre gebraucht, um zu begreifen, daß das nicht stimmt«, sagt Sam. Er sieht mich an, als ob er von mir eine Bestätigung erwarte.
»Natürlich nicht«, antworte ich. Ich freue mich, daß er sein Schuldgefühl endlich überwunden hat.
Sam lächelt und fährt fort: »Nachdem ich letztes Jahr den Führerschein gemacht hatte, ließ mich mein Vater oft mit seinem Auto fahren. Wir unternehmen jetzt viel mehr miteinander. Wir lieben beide die freie Natur, obwohl mein Vater nicht gerade ein Tierfreund ist.«
Nach einem mühsamen und tastenden Anfang hat Sammy jetzt seinen Weg gefunden.

Jungen im Alter von sechs bis acht Jahren leiden am längsten unter einer Scheidung der Eltern und den damit verbundenen Veränderungen in ihrem Leben. Sowohl unsere Studie als auch andere in verschiedenen Teilen Amerikas durchgeführte Untersuchungen haben ergeben, daß viele kleine Jungen in der Schule Konzentrationsschwierigkeiten haben und entweder nicht mit Gleichaltrigen spielen oder sich mit anderen Kindern prügeln. Gravierende Schwierigkeiten in der Schule und bei sozialen Beziehungen sind die Folge.
Es ist schwer zu entscheiden, inwieweit diese Verhaltensweisen auf die Angst der Jungen zurückzuführen sind, zu einem Zeitpunkt allein bei der Mutter zu bleiben, zu dem sie sich verstärkt mit ihrem Vater zu identifizieren beginnen. Bei Sammy jedoch sind die Anzeichen für diese Problemstruktur deutlich zu erkennen.
Als Nicholas aus der gemeinsamen Wohnung auszog, hatte Sammy zweifellos Angst vor der erdrückenden weiblichen Übermacht seiner Mutter und seiner Schwestern. Auf dem Bild, das er von seiner Familie zeichnete, dominieren die weiblichen Figuren. Sammy planscht im Swimmingpool, und sein Vater steht ganz am Rand des Bildes. Sammys aggressives Verhalten ist möglicherweise ein Reflex dieser Ängste. Sammy fühlte sich in seiner Männlichkeit bedroht; deshalb wollte er in der Schule unbedingt von einem Mann unterrichtet werden und wünschte sich einen Kurzhaarschnitt. Er sah in seiner Mutter eine übermächtige Gestalt, die seinen Vater aus dem Haus getrieben hatnicht mit der Mutter identifizieren; ihm bot das Gefühl, sei-

ner Mutter ähnlich zu sein, weder Sicherheit noch Rückhalt, denn durch die Identifikation mit ihr hätte er seine Männlichkeit preisgegeben. Jungen sind aus der auf Nähe und Vertrautheit beruhenden Schutzgemeinschaft zwischen Müttern und Töchtern ausgeschlossen. Sammy hatte Angst vor seinen Gefühlen und war auf seine Eltern böse, weil sie ihn in diese hilflose Lage gebracht hatten. Das war der Hauptgrund für sein aggressives Verhalten gegenüber anderen Menschen.

Sammy gestand ein Jahr nach der Scheidung, er habe sich an der Scheidung der Eltern schuldig gefühlt. Seine Eltern hatten sich sehr oft wegen ihm gestritten. Er meinte, wenn er ein braveres Kind gewesen wäre, hätten sie sich vielleicht nicht scheiden lassen. Sammy meinte, er sei der Auslöser der ehelichen Probleme seiner Eltern gewesen.

Die wirkliche Ursache für Sammys Schuldgefühle lagen jedoch tiefer. Alle Familienmitglieder hatten mir bestätigt, daß Sammy und Christina ein besonders enges Verhältnis zueinander hatten. Sie schenkte ihrem Letztgeborenen, dem einzigen Sohn, ihre ganze Zuneigung. Sie suchte bei ihm die Liebe, die sie von ihrem Mann Nicholas nicht mehr bekam. Im Vorschulalter war Sammy wie die meisten Jungen in seine Mutter verliebt und betrachtete seinen Vater als Rivalen. Ausgerechnet als Sammy am Ende dieser Entwicklungsphase angekommen war, erschütterte die Scheidung der Eltern seine kleine Welt. Jetzt glaubte er tief in seinem Innersten, durch die Scheidung seien seine früheren Wünsche in Erfüllung gegangen, weil er nun Christina ganz für sich hatte. Er fühlte sich somit doppelt schuldig: an den Streitigkeiten zwischen den Eltern und daran, den Vater aus dem Haus getrieben zu haben.

Doch die Liebe und die beständige Unterstützung beider Elternteile und die Psychotherapie halfen ihm. Seine Erinnerungen an die Grundschulzeit gehören gewiß zu den schmerzlichsten seines Lebens, doch auf dem Höhepunkt der Pubertät hatte sich Sammy wieder gefangen.

Seine Mutter erleichterte ihm den Reifeprozeß durch ihr starkes Interesse, ohne ihn jedoch einzuengen. Sie respektierte seine sich entwickelnde Männlichkeit und förderte seine Hobbys und Interessen und seine Beziehung zum Vater. Ohne ihre Hilfe hätte er sich kaum so positiv entwickeln können. Genauso wichtig war, daß sie dem Jungen Raum ließ, eigene Interessen und Freundschaften zu pflegen. Obwohl auch sie Liebe brauchte, mischte sie sich nicht zu sehr in sein

Leben ein. Christina war es gelungen, ihre Aggressionen gegen Nicholas nicht auf ihren Sohn zu übertragen. Sie vertraute vielmehr auf Sammys Stärke und war dankbar, daß er sie in Notsituationen beschützte.

Sammys Vater Nicholas spielte für die Entwicklung seines Sohnes eine ebenso wichtige Rolle. Mit sechzehn suchte und fand Sammy in seinem Vater einen Vertrauten, der ihn auf seinem Weg ins Erwachsenenleben begleitete. Sein Vater half ihm dabei, seine Ziele durchzusetzen. Zwischen Vater und Sohn entwickelte sich in dieser kritischen Zeit eine enge Beziehung. Er gab Sammy den Mut, zu Hause auszuziehen. Nicholas hatte all die Jahre in der Nähe seines Sohnes gelebt, aber die Stiefmutter stand einer engen Beziehung zwischen Vater und Sohn im Weg. Erst als Sammy alt genug war, um eine Freundschaft von Mann zu Mann aufzubauen, kamen sich Vater und Sohn näher.

Sammy bedauert zwar, daß seine Mutter nun allein ist. Aber dennoch führte diese Trennung aus verschiedenen Gründen nicht zu einer emotionalen oder moralischen Krise.

Erstens weiß er, daß seine Mutter finanziell gut abgesichert ist und guten Kontakt zu ihren Kindern hat.

Zweitens ist er nicht allein für seine Mutter verantwortlich. Seine ältere Schwester Ruth lebt in der Nähe und kümmert sich um die Mutter.

Zuletzt hat Sammy ein gutes Verhältnis zu seinem Vater. Er hat auch von dieser Seite emotionale und finanzielle Unterstützung.

Die folgende Geschichte soll nun zeigen, daß der Auszug von zu Hause für viele junge Männer mit größeren Schwierigkeiten verbunden ist.

Carl Patton war wie Sammy Moore ebenfalls sieben Jahre alt, als sein Vater, ein Flugkapitän, von zu Hause auszog. Ich erinnere mich noch gut daran, wie er sich als kleiner Junge weigerte, an einem sehr heißen Tag die schwere Fliegerjacke auszuziehen, die ihm sein Vater zu Weihnachten geschenkt hatte.

Vor der Scheidung war Carl ein glückliches behütetes Kind. Nach der Scheidung besuchte er den Vater zusammen mit seinem älteren Bruder und seiner Schwester häufig. Nach ein paar Jahren merkten die Kinder jedoch, daß ihr Vater kein richtiges Interesse an ihren Besuchen hatte. Fast immer waren fremde Erwachsene gleichzeitig zu Besuch. Carl hatte bei diesen Besuchen Hunderte von Stunden vor dem Fernsehapparat verbracht. Er fühlte sich immer einsamer. Seine Vorstellungen von einem glücklichen Familienleben waren enttäuscht worden.

Fünf Jahre nach der Scheidung besuchte ich Carl. Es war an einem

Spätnachmittag im Winter. Wir saßen bei ihm zu Hause im Wohnzimmer. Er fragte mich, ob ich Katzen gern hätte. Ich bejahte und er gab mir eine große getigerte Katze und nahm selbst eine kleine graue. Wir saßen dann im Dämmerlicht des hereinbrechenden Abends, streichelten die Katzen und unterhielten uns über Carls Leben.
Er schlug einen ernsten Ton an und sprach wie ein Erwachsener: »Ich habe gehört, Sie haben sich mit meinem Bruder Kedric getroffen. Er erzählte mir, daß Sie ihm einen Zeitungsartikel über Teenager und Scheidung gegeben haben.«
Ich versuchte den von ihm eingeschlagenen ernsten Ton beizubehalten und bot ihm einen Artikel über Kinder seines Alters und Scheidung an. »Ich vermute, daß du dich jetzt besser mit deinem Bruder verstehst. Stimmt das?« fragte ich ihn.
»Ja, wir kommen jetzt besser miteinander aus. Er ist weder böse noch freundlich zu mir. Er lebt in seiner eigenen Welt und geht seinen Interessen nach.« Im Flur schlug überlaut eine alte Standuhr. »Wenn ich nicht so beschäftigt wäre«, sagte Carl, »würde mir die Ruhe in diesem Haus viel mehr zu schaffen machen. Jeder im Haus geht seine eigenen Wege. Sieht so aus, als ob unsere Familie auseinanderbrechen würde. Aber es ist vielleicht besser so, weil es jetzt keine Streitereien mehr gibt.« Carl deutete an, daß es zwischen seiner traurigen Stimmung und der Ruhe im Haus einen Zusammenhang gab. Er redete über die Schule, seine Freunde, und nach einer Weile fragte ich ihn nach seinem Vater.
»Wir kommen ein bißchen besser miteinander aus. Vielleicht interessiert er sich jetzt ein wenig mehr für mich. Ich treffe mich gern mit ihm, und manchmal habe ich das Gefühl, daß er den Kontakt zu mir sucht.«
»Stört das deine Mutter immer noch?«
»Nein«, antwortete er mit einem gleichmütigen Kopfschütteln. »Das ist jetzt vorbei. Seit sie das Geschäft für Schmuckdesign hat und den ganzen Tag mit Gold rumspielen kann, ermutigt sie mich, zu tun, was ich will. Ich erinnere mich noch gut daran, daß ich früher das bedrückende Gefühl hatte, zwischen meinen Eltern zu stehen und gleichzeitig meine Mutter und meinen Vater zu betrügen. Mutter schien mir mehr zu leiden. Ich ertrug es nicht, daß sie unglücklich war; deshalb habe ich mich auf ihre Seite geschlagen, um sie glücklich zu machen.«
»Carl, wenn jetzt ein kleiner Junge hereinkäme, dessen Eltern sich gerade haben scheiden lassen, welchen Rat würdest du ihm geben?«

»Ich würde ihm sagen, daß er die Hoffnung nicht aufgeben darf. Er ist in einer schwierigen Situation, und es kommt bestimmt noch schlimmer. Aber mit der Zeit und mit der Hilfe seiner Eltern wird alles gut werden.« In dem Dämmerlicht konnte ich sein Gesicht nicht sehen, aber seine Stimme klang traurig. »Ich weiß noch, daß ich das Gefühl hatte, alles, was mir wichtig war, zu verlieren«, sagte er. Dann erzählte er mir, daß seine Mutter die Kinder all die Jahre über nach jedem Besuch beim Vater ausgefragt hatte. Seine Geschwister hatten ausgemacht, ihr nichts zu erzählen. Er konnte sich jedoch nicht an die Abmachung halten. Sie tat ihm so leid, daß er aus der gemeinsamen Front ausgebrochen war. »Ich konnte es nicht ertragen«, sagte er. »Sie war so traurig. Ich hoffe, daß sie wieder heiratet. Dann fiele mir das Weggehen von zu Hause leichter. Mama wäre nicht so einsam und würde ihr eigenes Leben führen.«

Carls Angehörige hatten mir gerade erzählt, daß er als Jüngster seiner Mutter eine wertvolle Stütze war. Sie machte eine harte Zeit durch. Verschiedene geschäftliche Transaktionen waren schiefgelaufen, und sie hatte eine schwere Rückenverletzung erlitten. Sie mußte für zwei Monate in einem Streckverband liegen. Carl war der Mensch, auf den sie sich immer verlassen konnte. Er gab ihr am meisten Halt.

Über seinen Vater erzählte Carl: »Es ärgert mich, daß immer seine Freundinnen da sind, wenn ich zu ihm komme. Ich möchte ungestört mit ihm zusammensein. Wissen Sie, es ist nicht einfach, mit meinem Vater ein Gespräch zu führen. Er ist nach wie vor ein Perfektionist. Wenn man sich nicht mit seiner Art abfindet, kann man es gleich bleibenlassen.«

Fünf Jahre später (also zehn Jahre nach der Scheidung) beeindruckte mich Carls Freundlichkeit und seine sorgfältige Wortwahl. Aber die Art, wie der siebzehnjährige Carl seine Vergangenheit umgedeutet hatte, schockierte mich. Er verbrachte inzwischen mehr Zeit mit seinem Vater und sah seine Mutter in einem völlig neuen Licht. Er hatte eine Kehrtwendung vollzogen. Sein Mitleid mit seiner Mutter war verschwunden. Er interpretierte jetzt sowohl seine Gefühle für sie als auch seine Sicht ihrer Gefühle für ihn völlig neu.

Er erzählte: »Ich habe wirklich nie verstanden, wie Vater Mutter heiraten konnte, nachdem sie ihn gezwungen hatte, von der Ostküste hierherzuziehen.« Ich hörte diese Version der Familiengeschichte zum ersten Mal — weder sein Vater noch seine Mutter hatten je etwas Derartiges erzählt. »Über die Scheidung bin ich mir immer noch nicht im klaren«, so Carl. »Vielleicht mag Mutter ja auch keine Männer.« (Ich war völlig perplex.) »Ich frage mich, ob sie vielleicht lesbisch ist, weil sie meinen Vater und mich nicht leiden konnte.« Carls Mutter widersetzte sich der Scheidung. Sie liebte ihren Mann und ihre Kinder. Ich war einfach sprachlos. Carls grobe Verzerrung der Realität machte mich sehr besorgt.

»Mein Vater und ich sind sehr gute Freunde geworden. Er ist wie ich, und von ihm habe ich jetzt die andere Seite der Geschichte erfahren«, erklärte Carl. »Mutter hat mich sehr enttäuscht. Sie arbeitet 60 Stunden pro Woche und entwirft Schmuck. Ich denke, es geht ihr gut. Aber ich will keine Mutter, die sich nur für ihr Buchführungsheft und für Cash interessiert. Ich möchte eine Mutter, die sich für mich interessiert.« Dann erklärte er mir, enttäuscht zwar, aber ohne wirklichen Groll: »Ich mache mir wirklich Sorgen wegen des Geldes, wenn ich nächstes Jahr aufs College gehe.« Es stellte sich heraus, daß ihn sein wohlhabender Vater finanziell nicht unterstützen will. »Ich verstehe nicht, warum Vater mir nicht hilft«, erklärte Carl vage. »Aber seine Frau bekommt nächstes Frühjahr wieder ein Baby. Vermutlich nimmt ihn seine neue Familie völlig in Anspruch.«

Die Probleme, mit denen junge Männer beim Weggang von zu Hause konfrontiert werden, sind qualitativ anders und komplexer als die von jungen Mädchen. Erstens besteht zwischen Jungen und ihren Müttern nicht die enge emotionale Abhängigkeit wie zwischen Töchtern und Müttern. Die Beziehung zwischen Müttern und Söhnen ist in psychologischer Hinsicht sehr vielschichtig und von sehr starken Gegensätzen geprägt. Sie sind sich zuweilen sehr nahe und distanzieren sich dann wieder voneinander.

Wir hatten unter anderem erwartet, geschiedene Frauen würden ihre Söhne als Ersatz für den Ehemann betrachten und sie als die Herren im Haus behandeln. Dies ist meiner Erfahrung nach auch häufig der Fall. Häufiger jedoch haben die Jungen das Gefühl, beiseite geschoben zu werden, und zwar gerade wegen ihrer Männlichkeit, denn sie erinnern ihre Mütter an den Exmann.

Eine Mutter sendet verschiedene Botschaften an ihren Sohn und erwartet im Gegenzug von ihm sehr unterschiedliche Reaktionen. Vor allem erwartet sie von ihrem Sohn Hilfe, Verständnis und Unterstützung im Alltag. Gleichzeitig sucht sie einen Verbündeten, der sie darin bestärkt, wie schlecht sich der Ehemann ihr gegenüber benommen hat. Sie möchte, daß der Sohn ihr die Hand hält und sagt: »Du hast nichts falsch gemacht, Mutter.«

Viele Frauen erkennen jedoch, daß es nicht gut für sie ist, wenn sie emotional zu sehr von ihren Söhnen abhängig werden. Während die eine Hand den Sohn lockt, stößt ihn die andere zurück. Eine Frau sagte mir: »Ich möchte mich nicht zu sehr auf meinen Sohn verlassen.« Viele Söhne interpretieren jedoch diesen Versuch ihrer Mütter, die nötige Distanz zu wahren, als eine Zurückweisung ihrer Person, wie es bei Carl der Fall war. Der Vorwurf, daß sich ihre Mütter nur für Geld interessieren, taucht bei Jungen sehr oft auf. Sie haben das Gefühl, daß ihre berufstätigen Mütter ihnen nicht genügend Liebe und Zuwendung schenken. Dieser Konflikt wird oft noch durch die problematische Beziehung zwischen dem Vater und dem Sohn verstärkt. Ein Junge zieht sich möglicherweise aufgrund der Versuche der Mutter, Distanz zu wahren, aktiv zurück, obwohl er seine Mutter liebt und schätzt.

Diese Wechselbeziehung zwischen Mutter und Sohn erreicht oft ihren Höhepunkt gerade dann, wenn der Junge sich an der Schwelle zum Erwachsenenalter von zu Hause zu lösen beginnt. Er fühlt sich seiner Mutter gegenüber moralisch verpflichtet. Es fällt ihm so schwer, sie zu verlassen, daß er in eine tiefe moralische und emotionale Krise kommt.

Psychologisch gesehen sind die Verhaltensweisen von Mutter und Sohn in dieser Konfliktsituation jedoch durchaus vorhersehbar. Jungen spüren, daß es für sie psychologisch gefährlich ist, sich zu stark an die Mutter zu binden. Sie fürchten, von der Mutter ganz vereinnahmt zu werden. Da sie nicht von einem im selben Haus wohnenden Vater beschützt werden, fürchten sie um ihre Männlichkeit. Sie wollen einfach nicht nur von einer Frau erzogen werden.

Jungen aus intakten Familien erleben die Trennung vom Elternhaus ganz anders. Der junge Mann löst sich über die Jahre hinweg ganz allmählich von seinen Eltern. Dabei ist der Sohn mal mehr der kleine Junge, dann wieder mehr der junge Mann — oft sogar an einem Tag. Der Junge verlagert seine primären Gefühle abwechselnd auf die Schule und das Elternhaus, auf Freunde und Eltern, auf die Vergangenheit und die Zukunft. Mit der Zeit wird er selbständig und bekommt ein distanzierteres Verhältnis zu seinen Eltern. Eltern erleben die Pubertät ihrer Kinder häufig als eine aufreibende und ihnen unverständliche Entwicklungsphase, es sei denn die Erinnerung an ihre eigene Pubertät hilft ihnen dabei, ihre Kinder zu verstehen.

Für Alleinerziehende ist die Pubertät der Kinder eine viel schwierigere und oft schmerzvolle Entwicklungsphase. Die Kinder haben es schwerer, sich allmählich von *einer* Person zu lösen, denn diese Beziehung ist meist intensiver als die zu beiden Eltern. Außerdem hat es der Sohn einer alleinlebenden Frau nicht leicht. Die ersten sexuellen Gefühle flößen dem Jungen Angst ein. Er möchte der Mutter entfliehen. Da der Vater nicht präsent ist, fühlt sich der Junge schutzlos seinen Gefühlsregungen und Phantasien ausgeliefert.

Manche jungen Menschen lösen dieses Problem dadurch, daß sie sehr früh zu Hause ausziehen, und oft sind sie noch zu unreif, um ihr Leben selbst in die Hand zu nehmen. Andere halten die enge Beziehung zur Mutter aufrecht und zögern damit die psychische Distanzierung vom Elternhaus hinaus. Junge Männer, die so stark an die Mutter gebunden sind, haben später mit der folgenschweren Trennung viel größere Schwierigkeiten.

Während der Pubertät lebten mehr als ein Drittel der Jungen und Mädchen unserer Studie beim Vater. Die meisten kehrten nach einem Jahr enttäuscht zur Mutter zurück. Sie hatten rasch erkannt, daß sie mit der Übersiedelung zum Vater ihre Probleme nicht lösen konnten. Ich vermute, daß viele Teenager während der Schulzeit häufig abwechselnd bei einem der beiden Elternteile leben. Die Hälfte der Jugendlichen, die während der Pubertät zum Vater zogen, blieben beim Vater, bis sie ihr Leben selbst in die Hand nahmen.

Bei unserer Folgestudie beschrieb der sechzehnjährige Edward, wie er die Initiative ergriff und zu seinem Vater zog. Über das Zusammenleben mit seiner Mutter sagte er: »Wir stritten und zankten uns täglich. Ich mußte fort von zu Hause, weil wir einfach nicht harmonisch zusammenleben konnten. Seit ich von zu Hause fort bin, habe ich ein paar traurige Entdeckungen gemacht. Ich habe meine Vorstellungen korrigieren müssen, was eine Mutter ist und was sie sein sollte. Ich habe erkannt, daß ich nicht nur der verlängerte Arm meiner Mutter bin, sondern eine eigenständige Person. Meine Mutter ist sehr dominante. Sie akzeptiert nur sehr schwer, daß ein Mensch außer seiner Mutter auch noch andere Dinge im Leben wichtig findet.« Ed erzählte mir daraufhin von seinem Umzug zum Vater, von den anfänglichen Schwierigkeiten im Zusammenleben, und wie sie diese schließlich lösten. »Mein Vater ist ein sehr liebevoller und fürsorglicher Mensch, aber wir hatten in der Vergangenheit kaum Kontakt. Er war nicht erwachsen und mußte nach der Scheidung in dieser Hinsicht einiges nachholen. Aber er hat eingesehen, daß er mit mir zusammensein will, und zwar nicht nur jedes Wochenende, nicht nur als Sonntagsvater. Mein Vater ist für mich sehr wichtig. Er ist ein guter, hoch-

herziger Mensch. Er ist ein liebevoller und fürsorglicher Freund. Er ist stolz auf mich, und ich liebe ihn sehr.«
Es überraschte mich, daß Jungen aus geschiedenen Ehen, selbst wenn die Scheidung mehr als zehn Jahre zurückliegt, in der Pubertät ein intensives und wachsendes Bedürfnis nach dem Vater entwickeln. Die geschiedenen Väter spielen in dieser kritischen Zeit im Leben ihrer Söhne eine bisher unterschätzte Rolle. Um sich aus der Umklammerung der Mutter zu befreien, braucht ein Junge die Unterstützung des Vaters. Edward und sein Vater oder Nicholas und Sammy sind hervorragende Beispiele dafür, wie eine derartige Beziehung funktionieren kann. Doch was geschieht, wenn der Vater seinem Sohn diese Unterstützung nicht geben kann und wenn kein Großvater oder väterlicher Freund als Ersatz zur Stelle ist?
Bei Carl vollzieht sich während der Pubertät eine Wandlung. Carl bereitet sich darauf vor, von zu Hause wegzugehen. Er wendet sich an den Vater, der ihm dabei helfen soll, seine Rolle als Mann zu finden und eigenständig zu werden. Was er im Moment am meisten braucht, ist eine intensive Beziehung zum Vater. Er soll sein Selbstvertrauen stärken und ihm helfen, seine enge Bindung an die Mutter zu lösen. Doch sein Vater ist von seiner neuen Ehe und den Kindern seiner zweiten Frau voll in Anspruch genommen. Deshalb setzt Carl an die Stelle dieses realen, aber unzulänglichen Vaters das Bild des Vaters, den er braucht. Er schafft sich einen Phantom-Vater. Er verurteilt seine Mutter und übersieht die vielen Schwächen seines Vaters völlig. Er gestattet sich nicht einmal Wut oder Enttäuschung darüber, daß sich sein Vater weigert, ihm eine Ausbildung zu finanzieren. Vielleicht hat er Angst davor, aggressiv zu werden, weil er seinen Vater zu sehr braucht. Carl befindet sich in einem Dilemma; er deutet die Geschichte seiner Beziehung zur Mutter um. Sie wird das negative Gegenstück zum idealisierten Vater, und seine Aggression gegen die Mutter macht ihm das Weggehen von zu Hause leichter. Diese Vorstellungen spiegeln Carls psychische Konflikte wider, aber sein verzerrtes Bild der Realität hindert ihn daran, erwachsen zu werden. Carl hat keinen festen Boden unter den Füßen und keine klaren Ziele.

Der älteste Sohn des Piloten

Kedric Patton freut sich sehr, mich zehn Jahre nach der Scheidung seiner Eltern wiederzusehen. Seine ersten Worte sind: »Sie haben mich nicht in die Akademie der Air Force aufgenommen, Judy. Ich habe statt dessen geheiratet. Ich bin in der Holzbranche tätig. Tja, ich denke, damit wissen Sie bereits das Wichtigste.« Nach kurzem Nachdenken fügt er lachend hinzu: »Oh, und ich habe mir einen irischen Wolfshund gekauft.«

Obwohl Kedric inzwischen wirklich ein Mann geworden ist, sieht er mit seinen sechsundzwanzig Jahren immer noch wie ein schlaksiger Junge aus, der jeden Augenblick über die eigenen Füße stolpern kann. Er macht einen sehr selbstbewußten Eindruck, spricht sehr offen und hat die Gabe, alles aufs Wesentliche zu reduzieren. Ich bin von ihm sehr beeindruckt. Er redet wenig, aber was er sagt, wirkt wohlüberlegt. Aber obwohl Kedric sehr erwachsen wirkt, habe ich das Bedürfnis, besonders lieb zu ihm zu sein, denn in seinem Wesen liegt eine Traurigkeit, die er rational nicht zum Ausdruck bringen kann. Er hat seinen Weg gefunden. Aber dies ist ihm nur durch eine gewaltige Willensanstrengung gelungen. Er hat einen hohen Preis bezahlt.

»Bist du glücklich, Kedric?«

»Ich bin ganz zufrieden, aber eben nicht mit allem«, antwortet er. »Donna und ich haben vor vier Jahren geheiratet. Ich frage mich immer, ob ich ein guter Ehemann bin. Sie sagt, sie weiß nie, was ich eigentlich denke, und das macht ihr Angst. Ich weiß noch nicht, ob ich Kinder haben will, Judy; zumindest jetzt noch nicht. Ich kann anscheinend bestimmte Gefühle einfach nicht entwickeln, Gefühle wie Liebe oder Fürsorge. Und ohne die kann ich kein guter Vater und Ehemann sein. Ich denke am liebsten gar nicht darüber nach. Aber ich glaube, Donna hat recht. Ich weiß auch schon, was Sie mich jetzt fragen werden. Ja, es stimmt. Es hat bestimmt etwas mit der gescheiterten Ehe und der Scheidung meiner Eltern zu tun, und mit meinem Verhältnis zu meiner Mutter.«

Als ich Kedric kennenlernte, war er sechzehn, der Älteste von drei Kindern und der Liebling seines Vaters. Seine Mutter war außer sich vor Schmerz über die Scheidung. Sie suchte Schutz und Trost bei Kedric, doch der Sohn wandte sich von ihr ab. Einmal ging er in ein anderes Zimmer, machte das Licht aus und saß lange Zeit im Dunklen.

»Diese Gefühle ...«, sagte er und stockt. »Ich wußte, daß ich ihr nicht

geben konnte, was sie brauchte. Sie tat mir unendlich leid, aber ich konnte ihr nicht helfen.«
Kedric wollte in die Fußstapfen seines Vaters treten, Pilot in der Air Force und später Flugkapitän einer Boeing 747 bei einer der großen amerikanischen Fluggesellschaften werden. Er studierte Flugzeugbau und machte im Examen eine glatte Eins. An den Wochenenden flog er eine Cessna 172, und er hatte den Pilotenschein für einen Lear-Jet. Seine Ausbilder an der Offiziersakademie waren begeistert von ihm, und nach der fliegerischen Grundausbildung galt er als eines der vielversprechendsten Fliegertalente. Doch dann kam das Auswahlgespräch mit dem Kommandanten des Geschwaders. Kedric mußte die Fragen eines Gremiums von Offizieren beantworten. Die erste Frage war, warum er Flieger bei der Air Force werden wolle. »Weil es nichts Besseres gibt als ein Flugzeug, um den Menschen zu entkommen, und wohl auch keine sauberere Art zu sterben, Sir«, antwortete Kedric. Der völlig verdutzte Offizier stellte Kedric weitere Fragen. Kedric bemühte sich nach Kräften, nur ketzerische Antworten zu geben. Die Offiziere forderten ihn auf, die Fliegerschule zu verlassen.
Kedric hatte große Zweifel, ob er in die Fußstapfen seines Vaters treten sollte, gestand sich diese Zweifel jedoch erst in letzter Minute ein. Aus Wut über die Betrügereien und Seitensprünge seines Vaters sabotierte er seine vielversprechende Karriere. Er kehrte nach Kalifornien zurück und gab Flugunterricht an der privaten Flugschule eines Freundes. Er lebte ziellos dahin, bis er bei jemandem einen Halt fand, den er sehr liebte.
Mit zweiundzwanzig rief Kedric seine Freundin Donna an. Er war mit ihr einige Jahre lang befreundet gewesen.
»Heirate mich«, bat er sie.
»Du bist verrückt.«
»Nein, bin ich nicht. Heute ist Valentinstag. Heirate mich.«
»Mach mir einen schriftlichen Heiratsantrag«, forderte ihn Donna auf.
»Das tat ich dann auch«, sagte Kedric. »Ich liebe sie. Sie ist sehr eigensinnig. Sie kann ihre eigenen Interessen sehr gut vertreten. Sie ist keine Frau, die zu allem Ja und Amen sagt.«
»Also ganz anders als deine Mutter?«
»Genau. Wenn sie etwas will, will ich, daß sie es bekommt. Wenn ich etwas will, sorgt sie dafür, daß ich es bekomme. Es gefällt mir, daß sie für sich selber sorgen kann, und ich möchte, daß sie glücklich ist. Sie ist intelligent, sie ist hübsch, und wir kommen sehr gut miteinander klar.«

Dann sprach ich ihn auf seinen Vater an. »Eines Tages werde ich ihn fragen: ›Bist du stolz darauf, was du aus deinem Leben gemacht hast?‹ Aber, was kann er mir schon antworten?« Ich werde sein wütendes Gesicht niemals vergessen, als er das sagte.
Im Unterschied zu seinem Bruder Carl macht sich Kedric keinerlei Illusionen über seinen Vater. Er hat den Hinauswurf aus der Fliegerschule bewußt provoziert und so innerlich endgültig mit seinem Vater gebrochen. Auch seine Ehe gestaltet er ganz anders als seine Eltern. Welche Faktoren haben Kedric diese Entwicklung ermöglicht?
Erstens war er zum Zeitpunkt der Scheidung sechzehn und befand sich am Ende der Pubertät. Er hatte sich schon über seine berufliche Zukunft Gedanken gemacht und war im Begriff, sich von zu Hause zu lösen. Viele Schwierigkeiten der Pubertät hatte er schon überwunden. Er galt als kluger, talentierter und gutaussehender Junge, der von seinen Altersgenossen beneidet wurde. Gleich am Anfang unseres Gesprächs sagte der Sechzehnjährige zu mir: »Ich spiele besser Tennis als mein Vater.«
Außerdem war Kedric bei Menschen aufgewachsen, die klare Vorstellungen von Gut und Böse hatten. Er wußte von den Seitensprüngen seines Vaters, doch sein Wertekodex half ihm, die Orientierung nicht zu verlieren. Kedric war stets überzeugt, daß sein Vater unrecht getan hatte. Obwohl er damals sehr unglücklich war, hatte er genug Selbstdisziplin, um die Schule abzuschließen und seine beruflichen Pläne im Auge zu behalten. Und er war persönlich imstande, sich von seiner Familie und der durch die Scheidung verursachten Unruhe zu distanzieren. In dieser Hinsicht war er gegenüber seinen jüngeren Geschwistern im Vorteil, obwohl er das damals selbst nicht erkannte und meinte, er leide ebensosehr wie sie.
Kedric profitierte außerdem von der Gewißheit, daß er der Liebling seines Vaters war und von beiden Eltern geliebt und geschätzt wurde. Im Unterschied zu vielen anderen Kindern konnte er sich aus den Auseinandersetzungen der Eltern während der Scheidung heraushalten. Beide liebten ihn und zwangen ihn nicht, bei ihren Streitigkeiten Partei zu ergreifen. Ein Kind, das sich geliebt fühlt, bewahrt sich sein Selbstwertgefühl, ein Bild der eigenen Person und die Hoffnung, daß alles wieder gut wird. Obwohl die Ehe für beide Elternteile unglücklich war, war Kedric mit sich, mit seiner Familie und den Familientraditionen — abgesehen vom Verhalten seines Vaters — im reinen. Im Unterschied zu anderen Kindern litt sein Selbstwertgefühl nicht un-

ter der Scheidung, denn es war noch nicht durch Jahre familiären Unglücks zermürbt.
Kedrics Mutter hat viel zu seiner positiven Entwicklung beigetragen. Bis zur Scheidung widmete sie sich ganz der Kindererziehung und dem Haushalt. Nach der Scheidung mußte sie plötzlich für drei Kinder sorgen, was ihr mit dem Geschäft für Schmuckdesign auch gelang. In den ersten Jahren nach der Scheidung war sie reizbar und deprimiert. Sie klammerte sich an Kedric, der ihr beim Führen des Haushalts helfen und sie moralisch unterstützen sollte. Sie wollte in der Tat ihr ältestes Kind als Freund, Vertrauten und Stütze. Sie suchte jemanden, der ihr durch die härteste Krise ihres Lebens half, der die Rolle des »Partners« übernahm.
Doch Kedric weigerte sich, diese Rolle zu spielen. Er wahrte Distanz, und zwar nicht aus mangelndem Mitgefühl für seine Mutter, sondern weil er instinktiv spürte, daß er die Person, die seine Mutter so verzweifelt suchte, nur werden konnte unter Beeinträchtigung seiner Entwicklung zur eigenständigen Persönlichkeit. Wäre er in diese Rolle geschlüpft, dann hätte er es viel schwerer gehabt, sich später von der Familie zu lösen. Neben seinen eigenen Schutzreaktionen half ihm dabei auch die Reaktion seiner Mutter: Sie akzeptierte, daß er Distanz wahrte. Trotz ihrer Enttäuschung ließ sie ihm die nötige Freiheit, ohne ihn zurückzustoßen oder die von ihm gesetzten Grenzen zu überschreiten. (Statt dessen hielt sie sich an ihren jüngsten Sohn Carl und suchte bei ihm die nötige Unterstützung.) Kedric gelang das Kunststück, seine Mutter zurückzuweisen, ohne daß seine moralische Integrität dadurch beeinträchtigt worden wäre. Sein Verhalten gegen seine Mutter schmerzte ihn. Der Preis war allerdings hoch — wie er selbst feststellte. Zehn Jahre später gelang es ihm nicht, in seiner Ehe zärtliche und liebevolle Gefühle zu entwickeln. Er hat sich inzwischen daran gewöhnt, seine Gefühle voll unter Kontrolle zu halten.
Außerdem konnte er sich mit seinem Vater identifizieren, was ihm zusätzlich half. Durch die Beziehung zum Vater definierte er seine Rolle als junger Mann, der eines Tages ins Leben hinaustreten muß. So wurde es für ihn einfacher, sich von der Mutter zu distanzieren. Kedric hat keinerlei Schwierigkeiten mit seiner Rolle als Mann. Gleichzeitig aber kämpft er dagegen an, sich zu sehr mit dem Vater zu identifizieren, weil er dessen Seitensprünge verurteilt. Deshalb ist er auch beruflich nicht dem Weg seines Vaters gefolgt. Die Vorstellung, so zu werden wie der Vater, quälte ihn ebensosehr wie der Gedanke, dem

väterlichen Beispiel nicht zu folgen. Er war begabt; das College absolvierte er ohne Schwierigkeiten. Doch kurz vor dem Ziel seiner beruflichen Pläne kam die Ablehnung des väterlichen Verhaltens erneut zum Vorschein. Er zerstörte selbst seine Karriere als Pilot und beschloß, seinen Lebensplan zu ändern. Er heiratete früh in dem Bewußtsein, daß seine Frau keine Ähnlichkeit mit seiner Mutter hatte.
Grundlage derartiger Entscheidungsprozesse ist die bewußte Ablehnung der Identifikation mit den Eltern. Kedric nahm allen Mut zusammen und identifizierte sich bewußt nicht mit seinem Vater. Obwohl er heute nach wie vor Kontakt zu seinen Eltern hat, ist ihm jetzt die Beziehung zu seinen Schwiegereltern und den Geschwistern seiner Frau wichtiger. Er nutzt seine überdurchschnittlichen Fähigkeiten im Holzgeschäft seines Schwiegervaters. Bereits mit 26 Jahren hat Kedric eine leitende Stellung und einen ansehnlichen Mitarbeiterstab unter sich.
Junge Männer wie Kedric leben völlig in Einklang mit ihren Wertvorstellungen. Sie arbeiten sehr hart und leben in dem Gefühl, selbst die Verantwortung für ihr Leben in die Hand genommen zu haben. Sie suchen sich Frauen, die ihnen dabei helfen, mit dem Erlebnis der Scheidung fertig zu werden. In solchen Ehen können sich daher sehr enge Beziehungen zwischen den Eheleuten entwickeln.
Eine ganze Reihe junger Leute in unserer Studie wandten sich ganz von ihren Eltern ab. Sie absolvierten nur in den Ferien kurze Pflichtbesuche bei den Eltern. Vor allem akzeptierten sie die Wertvorstellungen ihrer Eltern nicht mehr. Sie nahmen eine verärgerte, geringschätzige oder leicht amüsierte Haltung zu Seitensprüngen ein, und sie sind sehr kritisch gegenüber der Erziehung, die sie oder ihre Geschwister genossen haben.
Kedric sagt heute: »Ich bin nicht mehr wütend auf meinen Vater. Nur amüsiert. Manchmal muß er eben über den Zaun fressen. Er kann nichts dagegen tun.«
Wenn junge Menschen bewußt die Identifikation mit den Eltern ablehnen, definieren sie in der Regel ihre eigenen Wertvorstellungen, Ziele, Erwartungen und Beziehungen neu. Doch dieser schmerzhafte Prozeß verläuft nicht ohne Aggressionen oder Schuldgefühle. Den Eltern moralisch den Rücken zu kehren erfordert Mut, denn der junge Mensch muß neue Beziehungen und neue Rollenmodelle ausprobieren. Paradoxerweise hängt das Erreichen dieses Ziels direkt vom Grad der Unabhängigkeit und vom Selbstwertgefühl des einzelnen ab. Die Entwicklung einer eigenständigen Persönlichkeit, die sich vom Vor-

bild der Eltern deutlich unterscheidet, ist häufig das Ziel einer Psychotherapie, vor allem bei jungen Leuten, die sich mit einem destruktiven Elternteil identifiziert haben. Frühkindliche Identifikationen sind sehr stark und können nur aus einer Position der Stärke heraus rückgängig gemacht werden. Die Identifikation mit einem tyrannischen Elternteil allein zu durchbrechen, ist besonders schwierig, weil eine derartige Beziehung gerade das Selbstwertgefühl zerstört und andrerseits eine hohe Selbstachtung Voraussetzung ist, um mit der Vergangenheit zu brechen. Manchmal beziehen Menschen Stärke aus anderen Beziehungen, aber es bleibt trotzdem schmerzlich, mit einem Elternteil zu brechen, denn das bedeutet, mit einem Teil der eigenen Vergangenheit zu brechen.

Schließlich half Kedric, daß er in der Lage war, eine partnerschaftliche Beziehung zu einer jungen Frau aufzubauen, die er respektiert. Anstatt das erniedrigende Verhalten seines Vaters gegenüber seiner Mutter zu reproduzieren, tritt er seiner Frau mit Liebe und Respekt gegenüber und fördert so seine eigene Entwicklung zu einem erwachsenen Mann. Er hat aus den Fehlern seiner Eltern gelernt. Außerdem macht er sich die Werte der Familie seiner Frau zu eigen, in deren Mitte er herzlich willkommen ist. Mit seiner Frau stimmt er weltanschaulich überein. Er fand durch sie eine intakte Familie und einen Sinn für Zusammenhalt, also all das, was er in seiner Familie vor und nach der Scheidung vermißte.

Brüder haben in der Regel unterschiedliche Beziehungen zu beiden Elternteilen. Viele Geschwister unserer Studie hatten nicht nur ein grundverschiedenes Verhältnis zu Vater und Mutter, sie hatten sich auch zehn Jahre nach der Scheidung völlig anders entwickelt. Obwohl die Geschwister ihren Vater über die Jahre hinweg meist gemeinsam besucht hatten und etwa gleich viel Zeit mit ihm verbracht hatten, waren ihre Gefühle für den Vater und ihre Sichtweise seiner Persönlichkeit sehr unterschiedlich. Sie wurden zwar von einer Mutter erzogen, aber auch zu ihr hatten sie unterschiedliche Beziehungen. Die Kinder, die ein enges Verhältnis zur Mutter hatten, entwickelten sich vergleichsweise besser als die mit einem distanzierteren Verhältnis. Erstere betrachteten die Scheidung als ein abgeschlossenes Kapitel ihres Lebens, während die anderen immer noch damit kämpften.[1]

Carl ist neun Jahre jünger als Kedric Patton. Er hatte nach der Scheidung ganz andere Probleme mit dem Erwachsenwerden als Kedric. Mit sechzehn war Kedric der Lieblingssohn seines Vaters. Carl war eifersüchtig. Kedric wies die Versuche seiner Mutter, sich an ihn anzu-

lehnen, vehement von sich, was bei ihm aber große innere Konflikte und Schuldgefühle auslöste. Kedric distanzierte sich in seiner Wut auch von der Identifikation mit dem Vater. Der jüngere Carl hing während seiner Kindheit stark an seiner Mutter und war zärtlich um ihr Wohlbefinden bemüht. Aber er fühlte sich immer mehr durch ihre berufliche Karriere an den Rand gedrängt. Gleichzeitig fühlte er sich vom Vater nicht geliebt und durch dessen emotionale Bindung in seiner zweiten Ehe vernachlässigt.
Obwohl beide Jungen feinfühlig und begabt sind, zeigten sie deutliche psychologische Unterschiede und trafen während ihrer Entwicklung zu Erwachsenen ganz andere bewußte oder unbewußte Entscheidungen. Als Folge denken sie jetzt im Erwachsenenalter über sich selbst, ihre Familie und die Scheidung sehr unterschiedlich.

Fünfzehn Jahre nach der Scheidung rufe ich wegen eines erneuten Interviews bei Kedric an. Seine Frau Donna ist am Apparat. Sie klingt wirklich nett, genauso wie Kedric sie mir beschrieben hat, und sie erzählt mir sofort das Neueste: Sie haben eine Tochter; sie ist schon fast drei Jahre alt. »Kedric ist ein wundervoller Vater«, erzählt Donna. »Aber ich kann Ihnen sagen, wir können von Glück reden, daß ich da bin und ein bißchen ausgleiche, denn sonst würde Angela von ihrem Vater ganz schön verzogen. Er liest ihr jeden Abend vor und bringt sie zu Bett und ist sehr nachsichtig ihr gegenüber.«
Ich nutze die Gelegenheit, mit Donna zu sprechen. Ich frage sie, wie es Kedric ihrer Meinung nach in den letzten fünf Jahren ergangen ist. »Ich glaube, Sie werden sich darüber freuen, was ich Ihnen zu erzählen habe. Wie Sie ja wohl wissen, hatte Kedric im Holzgeschäft großen Erfolg, aber er sprach immer nur vom Fliegen. Er nahm mich und Angela immer mit auf den Flugplatz, und wir sahen zu, wie die Flugzeuge starteten und landeten. Wo immer es einen Flugtag gab, fuhren wir hin. Schließlich sagte ich zu ihm: ›Kedric, wenn du das gern machen würdest, dann tu's doch!‹ Ich denke, das hat schließlich seine Wirkung getan, denn er hat seine Fluglizenz erneuern lassen und eine Flugschule eröffnet. Es verändert sich einiges, und er ist glücklicher als je zuvor.« Ich denke bei mir, daß Kedric seine Wut auf seinen Vater wirklich losgeworden *ist*. Er kann jetzt das, was ihm an seinem Vater gefällt und was er an ihm bewundert, annehmen und kümmert sich nicht mehr um den Rest.
Später spreche ich mit Kedric selbst. Er bestätigt mir, daß er sich beruflich verändert hat und daß seine Ehe intakt und glücklich ist.

Nach einer Weile sagt er: »Eins geht mir nicht aus dem Kopf. Sie erinnern sich doch sicher, daß ich damals sagte, ich sei nicht sicher, ob ich Kinder haben wollte? Ich hatte das Gefühl, daß ich sehr viele Gefühle nicht an mich heranlassen konnte. Und was soll ich Ihnen sagen: Nachdem Angela geboren war, haben sich diese Gefühle eingestellt. Es ist wirklich wunderbar.«

Keine dieser Einsichten ist Kedric auf dem Tablett serviert worden. Dieser junge Mann hat schwer um seinen Neubeginn gekämpft, und er hat wirklich das Beste daraus gemacht.

Sammy Moore und Carl und Kedric Patton reagierten unterschiedlich auf die Scheidung und haben ihre Erfahrungen in den zehn auf die Scheidung folgenden Jahren unterschiedlich verarbeitet. Sammy fing gerade an, sich von der Mutter zu lösen und sich der Schule und den Altersgenossen zuzuwenden, als sich seine Eltern scheiden ließen. Zu einem Zeitpunkt, als er noch mit Rivalitätsgefühlen gegenüber dem Vater zu kämpfen hatte, mußte ihm die Scheidung wie eine Erfüllung seiner verbotenen, geheimen Wünsche erscheinen. Daher hatte er das Gefühl, für die Scheidung der Eltern verantwortlich zu sein. Er entwickelte gravierende Symptome, aber gemessen an seinen Schuldgefühlen waren sie durchaus angemessen. Durch den regelmäßigen Kontakt zu seinem Vater, durch die liebevolle Erziehung seiner Mutter und durch eine sich über mehrere Jahre erstreckende Therapie überwand Sammy schließlich seine Ängste.

Carl Patton stand entwicklungsmäßig am selben Punkt wie Sammy, aber er ging eine viel engere Beziehung zu seiner hart arbeitenden Mutter ein und half ihr tatkräftiger als Sammy. Im Unterschied zu Sammy wurde Carl bei dieser Aufgabe nicht von seinen älteren Geschwistern unterstützt. Carl war die Stütze seiner Mutter. Von seinem Vater aber fühlte er sich zurückgestoßen. Seine geheimsten Befürchtungen schienen in Erfüllung zu gehen. Carl bemühte sich weiterhin um seinen Vater, spürte aber, daß er keinen Erfolg hatte. Als er sich von zu Hause lösen mußte, fühlte er sich leer und emotional benachteiligt. Im Unterschied zu Sammy konnte er sich nicht allmählich von zu Hause lösen. Er flüchtet sich statt dessen in Phantasien, die ihm dabei helfen sollen, den Bruch zu vollziehen. Er erfindet eine abweisende Mutter und einen liebevollen, ihn fördernden Phantom-Vater. Er lebt in einer Scheinwirklichkeit und ist deshalb sehr schlecht vorbereitet auf den Eintritt ins Erwachsenenalter.

Kedric hat es wahrscheinlich am besten getroffen. Als sich seine Eltern scheiden ließen, war er sechzehn, seine Entwicklung war fast abgeschlossen, und er hatte sich gefühlsmäßig schon mehr oder weniger von zu Hause gelöst. Aufgrund seiner eigenen Leistungen hatte er ein hohes Selbstwertgefühl, und er wußte, daß seine Eltern ihn liebten und schätzten. Dennoch drohte die Scheidung auch ihn aus der Bahn zu werfen. Seine Beziehung zum Vater war durch moralische Konflikte im Zusammenhang mit der Scheidung stark beeinträchtigt. Seine ersten Schritte in Richtung Unabhängigkeit wurden durch die Hilfsbedürftigkeit seiner Mutter erschwert. Aber zuletzt gelang es Kedric, sich weiterzuentwickeln. Er lehnte seinen Vater als Identifikationsfigur ab und identifizierte sich mit seiner Frau und deren Familie. Als er selbst Vater wurde, lernte er auch Gefühle wie Liebe und Zärtlichkeit kennen.

6

Ruth Moore

Mütter und Töchter

Ruth Moore war vierzehn, als sich ihre Eltern scheiden ließen. Sie war das älteste Kind und kam nach der Trennung der Eltern als letzte zu mir zum Interview. Das Gespräch rundete mein Bild von dieser Familie ab.

»Endlich ist es vorbei«, sagte Ruth. Sie trug Jeans und eine Batikjacke. »Jetzt müssen wir nicht mehr dauernd diesen Eiertanz aufführen.« Sie hat langes blondes Haar, das sie zu einem Pferdeschwanz zusammengebunden hat, und sieht wie eine jüngere Schwester ihrer eleganten Mutter aus. Die freundliche, wohlerzogene Ruth war gerade dabei, sich allmählich von den Zwängen ihrer sehr konservativen Familie zu befreien. Ihre Mutter Christina war verstimmt, weil Ruth kurz zuvor während eines Streiks der Verkehrsbetriebe am Abend nicht rechtzeitig nach Hause gekommen und nach San Francisco getrampt war.

Während meines Gesprächs mit Ruth wurde mir klar, daß sie bereits begonnen hatte, sich von ihren Eltern zu lösen. Sie erzählte mir, daß sie es durchgesetzt hatte, abends länger auszugehen, öffentliche Verkehrsmittel zu benutzen und über Telefongespräche und andere Aktivitäten keine Rechenschaft mehr ablegen zu müssen.

»Ich bin anders«, erklärte Ruth selbstsicher und gelassen. »Nach meinen Wertvorstellungen sind Offenheit und gegenseitiges Verständnis das Wichtigste. Meine Eltern handeln nach dem Motto ›Nur nicht darüber sprechen!‹ Ich habe mir vorgenommen, nach der High-School ein Jahr in Europa zu verbringen und erst danach aufs College zu gehen. Ich glaube nämlich, daß Reisen den Horizont erweitert.«

Daß Ruth Pläne für die Zukunft schmiedete und eigene Wertvorstellungen entwickelte, war für ihre Entwicklungsstufe völlig normal. Ich verstand andrerseits auch die Ängste ihrer Mutter, fand aber, daß

Ruth ein ausgesprochen vernünftiger Teenager und auf dem richtigen Weg war. Wie viele sehr behütete Kinder wurde sie jedoch nur langsam erwachsen.
Als ich sie achtzehn Monate später wiedersah, hatten die Dinge eine unerwartete Wendung genommen. Ruth wirkte steif und redete endlos über ihre Mutter: »Frau Wallerstein, ich mache mir große Sorgen um meine Mutter, meinen Bruder und meine Schwester. Ich versuche, Mutter zu schützen. Ich erzähle ihr nichts, was sie beunruhigen könnte. Sie braucht unbedingt Hilfe.« Sie preßte die Hände zusammen. »Mutter hat in ihrem Testament eine Regelung getroffen. Falls ihr etwas zustößt, bin ich Vormund von Sammy und Denise.«
Ruth erzählte mir, daß sie sich gegen ihren Vater gestellt und sich gefühlsmäßig von ihm gelöst habe, obwohl zwischen beiden vor der Scheidung eine enge Bindung bestanden habe.
Ich interessierte mich für die Veränderung bei diesem Mädchen. Sie hatte offenbar ihr jugendliches Selbstbewußtsein verloren und entwickelte sich jetzt in die entgegengesetzte Richtung. Sie wurde die rechte Hand ihrer Mutter, half die jüngeren Geschwister großziehen, war an wichtigen Entscheidungen beteiligt, beispielsweise am Hauskauf nach der Scheidung. Ruth war der Meinung, es sei wichtig, daß ihre Schwester und ihr Bruder »richtig erzogen werden«. Sie sorgte dafür, daß ein Plan für Hausarbeiten erstellt wurde, und sie wachte darüber, daß die Kinder ihren Pflichten auch wirklich nachkamen. Ruth war sehr lieb und fürsorglich gegenüber ihrer Mutter und wurde deren beste Freundin. Denise und Sammy waren sich dieser Situation bewußt und sagten: »Ruthie und Mutter haben uns großgezogen.« Mich beunruhigte, daß Ruth über Freunde oder die Schule wenig zu berichten hatte.
Fünf Jahre später — Ruth war inzwischen achtzehn — identifizierte sie sich sehr stark mit der Rolle ihrer Mutter. »Ich muß ein gutes Beispiel für Sammy und Denise abgeben«, sagte sie. Das war ihre Erklärung dafür, daß sie die Gelegenheit ausgeschlagen hatte, mit einer Gruppe Jugendlicher für zwei Monate nach Europa zu gehen. »Ich nehme diese Aufgabe sehr ernst und überlege mir genau, wen ich nach Hause mitbringe und wen nicht. Ich halte mich selbst genau an alle Regeln und Bestimmungen, damit mein Bruder und meine Schwester sehen, daß ich mit gutem Beispiel vorangehe.«
Offensichtlich kümmerte sie sich zuwenig um ihre Unabhängigkeit. Sie redete kaum über Freunde, die Schule oder außerschulische Aktivitäten. Sie sprach zwar über Jungen und ihre Beziehung zu ihnen,

hatte sich aber bisher weder sexuell noch emotional auf eine ernsthafte Beziehung eingelassen.
Ich war daher sehr gespannt darauf, was Ruth zehn Jahre nach der Scheidung ihrer Eltern aus ihrem Leben gemacht haben würde. Ihre Mutter war zu diesem Zeitpunkt auf Ruths Hilfe nicht mehr angewiesen.
Ruth wurde gerade vierundzwanzig, als sie mein Büro wieder betrat. Sie war schön und glich mit ihren blonden Haaren und ihrer schlanken, hochaufgeschossenen Gestalt sehr ihrer Mutter.
Sie beschrieb die Jahre nach der High-School als einen langsamen, aber stetigen Lösungsprozeß von ihrer Mutter. Sie hatte allmählich begriffen, daß durch die Bindung an Mutter und Vater ihr Horizont sehr begrenzt geblieben war und daß es Zeit wurde, neue Erfahrungen zu sammeln. Nach ihrem Schulabschluß wußte sie nichts mit sich anzufangen, und jetzt lebte sie mit einem Mann mit drei Kindern zusammen. Im emotionalen Bereich hatte sich wenig verändert: Sie war eine Beziehung eingegangen, in der sie nach wie vor eine Mutterrolle hatte.
Ruth berichtete angeregt von ihrer Mutter. Sie besuchte sie immer noch zweimal wöchentlich. »Ich mußte meiner Mutter bei der Erziehung meiner Geschwister helfen«, sagte sie in einem Ton, der andeutete, daß sie keine andere Wahl hatte. »Ich wollte ihr helfen, und ich konnte sie nicht im Stich lassen. Aber es war schwer, und es hat mich ein Stück meines Lebens gekostet. Um ehrlich zu sein, bin ich mir nicht darüber im klaren, ob ich selbst Kinder haben möchte. Kinder großzuziehen bedeutet viel Leid.« Schon der Gedanke daran schien sie zu ermüden. »Es ist ein 24-Stunden-Job, und man muß soviel aufgeben. Ich weiß nicht recht, ob ich zu diesem Opfer bereit bin.«
Ich fragte: »Hattest du ein sehr enges Verhältnis zu deiner Mutter?«
»Ja. Das war von Anfang an so und ist eigentlich immer intensiver geworden«, antwortete sie mit einem Anflug von Zärtlichkeit in der Stimme. »Sie hat keinen anderen Erwachsenen um sich, und deshalb helfe ich ihr. Wir unterhalten uns oft. Sie braucht immer noch meinen Rat. Wissen Sie, wir haben eine ideale Mutter. Sie ist immer für uns da. Aber ich glaube nicht, daß sie glücklich ist. Wenn wir beide in die Zukunft blicken, so liegt vor mir mein Leben als Erwachsene, während Mutter nur sieht, daß wir drei von zu Hause fortgehen werden.«
»Fällt es dir schwer, von zu Hause wegzugehen?«
»Ja, sehr sogar«, antwortete sie ernst. »Ich habe mich durch die Schei-

dung sehr verändert. Da ich die Älteste war, mußte ich sehr viel Verantwortung übernehmen, und das war oft hart. Ich bin nicht gern auf andere Menschen angewiesen.« Was sie dann sagte, zeigte mir, wie verletzlich sie war: »Ich habe immer damit gerechnet, daß ich eines Tages nach Hause komme, das Haus verschlossen vorfinde, und meine Habseligkeiten sind neben meinem Auto abgestellt.«

Diese Enthüllung überraschte mich. Trotz ihrer Unabhängigkeit und Eigenständigkeit war diese junge Frau im Kern verletzlich. Tief in ihrem Innern rechnete Ruth mit dem Schlimmsten — damit, daß sie von ihrem Partner abgewiesen und im Stich gelassen werden könnte. Viele Menschen glauben, daß der Blitz zweimal an derselben Stelle einschlagen kann, auch wenn sie das Gegenteil behaupten. Menschen, die eine Katastrophe erlebt haben, glauben und fürchten, daß die zweite nahezu unvermeidlich sei. Ruth lebt wie andere Kinder aus geschiedenen Ehen in der Angst, plötzlich verlassen zu werden. Weil sie klug ist, bereitet sie sich auf diese Möglichkeit vor, um nicht ein zweites Mal überrascht zu werden.

Ich bin zu dem Ergebnis gekommen, daß Ruth mit zahlreichen Problemen im Hinblick auf ihren Vater und auf Beziehungen zu Männern im allgemeinen zu kämpfen hat. Sie hat viele Pubertätsprobleme noch nicht bewältigt, und ihre Gefühle für die Mutter sind noch unklar. Sie ist nicht depressiv, bezweifelt aber, daß ihre Lebenswünsche in Erfüllung gehen werden, und sie hat Angst davor, die Probe aufs Exempel zu machen.

Eine Scheidung verändert die Mutter-Kind-Beziehungen grundlegend und führt zu neuen Familienstrukturen. Jeder Alleinerziehende hat mehr Zeit für das Kind. Liebe, Mitgefühl und Vertrauen füreinander entwickeln sich viel ausgeprägter. Doch die menschliche Psyche ist komplex und widersprüchlich. Eltern und Kinder haben nach der Scheidung zugleich auch mehr Gelegenheit, Gefühle der Verletztheit und der Ablehnung zu entwickeln. Kinder, vor allem Mädchen, wollen es den Eltern recht machen. Deshalb übernehmen sie viele familiäre und häusliche Pflichten.

Wir haben im Verlauf unserer Studie immer wieder enge Beziehungen zwischen Müttern und Töchtern aller Altersstufen festgestellt. Mütter sprechen überaus liebevoll von ihren Töchtern, und die Töchter gehen wortlos auf Stimmungen und Bedürfnisse der Mütter ein. »Ich muß nichts sagen, und sie weiß trotzdem genau, wann sie mich in den Arm nehmen muß«, erklärte mir eine Mutter.

Während Mütter in den Jahren nach der Scheidung sowohl zu ihren Söhnen als auch zu ihren Töchtern oft eine enge Freundschaft entwickeln, neigen die Töchter dazu, sich stärker für das Wohlbefinden der Mutter verantwortlich zu fühlen. Die Tochter berät und führt die Mutter oft so sehr, daß sich die Ältere weitgehend auf die Jüngere verläßt und viele Mütter ernsthaft behaupten: »Meine Tochter ist meine beste Freundin.« Solche Mutter-Tochter-Beziehungen sind viel enger als in intakten Familien. Über die Hälfte der Mütter und Töchter in unserer Studie sind auch noch während der Pubertät der Tochter emotional sehr stark voneinander abhängig. Wenn sich die Mütter nicht zu sehr und zu lange auf ihre Töchter stützen, kann diese neue Mutter-Tochter-Beziehung für beide Teile sehr vorteilhaft sein, und die Töchter können psychisch gestärkt aus dieser Beziehung hervorgehen. Wie sich zehn Jahre nach der Scheidung zeigte, waren viele Mädchen, die ein hohes Maß an Verantwortung im Haushalt ihrer Mütter übernommen hatten, mit der Situation besonders gut fertig geworden. Es tut Kindern gut, wenn sie spüren, daß ihre Eltern sie brauchen — aber eben nur *bis zu zu einem gewissen Grad.*

Kinder aus geschiedenen Ehen eignen sich praktische Kenntnisse und Fertigkeiten an, die in Mittelschichtsfamilien sonst nicht üblich sind. Die Mädchen sind sehr stolz darauf, ihrer Mutter im Haushalt zu helfen. Sie übernehmen Verantwortung und sind sogar an wichtigen Entscheidungen beteiligt. Ruth half ihrer Mutter beispielsweise, ein Haus zu kaufen, und setzte Verhaltensregeln für ihre jüngeren Geschwister fest. Wenn sich die Mütter aber so stark von ihren Töchtern abhängig machen, daß sie keine Beziehungen zu Erwachsenen mehr eingehen, wird die Bindung zwischen Mutter und Tochter problematisch. Einige Mütter unserer Studie erwarteten von ihren Töchtern Hilfe bei Entscheidungen, denen Kinder einfach nicht gewachsen sind, so zum Beispiel bei der Partnerwahl oder beim Arbeitsplatzwechsel. Sie banden sich emotional und intellektuell an ein heranwachsendes Mädchen, anstatt sich wieder auf die Welt der Erwachsenen zu konzentrieren.

Das Mädchen wird durch die Anhänglichkeit der Mutter in ein Netz von Liebe und Schuldgefühlen verstrickt. Es hat Schwierigkeiten, Beziehungen zu Gleichaltrigen einzugehen und ein Leben auf eigenen Füßen zu planen. In der Pubertät ist eine gesunde Auflehnung notwendig, um sich von zu Hause zu lösen. Manche Mädchen haben diesen Freiheitsdrang jedoch gar nicht mehr und können folglich ihre Aggressionen bei der Selbstfindung auch nicht zum Ausdruck bringen.

Die Ablösung von zu Hause ist ohne den Rückhalt einer intakten Familie, die diesen Prozeß vorbereitet, zwangsläufig weit schwieriger. Nach der Scheidung übernimmt in vielen Familien die älteste Tochter die Aufgabe, ihrer Mutter zu helfen. Sie muß sich mehreren Herausforderungen zugleich stellen. Die erste ist von praktischer Art; sie betrifft die Hilfe im Haushalt, die Sorge für jüngere Geschwister und die durchsetzung von Regeln und Pflichten. Die Mithilfe der Tochter nutzt beiden: Die Mutter wird unterstützt, und die Tochter ist stolz, entwickelt Selbstbewußtsein und wird lebenstüchtig.

Die zweite betrifft in höherem Maße die Psyche des Mädchens. Es möchte der Mutter helfen, aber trotzdem erwachsen werden und sich von zu Hause lösen. Entwicklungspsychologisch betrachtet steht das Mädchen vor einem Dilemma: Wenn es sich zu stark an die Mutter bindet, kann es das zentrale Problem der Pubertät nicht lösen — die Entwicklung einer eigenständigen Persönlichkeit.[1]

Für viele Mädchen aus geschiedenen Ehen, die in psychiatrischen Kliniken behandelt werden, ist die Ablösung von zu Hause das zentrale Problem. Müttern fällt es schwer, ihre Töchter freizugeben. Den Töchtern fällt es schwer, erwachsen zu werden und von zu Hause wegzugehen. Solche Probleme gibt es selbstverständlich auch in intakten Familien, aber durch eine Scheidung werden sie sehr verschärft.

Als sich Ruths Eltern scheiden ließen, hatte sie gerade begonnen, sich von ihrer Familie zu lösen. Die Scheidung unterbrach ihre Entwicklung. Anstatt auf dem eingeschlagenen Weg weiterzugehen, machte Ruth zunächst eine 90-Grad-Wendung. Dann kehrte sie ganz um und legte alle Ansätze jugendlicher Aufsässigkeit ab. Sie übernahm innerhalb des Haushalts die Rolle der Zweitmutter. Da sie intelligent ist, erfüllte sie alle Anforderungen. Doch weil sie die praktischen Pflichten ihrer Mutter übernahm, blieben viele Hauptprobleme der eigenen Entwicklung ungelöst.

Ruth hat sich in all diesen Jahren wenig gegönnt. Die Verpflichtungen an der High-School und am College müssen schwer auf ihr gelastet haben. Sie identifizierte sich mit der Mutterrolle so stark, daß sie ihre Wünsche nach einem eigenständigen Leben und eigenen Kindern verdrängte. Für Ruths Opfer gab es keinerlei wirtschaftliche Notwendigkeit. Sie mußte nicht arbeiten, um die Familie zu ernähren. Ihre Verpflichtungen waren psychischer Art und wuchsen in dem Maß, in dem sich die Mutter von der Tochter abhängig machte.

Als Ruth von zu Hause wegging und das College besuchte, blieb sie weiterhin emotional an ihre unselbständige Mutter gebunden. Sie löste sich psychisch nie von zu Hause, auch wenn sie nicht mehr dort wohnte. Nach dem College kam sie sofort zurück, um der Mutter nahe zu sein. Jetzt hat sie sich an einen Mann gebunden, der drei Kinder hat und doppelt so alt ist wie sie. Damit wird sie noch mehr in die Mutterrolle gedrängt.

In dieser Zeit brach sie die Beziehung zum Vater ab, obwohl sie vor der Scheidung sehr gut gewesen war. Er hielt die ganzen Jahre über zu ihr, doch sie erteilte ihm aus Loyalität zur Mutter, und damit zu sich selbst, eine schroffe Abfuhr.

Ruth hat folgerichtig zehn Jahre nach der Scheidung große Probleme; ihre Identifikation mit der Mutter geht weit über das normale Maß hinaus. Obwohl sie ganz andere Erfahrungen gemacht hat, verhält sie sich so, als ob sie in der Haut ihrer Mutter stecken würde. Sie geht praktisch in ihrer Mutter auf und durchbricht die normalen Generationsgrenzen.

Junge Mädchen wie Ruth merken später, daß sie über der Sorge um die Bedürfnisse der Mutter ihre eigene Jugend verloren haben — und das ist ein nicht wiedergutzumachender Verlust. Für Kinder aus geschiedenen Ehen hat Unabhängigkeit zwei völlig verschiedene Seiten: Auf der einen steht alles, was sie für ihre Familie getan haben, und auf der anderen Seite alles, was für sie *nicht* getan worden ist. Das ist ein sehr wichtiger Aspekt, der viel zuwenig beachtet wird: Kinder brauchen in der Pubertät sehr viel Unterstützung. Die Kinder aus geschiedenen Ehen betonen das immer wieder.

Ich bin bei unserer Untersuchung auf eine Reihe von Mutter-Tochter-Beziehungen gestoßen, die ähnlich waren wie die zwischen Christina und Ruth. Sie alle hatten schwerwiegende Folgen für die jungen Frauen.

Mary, 25 Jahre alt und Sozialarbeiterin, hatte bei dem Interview zehn Jahre nach der Scheidung ihrer Eltern kaum Platz genommen, als sie mich schon fragte, ob ich ihr einen Sexualtherapeuten empfehlen könne. Ich antwortete, natürlich könne ich das; aber für die richtige Empfehlung bräuchte ich mehr Informationen. Sie berichtete, sie lebe jetzt bereits vier Jahre mit ihrem Freund Jim zusammen, doch sie paßten eigentlich nicht zueinander. Sie seien unterschiedlicher Herkunft und hätten verschiedene Interessen. Offensichtlich war diese Beziehung zutiefst unglücklich. Mary fühlte sich in einer Weise eingeengt und erniedrigt, die sie Jim gegenüber nicht zum Ausdruck bringen und sich selbst nicht bewußt machen konnte.

»Was gefällt dir an der Beziehung mit Jim?« fragte ich sie, um ihr den Einstieg zu erleichtern. »Was ist gut an eurer Beziehung?«
Schweigen. »Es fällt mir schwer, darauf zu antworten.«
»Es fällt dir schwer, über ihn zu sprechen?« fragte ich, um ihr ein Stichwort zu geben.
Mary wechselte das Thema: »Ich erinnere mich an den Tag, an dem mein Vater von zu Hause wegging. Meine Mutter saß die ganze Nacht in dem roten Schaukelstuhl und weinte. Ich blieb bei ihr und weinte auch. Habe ich Ihnen das schon erzählt?«
Ich nickte.
»Vor nicht allzu langer Zeit habe ich an der Uni ein Seminar zum Thema Familie belegt. Der Professor forderte uns auf, die Augen zu schließen und an irgendeinen Familienangehörigen zu denken. Ich schloß meine Augen und dachte an meine Mutter, an diese einsame, traurige und unterdrückte Frau. Und dann weinte ich und weinte und hatte das Gefühl, nie wieder damit aufhören zu können.«
»Mary, wir sprachen doch gerade über Jim, und jetzt reden wir darüber, wie unglücklich deine Mutter ist. Siehst du da einen Zusammenhang?«
Mary saß eine Weile wie betäubt da, und dann sagte sie mit leiser Stimme: »Ich könnte nie einem anderen Menschen antun, was meiner Mutter angetan wurde.«
Sie weinte und fuhr fort: »Ich habe schon daran gedacht, ihn zu verlassen. Aber ich könnte ihm das nie antun.«
»Obwohl du unglücklich bist?«
»Ja, obwohl ich mir wirklich große Sorgen mache. Irgendwie glaube ich, daß ich ihn verändern kann. Ich habe das Gefühl, daß ich verpflichtet bin, es wenigstens zu versuchen.«
Anstatt eines Sexualtherapeuten empfahl ich Mary, vielleicht gemeinsam mit Jim zu überlegen, ob sie zusammenbleiben sollten. Ich riet ihr, sich eine Frist zu setzen für die Entscheidung darüber, ob die Beziehung Bestand haben könne.
Ich hatte zwar erwartet, daß Mary Probleme haben würde, sich von ihrer Mutter zu lösen. Aber mir war nicht in den Sinn gekommen, daß die gleichen Trennungsprobleme auch in ihren Beziehungen zu Männern eine Rolle spielen könnten.
Marys Unfähigkeit, die Beziehung zu Jim entweder zu lösen oder weiterzuentwickeln, ist ein weiteres Dilemma, hervorgerufen durch die Unfähigkeit zu lieben. Der Konflikt hat direkt mit ihrer Beziehung zur Mutter zu tun.

Mary möchte nicht, daß Jim unter der Zurückweisung leidet, wie sie es bei ihrer Mutter erlebt hat. Und sie möchte auf keinen Fall die Ursache seines Leids sein.

Außerdem hat sie Angst davor, ihre Mutter zu überflügeln und in Liebe und Ehe erfolgreicher zu sein. Das ist ein entscheidender Konflikt; deshalb fürchten sich viele junge Frauen vor dem Erfolg. Die Wurzel dieses Problems ist Marys starke Identifikation mit der Mutter, die sich immer noch verletzt und zurückgewiesen fühlt. Mary hängt noch immer an ihrer Mutter; deshalb beginnt sie zu weinen, wenn sie aufgefordert wird, die Augen zu schließen und an einen Familienangehörigen zu denken.

Schließlich hat Mary das Bedürfnis, ihre Mutter zu retten. Sie möchte ihr helfen, wieder glücklich zu werden. Dann könnte Mary auch sich selbst gestatten, glücklich zu sein. Diese Rettungsphantasien spielen in allen Beziehungen Marys eine Rolle; vielleicht sind sie sogar ein Grund dafür, daß sie Sozialarbeiterin geworden ist. Ihre Beziehung zu Jim hat mehr den Charakter einer Hilfsaktion als einer Liebesbeziehung. Solche Beziehungen können jedoch kaum befriedigend sein. Folge dieses Verhaltens ist meist eine Serie von Mißerfolgen.

Junge Leute kommen bei einem neuen Anfang und neuen Bindungen meist nicht über die Erfahrungen hinweg, die sie im Elternhaus gemacht haben. Ihre Beziehung zu jedem Elternteil und die Beziehung der Eltern zueinander sind stets gegenwärtig. Das hat zur Folge, daß Kinder aus geschiedenen Ehen oft die Fehler ihrer Eltern wiederholen. Die Ursachen liegen im Wesen der Identifikation und der Zuneigung, den beiden Grundelementen jeder Beziehung.

Identifikation ist ein Entwicklungsprozeß, der den menschlichen Charakter entscheidend prägt. Von Anfang an übernimmt das Kind Charaktereigenschaften von den Menschen, die in seinem Leben eine wichtige Rolle spielen. Die Eltern sind die wichtigsten Identifikationsfiguren eines Kindes, und Kinder übernehmen auf vielfältige Weise Eigenschaften von beiden Eltern. Unter einem Identifikationsobjekt versteht man im allgemeinen eine geliebte und geschätzte Person. In diesem Falle handelt es sich um eine positive Identifikation. Ein Kind kann sich aber auch im negativen Sinne mit Personen oder Eigenschaften von Personen identifizieren, obwohl es diese Personen fürchtet und bewußt ablehnt. Das Kind identifiziert sich dann gegen seinen Willen mit diesen Personen oder Charaktereigenschaften. Positive und negative Identifikation haben viel damit zu tun, wie Kinder mit einer Scheidung umgehen und wie sie sich als junge Erwachsene verhalten.

Identifikation bedeutet nicht bewußtes Imitieren, obwohl auch das eine Rolle spielen kann, und Identifikationsprozesse sind nicht das unvermeidliche Resultat engen Zusammenlebens mit einer bestimmten Person. Es handelt sich vielmehr um einen komplexen inneren Prozeß, bei dem vielfältige Wahrnehmungen, Gefühle und Wechselwirkungen zwischen dem Kind und den Erwachsenen eine Rolle spielen. Solche Identifikationen können nur durch eine langwierige psychologische Behandlung verändert werden. Sie sind Bestandteil des Unterbewußtseins und können deshalb nicht durch Ermahnungen, Ratschläge oder selbst den bewußten Wunsch nach Veränderung beeinflußt werden.

Viele Identifikationen haben ihren Ursprung in positiven, liebevollen Beziehungen. Ein kleines Mädchen wiegt beispielsweise seine Puppe genau so, wie es selbst von der Mutter gewiegt wurde. Indem das Mädchen die Bewegungen der Mutter nachahmt, übernimmt es Wertvorstellungen, die zur Mutterschaft gehören: Zärtlichkeit, Einfühlungsvermögen und Fürsorge. Mit der Puppe im Arm spielt das Mädchen die Rolle der geliebten Mutter — der liebevollen und fürsorglichen Person. Im Lauf der Jahre verfestigt sich die Vorstellung, daß ein Mädchen durch die Mutterschaft eine liebenswerte und verantwortungsvolle Frau wird. Das Mädchen übernimmt außerdem die sexuelle Identität der Mutter, ihr Rollenverständnis als Frau und ihre Einstellung gegenüber Männern.

Ein kleiner Junge identifiziert sich ebenfalls mit der Liebe und Fürsorge seiner Mutter. Er lernt, sich selbst und andere Menschen mit derselben Liebe und Fürsorge zu behandeln, wie er es bei der Mutter gesehen hat, und er identifiziert sich mit ihrer Zärtlichkeit und ihrem Mitgefühl. Er wird, wie die geliebte Mutter, ein Mensch, der liebt und für andere sorgt, und er übernimmt diese Identität als eigenes Ideal.

Das kleine Mädchen liebt und bewundert den Vater, weil er für sie sorgt und sie beschützt, und identifiziert sich mit seinen Werten, seinem Wesen und vor allem damit, wie er mit anderen Familienmitgliedern umgeht. Sie sieht, wie der Vater die Mutter umarmt, und identifiziert sich mit seiner Zärtlichkeit und Liebe. Sie verinnerlicht sein Verhalten gegenüber den anderen Familienmitgliedern — ganz gleich, ob er freundlich oder grausam, zärtlich oder eigennützig ist.

Genauso identifiziert sich der kleine Junge mit dem Vater und spiegelt dessen Persönlichkeit in seinem Selbstbild. Er übernimmt außerdem die sexuelle Identität des Vaters und dessen Bild von Männlichkeit. Er sieht, wie sein Vater mit der Mutter und mit anderen Familienmitgliedern umgeht; er sieht, welche Verhaltensweisen vom Vater gelobt und welche bestraft werden, und übernimmt vieles davon. Genauso wie mit den Einzelpersonen identifizieren sich Kinder auch mit der Beziehung zwischen den Eltern. Die Ehe der Eltern wird zum Muster für die späteren Erwartungen des Kindes. Weil Kinder diese Erfahrung mit ins Erwachsenenleben nehmen, ist es für ihre Entwicklung entscheidend, wie die Eltern in der Ehe miteinander umgegangen sind, wie die Trennung verlief und wie sich ihr Verhältnis nach der Scheidung gestaltete.

Während sie heranwachsen, kommen Kinder mit den unterschiedlichsten Identifikationsfiguren in Kontakt — Eltern, Großeltern, Stiefeltern, Lehrern, Arbeitgebern, Gleichaltrigen, Geschwistern und »Hausfreunden«. All diese Beziehungen prägen das Kind. Wenn die Kinder erwachsen werden, entwickeln sie sich jedoch nicht zu Ebenbildern dieser Menschen. Sie haben eigene Wertvorstellungen und übernehmen manche Eigenschaften und lehnen andere ab. Im Lauf der Zeit integrieren Kinder viele verschiedene Identifikationen zu neuen Kombinationen. Aus diesen vielfältigen Identifikationen formen sie ihre eigene Identität, ihre Ansichten über Beziehungen, ihre Moralvorstellungen, ihr Selbstbild, ihre Erwartungen an das andere Geschlecht, an Freunde, an die Welt und schließlich an ihr Leben. Ihr Selbstwertgefühl hängt in starkem Maße davon ab, inwieweit die Erwartungen, die sie aufgrund der vielfältigen Identifikationen entwickelt haben, in Erfüllung gehen.

Ihre Eltern oder Erzieher sind für alle Kinder die primären Identifikationsfiguren. Kinder aus geschiedenen Ehen bilden in dieser Hinsicht keine Ausnahme, sehen sich aber Erwachsenen gegenüber, die sich in einer schweren Lebenskrise befinden. Diese Kinder ziehen meist dann negative Schlußfolgerungen, wenn ein Elternteil glücklich zu sein scheint und der andere nicht. Ob es stimmt oder nicht: Die Kinder können den Eindruck gewinnen, daß ein Elternteil den andern in grausamer Weise im Stich gelassen hat. Sie haben Angst, sich mit dem Opfer dieser Situation zu identifizieren, weil sie selbst eines Tages dasselbe Schicksal erleiden könnten. Trotzdem identifizieren sie sich aus Liebe und Mitgefühl mit dem Elternteil, der verstoßen wurde.

Viele Mädchen unserer Studie standen in der Pubertät vor diesem Dilemma. Sie haben einerseits Angst davor, sich mit der verlassenen Mutter zu identifizieren, und wollen andererseits aus Liebe und Bewunderung sein wie sie. Wie Mary sind sich viele dieser Mädchen während der Kindheit und der Pubertät schmerzlich bewußt, daß ihr Vater die Mutter wegen einer anderen Frau verlassen hat. Als junge Erwachsene haben sie Angst davor, in ihren eigenen Beziehungen im Stich gelassen und betrogen zu werden. Diese Angst beruht auf der Identifikation mit der Mutter. Wenn Mary die Augen schließt und ihre traurige, verstoßene und einsame Mutter vor sich sieht, weint sie, weil sie große Angst davor hat, ihrer Mutter zu gleichen. Wenn sie sich verhält wie ihre Mutter, steht ihr dasselbe Schicksal bevor. Gleichzeitig möchte Mary aber sein wie ihre Mutter — genauso gut, zärtlich, freundlich und fürsorglich. Wie kann sie eine Bindung eingehen, wenn ihrer Mutter genau das verweigert wurde? Wie kann sie sich an einen Mann binden, wenn ausgerechnet ihre perfekte Mutter verlassen wurde? Sich auf jemanden einzulassen, wenn man im Innersten seines Herzens weiß, daß die Beziehung scheitern kann, erfordert mehr Mut, als die meisten Menschen sich vorstellen können. Es ist kein Wunder, daß viele junge Menschen daran scheitern.

Mary fragte am Ende unseres Interviews: »Könnte irgend etwas von dem, was ich Ihnen heute erzählt habe, meiner Mutter helfen? Soll ich Mutter vielleicht ermutigen, häufiger auszugehen und andere Menschen zu treffen, oder aber eine Arbeit anzunehmen? Oder meinen Sie, das würde sie nur noch mehr durcheinanderbringen?«

Mary nutzt auch dieses Gespräch mit einer Psychologin, die mit ihren Problemen vertraut ist, um Fragen über die Zukunft ihrer Mutter zu stellen. Sie wird völlig von der Sorge um ihre Mutter beherrscht; eine gescheiterte Frau, die sie über alles liebt, die keine positive Identifikationsperson für sie sein kann, die sie aber auch nicht überflügeln darf, ohne Schuldgefühle zu haben. Mary möchte ihre Mutter retten, bevor sie sich selbst eine glückliche, reife Beziehung gestattet.

Junge Frauen versuchen auf vielfältige Weise, dem Schicksal ihrer Mütter zu entgehen. Manche flüchten sich früh in eine Ehe, um nicht allein zu sein. »Seit ich denken kann, habe ich allein mit meiner Mutter gelebt«, berichtete mir die neunzehnjährige Leigh. »Ich kenne auch keine intakten Familien. Alle meine Freunde kommen aus geschiedenen Ehen. Ich möchte jung heiraten, den richtigen Mann finden und ihn so an mich binden, daß er mir nicht mehr entwischen kann.« Sie gestand außerdem: »Ich lese Artikel in Frauenzeitschriften, in denen beschrieben wird, wie man einen Mann verführt. Ich habe sehr große Angst davor, mit dreißig immer noch auf der Suche zu sein. Ich möchte nicht allein sein, wenn ich älter werde. Das habe ich mir fest vorgenommen. Ich sehe das doch bei meiner Mutter. Sie lebt ständig im selben Trott. Immer früh aufstehen, die Wohnung saubermachen, zur Arbeit gehen, und abends hockt sie alleine da. So möchte ich nicht enden.«

»Steht denn schon eine Heirat in Aussicht, Leigh?«

»Na ja, ich gehe mit ein paar Jungs aus, und wenn mich einer von ihnen fragt, ob ich ihn heiraten will, sage ich ja.«

Andere Mädchen, deren Mütter ihren Männern treu waren und von ihnen verlassen wurden, schlagen in den Jahren nach der Scheidung einen noch destruktiveren Weg ein. Getrieben von der Vorstellung, daß Güte gleichzusetzen ist mit Schwäche, was letztlich dazu führt, vom Mann betrogen zu werden, begehren diese jungen Frauen gegen alle gesellschaftlichen Regeln auf. Sie experimentieren mit Drogen, der freien Liebe und anderen destruktiven Verhaltensweisen. Die Angst davor, wie die Mutter zu sein, geht einher mit Aggression gegen beide Eltern: Wut auf den untreuen Partner, und Wut auf den betrogenen, weil er ausgenutzt wurde und schwach war. Das Mädchen ist außerdem auf beide Eltern wütend, weil sie keine Eltern waren. Diese Wut verstärkt die normale Rebellion in der Pubertät. Solche Jugendlichen lehnen die Gesellschaft ab und suchen ihr Glück in Abenteuern und kurzlebigen Vergnügungen.

Ich kann zwar nicht voraussehen, wie diese jungen Frauen mit den schwierigen Ablösungs- und Identifikationsproblemen fertig werden, aber bei Ruth vollzog sich eine erfreuliche Wendung. Sie begab sich nach unserem letzten Treffen in Behandlung, um einige der bei unserem Gespräch angesprochenen Probleme zu klären.

»Mir wurde damals klar, wie unglücklich ich war«, erzählte sie mir fünfzehn Jahre nach der Scheidung. »Ich hatte nach der Scheidung die volle Verantwortung für alle übernommen. Mit vierzehn wurde meine Entwicklung als Jugendliche unterbrochen, und erst mit zweiundzwanzig habe ich wieder an dem Punkt angesetzt, an dem ich damals aufgehört habe. Die Therapie half mir dabei, *meine* Wünsche und Bedürfnisse von denen meiner Mutter und meiner Geschwister zu trennen. Ich habe meiner Mutter damals Hilfe bei der Erziehung der Kinder angeboten, aber ich hatte nie die Gelegenheit, mich von zu Hause zu lösen und etwas für mich selbst zu tun. Die Therapie half mir auch zu einer realistischen Sicht meines Vaters. Er ist ein sehr dominanter Mensch, und die Scheidung unterbrach mein erstes Aufbegehren gegen ihn. Ich habe mich nie durchgesetzt, sondern war immer nur das brave Mädchen, denn meine Mutter brauchte ja schließlich meine Hilfe. Die Therapie hat mir außerdem zu einer realistischeren Sicht der Männer verholfen. Als ich letztes Mal Ihr Büro verließ, wurde mir klar, wie unglücklich ich mit Len war, und wie lächerlich es war, noch drei Kinder aufzuziehen.« Sie seufzte, als sei sie erleichtert, daß all das jetzt der Vergangenheit angehörte.

»Ich habe mir auch überlegt, was ich mit meinem Leben anfangen möchte. Ich hab mich schon immer für Fragen des Gesundheitswesens interessiert, und deshalb habe ich mich entschlossen, eine Ausbildung für das staatliche Gesundheitswesen zu machen.«

Sie lächelte und fuhr fort: »Ich kann mir denken, was Sie jetzt fragen werden. Ja, ich bin verheiratet.«

»Was ist aus Ihren Zweifeln geworden?«

»Mir ist klargeworden, daß ich etwas riskieren muß.«

»Erzählen Sie mir etwas über Ihren Mann.«

Sie lächelte. »Ich schätze das alles realistisch ein. Ich liebe ihn, er liebt mich, und wir haben viel Spaß miteinander. Er ist Elektronikingenieur. Ich verstehe fast nichts von seiner Arbeit. Aber er ist wirklich intelligent.« Sie lächelte wieder. »Früher stand ich auf ältere Männer, aber er ist genauso alt wie ich. Heute stehe ich mehr auf Männer, die mich nicht unterbuttern. Ich finde es sehr wichtig, daß wir ebenbürtig sind. Ich möchte eine Ganztagsstelle annehmen, um finanziell unabhängig zu sein, falls wir uns je scheiden lassen.«

Ruth hat etwas aus ihrem Leben gemacht. Sie hat den Anschluß geschafft und aus dem Beispiel ihrer Eltern gelernt. Sie akzeptiert, daß Menschen sich manchmal trennen, aber das hält sie nicht davon ab, sich zu verlieben. Sie hat sich für Ehe und Beruf entschieden und bewahrt sich dadurch ihre Unabhängigkeit.

Fünfzehn Jahre nach der Scheidung ihrer Eltern haben sich 40 Prozent der Frauen und Männer im Alter zwischen 19 und 23 Jahren zu unterschiedlichen Zeiten einer Therapie unterzogen, um ihre Beziehungsprobleme zu lösen. Insgesamt machen weniger Männer eine Therapie als Frauen, aber bei den Männern und Frauen unserer Studie ist dieses Zahlenverhältnis ausgeglichen. Beide Geschlechter suchen bei Scheidungen Rat bei einem Therapeuten. Manche suchen Hilfe bei Gruppen von Kindern aus geschiedenen Ehen. Den meisten haben therapeutische Sitzungen einmal pro Woche über einen Zeitraum von ein bis zwei Jahren geholfen, wie mir fünfzehn Jahre nach der Scheidung Kinder aus geschiedenen Ehen berichteten.

Die Träumer

Kurz bevor sich ihre Eltern scheiden ließen, hatte die fünfzehnjährige Tina einen Traum. Beide Eltern waren gestorben und lebten trotzdem weiter. Sie standen in einem abgedunkelten Raum vor einem Mann, der an einem hellerleuchteten Tisch etwas aufschrieb. Der Rest des Zimmers war völlig dunkel. Hinter den Eltern lagen zwei dunkle Gänge, und jeder der beiden ging am Ende des Traumes allein einen dieser langen, dunklen Gänge hinunter und verschwand.

Tinas Traum vermittelt die Einsamkeit und die Angst vor dem Alleinsein. Sie setzte im Unterbewußtsein die Scheidung der Eltern mit dem Chaos gleich. Die dunklen Räume, die höhlenartigen Gänge und die einsamen Gestalten in Tinas Traum haben kafkaeske Züge und spiegeln die emotionale Situation vieler Teenager beim Auseinanderbrechen ihrer Familien wider. Tina fühlte sich einsam. Ihre Eltern ließen sie allein, bevor sie erwachsen geworden war.

Als mich Tina zum ersten Mal besuchte — sie war groß, gertenschlank, hatte braunes Haar und leuchtend blaue Augen —, hatte sie sich auf der Fahrt zu mir mit ihrer Mutter gestritten. »Sie hätte mich fast nicht hergefahren«, sagte sie und wischte sich eine Träne aus dem Gesicht. »Heute hat sie zur Abwechslung mal Rückenschmerzen, aber ich habe ihr gesagt, was ich davon halte: Sie spielt das nur gegen uns aus. Sie ist nicht krank. Ich habe ihr gesagt, sie soll aufstehen.«

Tina lachte und weinte gleichzeitig. »Es ist nicht leicht, etwas zu vergessen, was einem weh getan hat«, sagte ich.

»Ich bin zu emotional«, erwiderte Tina, »genau wie mein Vater. Er ist Rechtsanwalt.« Ich hatte bereits von ihrer Mutter und ihren Geschwistern viel über Tinas Vater erfahren, und alle hatten mir berichtet, daß er ständig herumbrüllte.

»Mein Vater und ich sind uns sehr ähnlich«, fuhr Tina fort. »Ich verstehe mich sehr gut mit ihm. Er ist alles andre als vollkommen und wirft meiner Mutter ziemlich schlimme Sachen an den Kopf — er beschimpft sie als Parasitin —, aber in Wirklichkeit haben wahrscheinlich beide ihre Schwächen. Manchmal habe ich das Gefühl, ich sei die Erwachsene, und meine Eltern die Kinder. Sie sind wirklich sehr unreif.«

Ich fragte Tina nach ihrer Mutter, und sie verblüffte mich mit ihrem Scharfblick: »Ich fürchte, Mutter wird nie mit sich selbst klarkommen, obwohl sie immer für uns Kinder da war. Sie wird immer nach etwas auf der Suche sein, was sie nie finden wird. Sie hat mehr Probleme, als Sie sich vorstellen können. Ich mache mir wirklich Sorgen um sie und fühle mich immer noch für sie verantwortlich. Sie hat in letzter Zeit sehr viele Probleme mit sich selbst. Ich möchte es nicht noch schlimmer machen, und ich möchte nicht, daß sie erfährt, wie sehr ich mir um sie Sorgen mache. Was mich an der Scheidung am meisten aufregt ist, glaube ich, daß ich die Wahrheit nicht herausbekomme. Mama sagt dies, Papa sagt das. Es ist alles so unwirklich wie in einer dummen Fernsehserie: Papa sitzt am einen Ende der Couch und Mama am anderen Ende.«

Als ich Tina ein paar Wochen später wiedersah, unterhielten wir uns über ihre Zukunftspläne. »Ich will auf keinen Fall so werden wie meine Mutter«, sagte sie entschieden. »Ich möchte einen Beruf haben. Vielleicht werde ich Rechtsanwältin, oder ich heirate einen Rechtsanwalt, oder aber ich werde Rechtsberaterin. Vielleicht gehe ich zum Theater, aber auf jeden Fall werde ich nicht früh heiraten.«

Fürs erste hatte sich Tina entschieden, bei der Mutter zu wohnen. »Vater ist unerträglich«, sagte sie. »Mutter braucht mich.« Tina hörte sich mitleidig die Klagen ihrer Mutter an und versicherte ihr, sie werde sie nie im Stich lassen.

Bei dem Interview fünf Jahre nach der Scheidung hatte Tina gerade begonnen, Jura zu studieren. »Sie kommen wirklich in der hektischsten Zeit meines Lebens«, verkündete Tina. »Letzte Woche war mein Vater hier. Sie hätten ihn nicht wiedererkannt. Stellen Sie sich das vor: Er lief letzten Monat beim Marathon in Boston mit! Er sieht sehr gut aus. Seine neue Freundin hat eine Kunstgalerie. Sie hat sein Leben total umgekrempelt.«

Tina berichtete, daß sie und ihr Vater sich nach der Scheidung häufig in Restaurants getroffen hatten, wo er nicht laut werden konnte. So hatten sie sich besser kennengelernt. »Ich habe ihm immer meine Meinung gesagt, und das ist bei meinem Vater nicht einfach. Er duldet keinen Widerspruch. Aber das war mir egal. Wir verstehen uns wirklich gut. Er finanziert mein Studium.«

»Ich dachte, du wolltest nicht Jura studieren, Tina.«

Sie lächelte: »Das stimmt, aber ich habe meine Meinung geändert. In den letzten zwei Jahren an der Schule war ich oft mit meinem Philosophieprofessor und seiner Frau zusammen. Er redete mir zu, doch auf die Uni zu gehen. Er meinte, ich denke wie ein Jurist und sollte diese Begabung nutzen. Das hat schließlich den Ausschlag gegeben.«

Bei unserem Interview zehn Jahre nach der Scheidung war Tina sechsundzwanzig. Sie ist eine reizende, lebhafte junge Frau mit einem war-

men Lächeln und einer offenen Art. Sie hatte immer noch kurzgeschnittenes Haar und trug eine Hornbrille, mit der sie sehr intellektuell wirkte. Sie war gerade in eine renommierte Anwaltskanzlei eingetreten, und ich konnte sie mir sehr gut im Gerichtssaal vorstellen — unbekümmert, kenntnisreich, intelligent und redegewandt.
Ich fragte, wie es der Familie ging.
»Mutter geht es gut«, sagte sie mit einem schwachen Seufzer. »Sie ist immer noch auf der Suche nach etwas, was sie nie finden wird. Ich habe mich daran gewöhnt. Früher fühlte ich mich schuldig und meinte, ich müsse bei ihr bleiben und ihr helfen. Ich mache mir zwar immer noch Sorgen um sie, aber ich bin nicht mehr so in Panik wie früher. Sie arbeitet nicht und tut auch sonst nichts.« Tina trommelte kurz auf die Tischplatte, als ob sie damit ihrem Gedächtnis aufhelfen wollte. »Ich erinnere mich noch gut daran, wie meine Mutter immer depressiver und unselbständiger wurde. Ich blieb meistens zu Hause. Ich weiß noch, wie wir Kinder uns unter den Decken versteckten und zitterten, wenn sie sich stritten.«
»Und dein Vater?«
»Ich bewundre ihn. Er ist klug und hat Humor, aber er ist sehr reizbar und launisch. Wenn er schlecht aufgelegt ist, ist er unausstehlich. Auf sein Urteil lege ich aber großen Wert. Aber ich werde nie in derselben Stadt arbeiten wie er.« Nach kurzem Nachdenken fügte sie hinzu: »Ich bin froh, daß ich den Willen zum Erfolg von meinem Vater geerbt habe, aber er hätte zu Mutter netter sein können. Die meisten Leute bemühen sich doch wenigstens, höflich zu sein. Wenn meine Großeltern nicht gewesen wären, hätte ich das mit sechzehn nicht verkraftet.«
Dann erzählte Tina von ihren Großeltern: »Als sich Mutter und Vater wie Kinder aufführten, wurden meine Großeltern meine Eltern. Und das ist heute noch so. Mein Zuhause ist das Haus meiner Großeltern. Ich mache mir große Sorgen um sie. Meine Großmutter ist sechsundsiebzig und mein Großvater neunundsiebzig. Es bedrückt mich, daß sie jetzt alt werden. Aber sie zusammen zu sehen, ist einfach wunderbar. Keiner könnte ohne den anderen leben. Es war wichtig für mich, so etwas zu sehen. Wenn es mir schlechtgeht, denke ich an die beiden. Für uns Kinder waren sie immer der Fels in der Brandung. Ohne ihre finanzielle und emotionale Unterstützung hätte ich die höhere Schule bestimmt nicht geschafft.«
Ich erkundigte mich nach ihren jüngeren Brüdern.
»Meine Brüder und ich haben ein sehr gutes Verhältnis. Wir lieben

uns heiß und innig. Ehrlich gesagt, weiß ich nicht, was nach der Scheidung aus uns geworden wäre, wenn wir nicht so zusammengehalten hätten.«

»Ich bin jemand, der sich an andere Menschen anlehnen muß«, sagte sie abschließend. »Ich brauche meine Brüder, und ich brauche meine Großeltern. Auch meine Freunde und meine Lehrer sind mir sehr wichtig.«

Wie viele Kinder ihres Alters hatte sich Tina zum Zeitpunkt der Scheidung bereits teilweise von ihren Eltern unabhängig gemacht. Trotzdem war die Scheidung für sie etwas Bedrohliches, und ihr Traum zeigt, daß sie fürchtete, sie könne nicht ohne ihre Familie leben.

Verschiedene Faktoren halfen Tina über diese Krise hinweg. Erstens hat sie eine realistische Einschätzung beider Elternteile. Sie kennt die jeweiligen Schwächen und übernimmt jeweils nur das, was sie zu ihrer eigenen gesunden Entwicklung braucht. Sie lehnt weder Vater noch Mutter in Bausch und Bogen ab. Außerdem vermeidet es Tina, bei Streitigkeiten Partei zu ergreifen. Sie hat für ihre leidende Mutter und für ihren tyrannischen Vater Verständnis.

Zweitens wird Tina von beiden Eltern geliebt. Obwohl sie sicherlich keine idealen Eltern waren und nicht fair miteinander umgegangen sind, hat doch jeder unabhängig vom anderen ein gutes Verhältnis zu seiner Tochter aufrechterhalten. Sie haben Tinas Persönlichkeit und Unabhängigkeit respektiert. Tinas Vater freute sich, daß seine Tochter Jura studierte, aber er drängte sie nie zu diesem Schritt.

Tinas Erfahrung mit ihren Eltern zeigt vor allem, daß es bei der Kindererziehung nach einer Scheidung sehr wichtig ist, den Kindern das Gefühl zu geben, daß ihre Eltern sie lieben und respektieren.

Tina hatte darüber hinaus die Hilfe und Zuneigung der anderen Familienmitglieder. Ihre Großeltern hielten auch nach der Scheidung engen Kontakt und halfen ihr auch finanziell. Viele Jugendliche suchen nach der Scheidung ihrer Eltern Hilfe bei anderen Familienangehörigen. Sie helfen den Jugendlichen am wirkungsvollsten, wenn sie sich aus den Auseinandersetzungen zwischen den Eheleuten heraushalten und in erster Linie an das Wohl der Kinder denken.

Großeltern spielen oft eine wichtige Rolle, vor allem, wenn sie eine glückliche Ehe führen. Sie sind ein Symbol für die Kontinuität der Generationen und ein lebender Beweis für die Kinder, daß Beziehungen dauerhaft und verläßlich sein können. Die Großeltern haben eine besondere Beziehung zu ihren Enkeln, die über die Bindung an

die Eltern hinausweist. Ihr Zuspruch, ihre Freundschaft und Zuneigung sind für Kinder von besonderer Bedeutung.
Es ist sehr wichtig, daß die Beziehungen zu Familienangehörigen über die besonders kritischen Jahre unmittelbar nach der Scheidung fortdauern. Dabei ist es nicht unbedingt erforderlich, daß die Großeltern in der Nähe ihrer Enkel leben. Großeltern können ihren Enkeln auch aus der Ferne ein Gefühl von Sicherheit vermitteln. Doch sie müssen Interesse am Wohlergehen ihrer Enkel zeigen, ohne sich direkt einzumischen.
Wie Tina sprechen viele andere junge Leute in den Jahren nach der Scheidung gern über ihre Brüder und Schwestern. In manchen Familien ergreifen die Geschwister für Vater oder Mutter Partei und hassen sich dann, weil der eine Papas und der andere Mamas »Liebling« ist. In über 40 Prozent der Fälle hielten die Geschwister nach der Scheidung zusammen. Ältere Kinder tragen meist die Hauptlast der Verantwortung für die jüngeren Geschwister, aber alle Kinder lernen, daß sie zusammenhalten und sich gegenseitig unterstützen müssen.
»Meine Beziehung zu meinen Brüdern hat uns geholfen, psychisch und physisch zu überleben«, sagte Tina. »Wir haben immer zusammengehalten. Nur dadurch sind wir schließlich das geworden, was wir heute sind. Als Einzelkind wäre ich vielleicht verrückt geworden. Wir haben eben zusammengehalten.«
Zuletzt hat Tina die Beziehung zu einem Mentor, einem väterlichen Ratgeber, geholfen. Zum Teil konnte sie wohl eine solche Beziehung aufbauen, weil sie begabt genug ist, die Aufmerksamkeit eines Mentors auf sich zu ziehen und zum Teil, weil sie von sich aus auf andere Menschen zugeht. Doch leider fanden nur sehr wenige Kinder unserer Studie einen Mentor, der ihnen half, obwohl sie alle in dem Gefühl, ihren Eltern nichts zu bedeuten, einen Mentor bräuchten, der ihr Selbstwertgefühl stützt und ihre Talente fördert.

7
Erinnerungen an Gewalt

Eine Scheidung hat zwei gesellschaftliche Funktionen: Eine unglückliche Ehe soll beendet werden, und die Kinder sollen davor bewahrt werden, in einer zerrütteten Familie aufzuwachsen. Sehr oft befreit eine Scheidung Eltern und Kinder aus einer unglücklichen Ehe und gibt ihnen die Chance zu einem Neubeginn. Bei den Interviews zehn und fünfzehn Jahre nach der Scheidung stellte sich jedoch heraus, daß Familien, in denen es zu gewalttätigen Auseinandersetzungen gekommen war, in dieser Hinsicht eine Ausnahme bilden. In solchen Ehen profitierten zwar die Eltern oft von der Scheidung, nicht jedoch die Kinder.

Der Aggressive

Ich besuchte die Litvorskis zehn Jahre nach der Scheidung. Die Familie lebte schon lange in einer geschichtsträchtigen Stadt in Kalifornien. Der Vater Sasha war viersprachig aufgewachsen. Er kam damals nach Monterey, um an einem Sprachinstitut Russisch zu unterrichten. Seine Exfrau Pat unterrichtete in Monterey an der Schule Spanisch. Die drei Kinder Melissa, Janice und Larry lebten seit der Scheidung mit ihrer Mutter in einem sauberen Altbau in der Nähe des Stadtzentrums. Zehn Jahre nach der Scheidung ging es keinem der Litvorskis besonders gut, aber der siebzehnjährige Larry bot besonderen Anlaß zur Sorge.

Bei dem Gespräch mit ihm saßen wir uns am Küchentisch gegenüber. Larry machte keinen Hehl daraus, daß er sich nicht mit mir unterhalten wollte. Er rauchte eine Zigarette nach der anderen und starrte ins Leere, war kurz angebunden und sah mir nicht in die Augen. Über die nunmehr zehn Jahre zurückliegende Scheidung seiner Eltern sprach er im Präsens, als ob das alles erst gestern gewesen wäre. »Meine Mutter ist schuld daran, daß ich ohne Vater aufgewachsen bin«, sagte er finster. In Wirklichkeit wurden Larrys Eltern erst geschieden, als seine Mutter endlich den Mut aufbrachte, einen Mann zu verlassen, der sie bei jeder Gelegenheit schlug und demütigte. Sie war eine ängstliche, nervöse und bescheidene Frau, die ganz für ihre Kinder lebte und die Märtyrerrolle spielte. Sie konnte weder sich selbst vor den Gewalttätigkeiten ihres Mannes schützen noch ihre Kinder davor bewahren, Zeugen dieser gewalttätigen Auseinandersetzungen zu werden. Mit sieben war Larry ein trauriges und aggressives Kind, das sich an Gewalttätigkeiten bereits gewöhnt hatte. Aber Larry bewunderte seinen Vater, denn an seinem Sohn hatte er sich noch nie vergriffen.

Er berichtete mir, die letzten fünf Jahre seien »ein totaler Reinfall« gewesen, sein Leben werde »nie besser« werden und er habe »allen Grund, aggressiv zu sein«.

»Ich habe mir Geld für ein Auto gespart«, erzählte er mir, »aber das ändert überhaupt nichts. Sie wird nie erlauben, daß ich den Führerschein mache. Ich glaube, sie ist total hinüber; eine zickige Lehrerin. Ich soll dauernd beweisen, daß ich Verantwortung tragen kann.«

»Und wie sollst du das beweisen?«

Er lachte nur und erzählte mir von Sauftouren, bei denen er angeblich so besoffen war, daß er nicht mal mehr sprechen konnte.

Ich stellte ihm eine problematische Frage: »Larry, glaubst du, daß du dein Leben im Griff hast?«

Die Frage traf ins Schwarze. Er sah mich an und sagte nachdenklich: »Zu Dreivierteln.« Dann dachte er nach und fuhr fort: »Meine Mutter versteht es wirklich, mir auf die Nerven zu gehen. Meine Freunde haben fast alle Vater und Mutter. Sie bekommen alles, was sie wollen. Können Sie sich vorstellen, daß ich von der zweiten Ehe meines Vaters erst nach vier Monaten etwas erfuhr? Wir unterhalten uns nur am Telefon. Manchmal wenn er anruft, bin ich betrunken. Dann sagt er, daß er rüberkommen will, um mir eine tüchtige Abreibung zu verpassen.« Larry kicherte. Es schien, als würde er sich über diese Art von Zuwendung noch freuen.

»Mein Vater hat wirklich Probleme mit dem Alkohol, und das macht mir Sorgen«, sagte er nun ernsthafter. »Aber ich trinke mehr als mein Vater, als er jung war. Abgesehen von dieser ganzen Sprachen-Scheiße glaube ich, daß ich wohl ein ähnliches Leben wie mein Vater führen werde. Der Alkohol hilft mir meine Probleme zu lösen. Als ich mit meiner Freundin Schluß machte, habe ich mich hinterher total vollaufen lassen.«

»Meinst du, daß du deinem Vater noch in anderen Dingen ähnlich bist?«

»Ja, bei meinen Freundinnen werde ich genauso aggressiv wie er«, gestand Larry finster. »Ich schlage sie, und vor ein paar Wochen habe ich meine Freundin ins Gesicht geschlagen.«

Ich starrte ihn an und überlegte, was ich darauf antworten könnte, aber Larry fuhr unbekümmert fort: »Meine Mutter ist schuld. Es ist ihr Fehler. Seit mein Vater weg ist, geht es mir schlecht, und das ist ihre Schuld.«

Am nächsten Tag berichtete mir Larrys Mutter ganz andere Dinge: »Jedesmal, wenn ich die Kinder zurechtwies, riefen sie ihren Vater im Institut an. Der machte mich dann bei den Kindern schlecht. Er erzählte den Kindern, sie könnten gern bei ihm wohnen. Aber ich würde das verhindern. Er erzählte ihnen, er würde vor Gericht gehen, um das Sorgerecht für sie einzuklagen. Aber getan hat er das nie, immer nur davon geredet.«

»Wußten die Kinder das?«

»Ja«, sagte sie, »aber sie gaben mir die Schuld. Ich mache mir große Sorgen, weil Larry zuviel trinkt. Als er letztes Jahr wieder einmal betrunken war, wurde er aggressiv. Ich wurde nicht mit ihm fertig. Deshalb bat ich seinen Vater, ihn zu sich zu nehmen. Als er sich weigerte, ging Larry auf mich los.«

»Hat er Sie geschlagen?«

»Ja. Er hat mich richtig verprügelt. Ich werde einfach nicht mehr mit ihm fertig.«

Larrys Entwicklung vom Jugendlichen zum Erwachsenen und seine Beziehungen zu Frauen werden von seinen Kindheitserfahrungen überschattet. Als Larry klein war, wurde er nicht geschlagen, und er verprügelte auch andere Kinder nicht. Er war nur Zeuge der Gewalttätigkeiten zwischen seinem Vater und seiner Mutter. Er verprügelt heute seine Freundinnen, obwohl er seit über zehn Jahren zu Hause keine Gewalttätigkeiten mehr miterlebt hat. Larry brüstet sich mit seinem Erfolg bei Frauen und gibt zu, daß er das Verhalten seines Vaters nachahmt. Dieses Verhalten hat bei Larry nicht dazu geführt, daß er sich schockiert oder beschämt abwendet, sondern er heißt dieses Verhalten gut.

Larrys Beispiel zeigt, daß sich Kinder keineswegs immer mit dem Elternteil identifizieren, den sie lieben und achten. In vielen Fällen übernehmen Kinder die negativen Eigenschaften ihrer Bezugspersonen nicht. Sehr oft aber beruht gerade die stärkste Identifikation auf Aggressionen, Schmerz und Verlust. Kinder aus geschiedenen Ehen wissen das nur zu gut. Immer wieder ist festzustellen, daß sich Kinder mit dem Elternteil identifizieren, den sie als mächtig erlebt haben, vor allem wenn dieser Elternteil die Gefühle des Kindes verletzt, das Kind geschlagen oder den anderen Elternteil erniedrigt hat. Das mag paradox erscheinen. Die meisten Menschen meinen, daß ein Kind den Gewalttätigen als grausam ablehnt. Bei näherem Hinsehen scheint die Logik des Kindes jedoch nur allzu verständlich. Wenn sich das Kind mit dem mächtigen Elternteil identifiziert, schützt es sich vor der schmerzvollen Erfahrung der Ohnmacht. Es eifert dem Aggressor nach und erhält dadurch die Macht, anderen Menschen das anzutun, was es selbst als hilfloses Opfer erdulden mußte. Etwas Ähnliches ist bei Kindern zu beobachten, die vom Arzt eine Spritze bekommen haben. Wenn sie nach Hause kommen, wollen sie die schmerzhafte Spritze häufig ihrem Teddybären oder ihren jüngeren Geschwistern geben. Auf diese Weise verarbeiten sie den Schock, den sie zuvor als passives Opfer erlebt haben. Die Identifikation mit einem Aggressor kann dem Kind also durchaus dabei helfen, mit den Nöten der Pubertät fertig zu werden. Doch wie bei Larry kann diese Identifikation auch negative Auswirkungen haben.

Alle Familienmitglieder hatten mir versichert, daß Larrys Vater ein starker Trinker war und seine Frau verprügelte. Larrys Mutter unterwarf sich der Meinung ihres Ehemanns. Sie glaubte, sie sei unselbständig und mache alles falsch. Der siebenjährige Larry hielt seinen Vater für übermächtig. Es verunsicherte und verängstigte ihn, daß er nach der Scheidung bei seiner gedemütigten Mutter und bei den Schwestern bleiben mußte. Zur Stärkung seines eigenen Selbstwertgefühls identifizierte sich Larry mit dem Vater und löste sich von seiner Mutter und den Schwestern.

In positiven Eltern-Kind-Beziehungen beruht der Wunsch der Kinder, Mutter oder Vater ähnlich zu sein, auf Liebe und Zuneigung. Eine große Gefahr bei negativen Eltern-Kind-Beziehungen besteht darin, daß Identifikation auch aufgrund negativer Gefühle möglich ist. Der Wunsch des Kindes, dem mächtigen Vater ähnlich zu sein, wird übermächtig, wenn es keine andere positive Identifikationsfigur im Leben des Kindes gibt. Ein junger Mann erzählte uns fünfzehn Jahre nach der Scheidung seiner Eltern: »Ich gebe zu, daß ich meine Frau geschlagen habe. Ich mache genau dasselbe, was ich an meinem Vater immer gehaßt habe.«

Welch tragische Ironie, daß die Mutter durch die Scheidung dem gewalttätigen Ehemann entkommt, während die Kinder sich weiterhin mit dem Vater identifizieren, eben weil sie Angst haben, wie die Mutter Opfer von Gewalttätigkeit zu werden. Je aggressiver und repressiver sich der Vater verhält, desto mehr bewundert ihn das Kind und desto stärker wird die Identifikation. Jungen, die bei der Scheidung der Eltern sechs oder sieben Jahre alt waren, zogen oft Kleidungsstücke ihrer Väter an, identifizierten sich voll mit der Vaterrolle und beschimpften ihre unglücklichen Mütter. Die Identifikation der Jungen mit dem Vater kommt vor allem in der Adoleszenz bei ersten Beziehungen zum anderen Geschlecht wieder zum Vorschein. Sie erniedrigen und verletzen ihre Freundinnen und finden sie gleichzeitig sexuell anziehend. Ein junger Mann neigt viel häufiger zu Gewalttätigkeiten gegenüber einer Frau, wenn Gewalt und Sexualität in der Ehe seiner Eltern in Verbindung standen. Der junge Mann assoziiert dann Sexualität mit Gewalt. Manchmal zeigt sich die Gewalttätigkeit des jungen Mannes erst im Umgang mit seinen Kindern. Viele Männer rechtfertigen ihre Brutalität, andere sind erschrocken über ihre sadistischen Regungen, gegen die sie rational nicht ankommen.

In nahezu einem Viertel der Familien unserer Studie kam es zu Gewalttätigkeiten in der Ehe. Von den 32 Jungen und Mädchen hatten fast die Hälfte beim Übergang ins Erwachsenenalter Beziehungen, in denen es gleichfalls zu Gewalttätigkeiten kam. In nur drei Fällen gelang es allen Kindern aus solchen Ehen später, gewaltfreie Beziehungen aufzubauen.

In einigen wenigen Fällen wurden jedoch Kinder in ihren späteren Beziehungen gewalttätig, obwohl sie selbst zu Hause keineswegs Zeugen solcher Akte geworden waren. Gewalt muß also nicht unbedingt aus der direkten Erfahrung von Gewalt entspringen. Aber Gewalt hat stets etwas mit einem niedrigen Selbstwertgefühl zu tun.

Die meisten Kinder, die später selbst gewalttätig wurden, waren zum Zeitpunkt der Scheidung ihrer Eltern sehr jung. Nach unseren Erkenntnissen haben auch sehr kleine Kinder aus geschiedenen Ehen unterbewußte Erinnerungen an diese Zeit. Lauras Traum ist hierfür der beste Beweis. Laura träumte viele Jahre nach der Scheidung der Eltern, daß ihr Vater die Mutter mit einer Pistole bedrohte. Der Vater wird von der herbeigerufenen Polizei entwaffnet. Lauras »Schwester« ist mit der kleinen Laura in ein gegenüberliegendes Haus geflüchtet, von wo aus Laura das Geschehen beobachtet.

Laura erzählte diesen Traum, als sie vierzehn war. Aus unseren Aufzeichnungen geht hervor, daß sich eine derartige Szene wirklich in Lauras Beisein abgespielt hat. Der Vater hatte gedroht, die Mutter umzubringen, und zog eine Pistole. Die Polizei wurde gerufen. Aber Laura erinnert sich nicht bewußt an diese Ereignisse, obwohl sie dabei war. Sie beobachtete das Ganze auch nicht aus einem gegenüber liegenden Haus; sie befand sich im selben Raum. All dies ist durch unsere Aufzeichnungen gesichert. Sie hat keine Schwester, und folglich niemanden, der sie beschützt haben könnte. Als ich Laura darauf hinwies, daß sie diese Szene miterlebt hatte, antwortete sie: »Ich weiß. Meine Mutter sagte mir das gleich, nachdem ich ihr meinen Traum erzählte. Aber ich kann mich wirklich nicht daran erinnern.«

Der Traum spiegelt das traumatische Ereignis wider, gleichzeitig aber auch Lauras selektives Vergessen, das Distanzierungs- und Schutzfunktion hat. Die ältere Schwester in dem Traum ist eine ältere Version von Laura selbst. Sie bringt die schutzlose kleine Laura auf die andere Seite der Straße und schützt sie so vor dem tobsüchtigen Vater. Laura selbst kann sich vor dieser Erinnerung nur dadurch schützen, daß sie diese Ereignisse verdrängt. Die Erinnerung jedoch kann Auswirkungen auf ihr späteres Gefühlsleben und ihr Verhalten haben. Laura hat uns in der Pubertät des öfteren berichtet, sie habe Angst davor, daß sie einen Mann wie ihren Vater heiraten könne, obwohl sie ihren Vater in den Jahren nach der Scheidung nur einmal gesehen hat.

Leider leben sogar Kinder, die noch sehr jung waren, als sie Zeugen von Gewalttätigkeiten wurden, auch nach einer Jugend ohne aggressive Akte später häufig in von Gewalt geprägten Beziehungen. Ihre Mütter hingegen waren durch die Scheidung endgültig den Mißhandlungen durch den Ehemann entronnen. Sie suchten sich auch später Männer, die nicht zu Gewalttätigkeiten neigten. Über die prügelnden Ehemänner haben wir nur sehr wenige Informationen. Sie äußerten sich sehr widerwillig zum Thema Gewalt, gaben aber über andere Probleme in ihrer Ehe bereitwillig Auskunft. In einigen Fällen wurden in der zweiten Ehe zwar die Frauen von ihren neuen Ehepartnern nicht mehr geschlagen, wohl aber die Kinder aus der ersten Ehe.

Die frühe Erfahrung von Gewalt in der Ehe prägt das Beziehungsverhalten von Kindern nachhaltig. Die jungen Männer und Frauen unserer Studie, die jetzt selbst wieder in ähnlichen Beziehungen leben, sind sich dieses Zusammenhangs bewußt. Doch sie sind nicht in der Lage, ihr Verhalten zu ändern. Vielleicht versuchen sie, durch die Reproduktion der bei den Eltern erlebten Gewalttätigkeiten die verlorene intakte Familie wiederherzustellen.

Das Opfer

Gewalttätige Auseinandersetzungen zwischen ihren Eltern sind Deborahs früheste Kindheitserinnerungen. Sie war fünf, als sich die Eltern scheiden ließen. Ihr Vater hatte kurz zuvor die Mutter schwer mißhandelt. »Er hat uns Kindern gegenüber immer so getan, als sei Mutter selbst schuld, wenn er sie verprügelte«, erzählte Deborah, »aber ich wollte trotzdem nicht, daß sie sich scheiden ließen.«
Zehn Jahre nach der Scheidung berichtete sie: »Ich weiß noch, daß er mir sehr fehlte, nachdem er von zu Hause ausgezogen war. Uns hat er nie geschlagen, nur Mutter. Ich weiß also genau, warum sie sich scheiden ließ, aber ich habe nie verstanden, warum er sie geschlagen hat.«
»Wie geht es ihm?« fragte ich.
»Ganz gut, aber ich habe ihm nie verziehen«, antwortete sie. »Dieses Jahr habe ich zum ersten Mal das Gefühl, daß ich meinen Vater brauche. Seit ich in die High-School gehe, habe ich wenig Zeit und kann ihn nur noch einmal pro Woche besuchen. Aber das ist jedesmal prima.«
Deborah berichtete mir, sie mache sich Sorgen um ihre Brüder. Sie seien »reizbar, gewalttätig und verlieren leicht die Beherrschung. Das haben sie von meinem Vater.« Deborahs Mutter arbeitet in der Redaktion einer Zeitschrift. Ihr geht es sehr gut. »Als ich dreizehn war, heiratete Mutter wieder. Anfangs konnte ich ihn überhaupt nicht leiden, aber in letzter Zeit kommen wir besser miteinander aus.«
Deborah lernt gut und ist bei ihren Mitschülern beliebt. Sie ist Klassensprecherin ihrer Abgangsklasse und möchte gern in die Politik gehen. Sie ist vermutlich eines der erfolgreichsten Kinder unserer Studie. Sie versteht sich mit ihrer Mutter und ihren Brüdern gut, kommt inzwischen mit ihrem Stiefvater besser aus und schätzt ihren Vater realistisch ein. Sie möchte heiraten und Kinder bekommen und den Kindern all das geben, was sie von ihren Eltern erwarten dürfen. Bevor sie ging, sagte sie: »Ich denke, es war richtig, daß meine Mutter mei-

nen Vater verließ. Er ist grausam und gewalttätig. Aber ich habe ständig Angst davor, daß ich einen Mann wie meinen Vater heiraten könnte. Das möchte ich ganz und gar nicht, das wäre das Schlimmste, was mir passieren könnte. Ich hoffe, daß ich einen Jungen aus einer guten Familie heiraten werde.«

Fünfzehn Jahre nach der Scheidung waren Deborahs schlimmste Befürchtungen Wirklichkeit geworden: Ihre Freunde verhalten sich genauso wie ihr Vater. Sie erzählte von ihren Erfahrungen in den letzten Jahren. Sie ist immer noch eine sehr gute Schülerin und studiert jetzt Politik. Das ist aber so ziemlich das einzig Ermutigende in Deborahs Leben.

»Ich gerate immer an Typen, die mich schlecht behandeln«, sagte sie merkwürdig amüsiert. »Anständige Jungs langweilen mich. Ich fühle mich immer zu Männern hingezogen, die Probleme haben. John hat mich verprügelt und mir ein Auge blau geschlagen, aber ins Krankenhaus mußte ich noch nie. Er reizt mich. Ich glaube, ich denke immer: Wenn ich meine Freunde umkrempeln kann, gelingt es mir auch, meinen Vater umzukrempeln. Einmal hab ich mich mit einem eingelassen, der lag den ganzen Tag im Bett. Ich brachte ihn durch. Ich bezahlte alles und sorgte für ihn. Ich hatte ihn in der Hand. Er konnte mich gar nicht im Stich lassen wie mein Vater. Ich hatte das Gefühl, mein Leben sei in Ordnung, wenn ich alles unter Kontrolle hätte. Es war wirklich krankhaft.«

»Wie erklärst du dir dieses Verhalten?«

»Ich fühlte mich einsam«, erwiderte sie. »Mein Vater hat mir kein gutes Beispiel geliefert, und meine Beziehungen zu Männern sind problematisch. Ich fühlte mich schon ganz früh wie eine Ausgestoßene.« Deborah seufzte. »Aber mein Freund liebt mich wirklich. Er liebt mich so sehr, daß er mich verprügelt. Er muß mich wirklich sehr lieben.«

Deborahs Gleichsetzung von Geschlagenwerden und Geliebtwerden ist erstaunlich. Sie weiß genau, daß diese Gleichsetzung auf die Beziehung zwischen ihren Eltern in ihren ersten fünf Lebensjahren zurückgeht. Sie weiß, daß die Scheidung zwar ihre Mutter befreit hat, aber nicht sie selbst. Ihre Erfahrungen als Erwachsene werden von ihren Kindheitserlebnissen überschattet. Sie ist sogar ausgesprochen wenig motiviert, an ihrem Verhältnis zu Männern etwas zu ändern. Wenn junge Menschen Probleme dieser Art haben, biete ich ihnen Hilfe bei der Auswahl eines kompetenten Therapeuten an. Deborah braucht Hilfe, und ich spreche auch mit ihr darüber, glaube aber nicht, daß sie meinen Rat annehmen wird. Sie findet nämlich einen gewissen Gefallen an ihren gewalttätigen Freunden.

Zehn und fünfzehn Jahre nach der Scheidung ihrer Eltern leben 20 Prozent der jungen Frauen in Beziehungen oder Ehen, in denen es zu gewalttätigen Auseinandersetzungen kommt. Wie Deborah identifizieren sie sich mit der Beziehung, die zwischen den Eltern bestand. Sie suchen sich bewußt solche Partner: »Ich weiß, daß er mich liebt, weil er mich schlägt.« In den Interviews fünfzehn Jahre nach der Scheidung berichten uns die Töchter aus geschiedenen Ehen von Beziehungen, in denen sie körperlich und seelisch gequält werden. In diesen Beziehungen, so berichten uns die jungen Frauen, gibt es eine erregende, ja sogar Lust bereitende Kombination von Sexualität und Gewalt. Doch daß diese Perversionen an die Kinder weitergegeben werden, gehört zu den traurigsten Spätfolgen von Gewalt in der Ehe.

Allerdings identifizieren sich nicht alle Kinder mit dem Vorbild der Eltern, und Brüder und Schwestern wählen in dieser Beziehung oft ganz unterschiedliche Wege. Manche entwickeln eine starke Abneigung gegen Gewalttätigkeiten. Eine alarmierend große Zahl von Kindern aus Ehen, in denen es zu Gewalttätigkeiten kam – zwei von fünf –, wiederholen diese Verhaltensweisen in ihren Partnerbeziehungen.

Das Thema Kindesmißhandlung hat in den letzten Jahren weltweit Aufsehen erregt. Einem Folgeproblem von Kindesmißhandlungen wird aber leider sehr wenig Beachtung geschenkt. Kinder, die Zeugen von Gewalttätigkeiten zwischen den Eltern werden, insbesondere dann, wenn diese in einer sexuell überhitzten Atmosphäre stattfinden, wurden gleichfalls mißhandelt. Unsere Studie hat ergeben, daß Kinder aus gewalttätigen Elternhäusern sich sehr wohl an die Gewalttätigkeiten zwischen den Eltern erinnern. Selbst wenn es vor der Scheidung nur ein einziges Mal zu handgreiflichen Auseinandersetzungen gekommen war, vergißt das Kind dieses Erlebnis nie mehr.

Die Gerichte ignorieren dieses Problem. Eltern, die ihre Kinder mißhandeln, wird das Sorgerecht entzogen. Wenn aber Kinder Zeuge werden, wie die Mutter verprügelt wird, sieht kein Richter darin eine Gefahr für das Kind. Unsere Studie belegt aber eindeutig, daß diese Kinder psychische Schäden davontragen. Eine sexuell überhitzte Atmosphäre ist für Kinder schädlich, und Gewalttätigkeiten sind für Kinder schädlich. Eine Kombination von beidem aber kann katastrophale Folgen haben.

Der siebenjährige Philip war der Clown der Familie. Er war das dritte von vier Kindern und hatte herausgefunden, daß seine lächerlichen Possen ihm zu der gewünschten Aufmerksamkeit verhalfen. Er stand im Schatten seines älteren Bruders und seiner Schwester. Seine jüngere Schwester war Papas Liebling, und daher suchte er emotionalen Halt bei der Mutter. Sie behandelte ihren zweitjüngsten Sohn besonders liebevoll und fürsorglich. »Er wirkt auf andere Kinder abstoßend«, erzählte sie mir kurz nach der Scheidung. »Er kann nicht stillsitzen und will immer im Mittelpunkt stehen.«
Die Kinder verurteilten die Mutter, weil sie die Scheidung eingereicht hatte. Sie bewunderten ihren Vater. Er war Vizepräsident einer großen Bank. Obwohl er trank und zu Gewalttätigkeiten neigte, war er den Kindern ein guter Vater. Die Mutter arbeitete nach der Scheidung als Designerin in der Textilbranche. Obwohl sie gut für ihre Kinder sorgte, hatten die Kinder weiterhin das Gefühl, sie seien von ihr betrogen worden.
In den ersten Jahren nach der Scheidung war Philip hyperaktiv und kam in der Schule nicht mit. Zehn Jahre nach der Scheidung war ich überrascht, wie sehr er sich verändert hatte. Obwohl er in Wirklichkeit kaum größer als 1,60 m war, wirkte er größer, weil er seit mehreren Jahren in einem Ringverein trainierte. Nachdem er seine anfängliche Schüchternheit überwunden hatte, erzählte er von seinem Hobby. Er ist begeisterter Amateurfunker. »Mein Hobby ist mein Leben«, sagte er. Er hatte auf dem Dach ihres Hauses Spezialantennen installiert.
»Früher ging ich überhaupt nicht gern in die Schule«, berichtete er. »Bevor ich mit dem Amateurfunken angefangen habe, konnte ich mich einfach nicht konzentrieren.«
»Bist du ein guter Schüler?«
»Durchschnittlich. Früher hatte ich einfach keinen Ehrgeiz. Ich wollte nur mit einigermaßen passablen Noten durchkommen. In Mathe hatte ich letztes Jahr eine Fünf, und auch sonst hatte ich bloß mittelmäßige Noten. Aber jetzt hat sich einiges geändert. Ich gehe gerne in die Schule und kann es gar nicht erwarten, meine Freunde wiederzusehen. Ich möchte ein gutes Abschlußzeugnis haben.«
»Was hast du sonst noch für Pläne?«
»Ich würde gerne von zu Hause ausziehen«, sagte er ernst. »Jedesmal, wenn ich mich über Mutter oder meinen Stiefvater ärgere, wünsche ich mir das. Durch meine Jobs in den Sommerferien habe ich auch schon Geld gespart.«

Ich fragte Philip, was er aus der Zeit der Scheidung seiner Eltern noch im Gedächtnis behalten hat.
Ohne zu überlegen antwortete er: »Prügeleien. Ich versuchte, dazwischenzugehen, aber mein Vater stieß mich weg.« Ohne den geringsten Widerspruch zwischen seinen Aussagen zu erkennen, fuhr er fort: »Ich war dagegen, daß Vater auszog. Es hat mir sehr weh getan, daß ich ihn nur noch ein paarmal pro Woche gesehen habe. Das war das Schlimmste für mich.«
»Hatte die Scheidung deiner Meinung nach auch ihr Gutes?« fragte ich.
»Ja, natürlich. Für Mutter war sie sicher gut. Er hat doch die ganze Zeit mit ihr gestritten und sie ständig verprügelt. Aber ich könnte es auch nicht ertragen, unter dem Pantoffel zu stehen. Trotzdem würde ich meine Frau nie schlagen.«
»Möchtest du heiraten?«
»Auf jeden Fall«, antwortete er. »Aber ich möchte mich nie scheiden lassen. Es würde anderen Menschen zu sehr weh tun.«
Ich erkundigte mich nach seiner Mutter.
»Oh, es geht ihr ganz gut. Sie hört sich gern die Gespräche mit meinen Funkpartnern an. Vor kurzem bekamen wir sogar Buenos Aires herein.«
Auf meine Frage nach einer Freundin antwortete er scherzhaft: »Eine oder zwei hab ich eigentlich immer.« Er erzählte mir dann, daß er noch nie mit einem Mädchen geschlafen habe und das auch in nächster Zukunft nicht wolle.
Im großen und ganzen komme er gut mit seinem Stiefvater aus: »Er ist ein netter Kerl. Wir haben ein gutes Verhältnis zu ihm, aber wenn wir nicht folgen, schlägt er uns mit seinem Gürtel.«
»Mit dem Gürtel? Und was hältst du davon?«
»Ich bin sein Liebling, aber mit dem Gürtel schlägt er wirklich hart zu«, antwortete er. Auch hier bemerkte er offensichtlich keinen Widerspruch zwischen seinen Aussagen.
Offenbar hält Philip körperliche Züchtigungen für ganz normal. Sie beeinflussen seine Einschätzung von Beziehungen nicht im geringsten. Er nimmt sowohl seinen Vater als auch seinen Stiefvater hartnäckig in Schutz.
»Vater ist gegen mein Hobby, weil er meint, daß es zuviel Geld kostet und ich dadurch zwielichtige Typen und Nachtschwärmer kennenlernen könnte. Mein Vater droht mir immer noch hin und wieder Prügel an.«
Er scharrte mit den Füßen nervös auf dem Boden. »Früher hatte ich Angst vor ihm«, sagte er, »aber jetzt nicht mehr. Wir treffen uns ein-

bis zweimal pro Woche. Wir sind beide richtige Kinofans und gehen oft zusammen zu Festivals.«
»Dann seid ihr ja wirklich oft zusammen«, antwortete ich.
»Ja, sehr oft.« An dieser Stelle ballte er die Fäuste. »Vor ungefähr einem Monat kam er zu uns nach Hause und schrie, er wolle mir den Hals umdrehen.« Philip schnaubte verächtlich und fuhr dann fort: »Ich sagte: ›Nur zu! Tu dir keinen Zwang an. Versuch's doch. Ich bin alt genug, um mich zu wehren.‹« Nach einer kurzen Pause fügte er hinzu: »Wir sind eine sehr aggressive Familie, falls Sie das noch nicht bemerkt haben sollten. Mein Bruder schlägt gern zu, und meine Schwester auch. Nur ich nicht.«
»Warum ist das so?«
»Ich weiß nicht. Ich glaube, ich habe mir einfach vorgenommen, anders zu werden.«
»Hat dich dein Vater oft geschlagen, als du noch klein warst?«
Er überlegte kurz und antwortete: »Nur ein einziges Mal. Da hat mein Vater mich wirklich verprügelt. Ich war sieben und hatte ein schmutziges Wort benutzt.«
»Willst du damit sagen, daß er dich nur ein einziges Mal verprügelt hat?«
»Nein. Er hat mich oft verdroschen. Er denkt sich bei allem immer das Schlimmste.«
Philip befand sich zehn Jahre danach an einem Scheideweg. Es war ungewiß, in welche Richtung er sich entwickeln würde. Würde er sich Frauen gegenüber genauso verhalten wie sein Vater? Oder würde er »anders werden«, wie er es sich vorgenommen hat? Er gibt absolut widersprüchliche Beschreibungen seines Vaters: Er schildert ihn als grausam und liebevoll zugleich. Auch den Stiefvater beschreibt er als bösartig, obwohl er behauptet, dessen Liebling zu sein. Er will nicht so werden wie sein Vater, ist aber nicht sicher, ob er die Kraft dazu haben wird.
Fünfzehn Jahre nach der Scheidung war Philip 26 Jahre alt. Er hatte gerade seinen Ingenieur in Fernmeldetechnik gemacht und war auf Arbeitssuche.
»Ich bin verlobt«, verkündete er freudig. »Es war Liebe auf den ersten Blick. Sie ist eine Wucht. Sie müssen sie unbedingt kennenlernen.«
Ich gratulierte ihm, und er berichtete mir, was sich in den letzten Jahren ereignet hatte. Ich erkundigte mich nach seiner Mutter und seinem Vater und bat ihn, mir etwas über sein Verhältnis zu seiner Verlobten und über andere Frauen vor ihr zu berichten. »Hast du schon mal eine Frau geschlagen?«
»Nein, niemals«, antwortete er und schien fast beleidigt, daß ich das

überhaupt für möglich gehalten hatte. »Ich hab es noch nie getan und werde es auch nie tun. Wenn jemand eine Frau schlägt, sehe ich rot. Ich könnte so einem den Schädel einschlagen.«
»Hast du schon einmal jemand verprügelt?«
»Nur meinen Vater«, antwortete Philip. »Weil er alles kaputtgemacht hat und immer noch Lügen verbreitet. Das war vor ungefähr vier Jahren. – Ich war bei ihm zum Essen eingeladen und sagte irgendwas, das ihm nicht paßte. Ich weiß gar nicht mehr, worum es ging. Er forderte mich auf, sofort zu verschwinden. Ich weigerte mich. Dann stand er auf und kam auf mich zu. Ich stand auf, damit ich nicht zu ihm hochschauen mußte, und er gab mir eine Ohrfeige. Ich weiß nicht mehr, ob ich ihn vorher einen Dreckskerl nannte oder danach. Auf jeden Fall verpaßte ich ihm eine, und er ging zu Boden.«
»Was passierte dann?«
»Wir unterhielten uns drei Stunden lang. Wir weinten beide, aber er weinte mehr als ich.«
»Und jetzt?«
»Die Vorstellung, ihm noch eine zu verpassen, gefällt mir heute noch«, antwortete Philip. »Ich hätte wirklich Lust dazu, denn ich konnte ihm damals nicht richtig in den Hintern treten.« Kurze Stille. »Ich glaube meiner Mutter tausendmal mehr als ihm. Aber trotzdem ist mir meine Beziehung zu meinem Vater wichtig. Wir haben die ganzen Jahre über den Kontakt zueinander nicht verloren. Er bedeutet mir wirklich viel.«
Philip ist die große Ausnahme in seiner, wie er selber sagt, »aggressiven Familie«. Im Unterschied zu seinen Brüdern und Schwestern, deren Beziehungen von Gewalt geprägt sind, ist es Philip gelungen, das gewalttätige Verhalten seines Vaters nicht zu reproduzieren. Philip kann die enge Beziehung zu seinem Vater damit vereinbaren, daß er wütend auf ihn ist. Deshalb muß er sich nicht dem Mann identifizieren, der seine Mutter geschlagen hat. Zum Teil verdankt er diese Fähigkeit seiner Liebe zu seiner Mutter. Vor allem aber beruht sie auf seinem bewußten Entschluß, anders zu sein und seine Aggressionen unter Kontrolle zu halten, obwohl er seinen Vater tätlich angegriffen hat. Philip lehnt nur einen Teil der Persönlichkeit seines Vaters ab, allerdings einen sehr bedeutsamen Teil.
Wir wissen noch nicht, warum das einem Kind gelingt, während die Geschwister dazu außerstande sind. Wir können auch nicht vorhersagen, ob die Identifikation dauerhaft ist oder ob sie überwunden werden kann. Philip ist in dieser Hinsicht wirklich ein Ausnahmefall: Er ist der einzige Junge, dem es gelungen ist, aus innerer Überzeugung und eigener Kraft den richtigen Weg einzuschlagen.

Teil 3

Heroische Anstrengungen und gebrochene Herzen

8

Betty und Dale Burrelle

Betty Burrelle lebt mit ihren drei Kindern in Albuquerque. Ihre Familie ist enormen Belastungen ausgesetzt. Sie ist alleinstehend und versorgt ihre Kinder ohne angemessene finanzielle oder emotionale Unterstützung. Ihr Mut hat mich im Laufe der Jahre so beeindruckt, daß ich mir angewöhnte, sie in unserem Projekt die »Heldin« zu nennen. Meine Mitarbeiter zogen mich damit auf, aber sie erkannten an, welche Opfer Betty brachte und was sie leistete.

Mir war nie ganz klar, was zu der Scheidung von Betty und Dale Burrelle geführt hat. Betty wehrte sich mit allen Kräften gegen die Auflösung der Ehe. »Es kam aus heiterem Himmel«, sagte sie bei unserem ersten Zusammentreffen. »Ich habe geglaubt, wir wären glücklich verheiratet, aber vielleicht stimmte das gar nicht. Im November, kurz nachdem ich hinter dem Haus eine Stützmauer gebaut hatte, brach irgendwie alles zusammen. Ein schreckliches Unwetter kam. Der Regen hat die Mauer unterspült. Ich glaube, ich war damals ganz schön wütend. Dann wurde Dale befördert und kam jeden Abend später heim. Ich fühlte mich ganz einsam und verlassen in dem großen Haus mit drei kleinen Kindern. Ich meinte, ich werde verrückt. Einmal habe ich ein Loch in die Tür zur Garage getreten. Ich fing grundlos an zu weinen. Oder zu schreien. Mir wurde einfach alles zuviel. Aber auch damals, in meiner schlimmsten Phase, dachte ich nie an Scheidung. Ich glaube, er meinte, ich würde ihn nicht mehr lieben oder wollte ihn zurückweisen. Dann nahm ich die Kinder und ging eine Woche zu meiner Schwester. Er kam zu dem Ergebnis, daß ihm das Alleinleben ohne den ganzen Trubel besser gefiel. Das war der Anfang vom Ende. Wenn die Mauer nicht eingestürzt wäre, hätte vielleicht alles andere auch gehalten.«

Als Betty sich an diese Ereignisse erinnerte, war sie 33 Jahre alt. Zehn

Jahre war sie verheiratet gewesen. Sie war eine attraktive Frau irischen Typs — lockiges dunkles Haar, Sommersprossen und grüne Augen —, aber bei unserem ersten Treffen lächelte sie nicht ein einziges Mal. Sie war offensichtlich völlig verzweifelt. Vor der Trennung hatte sie eine schwere Depression, deren Ursache sie nicht ganz verstand. Wenige Monate, bevor ihre Ehe in die Brüche ging, war ihre Mutter bei einem Autounfall ums Leben gekommen; das hatte sie tief erschüttert. Sie konnte damals nicht weinen und litt unter Schlafstörungen. Im Schlaf jedoch wurde sie von wirren Träumen gequält, in denen oft ihre Mutter am Fußende des Bettes stand. Jetzt war sie außerordentlich beunruhigt von Zeichen, die ihrer Meinung nach in die Zukunft deuten könnten. Ihre Kinder Steve, Tanya und Kyle waren sieben, fünf und drei Jahre alt.

Bei der Trennung war Betty offenbar nicht imstande, ihre Interessen wirkungsvoll zu vertreten. Obwohl ihr Anwalt ihr davon abriet, unterschrieb sie ein Dokument, mit dem sie dem sofortigen Verkauf ihres Hauses zustimmte. In der Scheidungsvereinbarung waren Unterhaltszahlungen von einem Dollar pro Jahr für die geschiedene Frau und 450 Dollar pro Monat für die Kinder festgesetzt. Eine Erhöhung des Unterhalts entsprechend den Bedürfnissen der heranwachsenden Kinder war nicht vorgesehen. Dale hatte als stellvertretender Verwaltungsdirektor eines New Yorker Krankenhauses ein gutes Einkommen. Dennoch zog er nach wenigen Jahren noch einmal vor Gericht, weil ihm die Unterhaltszahlungen zu hoch erschienen. Die monatliche Zahlung für die drei Kinder wurde auf 360 Dollar herabgesetzt.

Betty und Dale wurden gegen Ende ihrer Ehe immer gereizter und verbitterter. Sie warf ihm Untreue vor. Er verwahrte sich leidenschaftlich gegen diesen Vorwurf. Mir ist es nicht gelungen, die Wahrheit herauszufinden. Doch was auch geschehen war, ihre Aggressionen wurden so heftig, daß Dale schließlich schreiend und schäumend verlangte, Betty solle sich einen Job suchen, zum Beispiel als Bedienung, und sich ab sofort selbst versorgen, obwohl sie drei kleine Kinder zu Hause hatte. Betty konnte ihren Zorn vor den Kindern nicht verbergen. Die täglichen Pflichten und die Tatsache, daß kein Erwachsener mehr da war, der ihr helfen könnte, nicht einmal abends oder am Wochenende, lasteten schwer auf ihr. Im Laufe der Zeit erfuhr ich, daß Dale ein guter Vater gewesen war. Er hatte gerne Gute-Nacht-Geschichten vorgelesen und seine Kinder zu Bett gebracht.

Ich merkte, daß Betty sich an die Hoffnung klammerte, ihr Mann würde zurückkommen, wenn er merkte, wie sehr sie und die Kinder ihn liebten und brauchten. Eines Tages würde er vielleicht erkennen, wie sehr sie litten, weil sie ihn verloren hatten, und zu ihnen zurückkehren.

Die Kinder waren verzweifelt, und Steve, der älteste, mußte schließlich in psychotherapeutische Behandlung. Keines der Kinder begriff, was geschehen war. Am einen Tag war der Vater noch da, und am anderen war er ohne Vorwarnung verschwunden.

Doch all ihre Bitten konnten Dale Burrelle nicht umstimmen. Er bestand auf der Scheidung.

Fünf Jahre später besuchte ich Betty in Albuquerque, wohin sie mit ihren Kindern gezogen war, um einen neuen Anfang zu machen. Als ich sah, wie sie lebten, war ich entsetzt. An ihrem weißen mit Stuck verzierten Haus in einem Arbeiterviertel bröckelte der Putz ab und die Wände hatten Risse. Der Hof war klein und stand voller Gerümpel. Die Kinder waren sauber, doch ihre Kleidung war abgetragen und geflickt. Das Haus war sauber, wirkte aber ein wenig heruntergekommen. Im Wohnzimmer reichte ein Bücherregal bis zur Decke. Spielzeug, das die Kreativität von Kindern anregen soll, lag auf dem Fußboden und unter dem Klavier verstreut. Alles strahlte eine mit Würde getragene Armut aus.

Für diese Familie hatte sich alles verändert. »Zuerst muß ich zugeben, daß ich immer noch nicht weiß, was passiert ist«, sagte Betty und fuhr sich mit den Fingern durch ihre Locken. »Je mehr ich darüber nachdenke, desto weniger verstehe ich es. Ich hab's aufgegeben. Ich weiß, daß ich durcheinander war, aber er hat uns so schnell verlassen. Und seither kümmert er sich so wenig um uns. Ich glaube, er will mich verletzen. Das Merkwürdige daran ist, daß ich geglaubt habe, wir würden eine gute Ehe führen. Ich dachte, er würde das auch so sehen.«

Betty zeigte mir einen Schuhkarton mit den wenigen Briefen, die Dale ihr seit dem Umzug nach New Mexico geschrieben hatte. Die meisten waren vier Jahre alt. Seither hatten sie kaum Kontakt, und er hatte nur ein paarmal angerufen.

»Warum hat er sich nicht wenigstens an Weihnachten gemeldet«, fragte Betty, »oder am Geburtstag der Kinder?«

Betty besann sich ihrer Ausbildung und nahm im lokalen Schulbezirk eine Stelle als Sprachtherapeutin an. Aber wegen ihres niedrigen Dienstalters und der finanziellen Probleme des Bezirks verdiente sie nur ungefähr 600 Dollar im Monat und erhielt keine Unterstützung für Arztkosten. Für den Unterhalt der Kinder bekam sie nur

250 Dollar. Dale war mit seinen Zahlungen mit 5000 Dollar im Verzug. Betty arbeitete als Spielplatzaufsicht, um sich nach der Schule noch etwas Geld zu verdienen. Sie litt unter der materiellen Not.

»Ich mache mir Sorgen wegen der Kinder«, sagte sie. »Aber sie geben mir die Kraft, das zu tun, was ich tun muß.«

Ich fragte, ob sie manchmal ausgehe oder sich am gesellschaftlichen Leben beteilige.

Betty sah mich an und lachte. »Ich schaffe es kaum, meinen Haushalt in Ordnung zu halten, ganz zu schweigen von anderen Dingen. Ich träume von einem Arbeitsplatz, wo ich acht Stunden am Tag arbeiten kann. Ich kam nach Albuquerque, weil mein Vater und meine Schwester hier leben. Ich habe gehofft, sie könnten mir ein bißchen helfen und auf die Kinder aufpassen. Aber das hat nicht geklappt. Meinem Vater geht es nicht besonders gut, und meine Schwester hat selbst alle Hände voll zu tun. Was Ausgehen und Sex angeht — ich weiß nicht, wie ich Ihnen das erklären soll. Am besten, ich sage es ganz direkt. Seit der Scheidung bin ich wie betäubt. Alle diese Gefühle sind weg.«

Bei meinem zweiten Besuch zehn Jahre nach der Scheidung freute sich Betty sehr, mich zu sehen. Sie hatte sich kaum verändert, nur ihre schwarzen Haare waren jetzt von grauen Strähnen durchzogen.

»Obwohl ich große Probleme mit der Scheidung hatte, denke ich gern an Kalifornien zurück«, sagte sie. »Zur Zeit ist Geld mein größtes Problem. Ich habe zwei Arbeitsstellen. Tagsüber arbeite ich als Sprachtherapeutin und nachts als Nachtwächterin. Ich patrouilliere auf Stegen ohne Geländer hoch in der Luft.« Sie fügte schnell hinzu. »Ich weiß, das hört sich gefährlich an, aber mir gefällt es. Ich bin gern hoch droben. Die Zeit vergeht schnell. Und es gibt keine Pausen.«

Betty hatte täglich ein beeindruckendes Arbeitspensum zu bewältigen. Von elf Uhr abends bis sieben Uhr morgens arbeitete sie als Nachtwächterin; dann ging sie für eine Stunde nach Hause, duschte und machte sich fertig. Um acht Uhr begann ihr Dienst in der Schule. Sie unterrichtete Studenten und erledigte die Schreibarbeit, bis um drei Uhr nachmittags die Schule aus war. Um vier Uhr ging sie ins Bett und schlief bis zehn Uhr abends.

»Wieviel Stunden Schlaf bekommen Sie?« In meiner Stimme schwang Zweifel.

»Ich komme gut mit sechs Stunden aus«, sagte sie munter. »Mit mehr Schlaf werde ich nur schlapp.«

»Und wann sehen Sie Ihre Kinder?«

Sie lachte. »Ihnen gehören die Wochenenden.«

Betty hatte keine Krankenversicherung und keine Ersparnisse. Vor zwei Jahren mußte sie 1200 Dollar für eine Untersuchung bezahlen, um einen Gebärmutterhalskrebs auszuschließen. »Ich war kurz vor dem Zusammenbruch«, erzählte sie. »Aber ich bin auf den Füßen gelandet. Ich habe im Sommer Programmierkurse belegt, um in Zukunft mehr Geld zu verdienen. Außerdem habe ich Grafikkurse, Kurse über Klempnerarbeiten für Dummköpfe und einen Kurs über Sprachpathologie für Studenten mit abgeschlossenem Studium besucht. Aber dann hat sich herausgestellt, daß meine Ausbildung nicht ausreicht, um im Computerfach einzusteigen, zumindest jetzt noch nicht. Um an der Uni Sprachpathologie lehren zu dürfen, müßte ich zuerst meinen Dr. phil. machen. Aber wenigstens kann niemand abstreiten, daß ich neuen Ideen gegenüber aufgeschlossen bin und so ziemlich alles ausprobiere.«

Betty ist eine wirklich ungewöhnliche Frau. Sie führte mich nach draußen, um mir den neuen Anbau zu zeigen und den Einstellplatz für das Auto, den sie selbst geplant und gebaut hatte. Im Innern des Hauses hatte sie alle Holzteile abgeschliffen und neue Bücherregale gebaut. Das Haus war in einem sehr guten Zustand.

»Wie sieht's mit Ihren sozialen Kontakten aus, Betty?«

Ihre Antwort war knapp und trocken. »Ich habe keine sozialen Kontakte. Ich gehe nicht aus. Ich war drei Monate lang mit einem Physiker zusammen, aber das war alles viel zu kompliziert. Ich werde mit sowas nicht fertig. Ich mache mich nicht gern chic und gehe aus. Ich habe meine Kinder und meine Arbeit. Ich arbeite gern mit den Händen. Eine Freundin hat mir ihren alten Brennofen geschenkt. Nächstes Wochenende stelle ich ihn hinter dem Haus auf. Außerdem bin ich Mitglied in einem Wanderclub. Wir machen Wochenendfahrten in die Santo-Cristo-Berge.«

Über ihren früheren Ehemann sagte sie: »Wir haben keinen Kontakt. Wir haben uns absolut nichts zu sagen. In den letzten zwei Jahren hat er die 360 Dollar geschickt, die er uns monatlich schuldet, und das ist ein Segen. Aber die Kinder sind jetzt groß.« Sie sah mich bedeutsam an. »Die Zahl seiner Anrufe können Sie an einer Hand abzählen. Gesehen hat er die Kinder dreimal. Ich weiß nicht, wieviel er verdient, aber Steve meint zwischen vierzig- und fünfzigtausend pro Jahr.«

Betty führte ihre emotionale Verwirrung vor zehn Jahren inzwischen darauf zurück, daß sie das Gefühl hatte, sie sei hintergangen worden. »Ich weiß nicht, was mit mir los war«, sagte sie. »Ich war einfach ein ganzes Jahr lang traurig. Und wissen Sie, was Dale mir zu unserem zehnten Hochzeitstag geschenkt hat?« Sie hielt inne, um die Wirkung ihrer Worte zu steigern. »Die Scheidungsunterlagen. Das war wirklich hart für mich. Jetzt im nachhinein würde ich sagen, ›grausam‹ wäre das richtige Wort für sein Verhalten. Das war das schmerzlichste Ereignis meines Lebens. Aber ich fühle mich nicht mehr verantwortlich für das, was passiert ist. Das Schwierigste war, ein neues Zuhause für die Kinder zu schaffen. Ich war sehr traurig darüber, daß sie nicht wie andere Kinder Mutter und Vater haben sollten. Aber ich kann unmöglich noch einmal heiraten. Ich weiß, daß zwei Eltern den Kindern ein besseres Vorbild sein können — ein Vorbild für eine funktionierende Beziehung. Ich mache mir Sorgen, weil meinen Kindern diese Erfahrung fehlt. Aber vielleicht lernen sie etwas anderes Positives von mir. Wer weiß?«

Betty Burrelle ist hinsichtlich der Kategorien Gewinner und Verlierer nach der Scheidung ein paradoxer Fall. Ihr Leben ist zweifellos unendlich viel schwieriger geworden; sie arbeitet rund um die Uhr an zwei Arbeitsstellen und zieht zugleich ihre Kinder auf. Sie fühlt sich durch ihre Lebenssituation so ausgelaugt, daß sie an eine sexuelle Beziehung nicht einmal denkt. Sie hat einen Hochschulabschluß, aber in einem Fachbereich, in dem sie nicht genug verdient, und sie ist nicht kranken- und sozialversichert. Trotz ihrer Ausbildung, einer vollen Stelle und heroischer Anstrengungen hat sich Bettys Lebensqualität in den zehn Jahren nach der Scheidung verschlechtert, auch wenn die letzten Jahre ein wenig leichter waren.

Gleichzeitig jedoch wirkte die Not, in die Betty geraten war, als Katalysator für eine psychische Reaktion: Sie ließ den Mut nicht sinken und hatte Erfolgserlebnisse. Da sich Betty heute auf sich selbst verläßt und ihre eigenen Fähigkeiten weiterentwickelt, gibt ihr diese Lebenssituation mehr Stolz und Selbstachtung als die Rolle der Hausfrau. Sie ist keine Märtyrerin, aber sie wächst mit den Aufgaben und ist noch als Erwachsene zu einer enormen psychischen Entwicklung und Veränderung fähig — allerdings auf Kosten ihres eigenen Glücks.

Ich weiß zwar noch immer nicht genau, warum Bettys Ehe scheiterte, aber der plötzliche Tod ihrer Mutter bei einem Autounfall spielte zweifellos eine Rolle.

Eine Familientragödie kann Menschen zusammenschweißen, kann sie dazu veranlassen, sich bei der Hand zu nehmen und gegenseitig zu stützen; sie kann Beziehungen festigen, aber sie kann eine Familie auch auseinanderreißen. Mehrere Scheidungen in unserer Studie folgten auf den vorzeitigen Tod eines geliebten Menschen. Wenn jemand den Verlust nicht akzeptieren und, wie Betty, nicht weinen, trauern oder sonst angemessen reagieren kann, wird er oft seinem Ehepartner gegenüber sehr aggressiv. Außerdem werden viele Gefühle — Zorn, das Gefühl der Verlassenheit, das Schuldgefühl, weil man noch lebt, und das quälende Gefühl, nicht etwas zumindest theoretisch Nützliches getan zu haben, um den Tod des geliebten Menschen zu verhindern — in die Ehe umgeleitet. Der von dem Verlust betroffene Ehepartner bekommt unerklärliche Wutanfälle, stellt Forderungen und äußert Kritik, die dem anderen unverständlich ist. Wenn der Ehepartner keine Verbindung zwischen dem Tod des Elternteils und diesem irrationalen Verhalten herstellt — und viele tun das nicht —, kann die Ehe unter scheinbar abstrusen gegenseitigen Vorwürfen auseinandergehen.

Dieses Phänomen gibt es auch in Familien, die eine akute Krise durchmachen, beispielsweise wenn bei einem Kind eine unheilbare Krankheit diagnostiziert wird. Die Erwachsenen wenden sich an ihre Partner, als wollten sie sagen: »Dir ist es nicht gelungen, mir diese schreckliche Situation zu ersparen.« Viele Ehen gehen gerade in solchen Krisen auseinander, wenn die Ehepartner einander am meisten brauchen.

Merkwürdigerweise kann auch die Geburt eines Wunschkindes Schwierigkeiten auslösen, die zur Scheidung führen. Das Szenario sieht gewöhnlich so aus: Der Ehemann fühlt sich ausgeschlossen und ist verletzt, weil seine Frau ihre Aufmerksamkeit ganz dem Neugeborenen widmet. Er ist eifersüchtig auf die enge Mutter-Kind-Beziehung und meint, er werde nur an den weniger erfreulichen Aspekten der Versorgung des Kindes beteiligt. Darüber hinaus verschlechtert sich auch noch die sexuelle Beziehung des Paares, weil die Frau immer müde ist und behauptet, der Geschlechtsverkehr sei ihr zur Zeit unangenehm. Wenn die Enttäuschung und der Zorn des Vaters wachsen, sucht er bei anderen Frauen — meist ohne ernste Absichten — sexuelle Befriedigung. Doch wenn sie von seiner außerehelichen Beziehung erfährt, muß er feststellen, daß ihre Reaktion seine schlimmsten Befürchtungen übertrifft. Ihr Schmerz und ihre Empörung sind maßlos. Die Ehe wird immer schlechter, und diese Entwicklung läßt sich ab einem bestimmten Punkt nur noch unter großen Schwierigkeiten rückgängig machen.

Viele Menschen haben auch nach langer Zeit ihren Zorn aufeinander nicht überwunden. Betty Burrelle war noch zehn Jahre nach der

Scheidung wütend auf Dale, und dasselbe war auch bei der Hälfte der Frauen und einem Drittel der Männer der Fall. Wenn man diese Daten mit den Daten aus der Zeit während der Scheidung vergleicht, stellt man überrascht fest, wie ähnlich Zorn und Wut noch immer begründet werden, obwohl doch ein Ziel der Scheidung gerade darin besteht, solche Konflikte durch die Trennung zu lösen. Man geht dabei jedoch von der falschen Annahme aus, Ehepartner würden mit ihren Konflikten fertig werden, wenn sie erst einmal getrennt lebten. Aber viele schaffen das nicht.

Der Zorn läßt sich grob in zwei Kategorien einordnen: in alten und neuen Zorn.

Alter Zorn kann auf Erinnerungen an Demütigung und Schmerz oder wütende, gewalttätige Szenen zur Zeit der Scheidung zurückgehen. Solche Erinnerungen graben sich tief in das Gedächtnis ein und tauchen gelegentlich gegen den Willen des Betroffenen wieder auf. Auch zehn Jahre nach der Scheidung hatte ich im Gespräch mit vielen Leuten manchmal das Gefühl, noch einmal dasselbe Stück durchzugehen, in dem dieselben Personen dieselben Texte sprechen, um dieselbe Geschichte mit derselben Gefühlsintensität demselbem Publikum zu präsentieren. Offenbar war ihnen nicht bewußt, daß sie mir — dem Publikum — diese Geschichten schon mehrmals erzählt hatten. Die Reaktion des Publikums schien sie nicht zu interessieren. In diesem Zusammenhang hat sich mir eine Szene besonders eingeprägt. Zehn Jahre nach der Scheidung trat ein Mann auf seine ehemalige Frau zu, als sie gerade in ihr Auto stieg. Er wollte sich dafür bedanken, daß sie ihr gemeinsames Kind so gut aufgezogen hatte. Sie gab ihm keine Gelegenheit, auch nur ein Wort zu sagen, funkelte ihn wütend an, kurbelte die Scheibe hoch und fuhr davon. Ein solches Verhalten wäre mitten in der Scheidung keineswegs ungewöhnlich, aber der Vorfall ereignete sich zehn Jahre danach.

Neuer oder neu entflammter Zorn resultiert oft aus der Art und Weise, wie die Ehepartner nach der Scheidung miteinander umgehen, besonders wenn es um die Unterhaltszahlungen für die Kinder geht. Wenn ein Exehemann ein gutes Leben führt, während seine Exfrau und seine Kinder ums Überleben kämpfen müssen, schwelt der Zorn stetig weiter. Wenn Väter versäumen, ihren Unterhaltszahlungen nachzukommen, lodert der Zorn neu auf. Wenn ein Mann glaubt, seine frühere Frau verschleudere seine Unterhaltszahlungen für egoistische oder frivole Zwecke, anstatt die Kinder gut zu versorgen, ärgert er sich oft maßlos. Neue Babys, neue Ehepartner oder neue

Arbeitsstellen können den Zorn des ehemaligen Partners provozieren.
Die Unterhaltszahlung für das Kind ist ein wunder Punkt in den meisten Beziehungen geschiedener Eltern. Die Mütter meinen oft — und die Zahlen bestätigen das —, der Unterhalt für das Kind sei nicht angemessen, während die Väter der Ansicht sind, sie würden mehr als ihren gerechten Anteil bezahlen. Im allgemeinen müssen Männer mit einem Jahreseinkommen von 30 000 Dollar ungefähr zehn Prozent ihres Bruttoverdienstes für den Unterhalt der Kinder bezahlen. Von den vielen Millionen Frauen, die in den USA einen Anspruch auf Unterhaltszahlungen haben, erhalten weniger als die Hälfte den festgesetzten Betrag, ungefähr ein Drittel erhält einen Bruchteil der versprochenen Summe, und ein Viertel der Frauen sieht keinen roten Heller.[1] Auch gutverdienende Männer haben hier keine bessere Zahlungsmoral. In unserer Untersuchungsgruppe kürzten einige Männer einseitig den Unterhalt für die Kinder, wenn ihre Exfrauen gut verdienten oder eine zweite Ehe mit wohlhabenden Männern eingingen. Andere reduzierten den Unterhalt, wenn sie selbst wieder heirateten, vor allem, wenn sie Stiefkinder annahmen oder mit der zweiten Frau weitere Kinder hatten. Kein einziger Mann erhöhte freiwillig den Unterhalt, weil es seiner ehemaligen Frau physisch oder psychisch schlechtging.
Im Vergleich zu jüngeren Frauen hatten Frauen, die beim Zeitpunkt der Scheidung Mitte bis Ende Dreißig waren, kaum das Gefühl, daß sich ihnen durch die Scheidung eine zweite Chance bot. Da sie in der Regel länger verheiratet waren und vielleicht mehrere kleine Kinder hatten, fiel es ihnen im allgemeinen viel schwerer, sich aus der Ehe zu lösen und ein neues Leben zu beginnen. Viele waren in den ersten paar Jahren nach der Scheidung wie gelähmt und wurden von Wutanfällen, Depressionen und dem Gefühl der Hilflosigkeit gequält. Sie wußten, daß sie in ihrem Beruf nicht mehr auf dem neuesten Stand waren, und fürchteten sich deshalb vor der Rückkehr in das Berufsleben. Einige Frauen, wie zum Beispiel Betty Burrelle, kehrten sofort wieder ins Berufsleben zurück; doch sie bekamen einen geringen Lohn für ihre heroischen Anstrengungen.
Viele Frauen schieben deshalb das zweite Ziel einer Scheidung — ein neues Leben aufzubauen — etliche Jahre hinaus. Oft vertagen sie dieses Ziel sogar auf unbestimmte Zeit, während sie mit einer Vielzahl bedrückender externer und interner Probleme kämpfen. Frauen mit einer Ausbildung als Lehrerin, Sozialarbeiterin oder mit einem an-

deren sogenannten Frauenberuf stellen fest, daß sie nicht genügend verdienen und deshalb frühere Berufsentscheidungen überdenken müssen. Von den an unserer Studie beteiligten Frauen wechselte eine ganze Gruppe in Branchen oder Berufe mit einem höheren Gehaltsniveau, um ihre Familie ernähren zu können. In der derzeitigen wirtschaftlichen Situation beruht der Wohlstand der meisten Familien eben auf zwei Einkommen.

Diese Frauen betreten eine Welt, in der Fehlschläge, wenn nicht sogar Katastrophen sehr wahrscheinlich sind. Wenn Betty Burrelle einen ihrer beiden Arbeitsplätze verlieren würde, könnte sie ihre Kinder nicht mehr ernähren und ihnen kein Zuhause bieten.

Viele Frauen stellen fest, daß sie nur schlechtbezahlte Arbeit finden; dadurch verstärken sich nach der Scheidung ihre Selbstzweifel, ihre Niedergeschlagenheit und Mutlosigkeit noch. Die Folgen dieser Situation können für die Frauen und ihre Kinder so schwerwiegend und dauerhaft sein wie die Folgen der Scheidung selbst.

Obwohl einige Frauen vor der Ehe berufstätig gewesen waren, sagten sie, als Ernährerin der Familie zu arbeiten, sei eine ganz andere Erfahrung, denn nun gehe es ums Überleben. Die psychische Situation, für eine Familie verantwortlich zu sein, verleiht Frauen eine neue Identität, die von Aufregungen und Angst geprägt ist. Diese Rolle der berufstätigen Frau entspricht keineswegs der Rolle der berufstätigen Ehefrau in einem Doppelverdiener-Haushalt. Doch gerade die harte Realität dieser neuen Frauenrolle treibt die Veränderung voran. Einige Frauen sagten auf die Frage, welchen Rat sie anderen Frauen geben könnten: »Sorgen Sie vor allem dafür, daß Sie eine allgemeinmedizinische und zahnärztliche Versicherung für die Kinder haben.«

Wie das Beispiel Betty Burrelles bestätigt, arbeiten geschiedene Frauen außerordentlich hart und unter enormem Streß, vor allem um die physischen und emotionalen Anforderungen zu erfüllen, die die Erziehung von kleinen Kindern an sie stellt. Beim Beginn der Pubertät der Kinder kommt auf alleinstehende Mütter auch noch eine Woge mächtiger emotionaler Forderungen zu. Die Frauen, die mit all dem fertig werden, führen ein völlig neues Leben und erreichen ein viel höheres Maß an Selbstvertrauen, als sie es in der Ehe je hatten.

Trotz dieses höheren Selbstwertgefühls haben die meisten permanent das ungute Gefühl, zuwenig Zeit für ihre Kinder zu haben. Sie können ihren Kindern kein richtiges Zuhause bieten, und ihr Groll wächst. Viele Frauen auch mit einer guten Ausbildung stehen in Ar-

beitsverhältnissen ohne Sozial- und Krankenversicherung, ohne Aufstiegschancen oder sonstige Vergünstigungen.
Einige Frauen aus der von uns untersuchten Gruppe, die sich Ende Dreißig scheiden ließen, hatten nach zehn Jahren interessante Karrieren aufgebaut, aber nur wenige konnten diesen beruflichen Aufstieg mit einer glücklichen zweiten Ehe oder einer stabilen Beziehung verbinden. »Viele Männer wollen gar nicht, daß es ernst wird«, sagte eine früher sehr verschlossene Frau ganz offen, »und ich will anderen nicht die Ehe kaputtmachen.« Sie machte sich Sorgen, daß ihr Erfolg Männer einschüchtern könnte: »Einige lassen sich davon abschrecken.« Aber sie beendete unser Gespräch mit einem Grinsen: »Wenn ich die Wahl hätte zwischen dem Erfolg und einer Beziehung, würde ich den Erfolg wählen und mir über die Beziehung später Gedanken machen.«
Frauen dieser Altersgruppe beklagten sich oft, daß akzeptable Männer schwer zu finden seien. Betty Burrelle kam schließlich zu dem Ergebnis, daß sie keine soziale und sexuelle Befriedigung mehr finden würde. Sie bemühte sich gar nicht mehr und akzeptierte eine schmerzliche Verminderung ihrer Lebensqualität als Dauerzustand. Dieses Gefühl, »innerlich wie tot zu sein«, ist eine selten eingestandene, aber sehr schwerwiegende Folge der Scheidung. Ich habe dieses Phänomen meist bei Frauen beobachtet, die überzeugt davon waren, sie hätten für immer jegliches Interesse an Sex verloren und könnten niemals wieder eine Liebesbeziehung zu einem Mann eingehen.
Andererseits tendieren Frauen, die bei der Scheidung älter sind als 30 Jahre, dazu, sich neuen Gruppen und Aktivitäten zuzuwenden. Sie sind entschlossen, sich die notwendige Unterstützung bei anderen Menschen zu holen. Sie besuchen Kochkurse, engagieren sich in Sportvereinen, Theatergruppen, Tennisclubs oder Frauengruppen oder besuchen Kurse über Antiquitäten, Kunstgeschichte, Goldschmiedekunst, Theologie oder Töpferei. Sie nehmen einige Mühen auf sich, um den Kontakt mit weit entfernt lebenden Familienmitgliedern oder alten Freunden wiederherzustellen oder neue Freundschaften zu pflegen. Viele Frauen entwickeln sich psychisch weiter, weil sie vermeiden, sich sozial zu isolieren. Ein solches Verhalten ist zwar keine Garantie für Glück, aber es lindert den Schmerz.

Dale Burrelle ist eine eindrucksvolle Erscheinung. Er ist 1,92 m groß, hat breite Schultern und ziemlich lange, blonde Haare und gleicht eher einem Wikinger als dem typischen Verwaltungsbeamten einer

Klinik. Er war 33, als er und Betty sich 1972 trennten. Unser erstes Interview wollte er offenbar schnell hinter sich bringen. »Betty hat sich völlig grundlos aufgeregt«, sagte er und sah auf die Uhr. »Wahrscheinlich wurden mir ihr dauerndes Genörgel und ihre Klagen einfach zuviel. Das ging acht endlose Monate lang so.«

»Ist im vergangenen Jahr etwas Besonderes passiert?«

Er zuckte die Achseln und sagte: »Ich kann's nicht leiden, wenn sie dauernd an mir herumnörgelt und mir Vorwürfe macht. Ich glaube, es ist besser für uns alle, wenn ich von der Bildfläche verschwinde.«

Dale taute ein bißchen auf, als wir über seinen Beruf, seine vielen Dienstreisen und seine Kinder redeten. Er betonte immer wieder, wie gern er mit ihnen spielte, ihnen Gute-Nacht-Geschichten vorlas und nach dem Essen mit ihnen im Wohnzimmer herumblödelte. Als wir über Betty sprachen, sagte er einmal provozierend: »Wenn sie nicht klarkommt, hole ich die Kinder zu mir.« Dann fügte er etwas sanfter hinzu: »Sie ist eine ziemlich gute Mutter, ich würde ihr die Kinder nicht gern wegnehmen.«

Als ich mit Dale über seine Zukunftspläne sprechen wollte, blockte er immer wieder mit dem Satz ab: »Es wird alles gut werden.« Beim Abschied meinte er: »Ich bin ein Mensch, der sich nicht viele Sorgen macht. Die Zukunft sorgt für sich selbst. Verstehen Sie, ich bin sozusagen dazu erzogen worden, das Negative nicht zu sehen.«

Ein Jahr später erschien mir Dale unverändert. »Ich habe die Kinder oft gesehen«, sagte er und lehnte seine riesige Gestalt im Sessel zurück, »aber es ist immer sehr hektisch, weil ich so viel unterwegs bin. Sieht so aus, als ob ich nach New York versetzt werde. Das ist eine echte Chance für mich.« Dale war begeistert von dieser Aussicht.

»Das ist weit weg von Betty und den Kindern«, sagte ich.

»Das stimmt. Aber Betty überlegt, nach New Mexico zu ziehen, damit sie näher bei ihrer Schwester und ihrem Alten wohnt.« Er faltete die Hände hinter dem Kopf und sagte, allerdings nicht sehr überzeugend: »Das tut mir wirklich leid.«

»Es wird schwierig, wenn die Kinder so weit weg sind.«

»Ich könnte meinen Urlaub splitten«, entgegnete Dale. »Ich könnte ein paar verlängerte Wochenenden machen und sie öfter mal besuchen.«

Es blieb unklar, ob Dale das tatsächlich vorhatte. Nach Aussage von Betty besuchte er die Kinder nicht besonders oft. Ihr ältester Sohn Steve war völlig verstört und hatte gesagt, er wolle bei seinem Vater in New York leben. Nach meinem Eindruck war Betty bereit, Steve

gehen zu lassen, doch Dale schien von dem Plan nicht gerade begeistert.
»Es wird mir fehlen, daß ich nicht mehr kurz bei ihnen vorbeischauen kann«, sagte Dale. Wieder versuchte ich erfolglos ihn dazu zu bringen, daß er aussprach, wie er mit seinen drei kleinen Kindern in Kontakt bleiben wollte. Und wieder wich er einer direkten Antwort aus und sagte nur: »Ich werde sie vermissen, aber was soll ich tun?«
Dale war sich offenbar nicht darüber im klaren, wie wichtig die bevorstehende Trennung von seinen Kindern war, obwohl die Kinder mir oft sagten, wie sehr sie ihn liebten und brauchten. Die Kinder hatten die Situation offenbar realistisch eingeschätzt: Entweder ignorierte Dale, welche Wirkung die Trennung haben mußte, oder sie machte ihm tatsächlich viel weniger zu schaffen als den Kindern.
»Wie Sie wissen«, sagte ich, »macht man sich in der Schule große Sorgen um Steve. Letzte Woche rief mich seine Lehrerin an. Sie sagt, er sei so depressiv, daß er nicht mehr lernen könne.«
Dale nickte. »Ich habe letzte Woche auch mit ihr gesprochen. Mir ist ein Stein vom Herzen gefallen. Sie sagte, daß es wahrscheinlich gar nicht an mir liege. Steve hätte vielleicht von Natur aus gewisse Lernschwierigkeiten, die durch die Scheidung nur zum Ausbruch gekommen seien. Ich meine, man sollte den Dingen ihren Lauf lassen.«
Fünf Jahre nach der Scheidung konnte ich mit Dale nur telefonieren. Er war zugänglich und offenbar gewillt, über seine Kinder zu sprechen. »Ich habe sie letzten Sommer gesehen«, sagte er, »und es ging ihnen gut. Sie waren nicht deprimiert oder so, aber es war schlimm für sie, als ich wieder wegfuhr. Ich habe ihnen von meiner Lebensregel erzählt — daß Schmerz und Pein von uns selbst abhängen.«
Ich fragte nach Steve. Er hatte immer noch Schwierigkeiten in der Schule. Dale fiel es offenbar sehr schwer, mit Namen über seine Kinder zu reden. Statt dessen sprach er von »dem älteren, dem mittleren und dem jüngsten«, als wären sie nur Teile eines einzigen Ganzen. »Ich freue mich indirekt an ihnen«, sagte er einmal in unserem Gespräch. »Es ist wirklich toll, wie Betty sie erzieht.«
Dale war wieder verheiratet, und seine Frau erwartete ein Kind. »Vielleicht hätte es zwischen Betty und mir anders gehen können, aber so sind die Karten nun mal gefallen«, sagte er. »Ich stelle mich darauf ein.«
Er verbarg seine Gefühle hinter einer höflichen Distanz. Inzwischen hatte er offensichtlich nur noch ein loses Verhältnis zu seinen Kindern und spielte in ihrem Leben nicht mehr die Rolle des Vaters. Aber ich war mir nicht ganz sicher, ob ihm das bewußt war.

Ich kam zu dem Ergebnis, daß ich bei dem Interview nach zehn Jahren unbedingt persönlich mit Dale sprechen müßte. Deshalb flog ich nach New York und besuchte ihn in seinem Büro. An der Wand neben seinem Schreibtisch hingen große Fotos von Steve, Tanya und Kyle. Dale war 43 Jahre alt und stellvertretender Verwaltungsdirektor eines Krankenhauses.

Er erzählte mir detailliert von seiner Arbeit und eröffnete mir dann, daß auch seine zweite Ehe auf der Kippe stand. »Ich war völlig perplex, als Irina um die Scheidung bat«, sagte er. »Ich war mir überhaupt nicht bewußt, daß irgendwas nicht in Ordnung war. Wir gingen zu einer Eheberatung, aber besser wurde es nicht. Ich dachte, daß ich mehr Geld verdienen müßte und daß ich nie glücklich sein könnte, wenn ich nicht immer reicher werden würde. Vermutlich habe ich in beiden Ehen so gedacht. Ich bin immer hundertprozentig in meiner Arbeit aufgegangen und habe geglaubt, daß alles irgendwie klappen würde, wenn ich nur ein guter Ernährer wäre.« Dale schaute kurz weg, als er sagte: »Wahrscheinlich gehört zu einer Beziehung mehr als Geld.« Er sah mich wieder an und sagte: »Ich glaube, die Beziehung war schon von Anfang an schlecht.«

»Welche?«

»Beide«, sagte er und lächelte gequält. »Ich glaube, ich habe denselben Fehler zweimal gemacht.«

»Was für einen Fehler, Dale?«

»Es war nicht das, was sie wollten. In Wirklichkeit waren meine beiden Frauen in den beiden Ehen viel unglücklicher als ich.«

Ich fragte nach seinem jüngsten Sohn Noah in New York und nach den drei Kindern in New Mexico.

»Noah ist vier«, sagte Dale. »Ihm geht's gut — er wird eines Tages mit einem weiteren Horizont leben.« (Das ist meiner Ansicht nach eine sehr merkwürdige Art, über einen Vierjährigen zu reden.) »Wissen Sie«, fuhr Dale fort, »ich hielt es wegen meiner ersten Scheidung in dieser Ehe viel länger aus. Ich wollte diesmal wirklich, daß es funktioniert. Steve lebte letztes Jahr bei uns. Er war von sich aus zu uns gekommen — mir war's recht —, und er wollte auch von sich aus wieder zu Betty zurück. Ich glaube, es kam alles anders, als er es sich vorgestellt hatte. Für uns war er allerdings eine große Hilfe — als familieninterner Babysitter.«

Ich fragte noch einmal nach den anderen Kindern.

»Tanya und Kyle habe ich in den letzten zwei Jahren insgesamt dreimal gesehen«, sagte er. »Wenn ich im Südwesten zu tun habe, fahre ich vorbei und besuche sie. Von 1979 bis 1980 sah ich sie alle vier- oder fünfmal.«

»War das den Kindern genug?«

»Ich glaube, sie fühlen sich sehr wohl«, sagte er verbindlich. »Ich hatte nicht den Eindruck, daß sie sich nach mehr Kontakt mit mir sehnen. In diesem Alter interessieren sie sich mehr für ihre Freunde.«

Wieder hatte ich das Gefühl, daß es Dale schwerfiel, individuell über ein bestimmtes Kind oder seine Beziehung zu ihm zu sprechen.

»Ich habe eine eigene Theorie über Väter und ihre Kinder«, sagte er. »Ich zum Beispiel habe vier Kinder, und jedes Kind steht für eine Phantasie von mir. Steve tut genau das, was ich auch nach der High-School getan habe. Er arbeitet in einer Bowlingbahn und denkt darüber nach, was er als nächstes tun will. Tanya interessiert sich für Kunst. Kyle hat's mit der Musik. Noah wird alle Liebe dieser Welt bekommen.« Seine nächste Bemerkung erschreckte mich: »Ich beeinflusse diese Kinder nur dadurch, daß ich auf einer alltäglichen Basis einfach der bin, der ich bin.«

Ich hatte keinerlei Zweifel mehr, daß Dale tatsächlich der Ansicht war, er sei die ganzen Jahre für seine Kinder dagewesen. Er sagte oft: »Wenn sie irgendwas brauchen, dann bekommen sie es auch.« Später sagte er: »Und wenn Betty etwas braucht, helfe ich ihr. Sie hat sich immer noch nicht mit der Scheidung abgefunden, aber es ist nicht mehr so schlimm wie früher. Bevor ich wieder geheiratet habe, verbrachten wir zusammen ein Wochenende, wir gingen essen und dann tanzen. Sie sagte, ich hätte mich weiterentwickelt und sie wäre überrascht, wie sehr. Ich weiß nicht, inwiefern ich mich verändert habe, aber es war nett von ihr, daß sie das sagte. Ich bereue nichts, Judy, ich habe noch nie was bereut.« Dann wurde Dale nachdenklich: »Meine Mutter und mein Vater haben mich gut für das Leben gerüstet«, sagte er. »Sie haben nie etwas kritisiert, was ich getan habe. Mutter sagte immer: ›Sei nett und verletze niemand unnötig‹. Das war meine Devise.«

Dale hatte absolut keine Probleme mit seinem Verhältnis zu seinen Kindern. Aus seiner Sicht war alles in Ordnung. Aus ihrer Sicht dagegen waren die zehn Jahre nach der Scheidung eine Katastrophe. An der Wand von Dales Büro hingen große Fotos von seinen Kindern. Sie bestärkten mich in dem Gefühl, daß die Beziehung zwischen diesem Mann und seinen Kindern für beide Seiten ein Phantom war. Dales Beziehung zu seinen Kindern war weitgehend seine eigene Erfindung und hatte mit dem, was sich tatsächlich zwischen ihnen abspielte, nur wenig gemein. Ganz ähnlich schrieben die Kinder Dale Dinge zu, die nur wenig mit der Wirklichkeit zu tun hatten. Der Vater und jedes einzelne seiner Kinder projizierten ihre eigenen Bedürfnisse aufeinander und glaubten, was sie jeweils glauben wollten. Und obwohl diese Beziehungen in der Realität nicht bestanden, waren ihre Gefühle auf machtvolle Weise real.

Bei unserem Gespräch fünfzehn Jahre nach der Scheidung war Dale unverändert. Er war zum dritten Mal verheiratet, hatte viele Freunde und segelte jedes Wochenende mit einer kleinen Jacht vor der Küste.

»Daß ich Wendy kennengelernt habe, ist mit das Beste, was mir je passiert ist«, sagte er. »Ich bin wirklich glücklich.«

»Haben Sie in letzter Zeit mit Betty gesprochen?«

»Natürlich«, sagte er munter, »und sie versucht immer noch, mir wegen ein paar Dingen Honig ums Maul zu schmieren. Sie wollte Geld, damit Steve einen besonderen Kurs belegen könnte. Ich habe Steve angerufen. Er sagte, ich müsse mir wegen ihm keine Sorgen machen. Er hätte gespart und würde den Betrag wahrscheinlich selbst zusammenbekommen. Ich kam zu dem Ergebnis, daß es vermutlich besser für ihn ist, wenn er die Sache selbst in die Hand nimmt.«

»Wie geht's Steve?« fragte ich, obwohl ich genau wußte, welche Probleme der Junge mit seinem Leben hatte.

»Ich würde gerne erleben, daß er Erfolg hat«, sagte Dale. »Um ihn mache ich mir keine Sorgen. Wenn er erst mal mehr Erfahrung hat, wird es ihm gutgehen. Tanya ist okay, und Kyle geht ins College. Ich hab's Ihnen ja gesagt, daß alles gut wird. Nur bei Betty habe ich das Gefühl, daß sie mich immer noch kontrollieren will.«

»Wie?«

»Es ist ihr Tonfall. Sie flippt aus und reagiert völlig übertrieben, wenn irgendwas mit den Kindern ist.«

Wie Dale Burrelle fällt es vielen Erwachsenen schwer, in eine wichtige Dimension des Erwachsenseins vorzustoßen, die der Psychoanalytiker Erik Erikson »Generativität« genannt hat. Generativität ist der Wunsch, die nächste Generation führen zu wollen; sie ist ein Interesse, das in den eigenen Kindern oder sonstigen Formen von Kreativität und Altruismus Ausdruck finden kann. Erikson vertritt den Standpunkt, daß Generativität das Gegenteil von Stagnation ist und daß ein Erwachsener, der dieses Stadium nicht erreicht, emotional verarmt.

Genau das passiert vielen Männern, wenn sie nach der Scheidung nicht regelmäßig Kontakt mit ihren Kindern haben. Sie sind offenbar nicht imstande, sich ihre Perspektive als Väter zu bewahren oder die Bedürfnisse ihrer Kinder im Auge zu behalten. Offenbar sind besonders junge Väter in ihrer Entwicklung geblockt; möglicherweise bleiben ihnen die Erfahrungen eines ganzen Lebensabschnitts versagt. Einige Männer sehen wie Dale Burrelle über den Verlust hinweg und ignorieren ihn mit den Worten: »Ich kann nicht für alle die Verantwortung übernehmen, nur für mich selbst.« Auch Frauen können sich unter Berufung auf dasselbe Argument von Kindern abwenden: »Ich muß mich um mich kümmern. Ich kann niemandem nützen, wenn ich nicht zuvor mein Leben in den Griff bekommen habe.« Diese Haltung gegenüber dem eigenen Leben und den Kindern hat auf Dauer viel eher den entgegengesetzten Effekt. Statt sich weiterzuentwickeln, treten solche Erwachsenen auf der Stelle; statt im Leben einen sicheren Halt zu finden, büßen sie eine ungeheuer wertvolle Erfahrung ein.

Nichts spricht dafür, daß Dale sich darüber im klaren war, wie sehr er seine Kinder enttäuscht hat. Wenn er es gewußt hätte, hätte er vieles anders gemacht, um sie nicht zu verletzen, denn Dale war vor der Scheidung ein guter, fürsorglicher Vater. Was seine Kinder als schmerzliche, unerträgliche Zurückweisung empfanden, war nur seine Art, sich zu schützen und sein emotionales Gleichgewicht zu wahren. Er sagt: »Alles wird gut werden. Ich bereue nichts. Alles ist gut.« Seiner Familie machte die Scheidung viel mehr zu schaffen als ihm. Dale fällt also weder unter die Kategorie der Gewinner noch unter die der Verlierer. Er hat sich zehn und fünfzehn Jahre nach der Scheidung praktisch nicht verändert, weder im Hinblick auf die Qualität seiner Lebensführung noch im Hinblick auf seine Persönlichkeit. Obwohl Dale behauptet, seine Kinder seien ihm wichtig, und Fotos von ihnen aufhängt, ist er für sie ein Phantom-Vater.

Dale Burrelle versteht nicht, wie andere Menschen fühlen. Seine Frau wurde nach dem Tod ihrer Mutter depressiv, und er glaubte, sie sei nur launisch. Sein Junge steckte in einer emotionalen Krise, und er sagte, die Zeit werde die Wunden heilen. Er kann als Ehemann und Vater nur innerhalb der eng begrenzten Struktur einer intakten Ehe funktionieren, in der die anderen ihm mehr als den halben Weg entgegenkommen. Wenn er in seiner Rolle nicht unterstützt wird, weil ihm der tägliche Kontakt und die Struktur der Familie fehlen, fühlt er sich seinen Kindern sehr fern. Sie sind für ihn so abstrakt geworden, daß jedes Kind »eine Phantasie von mir repräsentiert«. Die familiären Beziehungen, zu denen er fähig ist, können nach der Scheidung nicht weiterbestehen, denn dann müssen die Menschen die Initiative ergreifen, Pläne schmieden, zu einer realistischen Einschätzung ihrer Lage kommen und sich auf andere Menschen einstellen. Die Tragödie der Familie Burrelle besteht darin, daß Dale ein Vater sein wollte und daß er sich bemühte, ein Vater zu sein, diese Rolle aber außerhalb der Ehe nicht spielen konnte. Das ist in unserer Gesellschaft kein ungewöhnliches Phänomen. Viele Männer schaffen es von sich aus nicht, eine geographische und emotionale Distanz zu überbrücken. Sie erkennen die Bedürfnisse ihrer Kinder nicht und reagieren unangemessen. Für sie gilt das Sprichwort: »Aus den Augen, aus dem Sinn.« Die Passivität, die sich in ihrem Verhalten widerspiegelt, ist charakteristisch für ihre Beziehungen in den Jahren nach der Scheidung.

9

Steve Burrelle

Sehnsucht und Verlust

Wie die meisten Teenager hat Steve Burrelle einen gewaltigen Appetit. Für unser Gespräch hatte er sich über Mittag freigeben lassen und ging mit mir in ein kleines Café, in dem wir ungestört ein paar Stunden lang reden konnten, während er vier riesige Tacos verschlang. Steve war groß und dünn und hatte eine freundliche und gewinnende Art. Er strahlte eine Zartheit aus, die mich anrührte. Doch hinter seinem gewinnenden Lächeln spürte ich eine unterschwellige Traurigkeit, die gelegentlich an die Oberfläche kam und seine Gedanken und unser Gespräch unterbrach. Ein paarmal fragte er mich, ob ich traurige Filme gesehen oder traurige Bücher gelesen hätte. Bald war mir klar, daß dieser intelligente junge Mann von düsteren Gedanken und Erinnerungen gepeinigt wurde.

Steve hatte keine Pläne. Er lebte zu Hause und arbeitete in einer Bowlingbahn am Ort. Er merkte genau, daß er auf der Stelle trat. Wenn er schlecht gelaunt war, sagte er, er vergeude seine Zeit. Zwei Jahre nach seinem High-School-Abschluß hat Steve den Eindruck, daß auch sein Interesse an Gedichten, am Schreiben von Romanen und an der Musik erlahmt sei. Er erzählte mir betreten: »Ich kam in der Schule im Durchschnitt nur auf eine Drei. Und es lag nicht dran, daß ich nicht gearbeitet habe. Mir hat's in der Schule gefallen, sehr sogar, und ich habe mich wirklich angestrengt. Aber ich konnte im Unterricht meine Gedanken einfach nicht auf die Arbeit konzentrieren, obwohl sie mir gefiel und ich lernen wollte.« Steve trank einen Schluck von seiner Cola. »Ich habe vor allem nie herausgefunden, was ich tun soll. Sie wissen ja, daß es für meine Mutter echt hart war. Ich mache mir große Sorgen um sie. Bis ich achtzehn wurde, hat mein Vater ihr 360 Dollar im Monat geschickt. Das sind 120 Dollar für jeden von uns. Nach meinem achtzehnten Geburtstag hat er für mich kein Geld mehr geschickt. Und gerade da hätte ich es wirklich gebraucht. Zum Studieren.«

»Du bist enttäuscht worden.«

Er nickte.

»Schon lange?«

»Ja, schon sehr lange. Ich kann mich nur an eine glückliche Zeit in meinem Leben erinnern. Ich denke oft an sie zurück. Das war, als ich sechseinhalb war...«

Steve erinnerte sich lebhaft an das Leben vor der Scheidung, als die Familie in einem geräumigen Haus mit einem großen Garten lebte. Sein Vater kam jeden Abend nach Hause und las den Kindern eine Gute-Nacht-Geschichte vor. Wenn Dale sich verspätete, durften sie aufbleiben und warten, bis er heimkam.

Die Scheidung war ein Schock für Steve. Er erinnerte sich gut an unser erstes Zusammentreffen. Damals konnte er nicht glauben, daß sein Vater ausgezogen war, und wollte den Gedanken, daß sich alles verändert hatte, einfach nicht akzeptieren. Steve kam in den Spielraum in unserem Zentrum. Der hübsche kleine Junge mit dem dunklen Pagenschnitt spielte und erzählte fröhlich vom Zoo. Er legte die Puppenmutter und den Puppenvater zusammen ins Bett und sagte: »Mama und Papa müssen zusammen schlafen.« Als ich ihn bat, ein Bild zu malen, sagte er: »Ich bin ein Künstler. Ich kann verschiedene Sachen machen.« Seine Zeichnungen waren tatsächlich sehr gut für sein Alter: Er beherrschte bereits das perspektivische Zeichnen und hatte Eisenbahnschienen gemalt, die in der Ferne in einem Fluchtpunkt zusammenliefen. Er war ein glückliches Kind und konnte nicht verstehen, warum dieser Sturm über seine Eltern, ihn selbst, seinen Bruder und seine Schwester hereinbrach.

Ein Jahr später hatte Steve kapiert, daß die Scheidung wirklich stattgefunden hatte. Er war ein völlig anderes Kind geworden. Obwohl er seinen Vater damals einmal pro Woche sah, weinte er sich jeden Abend in den Schlaf, so sehr schmerzte ihn der Verlust. Seine Mutter war aufgeregt und durcheinander, das ganze Leben war aus den Fugen, das Haus der Familie stand zum Verkauf. Seine Lehrerin — die zuvor davon geschwärmt hatte, wie gut er sich mit der Scheidung »abgefunden« habe — schickte einen Notruf an die Eltern und riet dazu, Steve umgehend in psychologische Behandlung zu geben. In seiner Schulakte heißt es, Steve habe »Schwierigkeiten beim Lernen, [sei] vergeßlich und [habe] Kontaktschwierigkeiten mit Gleichaltrigen«. Die Lehrerin sagte, Steves Lernfähigkeit sei durch die Scheidung bedenklich beeinträchtigt worden. Er könne abwechselnd gut und schlecht lesen, je nach dem Grad, nach dem es ihm gelang, Phantasie und Wirklichkeit zu unterscheiden. Dieses Verhaltensmuster mußte verhängnisvolle Auswirkungen haben, wenn es nicht durchbrochen werden konnte.

Steves anfänglich so heftige Reaktion auf die Scheidung überraschte nicht. Die Ehe war scheinbar glücklich gewesen, und es hatte weder Streit noch sonstige Uneinigkeiten gegeben. Deshalb hatte Betty zuerst nicht geglaubt, daß Dale es ernst meinte, als er die Scheidung einreichte. Die Kinder konnten sich überhaupt nicht vorstellen, was nicht in Ordnung sein könnte. Steve reagierte auf das Auseinanderbrechen seiner Familie und den unausweichlichen Eindruck, daß sich die Welt plötzlich in einen unsicheren, unberechenbaren, furchteinflößenden Ort verwandelt hatte. Als Dale nach New York gezogen war, machte er nur noch selten einen Besuch, vergaß manchmal Weihnachten und oft die Geburtstage. Doch durch die vier oder fünf Ferngespräche jedes Jahr war Steves Kontakt zu seinem Vater weder ganz abgebrochen noch bestand er wirklich weiter.

Steve brachte die Grundschule schließlich gut hinter sich, blieb aber ein Einzelgänger. Als ältestes Kind half er seiner Mutter nach besten Kräften und machte sich dauernd Sorgen um sie. Bei unserem Gespräch in dem Café sagte er: »Ich komme mit ihr aus. Es gibt keine Barrieren zwischen uns, aber wenn ich in der Welt irgendwas verändern könnte, würde ich versuchen, sie wieder glücklich zu machen. Ihr Leben war glücklicher, als sie verheiratet war.«

Als Steve 16 Jahre alt war, ergriff er die Initiative. Er rief seinen Vater in New York an und fragte, ob er ein Jahr bei ihm leben könne. Sein Vater war einverstanden. Steve zog mit großen Hoffnungen nach New York, die Beziehung wiederaufbauen zu können, nach der er sich so sehnte. Aber seiner Aussage nach war das Jahr eine Katastrophe. Dales Ehe mit seiner zweiten Frau war gerade in der Auflösung begriffen, und die beiden rissen sich um Steve als Zuhörer oder Berater. »Ich war wieder mittendrin«, sagte er. »Sie sprachen die ganze Zeit von Scheidung. Ich spürte den Haß zwischen ihnen und den Druck, der ständig stieg und abgelassen werden mußte. Sie fragten mich, wie ich mich bei der Scheidung gefühlt hätte. Ich habe nämlich einen kleinen Halbbruder. Er war ungefähr so alt wie ich, als sich meine Eltern scheiden ließen. Meine Stiefmutter fragte dauernd: ›Wie war das für dich, Steve?‹« Er imitierte dabei kurz eine weinerliche Frauenstimme. »Sie wollte wissen, wie Noah es verkraften würde.«

»Vermutlich haben sie gar nicht gemerkt, was für traurige Erinnerungen sie in dir auslösten«, sagte ich.
»Sie verstanden gar nichts«, sagte Steve. »Es war, als ob ich kein Mensch wäre. Als ob ich keine Gefühle hätte.«
Als Steve mehr von seinem Vater sprach, verlor er beinahe die Fassung. Mit feuchten Augen sagte er: »Ich habe erkannt, daß mein Vater selbstsüchtig ist. Es ist, als wäre er im Treibsand. Je mehr er sich bemüht, Spaß zu haben, desto selbstsüchtiger wird er. Er hat gar nicht gemerkt, daß ich das Jahr mit *ihm* verbringen wollte. Er war so oft weg. Ich versuche, ihn zu verstehen, aber, er hat ein Problem. Er kann eine Beziehung nicht sehr lang aufrechterhalten. Ich habe ihm das nie gesagt, weil ich seine Gefühle nicht verletzen will. Menschen, die nicht so sind, wie er es gerne hätte, hat er einfach nach einer Weile satt. Aber er begreift nicht, daß man andere Menschen zutiefst verletzen kann. Eine Scheidung, das heißt, sie ihrem Schicksal zu überlassen.«
Steve sah mich an und sagte: »Wissen Sie, daß ich gerade das erste Mal darüber nachgedacht habe?« Seine Hände zitterten. »Mein Vater liebt das Leben. Aber er hat kein Herz für andere Menschen.«
Ich fragte Steve, wie er sich seine Einsichten zunutze machen könnte, um seine eigene Zukunft zu gestalten. Könnte er auf sich allein gestellt vorankommen?
Er schüttelte den Kopf. »Ich weiß nicht. Ich kann nicht anders, ich hoffe, daß ich irgendwas von ihm bekomme. Ich kann nicht vergessen, daß er mein Vater ist und daß ich auf ihn zählen kann.«
»Steve, trotz allem, was du mir erzählt hast, liebst du deinen Vater immer noch, und er fehlt dir sehr.«
Er sah auf und nickte. Er konnte nicht sprechen.
Als ich mich von Steve trennte, war mir schwer ums Herz. Er ist ein sehr deprimierter junger Mann. Seine Fähigkeit, vorwärts zu gehen, seine vielen Talente zu entwickeln und einen Weg einzuschlagen, der seiner hohen Intelligenz entspricht, ist durch die starke psychische Bindung an seinen Vater blockiert. Er kann nicht loslassen. Das Gefühl, zurückgewiesen zu werden, ist so stark, daß er es nicht akzeptieren kann. Er ist nicht einmal in der Lage, die gegenwärtige Situation realistisch einzuschätzen.
Ich bin von Steves Sensibilität, seiner Sanftheit und seinem Urteilsvermögen beeindruckt, aber er ist unfähig, seine Einsichten zu nutzen. Er will immer noch zwanghaft die Geschichte seiner Beziehung zu seinem Vater umschreiben. Seine scharfen, vielsagenden Beobach-

tungen helfen ihm dabei nicht. Er ist ein vielversprechender, intelligenter junger Mann — mit einem hohen Maß an Integrität, einer realistischen Vorstellung, wie Beziehungen sein sollten, einer Fähigkeit zu Liebe und Mitgefühl —, doch er kann nichts daraus machen. Bleibt zu hoffen, daß sein Bruder und seine Schwester mit ihren Schwierigkeiten besser fertig werden.

Über ein Drittel der jungen Männer und Frauen zwischen 19 und 29 zeigten zehn Jahre nach der Scheidung ihrer Eltern wenig oder gar keinen Ehrgeiz. Sie ließen sich ohne Ziele, mit einer niedrigen Ausbildung und einem Gefühl der Hilflosigkeit durchs Leben treiben. Einige lebten bis Mitte Zwanzig zu Hause, andere verließen ihr Elternhaus und streiften als Gelegenheitsarbeiter durchs Land. Viele fühlten sich entmutigt und zurückgewiesen. Sie konnten sich nicht damit abfinden, daß sich die Vergangenheit nicht ändern läßt.
Obwohl nur ein paar ihre Ausbildung an der High-School abbrachen, haben sich die meisten nicht ernsthaft um eine höhere Ausbildung bemüht. Sie tendierten dazu, ihr Studium nach ein oder zwei Jahren abzubrechen und unqualifizierte Jobs als Boten, Kraftfahrer, Kellner, Tennis- oder Skilehrer und Verkäufer in Videogeschäften zu suchen. Sie hatten keine langfristigen Pläne und blieben mit ihren Zielen unter dem intellektuellen Leistungsniveau und dem Bildungsstand ihrer Väter und Mütter. Diese Diskrepanz zwischen Lebenszielen und Talenten wird als »underachievement« (intellektuelle Leistung und sozialer Erfolg entsprechen nicht den jeweiligen Fähigkeiten; A. d. Ü.) bezeichnet.
Wie die meisten Teenager haben sie mit Drogen und Alkohol experimentiert, wurden aber nicht kriminell oder gewalttätig. Statt dessen waren sie häufig gehemmt und unfähig, über die unmittelbare Gegenwart hinaus zu planen. Viele hatten vage Pläne, aber nicht den praktischen Verstand, diese Pläne auch in die Tat umzusetzen. Natürlich zeigen viele Kinder aus intakten Familien ähnliche Verhaltensweisen; kein Heranwachsender ist vor Gefühlen der Zurückweisung und einer geringen Selbstachtung gefeit. In unserer Versuchsgruppe war die Zahl solcher Kinder jedoch ungewöhnlich hoch.
Eine geringe Selbstachtung in der Spätpubertät steht oft in Zusammenhang mit ungelösten psychischen Problemen zwischen den geschiedenen Vätern und ihren Kindern. Diese Probleme entstehen vor allem dadurch, daß die jungen Menschen meinen, sie würden zurückgewiesen und unterschätzt. Kinder sehnen sich in den Jahren nach

der Scheidung nach ihren Vätern. Kinder, die ein enges Verhältnis zu ihrem Vater gehabt haben, sind besonders von der Vorstellung besessen, die Nähe zu ihm wiederherzustellen, an die sie sich erinnern oder die sie sich nachträglich einbilden. Zu den traurigsten Erfahrungen einer Familie nach der Scheidung gehört, daß es sehr schwierig (wenngleich nicht unmöglich) ist, frühere Beziehungen weiterzuführen. Eine unserer wichtigsten Entdeckungen zehn Jahre nach der Scheidung bestand darin, daß diese Sehnsucht nach dem Vater in der Pubertät eine neue Intensität annahm. Bei Mädchen stieg die Intensität bereits am Anfang der Pubertät. Bei Jungen erreichte das Bedürfnis nach einem Vater etwas später, zwischen 16 und 18, den Höhepunkt. Einige junge Menschen suchten konkret nach ihrem Vater, während andere psychisch nach einer Erklärung suchten, warum ihr Vater sie im Stich gelassen hat. Dabei interpretierten sie neutrale Indifferenz, Passivität oder Unsensibilität ihres Vaters oft als direkte Zurückweisung. Gerade wenn sich in der Pubertät eine eigene Identität entwickelt, wenn die Jugendlichen Unterstützung und Bestätigung am nötigsten haben, wurde ihre Selbstachtung von jemandem verletzt, den sie lieben. Man stutzt ihnen die Flügel – kein Wunder, daß sie nicht fliegen können.

Obwohl zwischen Mädchen und Jungen in dieser Beziehung ein wichtiger Unterschied besteht, gingen ihre Gedanken in dieselbe Richtung: »Mein Vater kümmert sich nicht richtig um mich, weil ich ihm nicht gut genug bin. Wenn ich ein besserer Mensch wäre, würde er mir mehr Aufmerksamkeit schenken.« Die Jungen und Mädchen gaben sich selbst die Schuld. Sie meinten, sie seien der Liebe und Zuwendung nicht würdig und unfähig, etwas zu leisten. In ihren Augen waren sie das ungeliebte Kind.

Tragischerweise ahnen viele Väter gar nicht, daß ihre Kinder sich zurückgewiesen fühlen. Solche Väter können indifferent und gleichgültig erscheinen, obwohl sie das gar nicht sind. Ich habe mit vielen Vätern gesprochen, die überzeugt waren, sie hätten ein gutes Verhältnis zu ihren Kindern, doch die Kinder fühlten sich zurückgewiesen und elend. Ich bin überzeugt, daß Dale Burrelle seinen Sohn Steve niemals absichtlich verletzen wollte. Er glaubte, sein Bestes zu geben, und er wäre überrascht, wenn er von Steves Schmerz und seiner Sehnsucht erfahren würde.

Leider lassen viel zu viele Väter ihre Kinder im Stich. Vor allem Männer, die es nach einer Scheidung nicht mehr schaffen, ihr Leben neu zu ordnen. Ein Heranwachsender drückte das so aus: »Mein Vater tut, was er kann.« Andere verlieren gleich nach der Scheidung oder im Laufe der Jahre das Interesse an ihren Kindern. Das kommt dann einer totalen Zurückweisung gleich.

Interessanterweise haben viele junge Männer aus unserer Studie engagierte Mütter — kompetente, dynamische Frauen —, aber die Mutter-Sohn-Beziehung reicht oft nicht aus, um die fehlende Beziehung zum Vater zu kompensieren. Die Jungen identifizieren sich zwar oft mit den Moralvorstellungen, der Integrität und Arbeitsethik ihrer Mütter, aber die Mütter haben oft Schwierigkeiten, ihren Söhnen männliche Anerkennung zu geben, die sie brauchen, um sich planvoll zu entwickeln und ihr Leben als junge Erwachsene zu gestalten. Ohne die beständige Unterstützung durch die Väter fehlt es den Jungen an Selbstvertrauen und Stolz auf ihre eigene Männlichkeit. Das Problem ist bei Mädchen zwar anders gelagert, aber ebenso ernst. Auch sie werden von unerfüllter Sehnsucht und Zurückweisung gequält und fühlen sich verletzt. Sie sind sich ihrer Weiblichkeit nicht ganz sicher und haben Probleme mit Beziehungen zu Männern.

Die Situation ist besonders schwierig, wenn der Vater nur einmal pro Jahr auftaucht und damit andeutet, daß der Bruch nicht endgültig ist. Der Vater steht mit einem Fuß in und mit dem anderen vor der Tür. Er weckt mit seinen gelegentlichen Besuchen immer wieder neue Hoffnungen und gibt Anlaß zu neuen Phantasien. Eine solche Beziehung ist für Kinder am schwersten zu verarbeiten.

Viele Jugendliche, besonders Jungen, können den Ärger nicht ausdrücken, den sie gegenüber dem Elternteil fühlen, der sie zurückweist. Statt dessen klammern sie sich an den Traum, daß sich die Welt verändern wird, und schaffen es nicht, die für sie so schmerzliche Beziehung hinter sich zu lassen. Sie haben nicht die Kraft zur Rebellion.

Die Aufsässigkeit in der Pubertät ist der Schrecken aller Eltern, aber sie spielt für die psychische Entwicklung der Kinder eine wichtige Rolle. Die Rebellion erlaubt ihnen, die Verbindung zu den Eltern zu lockern und sich nach außen zu bewegen. Sie nutzen ihre Aggressionen konstruktiv in ihrem eigenen Interesse. Für Kinder geschiedener Eltern ist die Pubertät psychologisch und sozial jedoch eine andere Erfahrung. Während die meisten Teenager gegen ihre Eltern rebellieren, halten sich die Kinder geschiedener Eltern zurück. Wie Steve nur allzu gut weiß, ist es schwierig, mit einem Vater zu streiten, den das Kind nur sporadisch sieht. Oder dem Vater oder der Mutter zu trotzen, wenn das Kind fürchtet, überhaupt nicht besucht zu werden. Oder gegenüber Vater oder Mutter — je nachdem, wer das Sorgerecht hat —, aufzubegehren, wenn dieser Mensch offensichtlich schwer leidet.

Für viele Kinder aus geschiedenen Ehen existiert der sichere Hafen nicht, den sie in der Pubertät unbedingt brauchen. Die gesunde Aggression, die der Heranwachsende braucht, um in einer vom Kampf ums Dasein geprägten Welt bestehen zu können, wird gehemmt. Die Unterdrückung von Ärger und gesunder Aggression gehört zu den schwerwiegenden, langfristigen Folgen einer Scheidung. Einige Jugendliche überwinden sie. Viele schaffen es nicht.

Der Straftäter

Kevin war zwölf, als seine Eltern ihre stürmische Ehe beendeten. Solange der Junge denken konnte, brüllten und keiften seine Eltern sich an und prügelten sich. Sie warfen sich — vermutlich begründet — gegenseitig Untreue vor.

Kevins Mutter, Produzentin von Fernsehsendungen bei einem Regionalsender, und sein Vater, ein bekannter Anwalt, waren gebildete Menschen mit guten Beziehungen zu »besseren« Kreisen. Sie blieben angeblich »nur wegen Kevin« zusammen. Eines Tages jedoch reichte der Vater im Streit die Scheidung ein und blieb dann hartnäckig bei seinem Entschluß.

Kevin ließ sich von den Streitereien scheinbar nicht beeindrucken. Er betete seinen Vater an und schwärmte von seinen großen Händen, der klangvollen Stimme und seinem umfassenden Wissen — vom Tiefseetauchen bis zu Rennwagen. Kevin konnte es nicht glauben, daß sein Vater auszog. Buchstäblich über Nacht verwandelte er sich von einem verständigen, intelligenten Musterschüler in ein Problemkind. Ein Jahr nach der Scheidung sagte Kevins Lehrer, er sei »das verantwortungsloseste Kind, das ich je erlebt habe, unruhig, ja fast schon hyperaktiv«. Kevin weigerte sich, Schulaufgaben zu machen oder abzugeben, und vertrieb sich die Zeit damit, andere Kinder zu verprügeln. Er wurde ein richtiger Rabauke und brachte mit seiner Streitsucht, seinen Lügen und seinem destruktiven Verhalten die ganze Schule gegen sich auf.

Anders als bei anderen Kindern legten sich bei Kevin die Symptome, die er im akuten Stadium der Scheidung entwickelte, nicht nach ein oder zwei Jahren. Sie wurden eher noch schlimmer. Seine Mutter stürzte sich in ihre Arbeit und war nur selten zu Hause; sie hatte ihre

Mutter überredet, bei ihr und Kevin zu leben und »nach dem Rechten zu sehen«. Obwohl Kevins Vater nicht wieder heiratete, sondern seine Freiheit genoß, besuchte er seinen Sohn nur selten; statt dessen speiste er ihn mit Versprechungen ab — mit ihm nach Disneyland zu fahren, ihm ein Fahrrad zu kaufen, ihn im nächsten Sommer zu sich zu nehmen —, doch er hielt seine Versprechen niemals. Er entschuldigte sich nicht einmal dafür, daß er sie ständig brach.

Trotz dieser Behandlung hielt Kevin treu zu seinem Vater. Er erfand Gespräche mit ihm, um seinen Schmerz zu lindern. »Mein Papa hat mir gesagt, daß ich mir die Auffrischungsimpfung in den linken Arm geben lassen soll, damit mein Wurfarm beim Baseball okay ist«, erzählte er mir in einem Gespräch ein Jahr nach der Scheidung. Als ich seinen Vater ein paar Tage später danach fragte, war er verblüfft; er hatte nie so etwas gesagt.

Kevin verteidigte seinen Vater tapfer. Nur einen Augenblick brach das Gefühl, verlassen worden zu sein, hervor. Tränen liefen ihm über die Wangen, und er sagte: »Eine Woche, bevor er ausgezogen ist, hat Papa immer zu mir gesagt, ich soll brav sein, brav sein, weil er die ganze Zeit über wußte, daß er ausziehen würde.« Mit 13 Jahren hatte Kevin immer stärker das Gefühl, daß der Mann, den er anbetete, ihn betrog und belog.

In der High-School wurde es nicht besser mit ihm. In unserer Nachuntersuchung nach fünf Jahren erfuhr ich, daß Kevin regelmäßig trank und Haschisch rauchte, daß er bei Einbrüchen erwischt worden war und sogar einen Scheck seiner Großmutter gefälscht hatte. Er weigerte sich, in die Schule zu gehen, ignorierte seine Pflichten und spülte nie, wenn er auf der Toilette gewesen war. Seine Mutter sagte, sie habe Angst, Kevin — inzwischen ein kräftiger Siebzehnjähriger — könne auf sie losgehen. Sie schärfte ihm immer wieder ein: »Behandle Frauen nicht so, wie dein Vater Frauen behandelt.«

Kevin hatte die Körpersprache und die Ausdrucksweise eines jugendlichen Straftäters. Doch trotz aller Großspurigkeit und allem Zorn gewährte er einen kurzen Blick darauf, wie es in seinem Innern aussah. Er gestand: »Ich wünschte, ich müßte meine wahren Gefühle nicht alle für mich behalten.«

Bei der Folgeuntersuchung nach zehn Jahren konnte ich Kevin nicht aufspüren. Wie eine ganze Gruppe anderer Kinder aus unserer Untersuchungsgruppe ist er in Konflikt mit dem Gesetz geraten. Seine Eltern haben weder seine Telefonnummer noch seine Adresse. Kevin war dreimal im Gefängnis — wegen Trunkenheit am Steuer, wegen

Drogenhandel und weil er seine Freundin verprügelt hat. Seinen Vater rief er nur an, wenn er ihm aus irgendwelchen Schwierigkeiten helfen sollte. In gewisser Weise wurde die Beziehung zwischen Vater und Sohn fortgesetzt, aber gewiß nicht so, wie Kevin sich das als kleiner Junge erhofft hatte.

Anders als Steve, der seinen Zorn gegen sich selbst richtete, wandte Kevin seine Aggressionen nach außen – ein Schlag gegen die Welt, die ihn im Stich gelassen hatte. Ein Kennzeichen für Depressionen ist nach innen gerichteter Zorn; Straftäter kehren ihren Zorn nach außen.

In unserer Studie waren nach zehn Jahren jeder dritte Junge und jedes zehnte Mädchen zwischen 19 und 23 Jahren straffällig geworden. Die häufigsten Delikte waren Körperverletzung, Einbruch, Brandstiftung, Drogenhandel, Diebstahl, Trunkenheit am Steuer und Prostitution. Viele dieser Kinder gerieten erstmals mit dem Gesetz in Konflikt, bevor sie 18 Jahre alt waren; ein beunruhigender Prozentsatz wurde bis Anfang Zwanzig immer wieder straffällig.

Im Gegensatz zu anderen jugendlichen Straftätern, die meist durch Armut oder Straftaten in ihrer Kindheit verrohen, sind diese Jugendlichen einfach traurig. Die Erfahrung der Scheidung hat sie unglücklich gemacht, und die meisten fühlen sich von beiden Elternteilen zurückgewiesen. Sie erholen sich nicht davon, daß die Familienstruktur in ihrer Jugend zerstört wurde. Diese Jugendlichen begehen im allgemeinen keine Gewaltverbrechen. Sie stehlen Geld, um Drogen oder Alkohol zu kaufen, aber sie greifen nicht zu Messern oder Schußwaffen. Anderen Menschen fügten sie ernsthaften Schaden nur durch Trunkenheit am Steuer zu. Wenn ihnen der Führerschein entzogen wird, fahren sie dennoch. Ihre Banden werden spontan gegründet, um eine einzige Aktion durchzuführen. Diese Jugendlichen sind größtenteils sehr dilettantische Verbrecher – sie ziehen zwar häufig um, verwischen aber ihre Spuren nicht, und werden meist gefaßt.

Bei unserer Untersuchung nach fünfzehn Jahren waren Kevin und die anderen Jungen, die kriminell geworden waren, immer noch nicht auffindbar. Sie nahmen zwar gelegentlich mit ihren Familien Kontakt auf, hatten aber keine festen Adressen und waren nicht bereit, unserer Bitte um ein Gespräch zu entsprechen.

Wir werden oft gefragt, ob Kinder aus geschiedenen Ehen häufiger straffällig werden. In unserer Studie, an der hauptsächlich Familien aus der Mittelschicht mitwirkten, war schwere Kriminalität keine herausragende langfristige Konsequenz einer Scheidung, obwohl eine signifikante Zahl junger Männer in selbstzerstörerischer Weise kriminell geworden waren.

Das von uns beobachtete Fehlverhalten — Drogen- und Alkoholmißbrauch, leichte Fälle von Vandalismus und ähnliches — ist, Scheidung hin oder her, in unserer Gesellschaft weitverbreitet. Obwohl Kinder aus geschiedenen Ehen solches Fehlverhalten an den Tag legen, ist ihr Lebensweg viel häufiger von »underachievement«, geringer Selbstachtung und aufgestautem Zorn geprägt — Folgen der erlebten Zurückweisung.

Bei der Untersuchung nach fünfzehn Jahren stellten wir bei den jungen Erwachsenen einen überraschend hohen Alkoholkonsum fest. Zwanzig Prozent der von uns befragten Kinder tranken zu diesem Zeitpunkt viel. Ein Drittel dieser Kinder kam aus Elternhäusern, in denen weder die Eltern noch die Stiefeltern getrunken haben.

Einige Kinder gaben ihre Probleme erst zu, als sie sie bereits im Griff hatten. Die dreiundzwanzigjährige Kristin sagte, als sie nicht mehr trank: »In der High-School habe ich mich mindestens zweimal pro Woche betrunken. Ich bin betrunken zum Unterricht gegangen, richtig betrunken.«

»Wie betrunken?«

»Ich taumelte«, sagte sie.

»Ich hatte keine Ahnung, daß du damals so viel getrunken hast«, sagte ich.

»Das hätte ich auch nie zugegeben«, sagte sie. »Aber es wurde immer schlimmer. Ich wurde angezeigt, weil ich in der Öffentlichkeit trank, ich wurde eingebuchtet, weil ich betrunken Auto fuhr, und in Bars trank ich bis zum Umfallen.«

Als ich unsere Aufzeichnungen durchging, stellte ich fest, daß nur sehr wenige Eltern sich darum bemühten, ihren heranwachsenden Kindern Hilfe im Umgang mit ihren Alkoholproblemen anzubieten.

Keine Dollars mehr mit achtzehn

Jarrett war bei unserem Gespräch zehn Jahre nach der Scheidung 22 Jahre alt. Ich hatte einen hochintelligenten Jungen in Erinnerung — den ältesten Sohn eines hochqualifizierten Collegeprofessors —, der bei unserem letzten Zusammentreffen voller Ideen steckte. Bei dem Interview fünf Jahre später war er die erste halbe Stunde sehr einsilbig; dann wurde er gesprächiger und sprudelte die Geschichte der ver-

gangenen fünf Jahre seines Lebens nur so aus hervor. Sein Leben war ganz anders verlaufen, als er erwartet hatte.
»Ich habe drei Jahre in einer Buchhandlung im Einkaufszentrum gearbeitet«, sagte er mit einer Spur von Bitterkeit in der Stimme.
»Aber Jarrett«, sagte ich überrascht. »Ich dachte, du wolltest aufs College und Englisch studieren. Deine Noten waren ausgezeichnet.«
»Ja, stimmt«, sagte er, »aber mein Vater hat mich im Stich gelassen. Meine Mutter kann kaum alle Rechnungen bezahlen. Sie arbeitet wirklich hart und tut ihr Bestes, aber sie kann mir nicht helfen, das weiß ich. Ich glaube, man könnte sagen, daß ich keinen Vater habe, jedenfalls keinen, auf den ich mich verlassen kann. Als ich noch auf der High-School war, habe ich ihn nur einmal im Monat gesehen. Aber schlimm war etwas anderes. Einmal habe ich ihn in seinem Haus besucht. Er saß im Wohnzimmer. Er schaute auf, sagte aber nichts. Da merkte ich, daß er mich für einen Freund von Helen hielt — Helen ist seine Stieftochter — und gar nicht merkte, daß ich zu ihm wollte. Erst als ich sagte: ›Hallo, Papa. Ich wollte dich mal besuchen‹, setzte er seine Brille auf. Als er mich erkannte, war es ihm so peinlich, daß er lachte. Ich habe den ganzen Heimweg geheult.«
»Kein Wunder«, sagte ich.
»Manchmal würde ich wirklich gern zu meinem Vater gehen und ihm die Meinung sagen«, fügte Jarrett hinzu. »Aber immer, wenn ich ihm gegenübertreten will, denke ich, daß es sich nicht lohnt.«
»Was möchtest du ihm sagen?«
»Ich würde sagen: ›Du bist ein richtiger Heuchler. Du bist Collegeprofessor, ein anerkannter Archäologe, aber du bist noch nicht mal zu meiner Abschlußfeier in der Schule gekommen. Du scherst dich nicht um meine Zukunft. Du hast eine gute Ausbildung bekommen, aber was ist mit mir? Du kümmerst dich mehr um deine Stiefkinder als um mich. Du warst so wild darauf, mich loszuwerden. Die letzte Unterhaltszahlung hast du sogar so gesplittet, daß sie am Zehnten des Monats endete, in dem ich achtzehn wurde. Du hast auf den Tag genau bis zu meinem Geburtstag gezahlt.‹« Jarrett war den Tränen nahe. »Aber ich habe es nie zu ihm gesagt. Ich konnte es ihm nicht sagen.«
Einen Augenblick später erzählte Jarrett, was ihm den entscheidenden Stoß versetzt hatte. »Früher hat mein Vater mich mitgenommen, wenn er Vögel beobachtete. Er hat ein leichtes Fernglas, das ich ganz toll finde. Und irgendwann mal sollte es mir gehören. Aber wissen Sie, wer es bekommen hat? Mein Vater hat es letztes Jahr meiner Stief-

schwester Helen zu Weihnachten geschenkt. Ich hätte nicht erwartet, daß mir das so weh tun würde.« Jarrett seufzte. »Ich kann nichts machen. Ich tu mein Bestes. Ich spare, damit ich im nächsten Quartal wieder aufs College gehen kann. Nächstes Jahr habe ich so viele Seminarstunden zusammen, daß ich ›Junior‹ bin. Dann kann ich auch endlich mein Hauptfach wählen. Manchmal denk ich, ich werde mit dem Studium nie fertig.«

»Hast du dich nach Stipendien erkundigt?«

»Klar«, sagte Jarrett. »Aber ich habe die Voraussetzungen nicht erfüllt. Mein Vater verdient zuviel. Wenn er gestorben wäre, wäre ich in Betracht gekommen. Ich werde fünfundzwanzigeinhalb sein, bis ich meinen Collegeabschluß habe. Und was kann ich mit dem Abschlußzeugnis schon anfangen?«

Die meisten Kinder in unserer Studie stammten wie Jarrett aus Mittelschichtfamilien, in denen einer oder beide Elternteile einen Collegeabschluß hatten. Die meisten Kinder schlossen die High-School am Ort ab; normalerweise gehen 85 Prozent der Absolventen dann weiter aufs College. In der von uns untersuchten Gruppe besuchten jedoch nur knapp die Hälfte der Jungen und Mädchen zwei oder vier Jahre lang ein College und legten die Abschlußprüfung ab. Ein Drittel, darunter hochintelligente Kinder, brachen die High-School- oder Collegeausbildung ab. Von den Jugendlichen, die ein College besuchten, wurde nur jeder zehnte finanziell voll von einem oder beiden Elternteilen unterstützt. Andere erhielten nur sehr begrenzte finanzielle Hilfe — auch von gutsituierten Vätern, die mehr zahlen könnten — oder gar nichts. Von den Vätern unterstützten nur knapp über ein Drittel ihre Kinder in der Ausbildung, während zwei Drittel überhaupt keine Unterstützung anboten. Ein erfolgreicher Ingenieur sagte rundweg: »Es ist mir egal, ob mein Sohn aufs College geht. Es ist mir völlig wurscht. Ich muß sehen, wie ich mit meinem Leben fertig werde.« Auch die Stiefväter sprangen nicht in die Bresche. In der von uns untersuchten Gruppe unterstützte nur ein einziger Stiefvater sein Stiefkind in nennenswertem Umfang bei der Finanzierung seines Studiums.

So sollte die Welt für diese Kinder nicht aussehen. Immerhin sind sie Sprößlinge gebildeter Eltern aus der Mittelschicht. Von Familien in der Mittelschicht wird erwartet, daß sie ihre Kinder dazu ermuntern, ein College zu besuchen. Eltern aus dieser Schicht bringen traditionell Opfer, um ihren Kindern eine höhere Bildung zu ermöglichen. Sie schließen Sparverträge und Ausbildungsversicherungen ab und nehmen manchmal sogar eine zusätzliche Arbeitsstelle an, um die hohen Kosten für Miete und Unterhalt am Studienort bezahlen zu können.

Eltern der Mittelschicht geben ihren Kindern im Hinblick auf höhere Bildung deutliche Signale. Sie machen bewußt Propaganda für die höhere Ausbildung. Ihre Botschaft lautet: »Bald wirst du an die Universität gehen«, und nicht: »Falls du gehst«. Die Frage lautet: »Welches Fach willst du studieren«, und nicht: »Willst du überhaupt studieren?«

Eltern identifizieren sich sehr stark mit ihren heranwachsenden Kindern und sagen auf vielfältige Art und Weise: »Ich will, daß du in meine Fußstapfen trittst. Ich will, daß du erfolgreicher bist als ich.« Diese Sprache der Identifikation ist klar; in Wirklichkeit sagen die Eltern zu ihrem Kind: »Ich sehe dich als meinen Stellvertreter. Du wirst die Sterblichkeit für mich überwinden.«

Solche Haltungen und Erwartungen überstehen eine Scheidung oft nicht. Viele Kinder aus geschiedenen Ehen fühlen sich nicht so ermutigt wie Kinder aus intakten Familien der Mittelschicht. Kinder, die unter schwierigen finanziellen Bedingungen von einem alleinstehenden Elternteil aufgezogen werden, bekommen nicht ständig positive Prognosen zu ihrer Zukunft zu hören. Statt dessen hören sie oft: »Wie willst du deine Autoversicherung finanzieren? Wie sollen wir nur durchkommen?« Es überrascht also nicht, daß viele Kinder geschiedener Eltern weniger zukunftsorientiert wirken als ihre Altersgenossen, deren Eltern unablässig von Plänen und Karrieremöglichkeiten reden. Nur in wenigen Scheidungsvereinbarungen werden Regelungen für eine Collegeausbildung getroffen. Von den Kindern, die bei unseren Gesprächen zehn Jahre nach der Scheidung über 18 Jahre alt waren, sind *60 Prozent im Vergleich zu ihren Vätern bildungsmäßig abgestiegen* und 45 Prozent im Vergleich zu ihren Müttern.

In den meisten geschiedenen Familien ist nicht klar, wer die höhere Ausbildung finanziert. Das Einkommen der Mutter und der Unterhalt reichen im allgemeinen nicht, um auch noch für ein Studium zu sparen. Solange die Kinder klein sind, leisten viele Väter mehr oder weniger regelmäßig Unterhaltszahlungen; aber die Beträge werden nicht höher, wenn aus den Kindern Teenager werden und die Ausgaben für sie steil ansteigen. Normalerweise werden die Zahlungen mit dem achtzehnten Geburtstag abrupt eingestellt — also genau dann, wenn das Kind eine Collegeausbildung beginnen könnte. Kinder aus geschiedenen Ehen leiden unter dieser wirtschaftlichen Unsicherheit. Im Gegensatz zu Kindern aus intakten Familien, die von ihren Eltern während der gesamten Ausbildung und sogar noch danach unterstützt werden, müssen sich Kinder aus geschiedenen Ehen verfrüht und abrupt von ihrer Kindheit verabschieden. In den USA sind ihre Mütter und Väter gesetzlich nicht verpflichtet, sie nach ihrem 18. Geburtstag noch zu unterstützen. Wenn sie volljährig werden, ist die Kindheit schlagartig vorbei, und ökonomische Not kehrt ein. Es steht nirgends geschrieben, daß auch die psychologische und emotionale Unterstützung mit dem 18. Geburtstag endet, aber viele Kinder geschiedener Eltern haben unwillkürlich das Gefühl, daß mit dem Ende der Unterhaltszahlungen ein weiterer Teil des sozialen Vertrages zwischen Eltern und Kind aufgehoben ist.

Schon von klein an spielt Geld im Bewußtsein dieser Kinder eine wichtige Rolle, denn es ist knapp. Wenn sie älter werden, wissen sie ganz genau, ab wann die gerichtlich angeordneten Unterhaltszahlungen ausbleiben. Wenn sie ein College besuchen wollen, verlieren sie die finanzielle Unterstützung ausgerechnet dann, wenn sie sie besonders dringend benötigen. Anscheinend schrauben viele Jugendliche dann ihre beruflichen Ambitionen herunter. Bei den Gesprächen nach zehn Jahren meinte von den Kindern, die eine High-School besuchten, nur jedes zehnte, daß genügend Geld für eine Collegeausbildung da sei. Aber selbst Kinder wohlhabender Eltern fühlen sich unsicherer als ihre Altersgenossen aus ebenso wohlhabenden, intakten Familien. Die Väter, die ihre Kinder unterstützten, zeigten bei Jungen doppelt soviel Bereitschaft, ein Studium zu finanzieren, als bei Mädchen.

Es paßt zu ihrem geringen Selbstwertgefühl, daß viele Kinder aus geschiedenen Ehen keine großen Forderungen an ihre Väter stellen. Sie tendieren dazu, selbst Jobs anzunehmen, Geld zu sparen und hart zu arbeiten. Viele Studenten wechseln semesterweise zwischen Studium und Arbeit oder haben neben ihrem vollen akademischen Stundenplan mehrere Teilzeitjobs.

Ich war immer wieder überrascht, wie passiv es diese jungen Menschen ertrugen, von ihren Vätern im Stich gelassen zu werden. Statt aufzubegehren meinten sie, sie seien ohnmächtig und unwürdig, und deshalb beklagten sie sich auch nicht.

Wie wir gesehen haben, können die Beziehungen und Gefühle eines Vaters zu seinen Kindern durch die Scheidung abstumpfen. Psychologen, Anwälte und Richter glaubten früher, die Beziehung eines Vaters zu seinen Kindern während der Ehe würde innerhalb vernünftiger Grenzen auch sein Verhältnis zu ihnen nach der Scheidung bestimmen: Wenn er vor der Scheidung ein aufmerksamer, liebender und sensibler Vater war, werde er das auch lange nach der Trennung noch sein. Unsere Ergebnisse bestätigten das jedoch nicht. Wir begleiteten unsere Familien über Jahre hinweg und stellten fest, daß das Engagement eines Vaters für seine Kinder nicht unbedingt in die Jahre nach der Scheidung übernommen wird.

Aus mir unverständlichen Gründen zogen viele Väter, die ihren Unterhaltszahlungen über die Jahre hinweg immer nachgekommen waren und engen Kontakt zu ihren Kindern gehabt hatten, einen Schlußstrich, als ihre Kinder ins College kamen. Obwohl sie es sich leisten konnten, Wert auf Bildung legten und freundliche Beziehungen zu ihren Kindern unterhielten, boten sie nicht einmal an, ihre Kinder auch nur mit unzureichenden Summen zu unterstützen. Ein Viertel dieser Männer hatten einen akademischen Grad in Fächern wie Medizin, Jura oder Betriebswirtschaft, und die Mehrzahl hatte eine Collegeausbildung. Als ich jedoch nach einer Collegeausbildung für ihre Kinder fragte, wollten sie nicht darüber reden. Sie beriefen sich nicht auf Armut. Viel eher rechtfertigten sie sich mit allerlei Ausflüchten wie: »Ich habe die ganzen Jahre über Unterhalt gezahlt. Ich bin allen Verpflichtungen nachgekommen. Ich habe meiner Frau viele tausend Dollar überwiesen. Jetzt ist sie mal dran.« Sie sind, so merkwürdig das klingt, offenbar ganz einig mit sich selbst. Sie nutzen die Chance, sich die finanziellen Opfer zu ersparen, die Eltern in intakten Familien bereitwillig bringen. Ein Vater aus der Mittelschicht, der zusammen mit seinen Kindern lebt, zweifelt nicht an seiner moralischen Verpflichtung, ihre Ausbildung zu finanzieren. Ein Vater aus derselben Schicht, der seine Kinder nur besucht, sieht das meist anders. Weil er das Kind nur gelegentlich sieht, wird ihm sein Kind allmählich fremd. Er steht somit unter einem viel geringeren moralischen Druck, gegen den eigenen Egoismus zu handeln.

Leider verhilft auch die Gesellschaft den Kindern aus geschiedenen Ehen nicht zu einer angemessenen Ausbildung. Viele Leute glauben, daß Achtzehnjährige schon richtig erwachsen sind und daß ein junger Mensch, der sich in dieser Zeit selbst durchbringen muß, aus diesem Kampf um so lebenstüchtiger hervorgeht. Dieser Meinung bin ich nicht. An drei Arbeitsplätzen zugleich zu arbeiten und nur jedes zweite Semester zu studieren führt zwangsläufig zu schlechteren Lernerfolgen. Es ist nahezu unmöglich, einen medizinischen Einführungskurs oder überhaupt einen anspruchsvollen Studienplan durchzustehen und gleichzeitig voll zu arbeiten.

Die Geschichte dieser drei Jugendlichen — Steve, Kevin und Jarrett — steht stellvertretend für das Elend vieler Jugendlicher und junger Erwachsener aus geschiedenen Ehen. Obwohl sie sich unterschiedlich verhielten, reagierten alle auf ein profundes Gefühl des Verlustes. Während seine Altersgenossen Zukunftspläne schmiedeten, wurde Steve von seinen Gefühlen der Sehnsucht, der Machtlosigkeit und Depression überwältigt; er befand sich in einer Sackgasse. Kevin fühlte sich von dem Vater betrogen, den er verehrte, und von der Mutter vernachlässigt und richtete seinen Zorn nach außen gegen die Welt der Erwachsenen, aber auch zurück auf sich selbst. Jarrett wurde die ökonomische Tür zu einem Erwachsenenleben in der Mittelschicht grundlos versperrt; dadurch verstärkte sich sein Gefühl, nicht dieselben Rechte zu haben wie andere Kinder und nicht als Erbe geschätzt, ja nicht einmal anerkannt zu werden.

Eine Scheidung hat auf vielfältige Weise — in psychologischer und ökonomischer Hinsicht — sehr negative Auswirkungen auf die Hoffnungen, Ambitionen und Leistungen unserer Kinder.

10

Tanya Burrelle

Einsame Mädchen

Ich war sehr enttäuscht, daß sich Tanya Burrelle, Steves jüngere Schwester, während meines zweitägigen Aufenthalts in Albuquerque nicht blicken ließ. Betty Burrelle war sehr ungehalten, daß Tanya nicht zu der Verabredung erschien, denn sie wollte unbedingt, daß ich mich mit ihr beschäftigte. Während wir auf sie warteten, erzählte mir Betty, welchen Kummer ihr neuerdings ihre fünfzehnjährige Tochter machte. Wie Steve ist Tanya intelligent und konnte ihre Noten halten, obwohl sie nie Hausaufgaben machte. Sie will Künstlerin werden und arbeitet als »Aushilfe« für einen Designer am Ort, der die Schaufensterdekorationen für einige Warenhäuser in der Stadt entwirft. Betty machte sich Sorgen, daß Tanya wegen fortgesetzter Promiskuität »außer Kontrolle« sei. Tanya hatte, soweit ihre Mutter wußte, mindestens einmal abgetrieben. »Tanya ist vergnügungssüchtig«, sagte Betty. »Ich glaube, sie hat schon am Ende der achten Klasse, kurz vor ihrem vierzehnten Geburtstag, mit Jungs geschlafen. Ich hätte vielleicht gar nichts dagegen, wenn sie einen festen Freund hätte. Sie wissen, wie das mit der heutigen Jugend ist. Aber Tanya schläft mit einem Kerl nach dem andern. Ich habe wirklich Angst, daß sie sich eine Geschlechtskrankheit holt oder bei einer illegalen Abtreibung verletzt wird.«

»Haben Sie mit ihr darüber gesprochen?«

»Ja«, sagte Betty, »aber ich glaube, sie hört nicht auf mich. Tanya hat keine Selbstdisziplin.« Betty stotterte. »Ich habe weiß Gott mein Bestes getan, aber irgendwie ist sie mir entglitten.«

Bevor ich Albuquerque verließ, schrieb ich Tanya einen kurzen Brief und bot ihr an, daß sie mich jederzeit auf meine Rechnung anrufen könnte. Da wir früher ein gutes Verhältnis zueinander hatten, respektierte ich ihre Gefühle. Ich hoffte, daß sie es sich überlegen und mich besuchen würde, falls sie später zu einem Gespräch mit mir bereit sein sollte.

Ich war deshalb hocherfreut, als Tanya mich drei Jahre später besuchte. Sie machte in San Francisco Urlaub. Die inzwischen Achtzehnjährige hatte das dunkle gelockte Haar ihrer Mutter. Seit ihrem High-School-Abschluß arbeitete sie bei dem Designer in Albuquerque und wollte sich Geld zusammensparen, um Kunst und Design studieren zu können. Sie wollte vorankommen.

»Ich habe mich zwar ein paar Jahre verspätet«, sagte Tanya, als sie mein Büro betrat, »aber hier bin ich! Ich möchte meine Akte sehen.«

Ich war erstaunt. Bis jetzt hatte noch niemand so nach seinen Akten gefragt.

»Ich will wissen, warum ich seit der Mittelstufe nicht allein sein kann, ich meine, ohne einen Jungen, ohne Sex. Ich will ganz genau wissen, wie ich damals reagiert habe, um zu verstehen, warum ich mich heute so getrieben fühle.«

Tanya war eine attraktive junge Frau mit klaren Augen, modisch geschnittenen Haaren und einer vibrierenden Neugier nach allem, was mit Scheidung zusammenhängt. Ich wollte ihr so gut wie möglich helfen; deshalb überging ich die Frage nach den Akten, da ich sie für nebensächlich hielt, und stellte ihr eine direkte Frage. »Tanya, was willst du wirklich wissen?«

»Früher war ich wütend auf meine Mutter«, sagte sie, »aber als ich sechzehn war, hatte ich keine Wut mehr auf sie. Da merkte ich nämlich plötzlich, daß all die Kinder, die in Reihenhäusern mit Palisadenzäunen lebten, keine Spur glücklicher waren als ich. Ich brauchte lang, bis ich ihr nicht mehr die Schuld daran gab, daß wir nicht in einem solchen Haus lebten.« Sie hielt inne, als wolle sie diese Einsicht besonders hervorheben.

»Aber mein eigentliches Problem ist, daß ich in meinem ganzen Leben noch keinen Mann hatte, auf den ich mich verlassen konnte«, sagte sie in einem Ton, der vermuten ließ, daß sie über diese Frage schon lange nachdachte. »Meine Mutter arbeitet immer, und mein Vater besucht uns nie; deshalb hatte ich viele Beziehungen, viele Jungs. Seit der Mittelstufe war ich nie ohne festen Freund. Dann hatte ich eine Phase, in der ich ein absoluter Fan von Grateful Dead war. Die ganze Zeit wollte ich nur mit irgend jemandem zusammensein. Mir ist klar, daß ich so versucht habe, ein paar ziemlich intensive Gefühle in mir nicht hochkommen zu lassen. Ich habe zweimal abgetrieben. Darüber bin ich wirklich traurig. Ich wünschte, ich könnte zu anderen

Menschen ganz normale, gesunde Beziehungen haben. Ich mag nicht von anderen abhängig sein, verstehen Sie, und ich mag nicht, daß sie von mir abhängig sind. Mein Vater hat mich so enttäuscht. Er hat mich ganz schön hängenlassen. Ich glaube«, sagte Tanya, »ich will es ihm mit den vielen Jungs, die ich habe, heimzahlen. Wenn meine Eltern sich mehr um mich gekümmert hätten, wäre ich sicher nicht so versessen darauf gewesen, mir durch die Rumvögelei in der High-School Anerkennung zu verschaffen.«

Trotz ihrer Probleme hat Tanya ihr Leben weitgehend im Griff. Ihre schulischen Leistungen waren gut, und sie denkt an eine berufliche Karriere, die ihren Talenten entspricht. Im Hinblick auf ihre persönlichen Leistungen ist sie sehr selbstbewußt.

Im Gegensatz zu Tanyas sonstigem Leben sind ihre Beziehungen zu Männern jedoch von ihrer Wut auf den Vater geprägt und, wie sie sagte, von einer großen Angst vor dem Alleinsein. Tanya fürchtet sich, weil eine Stunde, ein Tag oder eine Nacht, die sie alleine verbringt, in ihrer Psyche mit der Angst vor dem Verlassenwerden, der Angst vor Einsamkeit und dem heftigen Gefühl, verschmäht zu werden, verknüpft sind. Obwohl sie sich selbst verstehen will, ahnt sie nur verschwommen, daß sie die Sexualität benutzt, um diese Probleme zu lösen und Bedürfnisse zu befriedigen, die nur wenig mit sexueller Begierde zu tun haben. Tatsächlich benutzten viele Jugendliche aus der von uns untersuchten Gruppe die Sexualität, um die Angst zu vertreiben und ein Gefühl der Leere und Niedergeschlagenheit abzuwehren. Die meisten fingen früh an: Mehr als ein Viertel der Mädchen wurden bereits vor dem siebzehnten Lebensjahr sexuell aktiv.

Tanya versuchte unwillkürlich, durch häufig wechselnde Beziehungen dem Gefühl der Einsamkeit zu entfliehen. Die Überlegungen, die hinter diesem Verhalten stecken, sind klar, die Taktik ist altbekannt: Wenn man viele Männer hat und verliert einen, spielt das keine Rolle – ein anderer nimmt seinen Platz ein. Wenn man sich Hals über Kopf in das stürzt, vor dem man Angst hat, wird man seine Angst überwinden, wie der Klaustrophobe, der Höhlenforscher wird. Wenn man Angst hat, verschmäht zu werden, ist es vielleicht sinnvoll, sich in eine Beziehung nach der anderen zu stürzen. Ein solches kontraphobisches Verhalten war bei den jungen Frauen aus unserer Untersuchungsgruppe sehr verbreitet. Dreißig Prozent der jungen Frauen hatten in den vergangenen fünf Jahren fünf oder mehr Beziehungen. »Man darf sich nicht zu sehr binden«, sagte eine Fünfundzwanzigjährige. »Wenn man keine Beziehung aufbaut, fällt man nicht so hart. Bei mir ist das eine Berg-und-Tal-Fahrt. Ich verliebe mich, dann hab ich wieder genug, ich fang eine Beziehung an und hör wieder auf.«

Tanya ist hübsch, charmant und intelligent. Sie sollte eigentlich in der Lage sein, einen jungen Mann zu finden und zu halten, der ihren emotionalen und sozialen Bedürfnissen entspricht. Aber sie verfolgt einen anderen Kurs. Ihrer Neigung, mehrere Liebhaber gleichzeitig zu haben, entspricht ein inneres Bedürfnis nach rascher Veränderung. Das behindert sie in der Entwicklung der Fähigkeit, einen Partner bewußt zu wählen.

Tanya gab zu, daß sich in ihren Affären mit Männern Enttäuschung und Zorn auf ihre Mutter und ihren Vater widerspiegelten. Sie sagte: »Als Teenager habe ich mich von meinen Alten wirklich im Stich gelassen gefühlt. Damals habe ich auch mit den vielen Beziehungen angefangen.« Sie erzählte mir auch, daß sie sich wünsche, zu jemandem zu gehören, zu irgend jemandem. Doch sie habe Angst, daß »er mich fallenläßt, wie mein Vater mich fallengelassen hat«. Tanya lebt eine »self-fulfilling prophecy«, das heißt, sie setzt ihre Befürchtungen aktiv in die Tat um. Ihr Verhalten ist von Enttäuschung und Trauer geprägt.

Die größere Tragödie in Tanyas Leben besteht jedoch darin, daß sie ihren wunden Punkt kennt und weiß, warum sie sexuelle Abenteuer sucht, die ihr wenig Spaß machen. Und doch bewegt diese Einsicht sie keineswegs dazu, sich anders zu verhalten.

Tanyas Bruder Steve lebt mit einem permanenten Gefühl der Sehnsucht und Trauer. Tanya hingegen stürzt sich in rasch wechselnde Beziehungen, um Gefühle der Sehnsucht, Einsamkeit und Zurückweisung zu unterdrücken. Während sie von Liebhaber zu Liebhaber geht, spielt sie auch die Gefühle, verlassen zu werden und allein zu sein, immer wieder durch, aber sie dreht den Spieß auch um: *Sie* verläßt, *sie* geht. Deshalb glaubt Tanya, sie könne durch ihr Verhalten größeren Kummer vermeiden. Aber sie wird das Gefühl nicht los, daß sie keine dauerhafte Beziehung aufbauen kann.

Ich fand es sehr interessant, daß Tanya bat, ihre Akte sehen zu dürfen. Im Laufe unseres Gesprächs kristallisierte sich langsam heraus, um was es ihr dabei ging: Sie wollte in gewisser Weise etwas Gutes über die Beziehung ihrer Eltern hören. Sie fragte sogar ganz direkt: »Haben sie sich überhaupt irgendwann mal geliebt? Haben sie sich nach einem Streit in den Arm genommen und wieder vertragen?« Es war ihr offenbar furchtbar wichtig, Gutes über die Ehe ihrer Eltern zu hören. Sie suchte nach positiven Erinnerungen an Eltern, die sich liebten, weil sie nicht recht an die Möglichkeit einer liebevollen Beziehung zu einem Mann glauben konnte.

Ich habe viele Beispiele für Tanyas Dilemma gesehen. Vor allem die jüngeren Kinder aus geschiedenen Ehen nutzten die Gespräche nach fünf, zehn und fünfzehn Jahren, um etwas Positives über die Ehe ihrer Eltern zu erfahren. Eine junge Frau Mitte Zwanzig rief ihre Mutter im Anschluß an die Gespräche fünfzehn Jahre nach der Scheidung an und sagte: »Mama, ich möchte mit dir über Papa sprechen. Aber diesmal will ich nur was Gutes hören.« Später berichtete sie mir aufgeregt: »Und wissen Sie was? Sie haben sich früher geliebt.« Kinder aus geschiedenen Ehen sind offenbar von dem Bedürfnis besessen, die Gewißheit zu bekommen, daß sich ihre Eltern einmal geliebt haben. Sie suchen die Bestätigung, daß in ihnen selbst und in ihren Ursprüngen eine gewisse innere Güte existiert.

Bei den Interviews nach fünfzehn Jahren fragten wir alle Kinder, besonders diejenigen, die sehr viele sexuelle Kontakte hatten, wie AIDS auf ihr Verhalten und ihre Beziehungen gewirkt habe. Die meisten machten sich wie viele junge Erwachsene große Sorgen wegen AIDS. Die Folge war, daß sich ihre sexuellen Aktivitäten verringerten und ihre Furcht, keinen festen Partner zu finden, wuchs. »Ich mache mir ziemlich viele Sorgen«, sagte eine Vierundzwanzigjährige. »Um die Wahrheit zu sagen, ich habe Angst. Ein Grund mehr, einen Schritt zurückzutreten und über Beziehungen nachzudenken. Erst vor kurzem war ich in der Drogerie und habe Kondome gekauft. In der Nacht danach hatte ich einen Alptraum über AIDS. Das schlimmste ist, daß ich wahrscheinlich gar nicht herauskriegen würde, wer mich angesteckt hat. Ich hatte so viele Jungs. Ich glaube, ich habe die Nase voll von Beziehungen, die nicht funktionieren.«

Die meisten jungen Erwachsenen sagten, daß sie weiterhin sexuelle Kontakte hätten, allerdings weniger zufällig. »Klar hat mir das einen Dämpfer verpaßt«, sagte ein ebenfalls vierundzwanzigjähriger junger Mann. »Früher bin ich losgezogen, um Mädchen aufzureißen und sie flachzulegen. Heute suche ich nach einer Beziehung, aber ich klappre nicht die Bars ab.«

Die Verstoßenen

Becky wuchs in einer Umgebung auf, die von Gewalt, Sex und Treulosigkeit geprägt war. Als ich sie als Zehnjährige kennenlernte, war ich beeindruckt, wie gut sie sich in einem Zuhause behauptete, das die meisten anderen Kinder zerstört hätte. Sie war psychisch sehr robust; trotz der Zustände zu Hause hatte sie gute Noten und viele Freunde. Sie war in ihrer Entwicklung nicht zurück, obwohl sie in einer Familie aufwuchs, auf die das Wort pathologisch in jeder Hinsicht zutraf.

Zehn Jahre nach der Scheidung wartete ich vor dem Interview auf sie. Ich erinnerte mich amüsiert an das Theaterstück über die ideale Familie, das sie geschrieben hatte, als ihre eigene Familie auseinanderbrach. Sie inszenierte es in der Schule und lud ihre Eltern zu der Vorstellung ein. Sie kamen nicht.

Ich dachte auch an ihre an Jonathan Swift erinnernde Phantasie über ihre Tiere. Immer wenn es schwierig wurde, ging Becky in ihr Zimmer und sprach mit ihren Stofftieren, die ihr in ihrer Vorstellung auch Antwort gaben. »Sie leben in Familien«, hatte Becky erzählt. »Ein paar sind verheiratet, und ein paar haben Kinder. In einer Familie heißt eine Jungfrau, der andere Junggeselle. Sie haben ein Kind, und das heißt Ehe.« Sie beschrieb, wie die Tiere unter ihrem wachsamen Auge lebendig wurden und Abenteuer in fremden Ländern bestehen mußten; sie trafen zum Beispiel auf böse Menschen, die sie fangen und verspeisen wollten. Dann zeigte Becky mir ein Buch, in dem sie die Genealogien der Tiere sorgfältig aufgezeichnet hatte.

Als sie zum ersten Mal in das Spielzimmer in unserem Zentrum kam, entdeckte sie gleich die Stofftiere. Sie nahm die Löwenmutter und das Löwenkind und setzte sie mit der Bemerkung nebeneinander, wie gut sie zusammen aussehen würden.

»Sie passen gut zusammen«, stimmte ich zu. »Löwinnen und ihre Jungen streiten nicht.«

»Natürlich nicht«, sagte sie entrüstet. »Keine Löwin tut ihrem Kind weh, auch wenn sie mal wollte.«

An einem stürmischen Tag informierte mich die inzwischen neunzehnjährige Becky in unserem Gespräch zehn Jahre nach der Scheidung über die neuesten Entwicklungen in ihrer noch immer desorganisierten Familie. Mit ihrem pechschwarzen, zu einem straffen Knoten gebundenen Haar, dem olivefarbenen Teint und den langen, baumelnden Ohrringen sah sie aus wie ein Zigeunermädchen aus einer wilden und gefährlichen Welt. Was sie vor der Scheidung an Ordnung und Fürsorge erfahren hatte, war schon lange entschwunden. Sexualität nahm im Lebensraum beider Elternteile inzwischen einen noch größeren Raum ein. Es gab zwar keine Gewalttätigkeiten mehr, aber die Wut blieb.

Ihrer Beschreibung nach führte Becky das Leben einer Fanny Hill. Im Alter von 13 Jahren fing sie an, mit Jungen zu schlafen. Als sie fünfzehn war, gehörte sie zu einem feinen Prostituiertenring in der High-School am Ort. Zwei Monate lang — bis ihr die Szene langweilig wurde —, schlief sie für 500 Dollar mit verheirateten Männern. Sie sollte abwechselnd ein Jahr bei ihrer Mutter und ein Jahr bei ihrem Vater wohnen, beaufsichtigt wurde sie jedoch in keinem der beiden Häuser. Ihr Vater besaß ein italienisches Restaurant und flirtete gern mit weiblichen Gästen und seinen jungen Kellnerinnen. Er arbeitete viel und kam kaum einen Tag in der Woche vor Mitternacht nach Hause.

Als Becky vor ein paar Jahren zu ihrem Vater gezogen war, verschwammen ihre Tage in einem Nebel aus Drogen, Alkohol und Sex. Zur Schule ging sie nicht. »Niemand hat mich daran gehindert«, sagte sie langsam. »Bis ich siebzehn war, war mein Leben eine einzige große Sofortbefriedigung.« Becky lachte ungezwungen. »Ich habe mit jedem gevögelt. Mein Geld steckte ich in Dope und Klamotten. Ach ja, und in ein paar Abtreibungen.«

»Was ist passiert, als du siebzehn warst?«

»Ich zog mit Freddy zusammen. Das war ein großer Fehler, das kann ich Ihnen sagen. Er war die meiste Zeit ziemlich gewalttätig, aber das waren ja viele andere auch. Ich gelobe mir immer wieder, daß ich mich nie mehr schlagen lasse, aber trotzdem mache ich weiter wie zuvor.« Becky sah zur Seite.

Ich fragte Becky, ob sie noch Kontakt zu ihren Eltern hätte.

»Ich war immer Papas kleines Mädchen«, sagte sie, auch wenn das all ihren Erfahrungen total zuwiderlief. »Ich bin wirklich stolz auf ihn. Er führt mich gern seinen Freunden im Restaurant vor. Er ist okay.« Becky spürte meine Skepsis und fügte rasch hinzu: »Ja, gut, ich glaube, ich habe nicht viel Kontrolle über das, was in meinem Leben passiert. Ich bin auf alles vorbereitet. Ich erwarte nicht viel vom Leben. Ich werde mit allem fertig. Ich bin einfach glücklich, daß ich lebe und durchkomme.« Sie wickelte sich eine Haarsträhne, die sich gelöst hatte, fest um den Finger. »Das Leben ist ein Schachspiel. Ich bin ein Bauer, und mein Vater ist der König. Ich war schon immer ein Bauer.«

»Für den Bauern scheint das Spiel aber nicht besonders lustig zu sein«, sagte ich.

»Wissen Sie, man lernt nur durch eigene Erfahrung, zwischen richtig und falsch zu unterscheiden«, sagte sie und verlagerte ihr Gewicht. »Ich habe bestimmt viel erlebt. Ich habe bestimmt gelernt, zwischen richtig und falsch zu unterscheiden. Wenn meine Eltern nicht geschieden wären, wäre ich nicht so wild. Ich würde hier vor Ihnen nicht rauchen. Ich würde ins College gehen und zu Hause wohnen. Wenn man ein Kind ist, braucht man seine Mutter und seinen Vater. Wenn man fünfzehn ist, können sich die Eltern ruhig scheiden lassen. Aber wenn die Kinder jünger sind, macht sie eine Scheidung wirklich fertig. Aber man kann keinem die Schuld an einer Scheidung geben. Niemand hat schuld. Niemand hat an irgendwas schuld.«

Vor der Scheidung hatte Becky ein Zuhause. Trotz gelegentlicher Streitereien und Gewalttätigkeiten gab es eine feste Essenszeit, eine feste Schlafenszeit und eine feste Aufstehzeit. Nach der Scheidung löste sich die Familienstruktur auf, und niemand übernahm die Verantwortung. Beckys Mutter hatte in dem verzweifelten Versuch, ihr Glück zu finden, verschiedene Affären. Ihr Vater lief jungen Mädchen nach. Becky war erst zehn Jahre alt, als sie für sich selbst sorgen mußte, und sie wußte das. Sie ersann bunte und tröstende Traumwelten. Damit beschwor sie einen inneren Kern von Integrität, Kreativität und eine Fähigkeit zu Beziehungen. Diese Phantasien hielten sie aufrecht, allerdings nur in der Zeit vor der Pubertät.

Dann zerbrach Beckys Welt unter einem wachsenden Druck von sexuellen und aggressiven Impulsen. Sie war kurz vor dem Eintritt in die Pubertät enorm vielen sexuellen Reizen und viel Brutalität ausgesetzt gewesen. Niemand hatte auch nur versucht, ihr zu zeigen, daß Mann und Frau sich gegenseitig lieben und respektieren können. »Ich kann meinen Eltern absolut nicht trauen«, sagte sie. »Ich verlasse mich auf meine Freunde.« Mit fünfzehn war Becky ein »verstoßenes Kind«.

Es gibt viele Kinder, für die eine Scheidung das Ende von Geborgenheit und Stabilität bedeutet, auch wenn ihre Geschichte vielleicht nicht ganz so dramatisch verlief wie bei Becky. Wenn Gewalttätigkeit und Affären nach der Scheidung nicht aufhören, sondern weitergehen oder gar eskalieren, vernachlässigen die Eltern ihre Kinder, und das hat schreckliche Folgen. In solchen Familien bringt die Scheidung keine Verbesserung, sondern leitet eine viel größere Störung des Familienlebens ein — niemand fühlt sich verantwortlich.

Wenn die Atmosphäre zu Hause stärker von Sexualität als von Liebe und Zärtlichkeit geprägt ist, leiden die Kinder unter starken Angstgefühlen. Sie können sich in der Schule nicht konzentrieren und fühlen sich körperlich am Rande ihrer Kräfte. Nach einer orgiastischen Party ihrer Mutter erzählte uns ein zehnjähriges Mädchen: »Ich glaube, ich könnte meine Zunge verschlucken.«

Mädchen haben während der Pubertät offenbar ein besonders starkes Bedürfnis nach einer geordneten Familienstruktur. Sie lechzen nach Regeln oder nach einem Menschen, der etwas Nettes zu ihnen sagt, und suchen oft Trost in der Promiskuität. In vielen Fällen handelt es sich nur um eine vorübergehende Verhaltensweise, die ungefähr im Alter von vierzehn Jahren ihren Höhepunkt erreicht. Einige Mädchen, wie zum Beispiel Becky, halten jedoch die ganze Pubertät über an diesem Verhaltensmuster fest. Zu der sexuellen Aktivität kommt typischerweise Drogen- und Alkoholkonsum.

Becky hatte ganz recht, als sie sagte, daß die Scheidung ihrer Eltern zu einem sehr ungünstigen Zeitpunkt kam. Mädchen reagieren besonders empfindlich auf eine Scheidung, wenn sie kurz vor der Pubertät stehen und sich ihrer ersten sexuellen Regungen wegen hilflos fühlen. Gerade in dieser Zeit muß die Sexualität der Eltern hinter der geschlossenen Schlafzimmertür bleiben. Becky überraschte ihre Mutter, als sie auf der Wohnzimmercouch mit einem fremden Mann schlief; im Apartment ihres Vaters öffneten fremde Frauen im Bademantel die Tür. Beckys Eltern hatten sicherlich ein Recht auf ein Sexualleben, das ihren Bedürfnissen entsprach, aber sie lebten ihre Sexualität zu offen aus. Sie verhielten sich nicht mehr wie Eltern, sondern wie ältere Freunde, und übersahen dabei, daß Becky Eltern nötiger brauchte als ältere Freunde. Weil Becky ihren eigenen Impulsen schutzlos ausgeliefert war, wurde sie überreizt und verletzlich. Warum sollte sie den Sex nicht probieren, wenn sich die Gelegenheit bot? Wer in diesem chaotischen Haushalt sollte sie daran hindern?

Verstoßene Mädchen sagen übereinstimmend, daß sie sich innerlich leer fühlen. Die Unfähigkeit, ihre Befriedigung auf einen späteren Zeitpunkt zu verschieben, paßt zu ihrem geringen Selbstwertgefühl und der hohen Stimulation.

Becky bezeichnete sich als »Bauer im Spiel«. Damit wollte sie ausdrücken, daß sie sich für die unwichtigste Figur auf dem Brett hält.

Pubertierende Jugendliche sind verletzlicher, als man meist annimmt. Wir alle wissen, daß ein dreijähriges Kind Fürsorge und Aufmerksamkeit braucht, daß jemand für die physischen und emotionalen Bedürfnisse des Kindes dasein muß. Ein Dreizehnjähriger jedoch kann den Kühlschrank selbst aufmachen und sich nach der Schule ein Essen zubereiten. Aber weil er physisch für sich selbst sorgen kann, kann er noch lange nicht psychisch für sich selbst sorgen. Ein vierzehnjähriges Mädchen sagte: »Das Schlimmste an der Scheidung war, daß meine Mutter nicht daheim war. Es gab keine Ordnung, keine Regeln — nur so ein Gefühl der Leere. So kam ich an Drogen und Sex.«

Von Gerichts wegen eingesperrt

Doras Eltern waren Ende Dreißig, als sie auf die Welt kam. Sie behüteten sie sehr, denn die späte Geburt erschien ihnen als Wunder. Doras Vater war aus Israel emigriert und führte ein gutgehendes Zimmermannsgeschäft; ihre Mutter, gebürtige Amerikanerin, arbeitete in einer Bäckerei. Dora war ein stilles, gehorsames kleines Mädchen. In dem streng jüdisch-orthodoxen Haus wurde wenig gelacht.

Als die Ehe ihrer Eltern nach zwölf Jahren auseinanderging, blieb Dora bei ihrer Mutter. »Mama braucht mich«, sagte sie. »Sie kann nichts Schweres hochheben. Ich weiß nicht, was sie ohne mich tun würde.«

Eines Tages weigerte Dora sich rundweg, ihren Vater zu besuchen. Als sie von ihrer Mutter gedrängt wurde, bekam sie einen Tobsuchtsanfall. Die nette, schüchterne Dora zerrte an einem Stuhl und riß tatsächlich die Armlehnen ab.

Ihr Vater ging vor Gericht. Wie Mutter und Tochter uns berichteten, sagte er bei der Verhandlung: »Meine Exfrau unterzieht meine Tochter einer Gehirnwäsche. Dora kommt nicht zu mir. Ich fordere mein Recht.« Der Richter ordnete an, das Kind müsse jedes zweite Wochenende von Samstagmorgen neun Uhr bis Sonntagabend sieben Uhr bei seinem Vater verbringen, obwohl Dora und ihre Mutter heftig protestierten. Nach jenem einzigen verzweifelten und heroischen Versuch, Widerstand zu leisten, gab Dora auf. Ihre ganze Pubertät über ging sie gehorsam jedes zweite Wochenende zu ihrem Vater. Sie weinte, wenn sie allein in ihrem Zimmer war — dem Zimmer im Haus ihrer Mutter.

Die Wohnung ihres Vaters war geräumig. Sie war mit Perserteppichen ausgelegt. Überall standen siebenarmige Leuchter und viel Silber, das Dora polieren mußte. Ihr Vater erwartete, daß sie sich unauffällig kleidete. Wenn sie menstruierte, wickelte sie ihre Unterwäsche und die gebrauchten Binden in einen speziellen Beutel und nahm sie mit zu ihrer Mutter.

Dora erzählte uns, daß die Wochenenden bei ihrem Vater schon bald nach einem genauen Plan abliefen. Am Samstag gingen sie in die Synagoge. Später wartete sie, bis es Abend wurde, und kochte die Mahlzeiten für die kommende Woche vor. Am Sonntag wusch Dora die Wäsche und putzte das Haus. »Wir sehen nie andere Leute. Ich bin immer allein mit meinem Vater«, sagte sie, als wir uns ein Jahr nach der Scheidung trafen.

»Was hast du zu deinem Vater gesagt?« fragte ich.

»Ich habe ihm gesagt, daß ich am Sonntag mit meinen Freundinnen gern eine Radtour machen möchte. Er hat mich zwei Tage lang nur angeschrien. Dauernd sagt er: ›Du hast vergessen, was ich alles für dich getan habe‹. Er zählt tausend Dinge auf, an die ich mich nicht erinnern kann. Ich kann dieses ›Ich-habe-schon-soviel-für-dich-getan‹-Gerede nicht ausstehen.«

Fünf Jahre später äußerte Dora sich sehr verbittert über die gerichtliche Entscheidung. Auch ich war der Meinung, daß Dora durch diese Regelung in ihrer sozialen und emotionalen Entwicklung behindert würde, und machte mir große Sorgen wegen ihrer Niedergeschlagenheit. Mit sechzehn Jahren schrieb sie Gedichte und spielte oft an ihrem Lieblingsfelsen in einem nahe gelegenen Park Gitarre. »Ich habe gelernt, gern allein zu sein«, sagte sie mit unsicherer Stimme. »Aber es war hart. Mein Vater zahlt für mich monatlich 95 Dollar. Aber ich glaube, man kann sagen, daß ich mir das Geld erarbeite.«

Ich spürte, daß Dora in einem Gefühl der Ohnmacht lebte. Aber erst nach zehn Jahren, als sie 22 war, wurden einige Folgen der Scheidung und der gerichtlich angeordneten Besuche bei ihrem Vater deutlich sichtbar. Einen Monat bevor Dora mit ihrer Collegeausbildung beginnen sollte, hatte die Achtzehnjährige einen neunundzwanzigjährigen Elektriker kennengelernt. Drei Wochen später hatte sie geheiratet. »Es war von Anfang an merkwürdig«, sagte sie später. »Er war meine erste Beziehung. In unserer Ehe besorgte er das Schreien; ich besorgte das Heulen.« Sie hatte zu ihrem Mann das gleiche unterwürfige Verhältnis wie zu ihrem Vater. Die gerichtliche Anordnung hatte die Unterwürfigkeit in der Beziehung zu ihrem Vater noch verstärkt.

Unter solchem Druck wählen Mädchen wie Dora oft einen ganz traditionellen Ausweg: Sie heiraten den ersten Mann, der ihnen über den Weg läuft. Zum Zeitpunkt unseres Gesprächs zehn Jahre nach der Scheidung ihrer Eltern war Dora bereits wieder geschieden, sagte aber dennoch: »Mich ärgern all diese Studien darüber, wie schlimm eine Scheidung für die Kinder ist. Man sollte beide Seiten der Sache sehen.

Ich habe mich nach der Scheidung eigentlich ziemlich wohl gefühlt. Wenigstens stritten meine Eltern nicht mehr. Durch die Scheidung wurde mein Leben besser, weil ich ein wenig von meinem Vater weggekommen bin.« Sie dachte kurz nach. »Aber ich glaube nicht, daß das gut für mich war. Ich könnte eine ausgewogenere Persönlichkeit sein. Manche Leute werden nach einer Scheidung vorsichtiger bei ihren Beziehungen zu Männern. Ich wurde nachlässiger. Jede Frau, die mit achtzehn einen Mann heiratet, den sie nur drei Wochen kennt, verdient nichts Besseres, als geschieden zu werden.«

Mit einer Ausnahme sind all die jungen Frauen, die an unserer Studie beteiligt waren und bei der Eheschließung jünger als zwanzig waren, inzwischen wieder geschieden. Wie Dora hatten sie Männer geheiratet, die sie kaum kannten. In den meisten Ehen war es zu Gewalttätigkeiten gekommen. (Von den jungen Männern heirateten sehr wenige so früh; ihre Ehen waren bei den Interviews nach zehn Jahren intakt.)

Gerade junge Frauen mit einem geringen Selbstwertgefühl, die kaum imstande sind, für sich selbst zu sorgen, heiraten sehr früh. Es ist eine Ironie des Schicksals, daß sie in dem Versuch, der schwierigen Situation zu Hause zu entkommen, oft in Situationen geraten, in denen es ihnen keineswegs bessergeht. Oft verstärken sich durch diese Frühehen ihre Depressionen und ihre ökonomische Unselbständigkeit noch.

Dora hatte noch ein anderes Problem: den gerichtlich angeordneten Besuchsplan, gegen den sie sich so heftig wehrte. Die Richter erwarteten sicherlich nicht, daß die Besuche Doras gesamte Pubertät hindurch fortgesetzt würden. Wahrscheinlich meinten sie, daß die Eltern und das Kind noch einmal über das Problem reden und dabei die Wünsche und die sich im Laufe der Entwicklung ändernden Bedürfnisse des Kindes berücksichtigen würden. Die Gerichte gehen davon aus, daß Jugendliche um ihre Interessen kämpfen. Meine Beobachtungen bestätigen das jedoch nicht. In Doras Fall wurde die gerichtliche Anordnung buchstabengetreu eingehalten. Das Mädchen wuchs in dem Bewußtsein auf, daß es unmöglich ist, für seine Interessen zu kämpfen. Ich habe in vielen Fällen erlebt, daß eine gerichtliche Anordnung bei Kindern das Gefühl der Ohnmacht verstärkt. Die Gesellschaft und ihre Institutionen kümmert das offenbar nicht. Da die Kinder kaum die Möglichkeit haben steuernd einzugreifen oder die Situation aus eigene Kraft zu verändern, wird ihr Selbstwertgefühl weiter unterhöhlt; schließlich sind sie so entmutigt, daß sie nicht einmal mehr versuchen, sich selbst zu helfen.

Wie das Beispiel von Tanya, Becky, Dora und vielen andern Kindern, Jungen wie Mädchen, aus geschiedenen Ehen gezeigt hat, ist die Pubertät eine gefährliche Zeit. Leider tun wir nur wenig, um den Heranwachsenden zu helfen. Unsere Gesellschaft trägt sogar eher dazu bei, ihre Entwicklung zu behindern.

Die Pubertät ist durch die biologische Intensivierung sexueller und aggressiver Triebe gekennzeichnet. Zunächst sind die Kinder ein wenig verwirrt. Sie fürchten, von den Trieben übermannt zu werden, und fühlen sich sehr verwundbar. In unserer Kultur kommt zu der Intensivierung der Triebe noch ein hohes Maß von Außenreizen hinzu. Sex und Gewalt werden in der Werbung ausgeschlachtet, um nahezu jedes Produkt und jede Dienstleistung der amerikanischen Wirtschaft an den Mann zu bringen. In unserer Wohlstandsgesellschaft werden oft Jugendliche als willige Konsumenten von Drogen und Alkohol angesprochen. Mit ihrer Bereitschaft, mit den verbotenen Genüssen der Erwachsenen zu experimentieren, werden ungeheure Summen verdient. Während unsere Teenager mit ihrer eigenen Sexualität, ihrer Aggression und ihrer Aufsässigkeit konfrontiert sind, werden sie in den Medien und auf der Straße mit Reizen überflutet. Die Werbung verspricht ihnen sofortige Befriedigung ihrer Bedürfnisse durch Konsum. Kinder machen zu früh Bekanntschaft mit Sexualität, sie werden in eine Pseudo-Erwachsenenwelt gestoßen und von allen Seiten mit Gewalt konfrontiert.

Teenager brauchen eine feste Familienstruktur und ein klares Wertesystem. Sie brauchen Regeln, bewilligte Ausgehzeiten und das Gefühl, daß Eltern sich um ihre Kinder kümmern. Die Liebe und Fürsorge der Eltern wird niemals so sehr gebraucht und niemals so sehr auf die Probe gestellt wie in der Pubertät. Dann brauchen die Kinder Stabilität, klare Vorstellungen von richtig und falsch, von geben und nehmen. Dann muß das Zuhause der sichere Hafen sein, in den sie sich zurückziehen können, wenn die Welt zu kompetitiv, zu qualvoll und zu furchteinflößend wird. Der wertvollste Besitz eines Teenagers ist sein eigenes Zimmer, auch wenn es ein noch so kleiner Raum ist, denn ein eigenes Zimmer bedeutet Sicherheit und Stabilität.

Dieser Rückhalt wird ihnen durch eine Scheidung oft genommen, und das hat tragische Folgen. Während der Scheidung löst sich die Familienstruktur auf, und die Jugendlichen fühlen sich psychisch führungslos. Sie müssen sich ihre emotionale und körperliche Unterstützung zu früh bei Gleichaltrigen holen und werden in ernste Konkurrenzsituationen in der Welt draußen gestoßen. Dabei fehlen ihnen klare und gefestigte Wertvorstellungen.

Nur wenige Erwachsene erinnern sich noch daran, was Jugendliche leisten müssen, bevor sie junge Erwachsene sind. Es ist verlockend, sich die Pubertät als eine Phase vorzustellen, durch die man »durchkommen«, die man »überleben« muß. Aber die Jahre der Pubertät erfüllen in der Entwicklung zum Erwachsenen einen wichtigen Zweck: Der Teenager löst sich allmählich von der Familie und wird unabhängiger, bleibt aber mit der Familie verbunden. In der Pubertät findet kein totaler Bruch statt. Lediglich die frühere Kind-Eltern-Struktur wird verändert, und neue Beziehungen zu den Eltern und zu Gleichaltrigen beginnen. Jede Scheidung ist eine ernste Gefahr für diesen komplizierten Entwicklungsprozeß.

11

Kyle Burrelle

Das jüngste Kind

Als das jüngste von drei Kindern wurde Kyle Burrelle von seiner Mutter Betty besonders behütet. Sie zog ihn während des Sturms der Scheidung enger an sich. Im Gegensatz zu Steve und Tanya kann Kyle – er wurde drei Jahre alt, als Dale auszog – sich nicht daran erinnern, daß sein Vater Gute-Nacht-Geschichten vorlas, mit ihm auf dem Wohnzimmerboden raufte oder ihn in die Eisdiele mitnahm. Wie viele sehr kleine Kinder brachte er Zeit und Raum durcheinander, war verstört, weil sein Vater weg war und verstand nicht, warum er zwischen den einzelnen Besuchen so lange auf den Vater warten mußte. Seine Spiele bei uns im Spielraum zur Zeit der Scheidung handelten von Dinosauriern, Spielzeuglöwen und lauernden Monstern. Er kämpfte mit Aggressionen und dem Gefühl, daß die Welt kein sicherer Ort sei, aber er war nicht von Angst gelähmt.

Zehn Jahre nach der Scheidung seiner Eltern saß ich mit Kyle im Garten seiner Mutter, und wir unterhielten uns über sein Leben, über das, was ihm Spaß machte – die Schule, Ferien, Football, Basketball, Schlagzeugspielen, sein Weg beim Zeitungaustragen –, und über seinen besten Freund, der zwei Häuserblocks entfernt wohnt. Der dreizehnjährige Kyle plauderte frei und ungezwungen; er brauchte keine Stichworte. Er war ruhig und keineswegs befangen, obwohl er mich nicht gut kannte. Da er gerade einen Wachstumsschub hinter sich hatte, war er dünn und knochig; an seiner Kehle war der Ansatz eines Adamsapfels sichtbar.

»Mama und ich kommen ziemlich gut miteinander aus«, sagte er. »Wir sind im selben Wanderclub, aber oft gehen wir einfach für ein paar Stunden los und wandern, nur wir zwei. Wenn ich zu spät heimkomme, macht sie mich zur Schnecke. Sie mag es nicht, wenn ich mit Steve und Tanya streite. Ich kann mit ihr über alles reden. Sie versteht viel besser als die meisten anderen, was Sache ist.«

Und sein Vater?
»Mein Vater ruft mich manchmal an. Er spricht mit uns allen. Er ist stolz auf mich, weil ich mich beim Football anstrenge. Mit meinem Vater spreche ich gern über solche Sachen. Er mag Sport.«
Ich bitte Kyle, die Besuche seines Vaters zu beschreiben.
»Als ich ihn letztes Jahr sah, verbrachten wir drei oder vier Stunden zusammen«, sagte er gelassen. »Mein Vater mußte irgendwohin, deshalb konnten wir nicht mehr Zeit miteinander verbringen. Ich erwarte eigentlich nicht von ihm, daß er anruft, aber irgendwie ist es schön, wenn er's tut. Ich glaube, er würde ganz gern wieder zu uns zurückkommen. Das würde mir schon gefallen, aber so wie es jetzt ist, ist es auch in Ordnung. Ich mache mir keine Gedanken darüber. Ich komme ohne ihn klar. Aber ich würde ihn ganz gern ein bißchen öfter sehen. Ich würde ihn gern besuchen, vielleicht zweimal im Jahr für ein paar Wochen. Aber er arbeitet immer und hat nicht viel Zeit. Außerdem komme ich nicht so wahnsinnig gut mit meiner Stiefmutter aus. Mein Stiefbruder heult, wenn er nicht kriegt, was er will. Er kann einem wirklich auf den Geist gehen. Papa heiratet dauernd und läßt sich dann wieder scheiden.«
Ich fragte Kyle, warum es seiner Meinung nach zur Scheidung seiner Eltern gekommen ist.
»Ich weiß nicht, warum«, sagte er. »Er hat sie verlassen, vermute ich. Ich versteh nicht, warum. Ich habe versucht, mir zu überlegen, was passiert ist. Er hat sie wahrscheinlich nicht mehr gemocht. Für Mama war es hart. Sie mußte uns ganz allein aufziehen.«
»Du hast dich wacker geschlagen«, sagte ich. »Was hat dir geholfen?«
Er grinste. »Nun, ich habe versucht, so gut wie möglich damit fertig zu werden. Mama ist da, wenn ich sie wirklich brauche. Außerdem rede ich mit meinem besten Freund und so.«
Ich fragte nach seinen Zukunftsplänen.
»Wenn ich dreißig bin, will ich heiraten. Eine Zeitlang möchte ich allein sein, einen guten Job kriegen und mir ein bißchen Geld zusammensparen. Man sollte nicht heiraten, wenn man keinen Partner hat, den man liebt. Man muß über seine Probleme reden können. Ich habe eine Freundin. Sie ist nett und hat einen guten Charakter. Wir können miteinander reden.«
Nach unserem Gespräch ging Kyle nach oben und spielte eine ganze Weile lang Schlagzeug. Ich dachte mir im stillen, daß Schlagzeugspielen für ihn keine schlechte Möglichkeit ist, die Masse von Gefühlen auszudrücken — Zorn, Kummer oder Sehnsucht —, die mit all dem verknüpft waren, was er mir so tapfer erzählt hat.

Kyles Haltung und Pragmatismus beeindruckten mich. Der Satz »Ich habe versucht, so gut wie möglich damit fertig zu werden« zeigt, daß er realistisch einschätzte, was er von sich selbst und anderen erwarten konnte. Im Gegensatz zu anderen Jungen in seinem Alter war Kyle in der Lage, über Gefühle, Zukunftspläne, Beziehungen und Erinnerungen zu reden.
Kyle war gut in der Schule, hatte ausgezeichnete Noten, gute Freunde und eine Freundin und eine enge, sehr vertrauliche Beziehung zu seiner Mutter. Er versuchte, seinen Vater in ein positives Licht zu stellen, und hielt Gefühle des Schmerzes und der Wut unter Kontrolle, aber er leugnete sie nicht. Er betrachtete sein Leben und seine Beziehungen ausgesprochen realistisch und wollte hart arbeiten, um bestimmte Ziele zu erreichen. Verglichen mit seinem Bruder Steve, der sich ziellos treiben läßt, und seiner Schwester Tanya, die Trost in der Promiskuität gesucht hat, ist Kyle erstaunlich erfolgreich.[1]

Wenn ich gefragt werde, wie man Kindern die traumatischen Folgen einer Scheidung ersparen kann, kann ich keine Patentrezepte anbieten. Aber fest steht, daß das Alter des Kindes zum Zeitpunkt der Scheidung einen großen Einfluß auf sein späteres Verhalten hat. Vorschulkinder haben im allgemeinen am meisten Angst und entwickeln die dramatischsten Symptome, wenn die Ehe auseinanderbricht. Viele fürchten, von beiden Elternteilen im Stich gelassen zu werden, und haben deshalb Schlafstörungen oder Probleme mit dem Alleinsein.
Aus diesem Grund überrascht es, daß dieselben Kinder zehn Jahre später offenbar besser mit der Situation fertig geworden sind als ihre älteren Geschwister. In der Frühpubertät schnitten sie psychologisch gesehen in vielerlei Hinsicht besser ab als die älteren Kinder. Achtundsechzig Prozent dieser Kinder hatten keine Probleme, verglichen mit 40 Prozent der älteren Kinder.
Kyle und sein älterer Bruder Steve geben ein gutes Beispiel für dieses Phänomen. Steve reagierte mit sieben Jahren so heftig auf die Scheidung seiner Eltern, daß seine Lehrer zu einer psychotherapeutischen Behandlung rieten. Viele Jungen in diesem Alter sind weiterhin ganz auf ihre Väter fixiert und begeistert von ihnen, auch wenn die Väter den Kontakt zu ihnen abbrechen. Steve hat sich nie von dem Bruch in der Beziehung zu seinem Vater erholt.
Kyle jedoch war erst drei, als Dale die Familie verließ, und die Vater-Sohn-Beziehung war für ihn nicht so zentral wie für Steve. Anders als bei seinem älteren Bruder hatte Kyles Bedürfnis nach einer ihm na-

hestehenden, männlichen Identifikationsfigur den Höhepunkt noch nicht erreicht. Kyle war physisch und emotional noch ganz in der Obhut seiner Mutter. Der Verlust des Vaters war deshalb für ihn zwar schmerzlich, traf aber nicht das Wesen seiner Persönlichkeit.
Als jüngstes Kind hatte Kyle das Glück, von seiner Mutter besonders geliebt zu werden. Viele Mütter wollen vor allem das Baby beschützen. Weil sie als Alleinerziehende meist am Rande ihrer Kräfte sind, schenken sie das bißchen Aufmerksamkeit, das sie am Ende eines Arbeitstages aufbringen können, dem jüngsten Kind in der Familie. Im allgemeinen werden die jüngeren Geschwister weniger belastet als die älteren, denn diese werden mit der Verzweiflung ihrer Eltern voll konfrontiert. Erstgeborene Kinder nehmen, wie man herausgefunden hat, unter Geschwistern traditionell eine bevorzugte Position ein. Sie erweisen sich häufig als intelligenter und bringen höhere Leistungen. Dieser Geburtsvorteil wird gewöhnlich darauf zurückgeführt, daß die Erstgeborenen ihren Eltern näherstehen und oft lieber sind als ihre Geschwister. Bei einer Scheidung kann sich dieser natürliche Vorteil in sein Gegenteil verwandeln.
Wenn geschiedene Mütter ihrem jüngsten Kind besonderes viel Liebe und Fürsorge schenken, profitieren diese Kinder sehr davon. Sie wachsen in einer relativ stabilen Umgebung auf, obwohl sich die Eltern scheiden ließen. Sie erwarten, daß sie von der Welt gut behandelt werden, und sind erheblich optimistischer als ihre älteren Geschwister. Im Gegensatz zu Steve geht Kyle davon aus, daß die Menschen ihm freundlich gesonnen sind. Er hat das Gefühl, eine gewisse Kontrolle über sein Leben zu haben, und ist zuversichtlich, daß er seine Pläne auch realisieren wird.
Hinzu kommt, daß sehr kleine Kinder nicht von Erinnerungen an die intakte Familie gepeinigt werden. Sie spüren keine nostalgische Sehnsucht nach dem, was sie verloren haben, und haben weniger Erinnerungen an Verwirrung und Konflikte. »Es ist komisch«, sagte Kyle. »Die ganze Phase ist irgendwie blockiert. Ich kann mich nicht erinnern. Ich war damals drei.«
Kyle kann die Hand ausstrecken und um Hilfe bitten, wenn es nötig ist; Steve dagegen hält sich zurück. Er traut sich nicht, seinen Vater um Geld zu bitten, weil er glaubt, doch wieder abgewiesen zu werden. Kyle wird nicht von solchen Befürchtungen gequält; deshalb kann er die Hand ausstrecken. Fünfzehn Jahre nach der Scheidung seiner Eltern studierte Kyle mit einem Stipendium an der Universität von New Mexico. Als das Semester begann, rief er Dale an und bat

um Geld. Dale reagierte und schickte seinem jüngsten Sohn monatlich 100 Dollar.
Ob ihr geringes Alter zum Zeitpunkt der Scheidung den Kindern auch hilft, wenn sie als junge Erwachsene die Fähigkeit zu lieben entwickeln müssen, muß eine spätere Studie klären.

Das Mädchen mit den zwei Elternhäusern

Die vierjährige Dana strich sich eine widerspenstige rote Locke aus den Augen und streckte die Hand nach einem Puppenvater aus. Sie war verschlossen und still und lachte bei ihrem ersten einstündigen Besuch in unserem Spielraum kein einziges Mal, sondern konzentrierte sich ganz auf ein Spiel über ein richtiges Zuhause. Zuerst arrangierte sie eine Szene, in der die Puppenmutter und der Puppenvater zusammen im Bett lagen, während die Puppenkinder fröhlich im Nebenzimmer spielten und das winzige Baby friedlich in seinem Kinderbettchen schlief. Am Ende der Stunde standen alle Puppen auf und nahmen ein opulentes Frühstück ein.
Eine Woche später stellte Dana mit den Puppen wieder eine glückliche Familienszene: Alle saßen zusammen vor dem Fernsehapparat. Der Puppenvater hatte sein kleines Mädchen auf dem Schoß, und nach der Sendung aßen sie gemeinsam zu Abend. Der Vater hielt seine kleine Tochter auch während der Mahlzeit zärtlich auf dem Schoß. Alle Geräusche, die Kinder beim Puppenspielen normalerweise von sich geben, fehlten in Danas Spiel. Es war geradezu unheimlich. Wir versuchten, sie in ein Gespräch zu verwickeln, aber sie sagte nur: »Papa ist in der Stadt, weil Mama unglücklich ist.« Ihr Spiel strafte ihre Worte Lügen, denn in dem Puppenhaus waren alle Familienmitglieder anwesend; es war ein Paradies.
Bei ihrem dritten Besuch in unserem Spielraum erreichte das Thema »Zusammengehörigkeit« in Danas Puppenwelt eine neue Intensität. Ernst und wortlos setzte sie die Mutter, den Vater und die Kinder zusammen in die Badewanne. Dann verlegte sie die ganze Familie aufs Dach und stapelte Vater, Mutter und Kinder einfach aufeinander. Plötzlich begann sie die Puppen, die Stofftiere, die in Reichweite herumlagen, zu beißen. Sie packte das Krokodil und schlug mit Fäusten auf es ein; dann ging sie weiter und biß das nächste Objekt. Der Ausbruch spielte sich in absoluter Stille ab. Man braucht keine besondere Ausbildung, um aus Danas Spiel die unaussprechliche Trauer heraus-

zulesen, weil sie nicht imstande war, die Familie wieder zusammenzuführen. Zärtlichkeit, Zusammengehörigkeit und gegenseitiges Vertrauen wurden abgelöst von Aggression, Zorn und Zerstörung.
Obwohl alle unsere Kinder im Vorschulalter heftig auf die Scheidung ihrer Eltern reagierten, war Danas Reaktion besonders ausgeprägt. In den ersten Wochen nach der Scheidung erlaubte sie sich nicht, Gefühle zu zeigen, die andere dazu veranlassen könnten, sie zu trösten. Dana zeigte fast das ganze erste Jahr nach der Scheidung die Symptome einer Depression und hatte schwere Schlafstörungen mit Alpträumen. Sie ließ sich nicht trösten. Wenn ihre Eltern sich ihr nähern wollten, wies sie sie entweder zornig ab oder zog sich traurig zurück. Aber als sie regelmäßig ihren Vater besuchen durfte und ihre Mutter sich langsam beruhigte, ging es Dana besser. Bei unserem Gespräch nach einem Jahr war sie besserer Stimmung, machte sich gut in der Vorschule und erzählte uns, daß es ihr gefalle, zwei Elternhäuser zu haben. Die Fünfjährige baute im Spielraum eine hoffnungsvolle Szene auf, in der Puppenvater und Puppenmutter die Kinder auf den Schultern trugen.
Als Dana zehn Jahre später in mein Büro trat, erkannte ich sie nicht gleich. Sie war inzwischen zu einer auffallend hübschen Vierzehnjährigen herangewachsen. Ihre Sommersprossen waren verschwunden, aber ihre Haare waren immer noch rot und widerspenstig. Ihre Zurückhaltung war verschwunden, und sie ergriff bei dem Gespräch sofort die Initiative.
»Frau Wallerstein«, sagte sie. »Ich möchte Ihnen sagen, daß ich ein normales Kind bin, mit einer normalen Kindheit und einer normalen Familie.«
Ich sagte, daß ich mich freute, das zu hören, und bat sie, mir von ihrem Leben zu erzählen. Dana ließ sich nicht lange bitten: »Meine Freunde fragen immer, ob die Scheidung schlimm für mich gewesen sei, und ich sage ihnen, nein, ich habe zwei verschiedene Leben. Im Sommer gehe ich mit meinem Vater auf Reisen. Wenn Schule ist, fliege ich einmal im Monat zu ihm, aber ich lebe bei meiner Mutter. Die Unterschiede sind immer noch sehr groß«, sagte sie und strich sich die Haare aus der Stirn. »Mama läßt uns meistens machen, was wir wollen. Papa erwartet mehr, vor allem was die Schule betrifft. Aber Mama versteht uns besser, und wir arbeiten wirklich hart.«
»Gibt es noch andere Unterschiede, Dana?«
»Viele«, sagte sie. »Vor allem was Regeln, Tischmanieren und Geschrei angeht. Aber ich lebe gern zweigleisig, und ich mag meine Stiefmut-

ter sehr. Im Haus meines Vaters gibt es mehr Familienleben. Mir gefällt das alles. Aber manchmal, wenn an der Schule irgendwas los ist, bin ich sauer, weil ich zu Papa muß. Er ruft dreimal pro Woche an, und wir organisieren unsere Reisen. Ich komme mir immer echt schlecht vor, wenn ich Papa sagen muß, daß ich nicht komme. Meistens gehe ich sogar, auch wenn es andere Dinge gibt, die ich unbedingt machen will. Ich will seine Gefühle nicht verletzen.«

»Wie kommen deine Eltern inzwischen miteinander aus?«

»Ganz gut, glaube ich«, sagte Dana. Dann fuhr sie ein wenig ehrlicher fort: »In Wirklichkeit kommen sie nicht so besonders miteinander aus, aber wenigstens streiten sie nicht. Manchmal fragt sich meine Stiefmutter, was meine Mutter über sie denkt, und manchmal zweifelt sie, ob wir sie wirklich mögen. Aber ich mag sie sehr. Meine Mutter und meine Stiefmutter verstehen sich einfach nicht, aber das ist eigentlich nebensächlich.«

Später fragte ich Dana nach ihren Plänen für die Zukunft.

»Ich möchte aufs College gehen und vielleicht Mathe, Maschinenbau oder Informatik studieren, arbeiten, heiraten und Kinder haben«, sagte sie, ohne Atem zu holen. »Die Ehe ist eine gute Sache, wenn man jemanden liebt. Aber wenn man sich scheiden lassen will, sollte man es tun.«

»Meinst du, daß du dich einmal scheiden lassen wirst?«

»Ich hoffe nicht«, sagte Dana. »Aber man weiß ja nie.«

Ich bat Dana, mir von ihrer Mutter zu erzählen.

»Oh, Mama geht es gut«, sagte Dana. »Meine Mutter und ich haben ein sehr gutes Verhältnis. Ich bin Mamas beste Freundin. Ich bin wirklich stolz auf sie. Sie sollten sie vor Gericht in Aktion sehen — sie ist echt stark. Ein Problem gibt es allerdings. Ihre Liebhaber bringen mich auf die Palme. Manchmal tut sie mir leid, weil ich will, daß sie glücklich ist. Ich wünsche ihr, daß sie einen netten Mann findet. Manchmal ist sie traurig und niedergeschlagen, und ich fühle mich mies. Aber ich glaube, meistens ist sie glücklich.«

Auch Dana fragte ich, welchen Rat sie Kindern aus geschiedenen Ehen und ihren Eltern geben würde. Ihr Rat für die Kinder lautete: »Versucht nicht, dagegen anzukämpfen oder eure Eltern wieder zusammenzubringen. Wenn es nur ein kleiner Streit ist, könnt ihr versuchen, es ihnen auszureden. Wenn nicht, versucht es gar nicht erst, sonst stört ihr nur. Kinder sollten ihre Eltern nicht verurteilen, weil sie sich scheiden ließen. Sie sollten ihren Eltern eine Chance geben.«

Den Eltern riet Dana: »Habt Geduld. Erklärt den Kindern, daß es das beste für alle ist. Versteht, daß es für die Kinder genauso schwer ist wie für die Eltern.«

Obwohl Dana zunächst sehr heftig auf die Scheidung reagierte, hatte sie sich nach einem Jahr schon gut erholt. Nach zehn Jahren gehörte sie zu den Kindern, die mit der Scheidung ihrer Eltern am besten fertig geworden waren.

Manche Leute glauben, daß die Art und Weise, wie ein Kind mit einer Krise umgeht und sie überwindet, Auswirkungen auf seine Kraft und Widerstandsfähigkeit in Krisensituationen in seinem späteren Leben hat, als ob sich frühe Kraft in spätere Widerstandsfähigkeit umwandeln könnte. Dana hat zweifellos viele persönliche Stärken, aber in ihrer heftigen Reaktion zur Zeit der Scheidung spiegelte sich wider, wie sensibel sie auf die Veränderungen in ihrer Familie reagierte. Sie zeigte während der Krise keine besondere Stärke; dennoch hat sie sich langfristig besser entwickelt als die meisten anderen Kinder in unserer Studie.

Was half ihr? Was beschützte sie? Es gibt keinen roten Faden, der sich durch das Leben jener Kinder zieht, die sich in den zehn Jahren nach der Scheidung ihrer Eltern gut entwickelt haben. Bei jedem Kind ergab sich eine individuelle Mischung von internen und externen Faktoren, die ihm half, mit den unvermeidlichen Belastungen in den Jahren nach der Scheidung fertig zu werden. Allerdings konnten wir einige gemeinsame Faktoren feststellen.

Die erste Gemeinsamkeit bestand darin, daß die Eltern ihre Konflikte nicht offen austrugen. Dana profitierte davon, daß sie weiterhin gute Beziehungen zu beiden Elternteilen hatte und daß ihre Eltern es schafften, um der Kinder willen miteinander zu kooperieren. Da die Hauptsorge der Eltern bei den Kindern lag, sorgten sie für Lebensbedingungen, die der gesunden psychischen Entwicklung der Kinder förderlich waren. Beide Elternteile räumten den Bedürfnissen der Kinder Priorität ein und verzichteten darauf, Pläne zu durchkreuzen, die ihre Kinder mit dem anderen Elternteil gemacht hatten. Das erforderte ein hohes Maß an Planung und Flexibilität sowie ständige Kommunikation. Die Leistung von Danas Eltern ist besonders bemerkenswert, weil wir keinerlei Anzeichen dafür feststellen konnten, daß sie weniger wütend aufeinander waren als andere geschiedenen Ehepaare. Danas Mutter war während der Scheidung wütend, und sie war es fünf, zehn und fünfzehn Jahre später immer noch. Dennoch schaffte sie es, ohne Unehrlichkeit oder Heuchelei, ihren Zorn in Grenzen zu halten, und bewahrte ihre Kinder davor, unschuldige Opfer zu werden. Von all dem, was Eltern tun können, um ihre Kinder nach der Scheidung zu schützen, ist das eben beschriebene Verhalten das schwierigste und mit das wichtigste. Leider beobachtet man es nur sehr selten. Es ist für die Eltern offenbar allzu leicht, Kinder, Rechtsanwälte, neue Ehepartner oder alte Freunde als eine Art griechischen Chor zu benutzen, der die Sünden des ehemaligen Ehepartners nachbetet. Dadurch verraucht der Zorn jahrelang nicht, sondern wird mit jeder neuen Aufzählung der Sünden des anderen von neuem angefacht. Vierzig Prozent der Kinder lebten die ersten zehn Jahre nach der Scheidung ihrer Eltern in einer Atmosphäre, die von Konflikten und Wutausbrüchen geprägt war.

Es ist für Kinder sehr bedrückend, wenn sie erleben müssen, daß die Scheidung und all ihre chaotischen Folgen keine Besserung gebracht haben. Solche Kinder sind von ihren Eltern zwangsläufig enttäuscht.

Dana profitierte auch von der Tatsache, daß ihre Eltern, abgesehen von der einzigen heftigen Szene, nicht mit Fäusten oder Worten aufeinander losgingen. Sie versuchten von Anfang an, den offenen Konflikt zu begrenzen. Dana hatte keine Erinnerungen an unglückliche Zusammenstöße zwischen ihren Eltern, die sie als junge Erwachsene verfolgen könnten. Es ist ihren Eltern hoch anzurechnen, daß sie ihren Ärger nicht nur in den Jahren nach der Scheidung unterdrückten, sondern daß sie auch niemals die Beherrschung verloren.

Ein zweiter wichtiger Faktor ist eine gute Beziehung zu beiden Elternteilen, ob sie nun streiten oder nicht. Dana verlor ihren Vater nicht nach der Scheidung. Ihre Beziehung zu ihm wurde durch einen Besuchsplan geregelt, und sie blieb eine echte Vater-Tochter-Beziehung. Danas Vater wurde kein böser Onkel mit erhobenem Zeigefinger. Er nahm aktiv Anteil an ihrer Erziehung, ihren Studien und ihrem Alltagsleben. Er hatte Standards, die er durchsetzen wollte, und Werte, die er hochhielt, er war da, wenn sie krank war, und er unterstützte sie finanziell. Sie verließ sich darauf, daß er ihr beim Studium am College unter die Arme greifen würde, und er hatte niemals die Absicht, sie im Stich zu lassen. Er war in allen wichtigen Lebenssituationen ein guter, moralischer, fürsorglicher und interessierter Vater.

Dana strahlte ein hohes Maß an Selbstachtung und die Zuversicht einer Jugendlichen aus, die von ihren Eltern, besonders aber von ihrem Vater, akzeptiert wird. Dieses Bedürfnis haben alle heranwachsenden Mädchen. Untersuchungen haben ergeben, daß Frauen, die hohe intellektuelle und berufliche Ziele haben, oft von ihren Vätern angespornt worden sind. Daß Dana eine Karriere im Bereich Maschinenbau oder Informatik ins Auge faßt, ist ein Hinweis auf derartige psychische Unterstützung.

Zum dritten profitierte Dana von einer engen Mutter-Tochter-Beziehung. Obwohl ihre Mutter durch die unerwartete Scheidung sehr verstört war, nahm sie ihre elterlichen Pflichten schnell wieder auf und vereinte erfolgreich die Rolle der berufstätigen Frau mit der Rolle von Mutter und Hausfrau. Auch das ist keine geringe Leistung. Nach der Scheidung studierte Danas Mutter noch einmal und erwarb einen akademischen Grad im Fach Jura. Ohne Kindermädchen, Haushälterin oder andere Hilfen praktiziert sie als Anwältin für Umweltschutzfragen. Danas Mutter verdient zwar nicht sehr viel, aber sie ist stolz auf ihre Leistungen, und ihre Kinder sind stolz auf sie. Wie alle Kinder aus geschiedenen Ehen ist Dana sehr um das Wohlergehen ihrer Mutter besorgt und weiß um die Opfer, die ihre Mutter über die Jahre hinweg gebracht hat. Aber diese Sorge ist ein wichtiger Faktor für Danas moralische Integrität und für ihr Verständnis für andere Menschen.

Viertens profitierte Dana von der Tatsache, daß ihr Leben wohl geplant und organisiert war. Ich kann nicht oft genug wiederholen, daß gerade heranwachsende Mädchen in geordneten und organisierten Verhältnissen leben müssen. (Erstaunlicherweise wirkt sich häusliches Chaos auf heranwachsende Jungen nicht so stark aus.) Danas Leben war organisiert, verlief aber dennoch nicht in allzu starren Bahnen. Sie hat ihren Vater die ganze Zeit über einmal im Monat besucht, aber er ist flexibel und nimmt auf ihre Wünsche Rücksicht, und auch sie strengt sich an, um ihm eine Freude zu machen. Die Mahlzeiten werden pünktlich eingenommen, und die Familie ißt in beiden Haushalten gemeinsam zu Abend.

Das Leben in den beiden Häusern basiert auf unterschiedlichen Wertvorstellungen und ist deshalb ein wenig unterschiedlich organisiert. Im Haus der Mutter zum Beispiel werden die Kinder ermuntert, sich zu entfalten, und dürfen ohne Voranmeldung Freunde mitbringen. Im Haus des Vaters müssen die Kinder auf die Eltern hören und alle sozialen Verabredungen im voraus treffen. Dana wurde durch diese Unterschiede jedoch nicht beeinträchtigt, denn sie fühlt sich in beiden Häusern akzeptiert und geliebt.

Der fünfte Faktor ist Danas gute Beziehung zu ihrer Stiefmutter. Sie hat gar nicht erst versucht, Danas Mutter zu ersetzen. Gut war auch, daß Danas Vater und ihre Stiefmutter eine langfristige Beziehung miteinander haben. Dana spürte die Spannung zwischen ihrer Mutter

und ihrer Stiefmutter, erkannte aber rasch, daß die beiden Frauen nicht um sie konkurrieren, und das war beruhigend. Die Erwachsenen in Danas Leben haben sich im allgemeinen sehr verantwortungsbewußt verhalten und waren ihr vernünftige Vorbilder.
Als ich Danas Mutter fünfzehn Jahre nach der Scheidung traf, sagte ich ihr, wie sehr ich mich freute, daß ihre Kinder sich so gut entwickelt hätten. Ich wußte, daß ihr Leben in all diesen Jahren nicht ohne Leid gewesen war, und fragte sie deshalb, was ihrer Ansicht nach ihren Kindern am meisten geholfen habe.
Danas Mutter nahm meine Frage sehr ernst. Sie beugte sich ein wenig vor und zählte unter Zuhilfenahme ihrer Finger die einzelnen Punkte auf: »Erstens, wir, mein Exmann und ich, haben uns von Anfang an sehr bemüht, unsere Animositäten zu unterdrücken. Zweitens, die Kinder hatten die ganzen Jahre über einen hervorragenden Rückhalt. Ich habe hart gearbeitet, um in der sozialen Schicht zu bleiben, zu der mein Mann und ich gehört haben, als wir heirateten. Wir besuchen die Familien unserer damaligen Freunde und ihre Kinder ein paarmal im Jahr, obwohl wir schon vor fünfzehn Jahren aus dem Viertel weggezogen sind. Ich habe das getan, weil ich wollte, daß die Kinder ihre alten Freundschaften pflegen können. Drittens haben auch meine Eltern und die Eltern meines ehemaligen Mannes und die Eltern seiner zweiten Frau großes Interesse an den Kindern. Die Kinder besuchen ihre Großeltern und werden von ihnen zu Reisen eingeladen. Viertens, ich war sehr ehrlich zu den Kindern, und ich bin überzeugt, daß das eine große Hilfe für sie war. Wenn ich einen Mann zu Besuch hatte, habe ich sie nicht belogen. Sie hatten vielleicht etwas gegen ihn oder mochten ihn nicht, aber es gab keine Heimlichkeiten, und ich versuchte nie, sie zu täuschen. Ich war immer offen und ehrlich, und das hat ihnen geholfen, die Menschen zu werden, die sie sind.« Beim nächsten Punkt öffnete sich ihre Hand wie ein Fächer. »Fünftens, ich ermuntere sie, wann immer ich kann, selbst Entscheidungen zu treffen, und sie müssen dann die Konsequenzen auch selbst tragen. Ich bemühe mich, ihnen nicht im Weg zu stehen, denn ich habe großes Vertrauen zu ihnen. Und es hat sich gelohnt. Ich glaube, sie sind stolz auf mich. Sie sind stolz, daß ich noch mal studiert habe, und sie sind stolz, wenn ich vor Gericht einen Fall vertrete. Und ich bin natürlich stolz auf sie.«
Auch nach fünfzehn Jahren machte sich Dana gut. Sie besuchte ein angesehenes geisteswissenschaftliches College 1500 Kilometer von zu Hause entfernt, bekam gute Noten, hatte einen großen Freundes-

kreis, und ein junger Mann bemühte sich um sie. Bei Dana konnte ich kein Anzeichen für die tiefsitzende Angst entdecken, die bei anderen Kindern aus geschiedenen Ehen so offensichtlich ist. Ich vermute, daß sie auch die Fähigkeit zu lieben hat. Sie sagte mir gegenüber, daß das Problem Scheidung ihr Sorgen bereite. Sie wolle bei dem jungen Mann, den sie irgendwann heiraten würde, ganz sicher sein. Aber diese maßvolle Angst unterscheidet sich nicht von den Bedenken, die die Mehrheit ihrer Altersgenossen haben. Ich muß ihr zustimmen: Sie ist ein normales Mädchen aus einer normalen Familie.

Geteiltes Sorgerecht

Dana profitierte davon, daß sie Eltern hatte, die sich auch nach der Scheidung beide für sie einsetzten und in ihrem Interesse konsequent zusammenarbeiteten. In dieser Hinsicht gehört sie zu den wenigen glücklichen Kindern unserer Studie. Die meisten Kinder aus geschiedenen Ehen erlebten in dem Jahrzehnt nach der Scheidung sehr unterschiedliche Erziehungsstile. Es fiel ihren Eltern schwer, miteinander zu kooperieren, und die Spannungen in ihrer Beziehung hinterließen tiefe Spuren in der Psyche ihrer Kinder.

12

Das überforderte Kind

Das Tragische an einer Scheidung ist, daß die Auflösung der ehelichen Verbindungen in die Eltern-Kind-Beziehung hineinwirkt. Den Kindern wird fast zwangsläufig größere Verantwortung aufgebürdet, und oft fühlen sie sich auch vernachlässigt.

Viele Jugendliche wie zum Beispiel Ruth Moore und Steve Burrelle fühlten sich fast ein Jahrzehnt lang überfordert. Da Ruth für ihre Mutter und ihre jüngeren Geschwister sorgte, mußte sie ihre eigene Entwicklung vernachlässigen. Aber sie befreite sich schließlich und holte auf — durch eigene Anstrengungen und die Kraft ihrer Mutter. Steve fühlte sich von seinem Vater im Stich gelassen, wurde aber durch die großen Anstrengungen seiner Mutter und durch ihr Vorbild vor seelischen Schäden bewahrt. Obwohl Depressionen und die Sehnsucht nach dem Vater ihn belasteten, wurden ihm keine Verpflichtungen auferlegt, die ihn überfordert hätten.

Leider werden viele Kinder mit viel größeren Problemen konfrontiert und sind viel stärkeren Zwängen ausgesetzt als Ruth Moore und Steve Burrelle. Nach einer Scheidung lastet oft die Sorge für verstörte, alkoholkranke, abhängige, physisch kranke oder ständig gereizte Eltern ausschließlich auf den Schultern des Kindes. Es ist kein Erwachsener da, der als Puffer für den Schmerz dienen oder die Verantwortung übernehmen könnte. In einigen Familien übernimmt das Kind die Rolle des fehlenden Elternteils. Wenn sich die Mutter oder der Vater nicht von der Scheidung erholen, muß das Kind die Rolle des fürsorglichen Erwachsenen über Jahre hinweg spielen.

Solche Zwänge können ein Kind so überfordern, daß es psychisch völlig erschöpft und in seiner emotionalen und sozialen Entwicklung blockiert ist. Statt aus ihren Kindheits- und Jugenderfahrungen Kraft für den Schritt in die Welt des jungen Erwachsenen zu schöpfen, sind diese jungen Menschen durch die Forderungen, die nach der Scheidung an sie gestellt wurden, sehr geschwächt. Bei dem Versuch, ratlosen und traurigen Eltern zu helfen, übernehmen Kinder eine Vielzahl ungewohnter Rollen, unter anderen die Rolle des Schlichters, des Beschützers, des Beraters, des Ernährers, der Schwester oder des Bruders, des Kampfgefährten, des Vertrauten und der Konkubine. Ein Kind kann für einen Elternteil zur wichtigsten Bezugsperson werden. Es hilft bei Depressionen und nimmt dem Erwachsenen die Angst, daß seine Welt auseinanderbrechen könnte.

Wenn eine Ehe scheitert, vor allem wenn sie in wütendem Streit endet, machen Eltern oft die Erfahrung, daß ihr Einfühlungsvermögen für ihre Kinder schwindet. Männer und Frauen können in einer glücklichen Ehe leichter ihre Kinder annehmen und umsorgen. Das Ende einer Ehe jedoch kann die Gefühle der Eltern für ihre Kinder zerstören; dann sind sie nicht mehr ohne weiteres bereit, ihre Elternpflichten zu übernehmen. Kinder sind nach einer Scheidung zweifellos eine große wirtschaftliche und soziale Belastung, doch zugleich kann es sein, daß die Eltern sie mehr denn je brauchen, als Quelle des Trostes und der Freude und als Sinnstifter für ihr Leben. Das Engagement der Eltern kann zwischen diesen zwei Extremen hin und her schwanken. Man gewinnt fast den Eindruck, als würde das Pendel durch die Auflösung des Ehevertrags in Gang gesetzt. Manchmal sind diese Veränderungen des elterlichen Verhaltens nur vorübergehend, doch allzuoft dauern sie an.

Debbie war eine attraktive junge Ehefrau und sorgte hingebungsvoll für ihre kleine Tochter. Als es in ihrer Ehe kriselte, wandte sie sich noch mehr dem Kind zu. Sie stillte es weit über zwei Jahre lang. Obwohl die Ehe gefühlskalt und unbefriedigend war und Debbie von ihrem Mann betrogen wurde, gab es zwischen dem Paar keinen offenen Streit. Dennoch beschloß Debbie kurz vor ihrem 35. Geburtstag, sich von ihrem Mann zu trennen. Innerhalb von wenigen Monaten wurde die Ehe geschieden. Debbie warf ihren widerstrebenden Ehemann aus dem Haus, stillte ihre damals zweijährige Tochter ab, steckte das kleine Mädchen in eine Kindertagesstätte und suchte nach einer Ganztagsstelle. Obwohl Debbie weder in einer wirtschaftlichen Notlage war noch von Karrierewünschen getrieben wurde, floh sie vor ihrer Ehe und allem Anschein nach auch vor ihren Mutterpflichten. Für das Kind hatte das verheerende Folgen. Das kleine Mädchen war daran gewöhnt gewesen, rund um die Uhr bei der Mutter zu sein, hatte nie einen Babysitter gehabt und war immer gestillt worden. Dann wurde sie plötzlich entwöhnt und in eine Kindertagesstätte gesteckt. Sie verlor Mutter und Vater zugleich. Das Mädchen war völlig verstört und wurde mit dieser Vernachlässigung nicht fertig, obwohl zuvor gut für das Kind gesorgt worden war. In dem Wunsch, alle Erinnerungen an ihre Ehe auszulöschen, zerstörte Debbie auch die enge Beziehung, an die ihre Tochter bislang gewöhnt war.

Die Lebenserfahrung zeigt, daß Mütter und Väter in der frühen Phase der Scheidung für ihre Kinder sehr wenig Zeit haben; die Aufmerksamkeit der Erwachsenen konzentriert sich auf andere Dinge. Sie geben alte Gewohnheiten auf, vernachlässigen ihre Aufsicht, sind weniger sensibel und haben Schwierigkeiten, zwischen ihren Bedürfnissen als Erwachsene und den Bedürfnissen ihrer Kinder zu unterscheiden.

Nach der Scheidung ist die Mutter zwischen zwei neuen, starken Bedürfnissen hin und her gerissen. Einerseits braucht sie die Kinder mehr als zuvor, und andererseits braucht sie sie weniger. Der Konflikt bewirkt in ihrer Psyche eine dynamische Spannung. Sie sorgt sich um die Kinder. Sie fürchtet, daß die Kinder ihr die Schuld an der Scheidung geben werden. Sie forscht nach Zeichen des Kummers und der Qual und geht, oft aus diesen Schuldgefühlen heraus, auf übertriebene Ansprüche und Forderungen ein. Sie will, daß ihre Kinder loyal sind und ihr nahestehen, daß sie ihre Mutter anerkennen, und manchmal auch, daß sie im Lebenskampf an ihre Stelle treten. Vielleicht fällt es ihr schwer, nein zu sagen; das führt oft zu einem Mangel an Ordnung und Disziplin im Haushalt oder es bricht sogar ein völliges Chaos aus. Manchmal wird sie auch abhängig von ihren Kindern und versucht, alle ihre dringenden psychischen und sozialen Bedürfnisse bei ihnen zu befriedigen. Es kann sogar passieren, daß ihre Bedürfnisse Vorrang vor den Bedürfnissen der Kinder gewinnen.

Andererseits will sie sich eine schöne Zeit machen, sich wieder frei in der Welt der Erwachsenen bewegen und ihr eigenes Leben führen. Ganz tief in ihrem Innern spürt sie vielleicht sogar den unausgesprochenen Wunsch, die Kinder zu verlassen, denn ihre Gegenwart erinnert sie permanent an die gescheiterte Ehe. Auch wenn dieser Wunsch gewöhnlich nur symbolischen Charakter hat, kann sie sich des Gedankens nicht erwehren, wie einfach alles wäre, wenn die Kinder nicht da wären und sie die verlorenen Jahre nachholen könnte. Die Mutter läßt ihre Kinder zwar nicht im Stich, aber sie schenkt ih-

nen weniger Aufmerksamkeit. Ich habe festgestellt, daß Kinder aus geschiedenen Ehen in dieser Phase mehr schwere Unfälle haben — vielleicht, weil sie weniger beaufsichtigt werden, vielleicht aber auch, weil sie verzweifelt sind.
Auch die Väter machen die Erfahrung, daß sie ihre elterlichen Pflichten vernachlässigen. Sie werden ähnlich wie die Mütter von widersprüchlichen Wünschen geplagt. Einerseits wollen sie ihren Kindern nahe sein, andererseits wollen sie ihre Kinder aber verlassen. Aufgrund der herrschenden Ideologie wird das Sorgerecht nach einer Scheidung in den meisten Fällen der Mutter zugesprochen. Das ist für viele Väter der Anlaß, ihrem Fluchtimpuls zu folgen und ihre Kinder zu verlassen. Bei unserer Folgeuntersuchung nach zehn Jahren hatten zwei Drittel der Kinder ein schlechtes Verhältnis zu ihren Vätern, gleichgültig, ob sich die Väter ihren Kindern entfremdet hatten oder ob sie sie regelmäßig besuchten. Erst seit kurzer Zeit dürfen oder sollen auch die Männer in unserer Gesellschaft ihre Gefühle für ihre Kinder und ihre starke Zuneigung zu ihnen offen zeigen. Statt einfach wegzulaufen, lernen deshalb heute mehr Väter das ganze Ausmaß des Dilemmas kennen und werden mit denselben inneren Konflikten konfrontiert wie die Mütter.
Der Beistand der Väter wird sicher willkommen sein, denn eine Scheidung bringt für Mütter extreme Belastungen mit sich. Die Qualität der Mutter-Kind-Beziehung hat den größten Einfluß darauf, wie sich die Kinder in den zehn Jahren nach der Scheidung fühlen und wie sie sich in verschiedenen Lebensbereichen entwickeln. Geschiedene Mütter haben oft ein engeres Verhältnis zu ihren Kindern als Mütter in intakten Familien. Wenn die Mutter psychisch stabil ist und zugleich Nähe und Distanz vermitteln kann, ist die Beziehung für die Entwicklung des Kindes sehr förderlich. Ist sie aber depressiv oder überbeschäftigt, kann dieselbe Nähe die Entwicklung des Kindes behindern. Wenn eine Mutter eine fürsorgliche, mütterliche Beziehung wiederherstellen kann, blühen die Kinder auf. Wenn sie das nicht schafft, leiden ihre Kinder.
Leider glauben viele Frauen in unglücklichen Ehen, daß sie nach der Scheidung glücklichere und bessere Mütter sein könnten. Ich habe dafür jedoch keine Bestätigung gefunden. Niemand wird durch eine Scheidung zu einer besseren Mutter. In unserer Untersuchungsgruppe war die Qualität der Mutter-Kind-Beziehung nach der Scheidung nur in sehr wenigen Fällen besser als die Qualität dieser Beziehung in der zerrütteten Ehe. Wie ein Blick auf unsere Unterlagen zeigt, war

es sogar viel häufiger umgekehrt. Zehn Jahre nach der Scheidung hatten sich mehr als ein Drittel der guten Mutter-Kind-Beziehungen verschlechtert, da die Mütter zuwenig Zeit mit ihren Kindern verbrachten oder sich emotional zuwenig um sie kümmerten. Von den guten Vater-Kind-Beziehungen verschlechterten sich in diesem Zeitraum mehr als die Hälfte. Diese Vernachlässigung der elterlichen Pflichten ist ein ernstes Problem bei der Scheidung und verdient mehr Aufmerksamkeit.

In jeder gut funktionierenden, intakten Familie werden zahllose Konflikte in einer freundlichen Atmosphäre ausgetragen. Eltern und Kinder vertreten verschiedene Standpunkte; das gilt für unbedeutende Probleme — wie lange die Kinder abends wegbleiben dürfen, wie lange sie fernsehen usw. — und für wichtige Probleme — ob die Familie in eine andere Stadt ziehen soll oder welche Wertmaßstäbe in einer bestimmten Situation gelten. Und obwohl die Familienmitglieder sich über viele Dinge einig sind, ist niemand überrascht, wenn es zu Meinungsverschiedenheiten kommt. In jedem normalen Familienleben gibt es Kämpfe, fließen Tränen und werden Gefühle verletzt, doch der Streit wird durch die Bande der Familiengemeinschaft und die gegenseitige Liebe begrenzt.

In der Familie nach der Scheidung gibt es diese Grenzen nicht mehr. Die Familienmitglieder werden wütend, aber sie haben den Rahmen verloren, innerhalb dessen sie sich wieder versöhnen können. Eltern und Kinder gelangen sogar auf eine neue Ebene, wo der Streit anscheinend niemals aufhört. Oft genug werden Kinder von einem Elternteil ermuntert, den anderen zu quälen und zu verletzen. Das geschieht so oft, daß wir uns daran gewöhnt haben, obwohl es uns schockieren sollte. Eltern machen ihre Kinder ganz offen zu ihren Kampfgefährten; ihre Absichten sind so klar, daß sie allen Beteiligten nur schaden können. Sie überfordern die Kinder, weil sie ihnen in diesen ehelichen Auseinandersetzungen zu viele Rollen aufzwingen, angefangen beim Zuschauer bis zum engagierten, strategisch postierten Soldaten. Die Beteiligung der Kinder reicht von der Rolle des erstaunten, ängstlichen Beobachters bis zur Rolle des vollwertigen Verbündeten des einen Partners gegen den anderen. Solche zorngeprägte Eltern-Kind-Beziehungen jedoch überfordern alle Beteiligten.

Wenn Kinder bereitwillig eine aktive Rolle im Kampf zwischen ihren Eltern übernehmen, kämpfen sie aus ihrer Sicht darum, die Einheit der Familie wiederherzustellen, erlittenes Unrecht wiedergutzumachen oder den verletzten Elternteil zu trösten. Sie werden von der Loyalität gegenüber der gefährdeten Lebensgemeinschaft getrieben oder von der edlen Absicht, den Elternteil zu retten, der — manchmal fälschlicherweise — vom Kind als das Opfer identifiziert wird. Manchmal nehmen Kinder Partei für den Elternteil, der nicht da ist, und vertreten aktiv seine Interessen. Dadurch wird das Kind in seiner eigenen Vorstellung zum Wächter der Familienehre. Karla zum Beispiel wachte kurz nach der Trennung ihrer Eltern einmal nachts um drei Uhr auf und sah das Auto eines Mannes vor dem Haus stehen. Am nächsten Morgen sagte sie in Tränen aufgelöst zu ihrer Mutter: »Es ist zu früh. Es ist zu früh. Es ist nicht mein Papa.« Danach blieb sie bis morgens wach, um ihre Mutter und deren Freund zu kontrollieren und zu verhindern, daß sie miteinander ins Bett gingen.

Es ist nicht ungewöhnlich, daß Männer und Frauen, die nie die Hand gegen ihren Partner erhoben haben, in der Trennungsphase plötzlich physische Gewalt anwenden. Mehr als die Hälfte der Kinder aus der Untersuchungsgruppe erlebten solche Szenen der Gewalt; die meisten waren sehr erschüttert von dem, was sie gesehen hatten. Sie fühlten sich absolut hilflos und konnten weder eingreifen, um der Gewalt Einhalt zu gebieten, noch einen Elternteil vor dem anderen beschützen.

Viele Kinder greifen ab dem neunten Lebensjahr selbst in den Kampf ein: Entweder sie kritisieren Aktivitäten, die sie persönlich mißbilligen, oder sie übernehmen die Vorwürfe, die sie von ihren beleidigten Eltern hören. Mary zum Beispiel war elf, als ihre Eltern sich trennten. Sie geriet außer sich, als sie erfuhr, daß ihr Vater eine neue Freundin hatte. Sie verbündete sich mit ihrer empörten Mutter und hörte regelmäßig mit, wenn sich ihre Eltern am Telefon stritten. Sie ergriff sogar selbst die Initiative. Sie rief ihren Vater an und warf ihm vor, daß er sich unmoralisch verhalte und seine Kinder hungern lasse. Mary machte ihren Vater überall schlecht und erzählte Nachbarn, Freunden und Lehrern an der Schule: »Ich hasse meinen Vater!« Nach den Berichten ihrer Angehörigen hatte sie vor der Scheidung ein sehr enges Verhältnis zu ihrem Vater gehabt.

Einige Eltern fordern ihre Kinder auf, den Partner zu bespitzeln. Sie wollen Informationen über das Sexualleben des Partners, über soziale Aktivitäten und über seine finanziellen Verhältnisse. Kinder erhalten den Auftrag oder den Befehl, im Haus des anderen Elternteils Schreibtischschubladen und Schränke zu öffnen, nach Anzeichen zu forschen, ob ein Liebhaber im Haus gewesen ist, Bericht zu erstatten,

wer während des Besuches anwesend war, und eine Reihe sonstiger Informationen zu beschaffen, die für den neugierigen Partner keinerlei praktischen Wert haben. Kinder, die zu solchen Spitzeldiensten gezwungen werden, dürfen dem anderen Elternteil nichts von ihrem Auftrag sagen und müssen nach jedem Besuch Bericht erstatten.
Und Kinder gehen auf solche Forderungen ein. Über die Hälfte der Acht- bis Zwölfjährigen aus unserer Untersuchungsgruppe belieferten einen Elternteil im ersten Jahr nach der Scheidung oder sogar noch länger regelmäßig mit solchen Informationen. Ihre Motivation wurzelte in Mitleid und Sorge für den leidenden Elternteil oder in Angst vor Strafe, wenn sie die Bitte ausschlugen. Häufig handeln sie auch aus dem Wunsch heraus, den Frieden zu wahren und die Eltern zu besänftigen. Das Kind meint, es dürfe nicht nein sagen, oder es genießt einfach die spannenden Spionageaufträge. Diese Motive werden besonders in Familien sichtbar, in denen die Kinder eine einheitliche Front gegen den elterlichen Druck gebildet haben. Wenn ein Kind aus dem Bündnis ausschert und den Bitten des Erwachsenen nachkommt, wird es von den Geschwistern als »Verräter« beschimpft.
Wenn Kinder Botschaften zwischen den verfeindeten Eltern übermitteln sollen, empfinden sie das im allgemeinen als besonders schmerzlich, lästig und demütigend. Auch wenn die Botschaft selbst völlig belanglos ist, fühlen sie sich in einer unangenehmen Rolle. Sie fürchten, die Botschaft könnte den Empfänger verärgern, oder sie haben Angst, sie könnten den Zorn des Absenders auf sich ziehen, wenn sie die Botschaft auszurichten vergessen. In beiden Fällen haben sie das Gefühl, daß sie eigentlich nur den kürzeren ziehen können. Besonders demütigend ist es, wenn sie eine ausstehende Unterhaltszahlung einklagen müssen. Die Eltern sind sich offenbar nicht darüber im klaren, wie demütigend es für ein Kind ist, darum zu bitten, daß der Vater oder die Mutter eine neue Hose oder einen Zahnarztbesuch bezahlen. Solche Bitten haben nämlich für Kinder aus geschiedenen Ehen eine grundsätzlich andere Qualität als für Kinder aus intakten Familien.
In einem Schulaufsatz über das Thema »Was ich mir am meisten wünsche« schrieb die zehnjährige Rita: »Ich wünsche mir, daß meine Mama und mein Papa wieder zusammen sind, damit wir wieder eine glückliche Familie sind. Wenn sie das nicht tun, dann wünsche ich mir, daß sie nicht darüber streiten, wer meine Kleider kauft, und Sachen sagen wie ›du kaufst ihre Hosen‹ und ›ich besorge ihre Blusen‹. Das ist sehr schlimm für mich!«

Manchmal gehen Eltern und Kinder ein enges, langfristiges Bündnis ein, um permanent gegen den anderen Elternteil zu kämpfen. Das passiert zwar auch in zahllosen unglücklichen Ehen, aber dort finden die Kämpfe hinter verschlossenen Türen statt. Bei einer Scheidung werden die Türen jedoch weit geöffnet, und wir haben die einmalige Gelegenheit, diese dynamischen Prozesse in vollem Gang zu beobachten. Nach einer Scheidung werden solche starken Bündnisse meistens zwischen einem präpubertären Kind und dem Elternteil geschlossen, der sich gegen die Scheidung gewehrt hat. Der Erwachsene ist moralisch entrüstet und maßlos wütend, weil er glaubt, er sei Jahre lang grausam ausgebeutet worden. Eine Frau zum Beispiel, die ihren Ehemann während seines Studiums finanziell unterstützte und dann mit ansehen muß, daß er sie wegen einer jüngeren Frau verläßt, wendet sich auf der Suche nach Verbündeten an ihre Kinder. Ein Mann, dessen Frau sich einen Liebhaber nimmt, sucht die moralische Unterstützung seiner Kinder, um die Frau zu bestrafen. Das offen geäußerte Motiv solcher Handlungen ist die Rettung der Ehe; das heimliche Motiv ist fast immer Rache.

Es ist schwierig, diese Bündnisse mit den Beteiligten zu erörtern. Erwachsene tendieren dazu, ihre Rolle dabei zu leugnen. Sie behaupten, die Kinder würden aus eigenem Antrieb handeln. Eine Mutter zwang ihren Sohn, dem Anwalt zu berichten, daß sein Vater Drogen nehme. Sie wollte, daß ihr Mann wegen Drogenmißbrauchs bestraft würde. Als sie aufgefordert wurde, ihren Sohn nicht weiterhin zur Verleumdung anzustiften, bestritt sie, das jemals getan zu haben. »Ich bin eine gute Christin«, sagte sie. »Ich bin nicht nachtragend. Aber mein Sohn wird niemals vergeben oder vergessen.«

Kinder sind sehr vorsichtig, wenn es um Bündnisse geht. Sie reden wie kleine Erwachsene, in einer Sprache, die oft gestelzt und moralistisch ist. Es ist fast unmöglich, mit ihnen zu sprechen, denn sie identifizieren sich stark mit dem verlassenen Elternteil.

Die Bündnisse, die im Zorn geschlossen wurden, und die Identifikation mit einer gemeinsamen Sache sind in einer Hinsicht für Eltern und Kind psychologisch nützlich. Beide fühlen sich nach der Scheidung einsam, und das Bündnis füllt ein emotionales Vakuum. Kinder haben nach einer Scheidung Angst, verlassen zu werden, und das Bündnis gibt ihnen ein Gefühl der Sicherheit und festen Bindung. Der Zorn wird nach außen auf den anderen Elternteil gerichtet. Das ist ein starkes Mittel gegen den unerträglichen Schmerz, daß sie verschmäht wurden und nun hilflos sind. Auch das berauschende Gefühl der Macht, das ihnen das Bündnis mit einem Elternteil vermittelt, gibt den Kindern Auftrieb. Es ist kein Zufall, daß sich viele Kinder gerade gegen den Menschen wenden, den sie früher sehr geliebt und verehrt haben. Kinder fühlen sich besser, wenn sie »gut« und »böse« klar und eindeutig zuordnen können.

Unsere Studie ergab, daß Kinder und Erwachsene, die sich auf solche Machtspiele einlassen, psychisch instabiler sind. Die Kinder sind in der Zeit der Trennung meist sehr empfänglich für Schmeicheleien der Eltern. Sehr liebebedürftige Kinder empfinden die mütterliche oder väterliche Aufmerksamkeit als unwiderstehlich. Sie genießen ihre Rolle in dem Bündnis und erweisen sich bei der Ausführung der Strategie ihres elterlichen Verbündeten als loyal, einfallsreich und nützlich. Dem angegriffenen Elternteil können sie große psychische Qualen zufügen.

Jans Mann wehrte sich erst gegen die Scheidung, als er erfuhr, daß seine Frau einen Freund hatte. Er war empört und spannte seine Kinder ein, um einen massiven Angriff gegen ihre Mutter zu führen. Der Kampf erstreckte sich fast über ein ganzes Jahr. Unter Anleitung ihres Vaters nannten die Kinder — zwölf, elf und acht Jahre alt — ihre Mutter »eine Hure, die sich wie ein Teenager benimmt und zu kurze Röcke trägt«. Die Kinder riefen: »Sie ist unmoralisch. Sie kümmert sich nicht um ihre Kinder.« Sie bestanden darauf, bei ihrem Vater zu leben, und wollten mit ihrer Mutter nichts mehr zu tun haben. Die Frau war bestürzt und traurig über das Verhalten ihrer Kinder. Letztlich wurde aber doch ihr das Sorgerecht zugesprochen, vor allem, weil ihr Exehemann nicht in der Lage war, seine Behauptungen vor Gericht zu beweisen. Die Kinder protestierten damals heftig und sagten, sie wollten nicht bei ihrer Mutter leben, da sie einen schlechten Einfluß auf sie hätte.

Fünf Jahre später sprachen wir mit einem der Mädchen. Sie war gerade sechzehn geworden. Rückblickend zeigte sie sich dankbar für die Opferbereitschaft ihrer Mutter und erkannte an, daß die Mutter ihre Kinder nach vielen Jahren des Kampfes und der Armut allein aufgezogen hatte. Wie andere Kinder, die solche von Rachegedanken geprägten Bündnisse eingegangen waren, sprach sie über ihre Schuldgefühle und ihre Scham. Sie hatte sich gegen ihre Mutter gestellt, obwohl sie wußte, daß sie ihre Kinder liebte und deren Vertrauen verdiente. Das Mädchen erinnerte sich lebhaft an das Bündnis mit ihrem Vater und sagte: »Ich will meinen Vater nicht schlechtmachen, aber er hat seine ganze Überredungskunst eingesetzt. Es ist mir wirklich peinlich, Ihnen zu erzählen, was für einer Gehirnwäsche er uns unterzog. Wir waren grausam zu meiner Mutter. Ich wundere mich immer noch, daß sie uns so bereitwillig zu sich genommen hat, nach allem, was wir zu ihr gesagt haben.«

Medea

Kirk erinnerte sich, daß er als kleiner Junge Geschichten darüber gehört hat, wie seine Mutter und sein Vater sich auf einer romantischen Bergwanderung kennengelernt hatten. Kirks Eltern waren naturbegeistert und engagierten sich als Mitglieder des »Sierra Clubs« für den Umweltschutz. Sie wollten für ihre Überzeugungen aktiv eintreten. Viele Jahre lang arbeitete Kirks Mutter als Labortechnikerin, um ihrem Ehemann die Promotion in den Fächern Ökologie und Landverwaltung zu ermöglichen. Sie erzählte ihren Freunden, sie liebe das weite, offene Land. Sie selbst stammte aus dem dichtbevölkerten Taiwan. Als ihre Familie nach San Francisco ausgewandert sei, erzählte sie, habe sie sich in die Wildnis verliebt und in einen Mann, der sie vor ihr beschützen würde.

Doch kurz nachdem Kirks Vater seine Promotion abgeschlossen hatte, verlangte er ohne Vorwarnung die Scheidung. Er sagte, er liebe seine Frau nicht mehr. Sie solle die drei Kinder bei sich behalten, und er werde nach Washington ziehen. Dort werde er eine Stelle beim Innenministerium antreten, um die wertvolle Forschungsarbeit fortzusetzen, die er schon während seiner Promotionszeit geleistet habe.

Kirks Mutter war verständlicherweise entrüstet. Sie liebte ihren Mann, hatte seine Ausbildung finanziert und hart für ihn gearbeitet. Jetzt, als er sie nicht mehr brauchte, verließ er sie. Sie kam zwar wieder auf die Beine, wurde aber nie den Gedanken los, daß er sie vorsätzlich ausgebeutet hatte. Das beschäftigte sie Tag und Nacht.

Wie eine Besessene erzog diese Mutter ihre Kinder jahrelang dazu, den Vater zu hassen. Wenn er sie besuchen wollte, kamen sie nicht einmal an die Tür. Sie weigerten sich sogar, am Telefon mit ihm zu sprechen. Obwohl der Vater weiterhin die Unterhaltszahlungen für die Kinder leistete, schlossen sich die Kinder mit der Mutter zu einem Bündnis gegen ihn zusammen und plapperten alles nach, was sie ihnen vorbetete. Als Kirk sechzehn Jahre alt war, beschloß er, ein Jahr bei seinem Vater zu leben, aber die beiden kamen nicht miteinander aus. Das Jahr war eine bittere Enttäuschung, und was immer Kirk gesucht hatte, er hat es nicht gefunden.

Zehn Jahre nach der Scheidung war Kirk zu einem hochgewachsenen, gutaussehenden Achtzehnjährigen herangewachsen. Ich dachte mir, daß er bei den Mädchen sicherlich sehr beliebt wäre. Kaum hatten wir unser Gespräch begonnen, stellte ich fest, wie niedergeschlagen Kirk war. In bezug auf seine Familie war er schweigsamer als alle anderen Teenager unserer Studie. Er machte aus seinen Beziehungen zu anderen Menschen fast ein Geheimnis.

Einer seiner ersten Sätze bestätigte diese Ansicht. Kirk dachte an unsere erste Begegnung vor zehn Jahren zurück. Damals war er acht Jahre alt. Er erinnerte sich noch, daß er sich am liebsten versteckt hätte, um meine Fragen nicht beantworten zu müssen.

Über seinen Vater sagte er nur, er sei völlig fassungslos gewesen, als es zur Scheidung kam. Er verstehe auch heute noch nicht, was geschehen sei. Seine Mutter habe ihm gesagt, daß der Vater sich von ihr und allen Kindern abgewandt habe. »Meine Mutter hegt immer noch denselben Groll wie vor zehn Jahren«, sagte er. »Es ist wirklich schade, daß Mama immer arm war, obwohl Papa reich ist. Manchmal steigert sie sich noch heute so in ihre Gefühle hinein, daß ich zu ihr sagen muß: ›Komm, Mama, die zehn Jahre sind vorbei, endgültig vorbei.‹« Kirk erzählte, daß er zu seiner Mutter ein sehr enges Verhältnis habe, sich aber nicht dauernd gegen seinen Vater aufhetzen lassen wolle. »Und ich muß mir überlegen, ob das, was sie sagt, wirklich stimmt. Ich kann mich erinnern, daß ich meinen Vater immer wieder verletzt habe. Er fuhr aus der Stadt hinaus, und ich sagte ihm, daß ich es mir anders überlegt hätte und nichts mit ihm unternehmen wollte. Ich glaube, ich habe das getan, um meinem Vater weh zu tun. Mama hat mir so oft gesagt, daß er ein böser Mensch ist. Heute tut mir das leid.«

Kirk sagte, sein etwas vages Ziel sei, in irgendeiner Funktion auf staatseigenem Land zu arbeiten, wenn sein Vater ihm helfen würde. »Mein Vater geht mir auf die Nerven«, meinte er schließlich. »Er sagt, ich wäre ein Besserwisser, aber nur ein durchschnittlicher Student; deshalb könne ich kein Studium schaffen. Ich werde meine Probleme auch ohne die Hilfe meiner Eltern lösen.«

Doch erst bei unserem Gespräch nach fünfzehn Jahren kam das Vermächtnis von Kirks Kindheit voll zum Tragen. Kirk verurteilte jetzt seine Mutter und machte sie für alles verantwortlich, was in seinem Leben falsch gelaufen war. Er vermittelte ein Gefühl von Hilflosig-

keit und permanenter Überforderung, und er hatte eine weinerliche, kindliche Art angenommen.
Er begann unser Gespräch mit den Worten: »Meine Mutter hat mir das Lügen beigebracht. Sie hat mir ganz schön was vorgemacht und mir dauernd erzählt, daß Papa uns im Stich gelassen hat, aber ich war zu klein und kapierte nicht, was wirklich passiert ist.« Ich habe selten ein Kind gesehen, das so heftig mit einem Elternteil ins Gericht ging.
»Was ist wirklich passiert, Kirk?«
»Ich habe meinen Vater vertrieben. Ich habe ihn angelogen. Mama hat mir gesagt, daß ich ihn nicht sehen will, und ich habe getan, was sie mir sagte.« Kirk verschränkte die Arme und drückte sie gegen seinen Bauch, als ob er Schmerzen hätte.
Ich fragte behutsam: »Hast du mit deiner Mutter über diese Dinge gesprochen?«
»Meine Mutter liebt mich sehr«, sagte er, »und mein Vater hilft mir niemals, wenn ich Schwierigkeiten habe. Ich hatte in meinem Leben ziemlich viele Schwierigkeiten, und sie ist für mich da.« Dann wiederholte Kirk ein paarmal: »Mein Vater liebt mich, meine Mutter liebt mich. Sie lieben mich beide.« Die Stimme des vierundzwanzigjährigen Mannes klang fast hoffnungslos. »Sie lieben mich beide. Mein ganzes Leben lang versuchte ich, meinem Vater zu zeigen, daß ich ihn nicht wirklich aus dem Haus treiben wollte. Mein Vater hält mich für einen Verräter.«
»Und was meinst du?«
»Wahrscheinlich bin ich das in seinen Augen gewesen«, sagte er. »Aber ich warte, ich werde immer darauf warten, daß mein Vater zu mir sagt: ›Das Leben ist hart, Kirk, wir alle machen Fehler. Ich stehe hinter dir, und ich glaube, daß du es schaffen wirst.‹ Aber er sagt es nie. Er sagt: ›Du steckst in großen Schwierigkeiten, du bist ein Penner.‹ Er sagt nicht: ›Ich hab dich lieb.‹ Das hat er noch nie gesagt.«
»Er sagt nicht ›Ich vergebe dir‹?«
Kirk überhörte meine Frage oder erfaßte ihren Sinn nicht. Er war völlig mit der Vorstellung beschäftigt, daß sein Vater ihm sein »abscheuliches Verbrechen« verzeihen würde. Kirk war niedergeschlagen und traurig; man hatte das Gefühl, daß er gedemütigt, korrumpiert und benutzt worden war.
Die Mutter, die ihren Sohn psychisch nahezu ruiniert hatte, bedauerte ihr Verhalten inzwischen: »Wenn ich damals gewußt hätte, was ich heute weiß«, sagte sie bei dem Gespräch nach fünfzehn Jahren, »hätte ich ihm nicht beigebracht zu lügen, und ich hätte ihn nicht angelogen.«

Unabhängig davon, ob der Eindruck der Mutter richtig war, daß sie von ihrem Mann rücksichtslos ausgenutzt und dann fallengelassen wurde, war ihre Strategie, den Sohn zu benutzen, um sich zu rächen, in jeder Hinsicht verhängnisvoll. Kirk wurde noch nach fünfzehn Jahren von Schuldgefühlen gepeinigt. Er war völlig fixiert darauf, daß sein Vater ihm ein Verbrechen vergibt, von dem er wahrscheinlich gar nichts weiß. Kirks Sehnsucht nach dem Vater wurde durch die erzwungenen Lügen nur noch stärker. An seiner starken Abhängigkeit von der Mutter änderte sich auch in der Pubertät nichts. Durch den jahrelangen Gehorsam ihr gegenüber, durch die Abhängigkeit, die durch ihr Bündnis gegen den Vater gefördert wurde, und durch seine permanente Wut auf sie blieb er an sie gebunden. Es scheint, als gebe es für ihn keinen Unterschied zwischen Vergangenheit und Gegenwart. Die Zeiten sind miteinander verschmolzen, und er ist als junger Erwachsener moralisch und emotional schlecht dafür gerüstet, auf eigenen Beinen zu stehen.

Viele Kinder leiden wie Kirk darunter, daß das Verhältnis ihrer Eltern von einem bösen, dauerhaften Zorn geprägt ist. Dieser Zorn, der auf Rachsucht, Wut, sexueller Eifersucht und dem Gefühl, enttäuscht und ausgenutzt worden zu sein, basiert, wurde schon in dem klassischen griechischen Mythos von Medea beschrieben. Heutzutage kann Medea jedoch ein Mann oder eine Frau sein.

Medea, überall bekannt für ihre Zauberkraft, verriet ihren Vater und ihre Heimat, um Jason bei der Suche nach dem Goldenen Vlies zu helfen. Sie fuhr anschließend mit ihm in sein Land. Dort heiratete er sie, und sie gebar ihm zwei Kinder. Nach einiger Zeit verstieß Jason seine Ehefrau wegen einer anderen, jüngeren Frau. Medea war außer sich, denn sie fühlte sich von dem Mann ausgenutzt und verraten, für den sie den Vater und die Heimat verraten hatte. Sie sah keine Möglichkeit, ihren Stolz zu wahren oder sich eine Demütigung zu ersparen. Sie steigerte sich in eine psychotische Wut und tötete ihre beiden Kinder.

Doch ihre Wut ist so übermächtig, daß das Publikum die schreckliche Tat nachvollziehen kann. Medea blieb kein anderer Ausweg. Ihren Gemahl Jason konnte sie nicht töten, denn er war zu mächtig. Selbstmord durfte sie nicht begehen, denn damit wäre Jason aus seinem Dilemma befreit. Der psychotische Mord an ihren Kindern basierte auf der rationalen Erkenntnis, daß sie Jason in dieser Situation nur in seinen Kindern treffen konnte. Sie brachte ihre Kinder um, obwohl sie, wie die Griechen uns berichten, eine gute Mutter war. Die

Kinder kamen freiwillig zu ihr, und sie umarmte sie, bevor sie sie tötete. Mit dem Mord an ihren Kindern vernichtete Medea die Symbole ihrer Ehe, und damit vernichtete sie symbolisch auch sich selbst. Sie wollte ihre Kinder nicht töten, sondern sie wollte Jason vernichten. Ebensowenig wollen moderne Medeas ihre Kinder töten, aber sie wollen sich an ihren ehemaligen Partnern rächen — und das tun sie, indem sie die Beziehung zwischen dem Kind und dem Ehepartner zerstören. Dabei fügen sie jedoch der Psyche des Kindes schwere Schäden zu oder zerstören sie sogar völlig.

Der Zorn der Medea bricht jeden Tag in Gerichtssälen wieder aus, wenn die Geschiedenen um die Kinder und um den Unterhalt streiten. Die Kinder erleiden durch diese Kämpfe schwere psychische Schäden. Bei schätzungsweise zehn bis zwölf Prozent der Scheidungen wird lang und erbittert um das Sorgerecht prozessiert.

Unabhängig davon, ob nur ein Elternteil oder beide Eltern die Rolle der Medea spielen, die Kinder sind auf Jahre hinaus geschädigt. Einige wachsen mit einem permanent schlechten Gewissen auf, weil sie durch das Verhalten ihrer Eltern gelernt haben, andere Menschen zu manipulieren. Einige sind zornig, weil sie verstanden haben, daß sie als Waffen benutzt wurden. Einige fühlen sich schuldig, haben ein unterentwickeltes Selbstwertgefühl und leiden unter Depressionen. Andere versuchen verzweifelt, die Mutter oder den Vater zu retten, und stehen Qualen aus, wenn sie merken, daß es ihnen nicht gelingt. Viele empfinden im Laufe der Zeit Verachtung für beide Eltern. Alle Kinder, die unter diesem Konflikt gelitten haben, spüren, daß niemand wirklich Rücksicht auf ihre Bedürfnisse nimmt; sie spüren, daß sie nur noch ein Instrument der Rachsucht ihrer Eltern sind. Bei Kirk sind tragischerweise alle genannten Reaktionen erkennbar.

Das Medea-Syndrom hat seinen Ursprung in der scheiternden Ehe und der Trennung, denn in dieser Phase vergessen Eltern manchmal, daß ihre Kinder unabhängige Bedürfnisse haben; sie betrachten das Kind nur noch als Teil ihrer selbst. Die Gedanken »Er hat mich verlassen« und »Er hat mich und mein Kind verlassen« werden synonym, und die Grenze zwischen Elternteil und Kind wird verwischt. Das natürliche Einfühlungsvermögen der Mutter oder des Vaters für die eigenständige Persönlichkeit des Kindes wird vom Trennungsschmerz überlagert.

Ein Kind kann als Instrument der Rache gegen den Partner benutzt oder auch einfach entführt werden. Schätzungsweise 100 000 Kinder werden jährlich von einem Elternteil entführt, größtenteils, um den andern Partner zu verletzen. Es gibt keinerlei Anhaltspunkte dafür, daß Eltern, die ihre Kinder entführen, gute und liebevolle Eltern sind, oder daß sie aus dem aufrichtigen Wunsch heraus handeln, das Kind zu schützen. Nur wenige Kinder, die nach einer solchen Entführung wieder nach Hause gebracht wurden, waren in guter Verfassung; die meisten waren in einem schrecklichen Zustand — ausgenutzt, vernachlässigt und schlecht erzogen.

Die meisten Eltern entführen ihre Kinder nicht aus Liebe, sondern aus egoistischen Motiven. Solche Eltern haben in ihrem Leben schon eine Reihe von Verlusten erlitten und meinen, sie könnten einen weiteren Verlust nicht ertragen; deshalb sind sie nicht imstande, das Kind aufzugeben oder mit ihrem Partner zu teilen. Sie analysieren das Problem ganz rational: »Wenn mein Kind nicht die ganze Zeit bei mir ist, muß ich einen weiteren Verlust ertragen, und ich kann diesen Verlust nur rückgängig machen, wenn ich um das Kind kämpfe und es notfalls entführe.«

Eine Frau, die von ihrem Mann betrogen wurde, wehrt sich mit aller Kraft dagegen, daß ihre Kinder ihn jedes zweite Wochenende besuchen. Ihre Eifersucht auf die neue Geliebte ihres ehemaligen Mannes kann sich auch auf das Kind erstrecken; vielleicht ist sie auch eifersüchtig, weil der Vater nicht sie, sondern das Kind besucht. Sie kann die Besuche nicht verhindern, aber sie kann den Kindern Vorurteile gegenüber dem Vater einimpfen und ihren Exmann durch die Kinder bestrafen. Sie macht das entweder ganz bewußt oder unbewußt durch die Art, wie sie sich verhält, und durch die Fragen, die sie stellt. Sie könnte ihre Tochter zum Beispiel mit besorgter Stimme fragen: »Aber wo schläfst du im Haus deines Vaters? Welches Nachthemd willst du anziehen?« Die Tochter spürt die Angst der Mutter; besonders wenn sie noch sehr jung ist, können Anspielungen, daß der Vater die Tochter sexuell mißbrauchen könnte, dem Kind große Angst einflößen. Väter benutzen in ähnlichen Situationen analoge Methoden. Sie reden dem Jungen oder Mädchen ein, die Mutter sei verderbt und gefährlich.

Es ist eine tragische Ironie, daß die meisten Eltern, die ihren Kindern so etwas antun, sich in anderen Lebensbereichen völlig normal verhalten. Vor Gericht erscheinen sie rational und intelligent.

Lindas Eltern waren starke, gutaussehende Menschen schwedischer Herkunft. Das übertrug sich auch auf ihr Berufsleben: Ihre Mutter arbeitete als Masseuse, ihr Vater war Koch in einem skandinavischen Restaurant. Als sie sich scheiden ließen, sagte Lindas Mutter, entweder jemand müsse sie töten, oder sie werde ihren Mann töten, und sie meinte es ernst.

Als wir Linda zum ersten Mal sahen, war sie eine niedliche Fünfjährige, die offensichtlich ganz genau wußte, daß sie Vaters Liebling war. In der Tat war sie die einzige in der Familie, die er niemals schlug. Linda war darauf fixiert, brav zu sein und ihre häufig streitenden Eltern zu besänftigen. Sie wehrte sich gegen die Scheidung, weil sie wußte, daß ihr dadurch der Vater genommen würde. Wie sich herausstellte, verlor sie auch ihre Mutter, denn die suchte nach der Scheidung Trost bei Schnaps und Sex, was ihr wenig Zeit für Mutterpflichten übrigließ.

Ein Jahr nach der Scheidung zog Linda sich alleine an, bereitete sich ihre Mahlzeiten zu und ging von allein zu Bett. Eine Lehrerin bemerkte die dunklen Ringe unter Lindas Augen und fragte, warum sie so müde aussehe. »Wir haben zu Hause ein neues Baby«, erklärte Linda. »Wir müssen jede Nacht aufstehen und uns um das Baby kümmern.« Die Lehrerin glaubte die Geschichte, bis sie, voller Sorge um Linda, die Familie besuchte und feststellte, daß es dort kein Baby gab. Die Geschichte sollte Lindas Müdigkeit erklären. Zugleich konnte das Mädchen jetzt endlos von einer fürsorglichen, liebevollen Mutter träumen — der Mutter, nach der sie sich sehnte.

Lindas Vater zog kurz nach diesem Vorfall in eine andere Stadt. Als wir Linda vier Jahre später besuchten, zog sie einen tränenverschmierten Stapel Briefe von ihrem Vater hervor. Offenbar schickte er ihr ein bis zwei Briefe im Jahr. Das schmale Bündel war Lindas Schatz. Sie erzählte uns, wie oft sie über ihn nachdenke, wie besorgt sie sei, weil sie ihn so lange nicht gesehen hatte, und wie sehr sie fürchte, daß er in Schwierigkeiten kommen könne. Sie wußte, daß ihr jähzorniger Vater rasch in ernsthafte Schwierigkeiten geraten konnte, und verhielt sich, als wäre sie die Mutter und er das Kind, das von Zu Hause weggegangen ist.

»Ich habe immer gewußt, daß es ihm gutgeht, wenn er Bilder auf die Briefe gemalt hat«, sagte sie. »Bei den letzten beiden habe ich mir große Sorgen gemacht, weil er nichts mehr auf den Umschlag gemalt hat. Ich habe gedacht, irgendwas wäre passiert. Wissen Sie, ich habe mir um meinen Papa immer Sorgen gemacht. Ich wußte ja nie, ob er Schwierigkeiten hatte. Ich weiß, daß er wirklich gewalttätig ist. Und ich habe immer Angst, daß er anderen Leuten weh tut.«

»Hast du auch Angst gehabt, daß er dir weh tun könnte?«

»Nein. Ich wußte, daß er mir nichts tun würde.«

Linda ist eines der wenigen Kinder in unserer Studie, die im wahrsten Sinne des Wortes verlassen wurden. Sie wußte, in welcher Stadt ihr Vater lebt, aber er hatte keinen Kontakt zu ihr.

Als Fünfzehnjährige beschrieb Linda, wie sie sich die vergangenen zehn Jahre um ihre Mutter gekümmert hat: »Ich glaubte, es sei meine Aufgabe, für Mama zu sorgen«, sagte sie. »Sie trank viel. Ich ging also mit ihr aus oder blieb bei ihr zu Hause, statt zu spielen oder in die Schule zu gehen. Ich habe versucht, ihr nahe zu bleiben. Wenn sie wütend wurde, habe ich dafür gesorgt, daß sie es an mir ausläßt und nicht irgendwas in der Wohnung kaputtmacht.«

»Und wie ließ sie ihre Wut an dir aus?«

»Sie hat mich geschlagen oder geschrien. Ich hatte mehr Angst, wenn sie schrie. Mir war es lieber, wenn sie mich schlug. Sie sah immer so riesig aus, wenn sie schrie. Einmal betrank sich Mama und kippte auf der Straße um. Ich wußte, daß ich sie nach Hause bringen mußte; deshalb rief ich meine Brüder an, aber sie legten einfach auf. Da hab ich es eben allein gemacht. Ich habe viel getan, was ich nie irgend jemandem erzählt habe.«

In solchen Familien, in denen beide Eltern Schwierigkeiten haben, hilft eine Scheidung den Kindern wenig — falls nicht wenigstens ein Erwachsener die Chance zu einem Neubeginn nutzt, um die Situation in der Familie zu verbessern und seine elterlichen Pflichten gegenüber den Kindern wiederaufnimmt. Für Linda brachte die Scheidung keine Verbesserung ihrer Situation. Sie wurde vom Vater verlassen und opferte viel von ihrem eigenen Leben, um ihre Mutter zu betreuen. Obwohl die Familienstruktur zusammenbrach, als Linda fünf Jahre alt war, wahrte sie über viele Jahre hinweg den Anschein, als habe sie eine normale Kindheit. Sie machte ihre Schularbeiten und schloß Freundschaften. Zudem übernahm sie die Verantwortung für eine alkoholkranke Mutter und zeigte im Umgang mit den Aggressionen ihrer Mutter eine Klugheit, die weit über die normale Reife in ihrem Alter hinausging. Bereitwillig akzeptierte sie die Rolle des Prügelknaben. Obwohl Linda keinerlei elterliche Fürsorge genoß, war sie lieb, fürsorglich und mitfühlend.

Lindas Geschichte ist ein gutes Beispiel für eine Situation, in der es zwar ein Kind gibt, aber keine Eltern, weder im konkreten physischen noch in psychisch-geistigen Sinne. Diese Situation besteht häufig in Elendsvierteln oder in Kriegswirren; inzwischen finden wir sie jedoch in rasch wachsender Zahl auch in der amerikanischen Mittelschicht. Ungefähr zehn Prozent der Kinder aus unserer Untersuchungsgruppe hatten während der Ehe schlechte Beziehungen zu beiden Elternteilen. Diese Zahl schnellte nach zehn Jahren auf erschreckende 35 Prozent hinauf. Die Kinder aus dieser Gruppe waren in den zehn Jahren nach der Scheidung im wesentlichen elternlos; viele mußten sich sogar um ihrer Eltern kümmern.

Ich habe viele Kinder erlebt — vom Kleinkind bis zum Jugendlichen —, die für sich selbst sorgen mußten. Wir kennen solche Situationen zwar hauptsächlich im Zusammenhang mit Teenagern (wie Becky, das ausgestoßene Kind, das auf die Straße gegangen ist), in Wirklichkeit sind jedoch alle Altersstufen betroffen. Kleine Kinder kommen in ein leeres Haus, machen sich selbst etwas zu essen, gehen allein zu Bett und stehen morgens alleine auf — oder auch nicht. Der sechsjährige Jimmy hängte sich eine Notiz an das Fußende seines Bettes: »Schlaf, Jimmy. Hab keine Angst.«

Untersuchungen haben gezeigt, daß Kinder aus geschiedenen Ehen häufiger in der Schule fehlen als Kinder aus intakten Familien. Kindergartenkinder, die von einer alleinstehenden Mutter oder einem alleinstehenden Vater aufgezogen werden, bringen unabhängig von ihrem sozioökonomischen Status in der Schule deutlich schlechtere Leistungen als Gleichaltrige aus intakten Familien.

Für viele Kinder wird die Befürchtung Wirklichkeit, daß sie mit der Scheidung auch die Eltern verlieren würden. Bobbie war zehn, als ihre Eltern sich trennten. Beide waren erfolgreiche Geschäftsleute. Vor der Scheidung sorgten sie gut für ihr Kind. Ein paar Jahre nach der Scheidung zog Bobbies Mutter jedoch für neun Monate zu ihrem Geliebten. Bobbie weigerte sich, bei ihrem Vater zu leben. Sie glaubte, ihre Mutter würde nur dann wieder zurückkommen, wenn sie in ihrem Haus bleiben würde. Die Folge war, daß Bobbie ohne Aufsicht durch einen Erwachsenen allein in einem großen Haus lebte. Sie beschäftigte sich mit Videospielen, aß Schokoriegel und ging meistens von sich aus zur Schule. Jeden Abend saß sie allein vor dem Fernseher. Als wir Bobbie in dieser Situation fanden, war sie klinisch depressiv und sehr einsam. Sie vermischte die Wirklichkeit mit ihrer Phantasie. Ihre Eltern hatten sie völlig vernachlässigt.

Wenn Eltern sich scheiden lassen, fürchten viele Kinder, daß Vater und Mutter sie im Stich lassen. Die Logik ist einfach: Wenn einer weggehen kann, warum soll der andere nicht auch weggehen? Nach einer Weile merken die meisten Kinder jedoch, daß sie nicht ganz auf sich gestellt sind. Aber um einige Kinder kümmert sich wirklich niemand. Eine Mutter aus unserer Untersuchungsgruppe schickte ihren »ungezogenen« pubertierenden Sohn zu seinem anderthalbtausend Kilometer entfernt lebenden Vater. Obwohl der Junge seinen Vater acht Jahre lang nicht gesehen hatte, schickte die Mutter nur ein Telegramm: »Jack kommt.«

Viele Kinder haben nach der Scheidung das Gefühl, daß sie kein Zuhause mehr haben. In unserer Studie schloß eine Mutter ihren dreizehnjährigen Sohn aus der Wohnung aus und hinterließ ihm nur die kurze Nachricht an der Tür: »Zieh zu deinem Vater.« Das Kind war sieben Jahre lang nicht bei seinem Vater gewesen. Der Vater wollte den Jungen auch nicht zu sich nehmen, weil es ihm lästig war, ein Kind aufzuziehen. Der Junge wandte sich in seiner Verzweiflung an eine entfernte Verwandte, die einmal gesagt hatte: »Wenn ihn jemand vor meine Tür legte, würde ich ihn nicht im Stich lassen.« Und so kam es dann auch. Aber das Arrangement war nicht von Dauer; nach einem Jahr wurden andere provisorische Vereinbarungen für seine Unterbringung getroffen.

Bei unseren Interviews zehn Jahre nach der Scheidung brachten die Kinder wiederholt das Gespräch darauf, daß es in ihrem Leben niemanden gibt, der die Verantwortung trägt. Die Kinder klagten über leere Häuser und äußerten das Bedürfnis, einen Erwachsenen zu haben, der sie vor ihren eigenen Impulsen beschützt. Sie klagten, daß sie zuviel Verantwortung für sich selbst und jüngere Geschwister tragen mußten. Harry war mit sechzehn von der Schule abgegangen und war mit dem Gesetz in Konflikt geraten. Er erzählte, er habe einen Freund, der ebenfalls von der Schule abgehen wollte, doch *dessen* Vater habe ihn gezwungen, weiter zur Schule zu gehen.

Ethan war sechzehn, als seine jüngere Schwester bei einem Autounfall schwer verletzt wurde und in ein nahe gelegenes Krankenhaus gebracht werden mußte. Verzweifelt rief er beide geschiedenen Eltern an, die beide in der Nähe arbeiteten. Doch beide sagten nur: »Bring du sie in die Ambulanz.« Völlig außer sich rief Ethan, daß er doch nicht einmal die Einweisung für das Kind unterschreiben könne; er sei zu jung. Doch das brachte weder die Mutter noch den Vater dazu, ihren beiden verängstigten Kindern zu Hilfe zu kommen. Beide Eltern waren während ihrer Ehe ziemlich verantwortungsbewußt gewesen, aber ihr Engagement hatte sich nach der Scheidung verlagert.

Gails Vater, ein Politiker, trank sehr viel und nahm seine siebenjährige Tochter zu Partys und sogar zu politischen Veranstaltungen mit. Er machte seine Tochter zu seiner ständigen Begleiterin. Wenn sie lange nach Mitternacht auf eine Party kamen, wurde Gail in irgendein leeres Bett gesteckt. Wenn ihr Vater abends lange fernsehen wollte, mußte Gail wach bleiben und ihm Gesellschaft leisten. Wenn ihr Vater gelegentlich jemanden brauchte, den er in den Arm nehmen konnte, schlief Gail in seinem Bett; wenn er aber eine weibliche Begleiterin mit nach Hause brachte, wurde Gail wieder in ihr eigenes Bett verbannt. Manchmal machte sie den Saufkumpan ihres Vaters und hatte einige Male einen richtigen Kater.

Gail widmete ihre gesamte Aufmerksamkeit dem Vater. Sie gab ihre Interessen in der Schule auf und zog sich von ihren Freunden zurück. Sie beriet ihren Vater, mit wem er ausgehen, was er anziehen und manchmal sogar, wie er politische Angelegenheiten entscheiden sollte. Gail kann man wirklich zu Recht als die »Konkubine« ihres Vaters bezeichnen – obwohl zwischen ihnen kein sexuelles Verhältnis bestand.

Als ich Gail das letzte Mal sah, war sie zwölf Jahre alt. Sie sah aus, als stünde sie kurz vor den Zwanzigern und nicht kurz vor der Pubertät. Sie wirkte wie ein Mensch, der zu viel gesehen und zu viel gehört hat. Sie war immer mißtrauisch und vorsichtig, wenn sie über sich selbst sprach, und paßte genau auf, wenn sich das Gespräch um ihren Vater drehte. Erst als ich sie ermunterte, über eine »namenlose Freundin« zu sprechen, gab sie etwas von ihrem Innern preis. Sie erzählte mir von einem Mädchen, das sich »merkwürdig« fühlt, die »eine Außenseiterin ist, die keine Freunde hat« und fürchtet, daß »andere Menschen sie nicht mögen«. Gail sprach davon, daß dieses Kind ganz auf sich selbst angewiesen ist, und fügte hinzu, daß es für sie oft schwierig sei, zwischen Wirklichkeit und Phantasie zu unterscheiden.

Als unsere Gesprächszeit fast zu Ende war, wurde sie direkter: »Eine Scheidung ist hart. Sie macht das Leben der Menschen kaputt, und den Kindern hilft niemand«, sagte sie. »Wenn die Leute sich scheiden lassen, hat anschließend der eine ein normales Leben, und der andere hat die Schwierigkeiten.«

Ein Viertel der Mütter und ein Fünftel der Väter in unserer Studie haben ihr Leben volle zehn Jahre nach der Scheidung noch nicht wieder in den Griff bekommen. Bei ihnen ist die Desorganisation zum Normalzustand geworden. Da sie sich nicht den Anforderungen ihrer Elternrolle stellen können, stützen sie sich auf ihre Kinder. Einfach ausgedrückt besteht die Funktionsrolle des Kindes darin, die schwere Depression nicht aufkommen zu lassen, die die Psyche des Elternteils bedroht, und die Eltern vor dem Gefühl zu bewahren, daß sie an der Situation zerbrechen.

Die Folgen für das Kind sind permanentes Leid und schwerwiegende Störungen seiner psychischen Entwicklung. Die Situation schädigt die Eltern-Kind-Beziehung und hat auch langfristig schädliche Folgen. Wie mißhandelte oder sexuell mißbrauchte Kinder finden sich auch überforderte Kinder in allen sozialen Schichten, und oft leiden sie lebenslang unter der Überforderung. Sie beeinflußt auch die Einstellung, die sie als junge Erwachsene sich selbst und der Welt der Erwachsenen gegenüber haben. Da die meisten Kinder nach einer Scheidung bei ihren Müttern leben, überfordern Frauen ihre Kinder häufiger als Männer. Aber auch Männer, denen das Sorgerecht zugesprochen wurde oder die ihre Kinder regelmäßig besuchen, können ähnliche Forderungen stellen. In unserer Untersuchungsgruppe waren einige Kinder, die in den zehn Jahren mehrmals in der Woche von ihren Vätern besucht wurden, in diese Rolle geschlüpft: Sie waren die psychische Stütze eines Mannes, der stark von ihnen abhängig war.

Es handelt sich hier aber nicht um einen Rollentausch, wie einige Fachleute behauptet haben. Das Kind übernimmt nicht die Rolle des jeweiligen Elternteils. Diese neuen Rollen der Kinder aus geschiedenen Ehen sind vielmehr sehr komplex und noch unerforscht.

Kinder, die diese Rollen übernehmen, sind oft sehr einfühlsam. Sie bemitleiden die Erwachsenen in ihrer Umgebung und fürchten sich davor, die Eltern zu verlieren. Da sie sich schutzlos fühlen, neigen sie dazu, auf die Wünsche und Drohungen ihrer Eltern allzusehr einzugehen. Ihre Sensibilität führt sie ins Verderben, weil sie oft in mehreren Rollen über viele Jahre hinweg die neurotischen Bedürfnisse ihrer Eltern befriedigen. Und so paradox es klingen mag, gerade kleine Kinder haben ein außergewöhnliches Talent, diese Rolle zu übernehmen, und das hat tragische Folgen für ihre Entwicklung.

Der Preis, den das überforderte Kind zahlt, ist sehr hoch. Bei Gail zum Beispiel verbarg sich hinter der Fassade ihrer Kompetenz die Angst, verlassen zu werden. Sie litt an Alpträumen und an chronischer Verstopfung; sie war sozial isoliert und brachte in der Schule schlechte Leistungen. Da die Aufgabe ihres Lebens darin bestand, die psychischen Probleme ihres Vaters abzuwehren, konnte sie keine eigenständige Persönlichkeit mit eigenen Gefühlen entwickeln. Viele Kinder leben in der Angst, daß nur ihre Fürsorge und ihre Anwesenheit ihre Eltern am Leben hält. Angesichts dieser Vorstellung schwanken die Kinder zwischen einem Gefühl der Befriedigung und Freude über ihre Macht und dem Gefühl ihrer Ohnmacht hin und her. Zu ihrer Überlebenstaktik gehört oft, daß sie eine stark defensive Haltung einnehmen und sich emotional abschotten. Oder sie entwickeln ein großes Geschick darin, die Verletzlichkeit anderer für ihre eigenen Zwecke zu manipulieren. Sie fühlen sich von ihren Altersgenossen isoliert. Nach einiger Zeit fällt es diesen Kindern schwer, zu unterscheiden, was real ist und was nicht. Obwohl sie scharfe Beobachter sind, ziehen sie nicht unbedingt die richtigen Schlüsse aus dem, was sie beobachten. Das Einfühlungsvermögen, das sie einer leidenden Mutter oder einem betrübten Vater gegenüber an den Tag legen, erstreckt sich nicht unbedingt auch auf andere Menschen.

In Wirklichkeit können nur wenige Kinder einem bekümmerten Elternteil helfen. Und viele werden aggressiv oder sind lebenslang deprimiert, weil sie um ihre Kindheit betrogen wurden.

Teil 4

Neue und alte Bindungen

13

Rosemary und Bob Catalano

Rosemary Catalano packte eine gewaltige Menge von Erfahrungen in ihr junges Erwachsenenleben: Sie heiratete mit achtzehn und wurde mit vierundzwanzig geschieden. Als ich mich nach der Scheidung mit ihr traf, kam sie sofort zur Sache:

»Die Ehe war von Anfang an schlecht«, sagte sie. »Ich war zu jung. Wenn ich nicht schwanger gewesen wäre, würde ich heute anders dastehen.«

»Bitte erzählen Sie von Ihrer Ehe.«

»Es ging schon zwei Monaten nach der Hochzeit los. Es hat ihm nicht gepaßt, wie ich den Haushalt geführt habe, aber mich hat das nicht interessiert. Zum Kuckuck, ich hatte noch nie einen Haushalt geführt. Ich war nicht gerade der hilfsbereiteste Teenager. Wenn wir mal Geld übrig hatten, zog Bob los und kaufte ein neues Objektiv für seine Kamera. Ich hasse Kameras. Noch heute.«

»Hat sich die Situation durch die Schwangerschaft und die Geburt verschlechtert?«

Rosemary zog scharf den Atem ein. »Da gab es nichts mehr zu verschlechtern. Es war schon schlimm. Diese Ehe hing an einem seidenen Faden.«

»Kam es zu Gewalttätigkeiten?« fragte ich. Ich wollte wissen, was die Kinder Billy und Kelly gesehen haben könnten. »Ich weiß, wie reizbar Sie und Bob sein können.«

»Ja«, sagte Rosemary. »Aber nur ein paarmal. Wir haben uns so vor uns geekelt, weil wir so viehisch waren. Es ist nicht oft passiert, aber wir haben es beide getan. Sehen Sie, ich war ein Kind. Und ein ziemlich wildes Kind. Man könnte vielleicht sagen, daß wir beide ziemlich egozentrisch waren.« Rosemary unterstrich ihre Worte mit dramatischen Gesten. »Wir haben alles probiert. Die Beratung lief über sechs

Monate. Sie half mir, aber unserer Ehe nicht. In den letzten paar Monaten unserer Ehe waren wir geistig und körperlich drauf und dran, uns gegenseitig umzubringen. Wir beschlossen, uns zu trennen. Wir wollten herausfinden, ob wir einander vermissen. Er vermißte mich und wollte zurückkommen. Er versprach, daß er über alle meine Fehler hinwegsehen würde. Ha! Wir versuchten es fünf Monate lang. Und das war's dann. Er will die Scheidung immer noch nicht, aber ich brauche sie. Ich habe keine andere Wahl. Ich muß mit meinem Leben zurechtkommen. Ich habe das Gefühl, als ob ich sechs Jahre vergeudet hätte.«

Rosemary und Bob lebten fast zwei Jahre getrennt. Dann drängte sie auf die Scheidung. Ich fragte sie nach ihrer Beziehung zu Bob.

»Er besucht uns, wann es ihm einfällt«, sagte sie. »Er kommt ein- bis zweimal pro Woche für eine halbe Stunde vorbei. Er hält in der Einfahrt. Die Kinder gehen hinaus und sprechen mit ihm. Und wenn sie gerade ganz außer sich sind, weil er da ist, fährt er weg, einfach so, und sie stehen da und heulen sich die Augen aus dem Kopf. Aber er schickt die Unterhaltszahlungen, regelmäßig und pünktlich. Ich weiß, daß es nicht leicht für ihn ist. Was mich betrifft«, sagte sie, »habe ich begonnen, mein Leben zu verändern. Ich studiere am College und will meinen Abschluß in Betriebswirtschaft machen. Ich bin ziemlich gut. Bob hat ganz recht damit, daß ich eine lausige Hausfrau bin, aber ich habe einen Kopf für Zahlen. In der High-School habe ich die Schule gehaßt, jetzt geh ich gern hin. Aber in der High-School war ich wahrscheinlich viel zu selten, um das überhaupt beurteilen zu können.«

»Haben Sie sich seit damals verändert?«

»Das kann man wohl sagen.« Sie lachte. »Nichts verändert einen so sehr, wie mit zwei kleinen Kindern und einem Ehemann zu Hause zu hocken. Der Mann nörgelt dauernd an einem herum und sagt, daß man zu nichts tauge. Ich weiß nicht, wie es anderen Frauen geht, aber ich habe das Gefühl, als hätte man unter mir ein Feuer angezündet.«

Die Veränderungen, die Rosemary durchgemacht hat, waren alles sehr rasch verlaufen. Ich fragte, wie sie es schaffe, am College zu studieren und zugleich die Kinder zu versorgen.

»Das ist ein schreckliches Kapitel«, räumte sie ein. »Ich bin wütend auf sie, und sie sind wütend auf mich. ›Gereizt‹ wäre noch untertrieben. Ich schreie, sie heulen, und manchmal heule ich auch. Sie gehen den ganzen Tag zur Schule, so wie ich, aber sie hassen die Schule. Billy weint die ganze Zeit. Es gefällt ihm dort nicht, er läßt sich von mir nicht in den Arm nehmen. Er sagt mir, daß er mich liebhat, aber nur, wenn er in der anderen Ecke des Zimmers steht. Eigentlich haben die Kinder Vater und Mutter verloren. Ich sollte Ihnen vielleicht auch sagen, daß ich mit Billy sicher auch Probleme habe, weil er Bob so ähnlich ist. Vielleicht fällt es mir deshalb leichter, mich mit Kelly zu beschäftigen. Meine Eltern helfen mir auch. Sie mögen die Kinder, aber sie wohnen zu weit weg, um jeden Tag einzuspringen. Wir sind also fast immer allein, ich und die Kinder. Ich bin fest entschlossen, meinen Abschluß zu machen. Ich habe mich seit der Trennung sehr verändert und bin viel reifer geworden.«

»Ich bin«, fuhr Rosemary fort, »in eine kalte, grausame Welt geworfen worden. Ich bin entschlossen, zu schwimmen und nicht unterzugehen. Jetzt gehe ich aufs College, habe einen Teilzeitjob, bin geschieden, und ich habe meine Kinder. Aber ich habe viel gelernt. Ich habe noch nie für irgendwas gearbeitet. Ich habe nie Verantwortung getragen. Ich habe nie nachdenken müssen, bevor ich etwas getan habe. Jetzt tue ich es.«

Rosemary wünschte, ihr ehemaliger Mann wäre ein wenig hilfsbereiter. »Er kritisiert nur an mir herum. Er sagt, ich wäre lahmarschig und würde die Kinder nicht ordentlich beaufsichtigen. Er schimpft mich immer noch vor den Kindern aus. Er gibt mir sogar das Gefühl, als wäre ich selbst noch ein Kind. Er hackt immer noch wegen dem Haushalt auf mir herum. *Saustall* ist sein Lieblingswort. Aber jetzt bin ich wenigstens nicht mehr von ihm abhängig, nur von dem Geld, das er schickt. Es ist zuwenig, aber wir brauchen es dringend.«

Ein Jahr später war Rosemary wie verwandelt. Sie hatte fast zehn Kilo abgenommen und ihre dunklen Haare kurz schneiden lassen. Sie trug ein elegantes weißes Kostüm und schwarze Lackschuhe. Ihr Gang war energisch geworden. Sie hatte eine gewinnende Art und war direkt und spontan.

Rosemary studierte immer noch Betriebswirtschaft und hatte nebenher einen Teilzeitjob in einem Büro. Sie lebte seit sechs Monaten mit ihrem neuen Freund zusammen. Die beiden wollten heiraten. »Es ist großartig«, sagte sie. »Ich kann's kaum fassen. Ich meine, ich hätte nie geglaubt, daß ich je einen Mann finden würde, den ich liebe und mit dem ich zusammenleben kann und den ich auch noch heiraten will. Das ist nicht nur gut für mich, es ist auch toll für die Kinder. Charlie mag sie sehr.«

Ich bat sie, mir von ihm zu erzählen.

»Er ist zehn Jahre älter als ich und war nie verheiratet. Er hat eine gutgehende Baumschule. Endlich habe ich eine gewisse finanzielle Sicherheit. Wir sind nicht gerade reich, aber was Geld angeht, bin ich sicher in neue Dimensionen vorgestoßen. Jetzt gibt's am Monatsende keine Panik mehr.«

»Wie kommen Billy und Kelly mit Charlie aus?«

»Ich glaube, sie mögen ihn sehr, und ich hoffe, daß die Bindung von beiden Seiten aus enger wird. Kelly klettert auf seinen Schoß und zwirbelt seinen Schnurrbart. Charlie bemüht sich wirklich, nett zu den Kindern zu sein. Am Anfang brachte er ihnen immer irgendwelche Kleinigkeiten zum Spielen mit, wenn der Babysitter da war. Das gefiel ihnen. Und manchmal sind wir alle zusammen ein Eis essen gegangen. So was machen wir jetzt nicht mehr so oft, aber den Kindern gefällt es, daß Charlie im Haus ist. Er ist nicht der Typ, der gerne mit ihnen herumrauft. Er bringt ihnen lieber was bei. Er hat gesagt, daß er ihnen Gartenbau beibringen will, wenn sie älter sind. Ich hoffe, daß es funktioniert. Billy braucht einen Mann. Er träumt tagsüber oft mit offenen Augen. Manchmal denke ich, daß er nicht ganz bei der Sache ist. Wenn ich die Zeit hätte, würde ich mir große Sorgen um ihn machen.«

Rosemary kam auf ihren Ehemann zu sprechen. »Mein Exmann kommt alle 14 Tage mal auf einen Nachmittag vorbei. Er ist gerade intensiv mit einer anderen Frau beschäftigt. Aber die Kinder sind immer noch ganz aus dem Häuschen, wenn er einen Besuch macht, und sie weinen, wenn er wegfährt. Sie betteln, daß er länger bleiben soll. Wir gehen nicht gerade sehr höflich miteinander um. Er zahlt mir keine Alimente mehr, und er müßte keinen Unterhalt mehr für die Kinder bezahlen, wenn er einverstanden wäre, daß Charlie sie adoptiert. Aber das findet Bob nicht gut. Dazu ist er zu stolz.«

Mit Rosemarys Leben ging es bergauf. Sie war glücklich und optimistisch. Das Studium machte ihr Spaß, und sie hatte mit Unternehmern bereits über berufliche Perspektiven gesprochen. Mit ihrer neugewonnenen Selbstachtung betrachtete sie ihre Pubertät und ihre erste Ehe als unglücklichen Lebensabschnitt, nicht jedoch als eine Erfahrung, die ihr ganzes Leben überschatten könnte.

Fünf Jahre später sah Rosemary immer noch sehr gut aus. Sie war inzwischen zwei Jahre mit Charlie verheiratet. »Wir haben eine gute, solide Beziehung«, sagte sie. »Aber er läßt sich viel von mir gefallen. Wahrscheinlich viel mehr, als ich mir von ihm gefallen lasse.«

Rosemary hatte in der Ehe noch ein Jahr an einer kurzen Depression gelitten. Sie war zu einem Therapeuten gegangen und war drei oder vier Monate lang behandelt worden. Sie meinte, die Depression habe etwas »mit dem Erwachsenwerden« zu tun. »Aber sie hat mich wirklich weitergebracht. Ich fühle mich wohl.«

Nach dem Abschluß ihres Studiums eröffnete sie zusammen mit einer Partnerin ein Geschäft für frische italienische Pasta. »Der Laden kostet viel Zeit«, sagte sie, »aber dafür gehört er uns. Ich kann mir meine Zeit einteilen und bin mein eigener Chef. Wenn's weiterhin so gut läuft, machen wir Anfang nächsten Jahres vielleicht einen zweiten Laden auf.«

Bob kürzte die Unterhaltszahlungen auf monatlich 65 Dollar pro Kind. »Ich war wütend«, sagte Rosemary. »Aber andererseits hat er nicht soviel Geld wie wir. Am meisten ärgert mich, wie selten er die Kinder besucht. Ich versteh's wirklich nicht. Ich weiß, daß seine neue Frau es nicht mag, wenn Bob bei uns ist. Und sie hat auch was dagegen, daß er Billy und Kelly mit zu sich nimmt. Ich glaube nicht, daß sie meine Kinder mag. Aber ich glaube auch nicht, daß Bob kapiert, was er den Kindern antut. Vermutlich wird er nie verstehen, wie schrecklich es für sie ist und wie traurig sie sind, wenn er wegfährt. In den letzten paar Wochen hat er sie zweimal für jeweils zehn Minuten besucht. Die Kinder sind draußen und hängen sich an ihn. Aber er behandelt sie kühl.«

Ich dachte daran, wie Bob mir ein paar Jahre zuvor erzählt hatte, daß er »innerlich ganz weich« wird, wenn er bei seinen Kindern ist. Er tröstete sich mit dem Gedanken, daß »wenigstens sie wissen, daß ich sie liebe«.

»Er behandelt sie wie kleine Hunde«, sagte Rosemary. »Er kann keine Beziehung zu ihnen aufbauen. Sie fühlen sich übergangen und sind tief gekränkt.« Der einzige Lichtblick schien Billys Interesse für Fotografie zu sein, das er mit seinem Vater teilte. Bob hatte seinem Sohn zu Weihnachten eine Spezialkamera geschenkt.

Ich fragte, wie die Kinder mit ihrem Stiefvater auskämen.

»Tja«, sagte sie, »die Kinder wünschen sich einen richtigen, echten Papa. Aber das haben sie weder mit Charlie noch mit Bob. Sie mögen Charlie schon ganz gern, aber sie lieben ihn nicht. Wir hauen die Kinder nicht mehr. Mein Therapeut hat gemeint, das wäre besser. Ich bemühe mich auch, sie nicht anzuschreien. Aber das schaffe ich nicht so gut, wie ich eigentlich sollte. Ich glaube, unser großes Problem ist, daß wir noch ein ganz junges Paar sind. Wir brauchen unser Privatleben. Wir gehen abends ins Schlafzimmer und machen die Tür zu. Manchmal denke ich, daß wir unten im Wohnzimmer sein sollten, wie eine richtige Familie. Aber das ist die einzige Zeit, die Charlie und ich zusammen verbringen können. Wir versuchen, am Wochenende wegzukommen und uns die Flitterwochen zu nehmen, die andere Leute auch haben. Aber das ist schwierig, weil die Kinder ja dauernd da sind. Vielleicht ist das auch eine der Ursachen für meine Depression. Ich fühlte mich in zwei verschiedene Richtungen gezogen und wußte nicht, was ich tun sollte. Durch die Therapie habe ich inzwischen eine etwas realistischere Vorstellung davon, daß das Leben nicht perfekt ist. Man kann's nicht allen recht machen. Charlie ist ein guter Mann, ein verantwortungsbewußter Mann. Er behandelt Kelly anders als Billy. Zu dem Jungen ist er sehr hart, Kelly behandelt er viel liebevoller und nachsichtiger. Ich weiß nicht, ob das daran liegt, daß sie ein Mädchen ist — sie weiß genau, wie sie ihn um den Finger wickeln kann —, oder daran, daß sie noch so klein ist. Charlie meint, ich sei eine prima Hausfrau und eine tolle Köchin. Es gefällt ihm, wenn ich mich hübsch anziehe. Und ich mache mich gern schön für ihn.«

Zehn Jahre später. Rosemary kam in mein Büro. Eine Aura des Erfolgs umgab sie. Sie war 35 Jahre alt und Mitbesitzerin von drei gutgehenden Läden für frische Pasta und italienische Spezialitäten. Den größten Teil ihrer Gewinne investierte sie in ihr Geschäft. Rosemary war offenbar eine kluge Geschäftsfrau. Sie sagte, Charlie und den Kindern gehe es ausgezeichnet. Sie hätten am Tahoe-See eine Hütte gekauft. Im Winter wollten sie dort Skifahren und im Sommer Wasserski.

Als wir auf ihre Probleme zu sprechen kamen, sagte Rosemary: »Meine Hauptsorge ist Billy. Er ist fast fünfzehn, aber in der Schule strengt er sich einfach nicht an. Ich weiß, daß er besser arbeiten könnte, aber er versucht es nicht einmal. Vielleicht sollte ich ihm einen Nachhilfelehrer besorgen.«

Rosemary zupfte an ihrer Handtasche und fuhr dann fort: »Billy ist immer noch begeisterter Fotograf und hat seine eigene Dunkelkammer. Er hat nicht viele Freunde, und ich habe den Verdacht, daß er anfängt zu trinken. Kelly dagegen ist gut in der Schule. Sie ist bei allem dabei, was Zwölfjährige eben so mögen — Rockstars, Fernsehen, endlose Telefongespräche und Tiere.

Um Kelly mache ich mir keine Sorgen«, sagte Rosemary. »Charlie macht sich Sorgen darüber, wie sie sich kleidet, und verbietet ihr, sich zu schminken. Es gefällt ihm nicht. Aber ich hoffe, daß er nicht zuviel Theater darum macht. Kelly ist ziemlich dickköpfig.«

Ich fragte nach ihrer Beziehung zu Bob.
»Es ist besser geworden«, sagte sie. »Früher gab es viel mehr Bitterkeit zwischen uns. Ich war erstaunt, wie zornig ich wurde, wenn ich nur seinen Wagen in der Auffahrt sah, und wie lange der Zorn andauerte. Ich glaube, Charlie hat mir sehr geholfen. Er sagte, ich dürfe meinen Zorn um der Kinder willen nicht aufkommen lassen. Bobs Besuche haben mich wirklich zur Weißglut gebracht. Es ist jetzt zehn Jahre her, aber langsam gewöhne ich mich an Bobs Art. Es ist lustig. Die Kinder beten ihn immer noch an. Für sie ist er eine Art Held. Kelly war vor kurzem übers Wochenende bei ihm. Sie tat, als ob sie beim Herrgott persönlich gewesen wäre. Es war ihr erstes Wochenende mit ihm. Billy glaubt, Bob könne nichts falsch machen.« Sie hielt inne. »Wissen Sie, manchmal denke ich, daß er wirklich sein Leben vermasselt hat. Es tut mir leid, daß er eine zweite Scheidung durchmachen muß. Aber von dem Verhältnis zwischen Billy und Charlie bin ich immer noch nicht sehr begeistert«, fuhr sie fort. »Ich glaube, es ist besser geworden, aber ich bin mir nicht sicher. Ich glaube, sie haben sich irgendwie arrangiert. Aber ich müßte lügen, wenn ich sagte, daß eine echte Zuneigung oder Freundschaft zwischen ihnen besteht. Mit Kelly kommt Charlie zweifellos viel besser aus. Das war schon immer so. Sie macht es ihm leicht, sie zu lieben. Manchmal hecken sie gemeinsam einen Streich aus. Sie interessiert sich sehr für Pflanzen und lernt viel über Gartenbau. Wer weiß? Vielleicht erbt sie mal seinen Laden. Egal. Billy faßt Charlie ziemlich hart an. Er neigt dazu, plötzlich irgendeinen Entschluß zu fassen, und bei dem bleibt er dann. Ich glaube, daß er sich sehr bemüht, aber er verlangt von ihm viele Hausarbeiten. Er hat sehr klare Vorstellungen davon, wieviel ein Teenager arbeiten muß. Billy meint, die Forderungen, die an ihn gestellt werden, seien übertrieben.«
»Was hätte Ihrer Ansicht nach in Ihrem Leben anders laufen sollen, Rosemary?«
»Am Anfang war ich mit mir selbst und der Situation beschäftigt, als ich mit Bob verheiratet war«, sagte sie. »Ich hatte wirklich Angst, weil ich noch nie auf mich allein gestellt war. Ich habe die Scheidung hinausgeschoben, weil ich Angst hatte, und er hatte immer das Gefühl, wir wären wegen der Kinder verpflichtet, die Ehe fortzuführen. Ich war sehr egozentrisch in dieser Ehe, und ich war sehr wütend auf ihn. Aber die Scheidung war das Beste, was mir je passiert ist. Ich bin erwachsen geworden. Ich habe gelernt, daß ich nie wieder Angst haben muß. Wenn Charlie irgendwas passiert oder unsere Ehe schiefgehen

sollte, würde ich nicht daran zugrunde gehen. Ich weiß, daß ich damit fertig werden würde.«

Ich fragte, ob sie im Hinblick auf diese zweite Ehe irgendwelche Bedenken hätte.

»Eigentlich nicht«, sagte sie. »Ich wünschte mir nur, daß er im Umgang mit den Kindern nicht so stur wäre, vor allem bei Billy. Ich wünschte, er wäre ein bißchen sensibler. Er sollte mehr zuhören und dem, was sie sagen, mehr Bedeutung zumessen. Sie wollen doch nichts weiter als ein wenig Aufmerksamkeit und Liebe. Es war nicht leicht für Charlie, zwei Kinder anzunehmen.«

»War die Scheidung, jetzt im nachhinein gesehen, gut für die Kinder?«

»Die ganze Sache war sehr schwierig für sie«, sagte sie und überlegte sich ihre Worte genau. »Doch, ja, ich glaube, die Scheidung war gut für sie. Man übersteht alles, solange man weiß, daß man geliebt wird und daß jemand für einen da ist. Die Kinder wissen, daß Charlie und ich für sie da sind. Und sie sind für uns da. Meine Eltern stehen hinter uns. Ich glaube, ich mute den Kindern sehr viel zu, wenn ich sie so mit mir durch mein Leben schleife, aber ich denke schon, daß es ihnen gutgeht. Charlie hat viel dazu beigetragen. Ich bin stolz auf sie.«

»Sie haben guten Grund, auf *sich selbst* stolz zu sein«, sagte ich.

»Ich glaube, wir sind nicht so leicht unterzukriegen«, sagte sie.

Rosemary gehörte zehn Jahre nach der Scheidung eindeutig zu den »Gewinnern«. Sie hatte sich von einem unzufriedenen, mißmutigen Teenager, der in eine von Anfang an unbefriedigende Ehe verstrickt war, zu einer reifen, selbstsicheren und verantwortungsbewußten Persönlichkeit entwickelt, die — ganz zu Recht — stolz auf ihre Leistungen ist. Rosemary ist nichts in den Schoß gefallen. In den ersten Jahren nach der Scheidung hetzte sie vom College-Campus zum Schulhof, von dort zum Babysitter, zu ihrer Arbeitsstelle und wieder nach Hause. Sie erzählte mir, sie habe sich von all diesen Pflichten überfordert gefühlt. Die ersten beiden Jahre ihrer zweiten Ehe seien von Spannungen zwischen ihren Kindern und ihrem neuen Ehemann belastet gewesen. Dennoch ist Rosemary aus der Scheidung als Gewinnerin hervorgegangen. Sie ist mit einem Mann verheiratet, den sie gern hat und achtet. Ihr Sexualleben ist gut, und sie erwartet, daß ihre Ehe glücklich bleiben wird. Trotz ihrer beruflichen Leistungen ist Rosemary eine engagierte Mutter geblieben. Da sie reifer geworden ist, kann sie ihre früheren impulsiven Wutausbrüche gegen die Kinder besser beherrschen. Sie war zehn Jahre später immer noch besorgt darüber, daß ihr zweiter Ehemann im Leben ihres Sohnes nicht die erhoffte Rolle spielte, und war enttäuscht von Bob und wütend auf ihn, weil er ihrer Ansicht nach ein schlechtes Verhältnis zu den Kindern hatte. Zugleich empfand sie ihm gegenüber auch Besorgnis und Mitgefühl. Sie respektierte seine Bemühungen, seinen finanziellen Verpflichtungen der Familie gegenüber nachzukommen. Mit fünfunddreißig war sie eine selbstbewußte, lebenserfahrene und tatkräftige Persönlichkeit. Ihre erste Ehe war für sie ein trauriger Lebensabschnitt, die Scheidung hingegen eine kluge und reife Entscheidung. Der ganze Lebensabschnitt ist für sie ein abgeschlossenes Kapitel. Geblieben sind nur die Sorgen, wie ihre Kinder mit ihrem ersten und zweiten Ehemann auskommen. Rosemary ist ein neuer Mensch geworden.

Insgesamt gesehen sind die Frauen, die sich zwischen Anfang Zwanzig und Anfang Dreißig scheiden lassen, ein Jahrzehnt nach der Scheidung deutlich glücklicher und finanziell besser gestellt als die Frauen, die bei der Scheidung Ende Dreißig oder über vierzig sind. Viele junge Frauen erhalten durch die Scheidung buchstäblich einen Energieschub. Sie stürzen sich in anstrengende Aufgaben, um das Beste aus ihren Chancen für ein neues Leben zu machen.

Die Scheidung bringt für diese jungen Frauen viele Veränderungen und stellt sie vor neue Herausforderungen. Sie ziehen um, suchen neue Arbeitsstellen, studieren halbtags, zahlen ihren Anteil von Schulden aus der alten Ehe und übernehmen meist die volle Verantwortung für ihre kleinen Kinder. In unserer Untersuchungsgruppe wurde kaum eine Frau von ihrer Familie unterstützt. Da die kleinsten Kinder in der ersten Zeit nach der Scheidung die heftigsten Reaktionen zeigen — sie weinen, wollen nicht schlafen gehen, wachen nachts auf, machen wieder ins Bett und haben Alpträume —, sind die jungen Frauen angesichts der vielen Anforderungen, die an sie gestellt werden, oft völlig erschöpft. Wenn sie sich den Herausforderungen erfolgreich stellen, entwickeln sie sich zwangsläufig weiter. Für Frauen wie Rosemary, die direkt von der Schule weg heiraten, ist die Scheidung eine erste Gelegenheit, unabhängig zu leben. Solche Frauen waren vielleicht noch nie im Leben allein für sich verantwortlich, ganz zu schweigen von der Verantwortung für eine ganze Familie. Dann werden sie plötzlich Familienoberhaupt und müssen eine ganze Palette von Entscheidungen allein treffen — wo sie leben, welche Schule sie besuchen und wie sie mit ihren Finanzen wirtschaften.

Alleinerziehende haben andere Pflichten und brauchen andere Fähigkeiten als Eltern, die ihre Kinder zu zweit in einer intakten Ehe aufziehen. Der Elternteil, der die Kinder allein aufzieht, muß in der Lage sein, mit einem hohen Maß an alltäglichen Ängsten zu leben. Alleinerziehende müssen einen Standpunkt vertreten und an ihm festhalten, auch wenn sie keinen Rückhalt haben, sondern meist sogar mit heftiger Opposition konfrontiert sind. Auch eine zweite Ehe stellt Alleinerziehende vor neue Probleme. Sie müssen entscheiden, wer für die Kinder die Autorität sein soll — der natürliche Vater, der Stiefvater oder allein sie selbst? All diese Entscheidungen, die im Hinblick auf die Kinder getroffen werden müssen, sind geistige Herausforderungen und fördern die Entwicklung der jungen Frauen nach der Scheidung.

Die inneren Zwänge, die nach der Scheidung auf die jungen Frauen wirken, sind nicht weniger bedrückend. Die Scheidung bietet ihnen eine Chance, einen großen Fehler in ihrem Leben zu korrigieren. Dieser Fehler bestand meistens darin, daß sie spontan heirateten, obwohl ihnen die nötige Reife fehlte. Viele Frauen aus unserer Untersuchungsgruppe heirateten aus einer Augenblickslaune heraus. Eine Frau erinnerte sich, daß sie zu ihrem Freund sagte: »He, heute hab ich Geburtstag; laß uns heiraten!« Andere, wie Rosemary, heirateten, weil sie ungewollt schwanger wurden. Sie dachte sich: »Warum nicht?« Die Reaktion einer reiferen Persönlichkeit wäre gewesen: »Warum?«

Die meisten Frauen in unserer Studie, die bei der Hochzeit jünger als einundzwanzig waren und sich fünf oder sechs Jahre später wieder scheiden ließen, wollten die verlorenen Jahre nachholen und sich weiterentwickeln. Ihnen fällt es leichter als älteren Frauen, eine Ehe hinter sich zu lassen. Sie sind begierig darauf, ihre eheliche Rolle abzulegen; zu Zeit der Scheidung haben sie sich vom Partner und von ihrer Identität innerhalb der Beziehung gelöst. Die Scheidung bedrückt sie nur wenig, da sie ihre Depressionen hauptsächlich in der Ehe hatten. Sie sind vielleicht sehr wütend auf ihren Ehemann, sind aber bei der Scheidung nicht moralisch entrüstet oder fühlen sich betrogen. Sie trauern nicht so heftig um den Verlust, denn sie haben nicht die besten Jahre ihres Lebens geopfert. Einige haben ein bittersüßes Mitleid mit ihren Exehemännern, sie empfinden Wut, in die sich Trauer darüber mischt, daß die Beziehung nicht gehalten hat.

Vor allem jedoch haben junge Frauen den mächtigen Drang, ihre Chancen zu einen Neubeginn rasch zu nutzen. Wenn ihnen das gelingt, verändern sie sich äußerlich, sie reden anders, und sie verhalten sich an-

ders. Sie werden neue Menschen mit neuen Berufen und neuen Lebensperspektiven. Da sie hart arbeiten, entwickeln sie ein neues Selbstbewußtsein. Sie sind stolz auf sich selbst und ihre Leistungen. Die Scheidung hilft ihnen, erwachsen zu werden, sich realistische Ziele zu setzen und sie zu erreichen. Einige Frauen haben aber auch das Gefühl, daß sie letztlich ihre Kinder und die Freuden der Mutterschaft dem Aufbau einer beruflichen Existenz und eines sozialen Netzes geopfert haben.
Durch ihre Jugend haben diese Frauen gewöhnlich weniger Schwierigkeiten, passende Männer zu finden. Siebzig Prozent heiraten meist in den ersten drei oder vier Jahren nach der Scheidung wieder. In diesem Fall müssen sie sich wieder mit einem neuen Haushalt, neuen Tagesabläufen, Wertvorstellungen und Erwartungen auseinandersetzen. Das heißt anders ausgedrückt, daß sich ihre Probleme durch eine zweite Ehe nur selten vermindern, vielmehr kommen mit den neuen Freuden und der neuen Stabilität auch neue Probleme hinzu.
Die Kinder fühlen sich in dieser Phase oft vernachlässigt. Rosemary räumte ein, daß ihre elterlichen Gefühle zur Zeit ihrer zweiten Eheschließung abnahmen und daß sie später bei vielen familiären Auseinandersetzungen für Charlie Partei ergriff. Junge Mütter vernachlässigen ihre Kinder nicht böswillig, aber die Kinder leiden. Das läßt sich kaum verhindern – sie fühlen sich nicht nur in der Zeit direkt nach der Scheidung zurückgewiesen, sondern auch in den folgenden Jahren und vor allem dann, wenn die Mutter eine zweite Ehe eingeht. Die Mütter wollen ihre Kinder retten, indem sie sich selbst retten. Es überrascht nicht, daß Rosemary sich trotz aller Energie überfordert fühlte und Depressionen bekam.
Selbstverständlich schaffen es nicht alle jungen Frauen, ihr Leben so erfolgreich umzugestalten und neu aufzubauen wie Rosemary; viele versuchen es nicht einmal. Manche heiraten spontan ein zweites oder drittes Mal. Manche definieren ihre Chancen für einen Neubeginn enger; für sie geht es speziell darum, mit den Problemen ihrer ersten Ehe fertig zu werden. Andere gehen rasch eine zweite Ehe ein, mehr aus dem Bedürfnis nach finanzieller Sicherheit heraus als aus Liebe. Dann gibt es noch Frauen, die alle Gedanken an eine neue Ehe zunächst beiseite schieben und ihre Energien auf ihren Beruf und ein aktives soziales Leben konzentrieren.

Bob Catalano war einundzwanzig, als er Rosemary heiratete, ein Mädchen aus seiner Heimatstadt Fresno. Rosemary hatte gerade die High-School abgeschlossen. Bob war in einer anderen Stadt an einem College. Er war kaum zwei Wochen weg, als sie ihn anrief und ihm sagte, daß sie schwanger sei.

Beide stammen aus italienischen Familien mit starkem Familiensinn und hatten angesichts ihrer Herkunft keine Wahl. »Mir gefiel die Vorstellung, Vater und Ehemann zu sein«, sagte Bob. »Wir haben auf der Stelle geheiratet.«

Sechs Jahre später saß Bob in meinem Büro und sprach mit mir darüber, warum seine Ehe gescheitert ist. Er ist ein großer, gutaussehender Mann mit schwarzem lockigem Haar und einer Adlernase. Doch unter seinem ansprechenden Äußeren spürte ich eine mit Selbstzweifeln gepaarte Empfindsamkeit. Ich fragte ihn, wann es mit der Ehe bergab ging.

»Wir haben von Anfang an gestritten«, begann er. »Kaum war ich von der Arbeit zu Hause, da fing ich Streit an. Sie hatte keine Ahnung, wie man einen Haushalt führt. Ich bin kein Ordnungsfanatiker, aber ich bin auch nicht in einem Hühnerstall aufgewachsen. Sie hat einfach nie ihren Teil der Arbeit gemacht.« Bob wollte offen und ehrlich sein. »Gut, ich gebe zu, daß ich auch nicht vollkommen war. Und sie war erst achtzehn, als wir geheiratet haben. Wahrscheinlich war das ein Fehler. Wir hatten eigentlich gar keine Zeit, uns richtig kennenzulernen. Wir waren viel zu sehr damit beschäftigt, uns irgendwie durchzuschlagen. Ich bekam einen Job in einem Rundfunk- und Fernsehladen. Ich habe Fernseher repariert. Manchmal war ich wirklich total fertig, wenn ich nach Hause kam. Es war einfach nicht gerecht. Ein hart arbeitender Mann braucht auch ein Zuhause. Und eine Frau sollte dafür sorgen, daß es ordentlich und sauber ist. Rosemary kümmerte sich weder um sich selbst noch um das Haus. Ihre Haare waren oft völlig durcheinander, wenn ich heimkam. Sie ist ein hübsches Mädchen, aber sie sieht absolut runtergekommen aus, unmöglich. Unser Sexualleben ging total den Bach runter.« Er klang erschöpft. »Sei's drum. Wir haben uns getrennt. Ich dachte nicht an Scheidung. Ich mag sie immer noch sehr gern. In meiner Familie läßt man sich nicht so einfach scheiden. Meine Eltern waren gegen die Ehe, aber gegen die Scheidung waren sie dann erst recht, vor allem wegen der zwei Kinder.«

»Dann ist die ganze Sache sehr traurig für Sie.«

»Sehr traurig. Wenn ich ein Mann der Worte wäre, könnte ich es Ihnen beschreiben. Aber die Kinder sehen und wieder wegfahren müssen — das bricht mir das Herz.«

»Erzählen Sie mir von den Kindern.«

»Mein Junge, Billy, ist wie ich. Er ist so sensibel wie ich. Und er ist langsam wie ich. Ich ärgere mich über ihn, obwohl ich es nicht will. Ich ärgere mich oft über ihn, viel schneller als über Kelly. Dabei ist sie doch im Trotzalter. Billy ist fünf.«
»Warum ärgern Sie sich über Billy?«
»Er stellt mir viele Fragen«, sagte Bob. »Irgendwas passiert in mir.«
»Was könnte das sein?«
Bob hielt inne und dachte nach. Offenbar war er tatsächlich zur Reflexion fähig und machte sich Sorgen um seine Kinder. Er identifizierte sich stark mit Billy. »Wenn er Fragen stellt«, sagte Bob schließlich, »meine ich, daß er vielleicht unsicher ist. Ich glaube, daß man ihm weh tun wird. Ich sage mir ›Verdammt, das Leben ist hart, und Billy sollte besser lernen, damit fertig zu werden.‹«
»Sie wollen Billy beschützen«, sagte ich. Mir war aufgefallen, daß Bob dieselbe Metapher benützte wie seine Frau bei der Beschreibung ihres Lebens. »Sie wünschen sich so sehr, daß er es schafft.«
Bob senkte den Kopf und schwieg ein paar Sekunden lang. Als er aufsah, sagte er: »Wissen Sie, was es für einen Mann bedeutet, seinen Sohn zu verlieren?«
»Bedeutet Scheidung für Sie, daß Sie Ihren Sohn verlieren?« fragte ich. »Können Sie sich nicht vorstellen, weiter der Vater zu sein, der Sie gerne sein würden?«
Er schüttelte den Kopf. »Rosemary ist jetzt vierundzwanzig. Sie war früher ein wirklich hübsches Mädchen. Sie wird andere Männer haben. Einer wird meinen Platz einnehmen. Welche Chancen habe ich da?«
»Ich verstehe, was Sie in bezug auf Rosemary sagen«, sagte ich. »Aber muß das auch für die Kinder gelten?«
Bob schüttelte resigniert den Kopf.
Wir sprachen kurz über die kleine Kelly. »Ich kenne sie nicht so gut«, sagte Bob. »Aber ich bin sicher, daß sie selbständig ist. Dickköpfig und clever.«
Ich dachte bei mir, daß seine Einschätzung des Mädchens merkwürdig mit seiner Einschätzung des Jungen kontrastierte. Offenbar hielt er das Mädchen für stärker.
»Kelly behandelt mich wie einen Fremden«, fuhr er fort, »obwohl ich sie oft sehe. Sie war nie eine Schmusekatze. Ich habe mich viel um sie gekümmert, auch während der Trennung. Ich ging oft rüber und merkte, wie sie sich veränderte.«
Ich fragte Bob nach seiner Arbeit, und er sagte: »Mir gefällt meine Ar-

beit, aber ich würde trotzdem gern einen Collegeabschluß machen. Ich habe das Studium abgebrochen, als wir heirateten. Aber ich möchte mich verbessern. Mein Vater hat sich bei der Navy mit Elektronik beschäftigt — er hat in der Militärbasis Presidio in San Francisco am Radar gearbeitet. Das meiste, was ich weiß, hat er mir beigebracht. Irgendwann will ich mehr tun als kaputte Fernseher reparieren, aber im Augenblick gefällt mir die Arbeit. Sie wird nicht sehr gut bezahlt, aber es ist eine gute Arbeit. Ein großes Problem von mir ist, mit anderen Menschen auszukommen. Bei mir brennt immer gleich die Sicherung durch. Aber ich denke darüber nach und arbeite daran, was ich tun sollte. Ich arbeite schwarz, wissen Sie. Ich bin ein ziemlich guter Fliesenleger. Ich bekomme viele Nebenjobs. Manchmal arbeite ich das ganze Wochenende.«

»Da bleibt Ihnen nicht viel Zeit, Ihre Kinder zu besuchen«, stellte ich fest.

Er lächelte und sagte: »Wenn ich ihr 225 Dollar geben muß und selbst noch leben will, habe ich nicht viel Geld oder Zeit für andere Dinge. Ich könnte ihr einfach weniger geben, und keiner könnte was dagegen tun. Das hat mir mein Kumpel gesagt. Aber dann könnte ich nachts nicht mehr schlafen, weil ich Angst hätte, daß die Kinder nicht genug zu essen bekommen.« Bob redete rührend von seiner Frau. »Ich habe sie gefragt, ob wir es nicht noch einmal versuchen sollen. Mein Anwalt riet mir, zu ihr zu gehen und sie zu bitten, daß sie mich wieder nimmt. Weil eine Scheidung so viel kostet. Ich habe es getan. Aber sie sagte nein. Ich glaube, sie wußte besser als ich, daß wir einfach nicht miteinander auskommen. Sie hat recht. Es ist besser, wenn sie den richtigen Mann für sich sucht. Ich kann ihr nicht geben, was sie braucht. Ich kann mich nicht so sehr ändern, daß ich ihr Verhalten akzeptiere. Aber ich weiß, daß sie gelitten hat. Sie setzt sich mit dem Problem auseinander. Sie hat sich mit der Scheidung, der Familie und dem Studium mehr aufgebürdet, als sie tragen kann. Sie wird schwimmen oder untergehen. Ich hoffe nur, daß sie es schafft. Unser Verhältnis ist ziemlich gespannt. Wenn wir miteinander reden, stoßen wir mit den Köpfen zusammen. Wir wollten nach der Scheidung freundlich miteinander umgehen, aber das hat nicht geklappt.«

Ich machte mir Sorgen wegen der finanziellen Belastungen und des emotionalen Preises, die der Neubeginn diesen Mann kostete. Bob war schlecht für ein neues Leben gerüstet und nur allzu bereit, seine Vaterrolle aufzugeben. Wirklich reif zeigte sich dieser junge Mann nur im Hinblick auf die intensiven Gefühle, die er für seine Kinder hegte.

Ein Jahr später hatte Bob eine Freundin mit zwei Söhnen. Er wollte sie heiraten. Bob arbeitete immer noch in der Reparaturwerkstatt für Fernsehgeräte. Er war enttäuscht, daß er nicht, wie erhofft, zum stellvertretenden Leiter befördert worden war. Ich fragte ihn abermals nach seinen Kindern.

»Ich sehe sie hie und da«, sagte Bob. »Wir haben keinen bestimmten Plan. Nichts ist festgelegt. Ich glaube, alle paar Wochen.«

»Was ist geschehen?«

»Wir haben uns einfach noch weiter auseinandergelebt«, antwortete er. »Wir könnten ein engeres Verhältnis haben.« Er wirkte aufgeregt. »Passen Sie auf, ich will ehrlich sein. Ich habe mich zurückgezogen. Rosemarys neuer Freund ist jetzt ihr Vater. Er macht das ganz gut. Die Kinder scheinen mich gar nicht so sehr zu vermissen.«

»Wie fühlen Sie sich dabei?«

»Ich habe akzeptiert, daß ich nicht ihr Vollzeitvater bin. Ich habe jetzt mein eigenes Leben. Das ist wieder eine andere Sache. Wenn nur Rosemary und die Kinder glücklich sind — das zählt. Es wäre schön, wenn Rosemary so glücklich sein könnte, wie ich die letzten drei Monate war.«

Bob war seinen Kindern offenbar sehr fern. Sein Interesse am direkten Einfluß auf sie oder an der Weitergabe seiner Weltanschauung erlahmte immer mehr. Er hielt zwar mit einer gewissen Hartnäckigkeit an dem tröstlichen Gedanken fest, daß mit seinen Kindern alles in Ordnung sei, solange er sie nur liebte, wirkte gleichzeitig jedoch erleichtert, daß seine Vaterpflichten von einem anderen Mann übernommen wurden. Er war traurig darüber, verbarg seinen Schmerz jedoch. Ich spürte das und fragte: »Fällt es Ihnen schwer, sie zu besuchen?«

Zuerst antwortete er nicht. Dann sagte er: »Ich denke nicht gern darüber nach.« Schließlich meinte er: »Über Kelly könnte ich mich totlachen. Sie ist ein richtiger kleiner Charmeur.«

»Und Billy?«

Er senkte den Blick: »Ich glaube, Billy braucht mich.«

Fünf Jahre nach der Scheidung legte Bob eine beträchtliche Entfernung zurück, um mich in meinem Büro aufzusuchen, obwohl er sehr viel zu tun hatte. Er war wieder verheiratet; um über die Runden zu kommen, arbeitete er an drei verschiedenen Arbeitsstellen — er reparierte Fernsehapparate, legte Fliesen und schnitt Bäume. Abgesehen davon, daß er die Haare viel kürzer trug, hatte er sich äußerlich nicht verändert. Nach eigener Aussage hatte er auch in der zweiten

Ehe das Gefühl, blockiert zu sein, und er war deprimiert. Er und seine neue Familie mußten beträchtliche Opfer bringen, damit er den Unterhalt an Rosemary regelmäßig überweisen konnte. Bei den Streitereien zwischen Bob und seiner zweiten Frau ging es vorwiegend um Geld. »Ich liebe sie sehr«, sagte Bob. »Sie kann phantastisch malen, und eines Tages werden ihre Arbeiten wirklich bekannt werden. Letzte Woche wurde sie sogar in der *Pacific Sun* erwähnt. Aber wir haben unsere Probleme«, sagte er und senkte die Stimme. »Es ist wirklich schwer. Besonders schwer ist es, ihren Kindern ein Vater zu sein. Vielleicht übertreibe ich es mit der Disziplin. Ich kann mich einfach nicht beherrschen, wenn sie ungezogen sind. Wissen Sie, mein Vater hätte den Quatsch niemals mitgemacht. Aber meine Frau und ich waren uns immer einig. Der ältere Junge war in einer schlimmen Clique. Ich mußte versuchen, ihn wieder auf die richtige Bahn zu bringen.«
Bobs Stiefsöhne waren inzwischen fast Teenager. Ich dachte bei mir, daß es für ihn als Zweiunddreißigjährigen schwierig sein mußte, heranwachsenden Jungen ein Vater zu sein. Er wollte sicher nicht, daß sie so wild waren wie er in seiner Jugend. Vielleicht übertrieb er seine Bemühungen, sie zu disziplinieren. Als ich vorsichtig darauf anspielte, ging Bob sofort in die Defensive. Bestimmt brachte er mit seiner Art die Kinder seiner zweiten Frau oft gegen sich auf.
Als ich ihn nach seinen eigenen Kindern fragte, sagte er: »Ich weiß nicht, wie es ihnen geht. Ich schäme mich, es Ihnen zu sagen, aber ich habe sie in letzter Zeit nicht gesehen, obwohl ich nur ein paar Blocks entfernt wohne. Ich habe mir nicht die Zeit genommen, sie zu besuchen. Aber ich glaube nicht, daß sie mich vermissen. Seit Rosemary wieder verheiratet ist, leben sie in guten Verhältnissen. Vielleicht sollten Sie mal mit ihr reden. Sagen Sie mir, was sie sagt. Wir kommen immer noch nicht miteinander aus.«
Dann sprach er von den Schwierigkeiten in seiner zweiten Ehe. »Ihr stinkt's, daß ich soviel Geld für meine Kinder ausgebe. Aber noch schlimmer ist, daß sie meint, Rosemary bräuchte nur mit den Fingern zu schnippen, und ich würde springen. Es ist einfach zuviel.« Er schüttelte traurig den Kopf. »Zu viel Knatsch wegen Geld, zu viel Knatsch wegen der Kinder, zu viel Streß. Vielleicht wäre es besser, wenn ich weit weg wohnen würde.«
Als er das sagte, wurde er sehr traurig. Nur sein Stolz hinderte ihn daran, in Tränen auszubrechen. »Wissen Sie, Judy«, sagte er, »ich schäme mich so. Ich sehe meine Kinder alle paar Wochen für fünf oder zehn Minuten. Ich habe meine eigene Ehe. Ich habe mein eige-

nes Leben. Ich will das Richtige tun. Ich muß mich entscheiden.« Unser Gespräch endete mit einer Bemerkung über sein absolutes Unvermögen, sein Leben zum Besseren zu verändern.

Zehn Jahre nach der Scheidung von Rosemary lebte Bob im Süden von Kalifornien. Er war inzwischen neununddreißig und hatte graumelierte Schläfen, sah aber immer noch sehr gut aus. Das kalifornische Klima schien ihm zu bekommen, obwohl er eine filterlose Zigarette nach der anderen rauchte. Als Bob mich in sein spärlich möbliertes Apartment führte, lief im Hintergrund eine Verdi-Oper. Der Opernfan Bob erzählte mir, er habe letzten Monat einen Auftritt von Pavarotti erlebt und sei immer noch »ganz high«. Wir unterhielten uns eine Weile über Opern. Dann sprachen wir davon, was sich im Laufe der letzten fünf Jahre in Bobs Leben verändert hatte. Auch seine zweite Ehe war gescheitert, und er hatte das Gefühl, daß er eine größere Veränderung brauchte. Er kündigte und zog nach Süden, um dort seinem lange gepflegten Interesse für Fotografie nachzugehen. Bob lernte bei einem bekannten Fotografen und arbeitete nebenher als Verkäufer in einem Radiogeschäft.

»Ich habe all die Vorteile, die ich durch meine lange Anstellung in der Reparaturwerkstatt hatte, in den Wind geschrieben und bin auf etwas zurückgekommen, was ich schon immer machen wollte«, sagte er mit jungenhafter Begeisterung. »Wissen Sie, ich habe mich schon immer mit Fotografie beschäftigt. Ich war gerade mit meiner zweiten Ehe gescheitert und hatte eine Weile Angst, daß ich mit allem scheitern würde. Ich mußte hier unten sofort eine Stelle bekommen, damit ich Rosemary weiterhin Geld schicken konnte.« Er ließ bedeutungsvoll den Blick durch die fast leere Wohnung schweifen, um seine Worte zu unterstreichen. »Es ist merkwürdig. Solange ich mit Oona verheiratet war, habe ich meine Kinder kaum gesehen. Rosemary bedeutet mir immer noch viel, aber ich wollte nicht, daß wir wieder zusammen wären. Meine Kinder bedeuten mir auch sehr viel, obwohl ich sie kaum sehe. Ich habe eigentlich immer nur dann was mit ihnen gemacht, wenn es mir gerade paßte oder wenn ich Lust dazu hatte. Rosemary machte mir ganz schön Druck wegen dieser kurzen Überraschungsbesuche.« Er zog an seiner Zigarette. »Um Ihnen die Wahrheit zu sagen, die reine Wahrheit: Ich glaube, ich bin kein einziges Mal mit ihnen irgendwohin gegangen. Billy liebt die Fotografie so wie ich, aber das war das einzige. Ich konnte mich mit ihm über Belichtungszeiten und Blenden unterhalten. Und hin und wieder habe ich ihm ein paar Filme spendiert. Ich könnte ein schlechtes Gewissen haben, weil ich

sie nicht oft genug sehe oder weil ich sie jetzt, da ich so weit weg wohne, gar nicht mehr sehe. Aber so ist es nun mal. Ich war in den letzten zehn Jahren ziemlich unbeständig. Ich tröste mich, indem ich mir sage, daß sie mich nicht brauchen. Rosemary würde das nicht gelten lassen, das weiß ich. Ich hoffe, sie wissen, daß ihr Vater sie liebt und alles für sie tun würde, wenn sie ihn darum bitten. Ich werde mich in Zukunft wahrscheinlich nicht anders verhalten als in der Vergangenheit.« Er lachte verkrampft. »Ihr Vater sucht eben immer noch das andere Ende des Regenbogens.«
»Wie meinen Sie das, Bob?«
»Hierherzuziehen gehörte zum Beispiel dazu«, sagte er. »Ich verdiene so wenig, daß es schon lachhaft ist, aber ich komme über die Runden. Wenigstens mache ich zum ersten Mal etwas, was mir gefällt. Auch wenn ich nicht glaube, daß es Zukunft hat. Vermutlich mache ich mir nur selbst was vor.«
Bobs Zukunftspläne sind vage. »Vielleicht ziehe ich nach Hawaii«, sagte er. »Ich wünschte, ich wüßte, was ich tun soll. Die meisten Männer in meinem Alter wissen, was sie wollen. Und ich fange immer wieder von vorn an.«

Die Ergebnisse zu Bob und anderen jungen Männern aus unserer Untersuchungsgruppe waren erschütternd. Ich hatte erwartet, daß von allen Untergruppen gerade die jüngeren Männer die besten Chancen für einen neuen Start hätten.
Doch viel eher ist das Gegenteil der Fall. Die überwiegende Zahl der Männer, die sich zwischen zwanzig und dreißig scheiden ließen, hatten ihr Leben auch zehn Jahre nach der Scheidung keineswegs wieder im Griff. Vierzig Prozent hatten finanzielle Schwierigkeiten. In den vorangegangenen fünf Jahren hatte fast die Hälfte wirtschaftlich gesehen den Boden unter den Füßen verloren.
Alle jungen Männer aus unserer Untersuchungsgruppe heirateten nach der ersten Scheidung wieder, die Hälfte von ihnen innerhalb von ein bis zwei Jahren. Zehn Jahre später waren neun von zehn dieser Ehen gescheitert. Die Hälfte der jüngeren Männer schafften es nicht, sich eine solide Karriere aufzubauen; als Gruppe waren sie weniger erfolgreich als die anderen Männer in unserer Studie. Sie haben noch kein ausgewogenes Bild von sich selbst als reife Persönlichkeiten. Sie wirken traurig, verwirrt und ziellos, als ob sie sagen wollten: »Seht mich an, ich bin ein Versager.«
Mit ihrer Zahlungsmoral bei den Unterhaltszahlungen sah es düster

aus. Siebzig Prozent zahlten unregelmäßig und nur einen Teil des Unterhalts oder gar nicht. In vielen Fällen mußten diese Väter eine zweite Familie ernähren und hatten Berufe, in denen sie zu wenig verdienten, um allen wirtschaftlichen und moralischen Verpflichtungen nachzukommen. Damit lassen sich jedoch nicht alle Zahlungsversäumnisse erklären.

Ihre Lebensgeschichten weisen Gemeinsamkeiten auf. Alle haben sehr jung geheiratet. Ihre Kinder kamen kurz nach der Hochzeit zur Welt, als sie selbst gerade zwanzig Jahre alt waren. In den meisten Fällen ging die Scheidung auf die Initiative der Frau zurück. Die Frauen sagten oft, ihre Männer seien noch zu kindlich gewesen. Sie seien reifer gewesen als ihre Männer und hätten sich nach einer anderen Beziehung mit einem ökonomisch und emotional stabilen, etwas reiferen Mann gesehnt. Die meisten jüngeren Männer kämpften tapfer darum, daß ihre zweite Ehe funktionierte, aber die meisten scheiterten.

Die jungen Männer wurden durch die Scheidung nicht befreit und zu einem Entwicklungsschub motiviert wie viele junge Frauen — im Gegenteil. Offenbar hatte die Scheidung eher negative Auswirkungen auf ihr Selbstvertrauen und ihre psychische, soziale und ökonomische Entwicklung und behinderte sie, ihre Ziele, Karrieren, Beziehungen und sogar wichtige Aspekte ihrer Identität als erwachsene Männer weiterzuentwickeln. Wie ließe sich dieser Unterschied zwischen jungen Männern und jungen Frauen sonst erklären?

Möglich wäre, daß das dritte Lebensjahrzehnt für die Entwicklung eines jungen Mannes besonders wichtig ist. Bis Anfang Dreißig ist ein junger Mann in vielerlei Hinsicht noch nicht so reif und geformt wie sein weibliches Gegenstück. Junge Frauen kommen mit Problemen der Partnerschaft und Intimität viel früher zurecht. Sie haben sich unbewußt von Kindheit an auf die Ehe und Mutterschaft vorbereitet. Junge Männer bereiten sich auf die entsprechenden Rollen ganz anders vor. Nach Ansicht des Yaler Psychologen Dan Levinson formulieren sie zwischen zweiundzwanzig und achtundzwanzig einen »Traum«, der eine vorläufige Lebensstruktur projiziert. Dazu gehört auch eine Vorstellung ihrer Stellung in der Welt. Ein großer Teil des Traumes besteht aus der Wahl des Berufes, aus dem die Männer unserer Gesellschaft ihre Identität, ihren Stolz und ihre Selbstachtung schöpfen. Während der junge Mann einen realisierbaren Beruf auswählt, baut er sich ein realistisches Bild von sich selbst als Ehemann und Vater auf.[1] Wie unsere Studie auf tragische Weise gezeigt hat, sind diese Bilder leider noch sehr zerbrechlich. Bei Männern von Anfang bis Mitte Zwanzig können diese Selbstbilder durch das Scheitern der Ehe und die Scheidung zerstört werden.

Unter psychologischen Aspekten haben die jungen Männer einen weiteren Nachteil. Viele frisch geschiedene junge Männer sind nicht in der Lage, sich ein behagliches Zuhause zu schaffen und ihr Leben in einem von ihnen selbst bestimmten Raum zu gestalten. Einige ziehen von einer Wohnung in die nächste und suchen verzweifelt nach einem Halt. Der häufige Wechsel ihrer Wohnorte spiegelt sich in ihren häufig wechselnden Beziehungen wider. Anders als die älteren Männer gehen sie mit vielen Frauen aus und sind gesellschaftlich und sexuell sehr aktiv. Im Gegensatz zu ihren älteren Geschlechtsgenossen schaffen sie es gewöhnlich nicht, stabile Lebensgemeinschaften oder Ehen aufzubauen, obwohl sie keinen Mangel an Frauen haben.

Die jüngeren Männer in unserer Untersuchungsgruppe hatten weniger fremde Hilfe als die Frauen. Sie waren keine Vereinsmenschen, hatten unter ihren Geschlechtsgenossen keinen engen Freundeskreis und beteiligten sich nicht an den Aktivitäten der Gemeinde. Im allgemeinen bestanden ihre sozialen Kontakte hauptsächlich aus Beziehungen zu männlichen Berufskollegen und den Verbindungen zu ihren Kindern und ehemaligen Ehefrauen, die aber immer lockerer wurden. Diese Beziehungen reichen nicht aus, um das permanente, quälende Gefühl der Einsamkeit zu vertreiben, von dem sie so rührend sprachen.

»Manchmal fürchte ich mich davor, daß ich mein Leben leben könnte, ohne mich auf irgend jemand oder irgend etwas wirklich eingelassen zu haben«, sagte ein Dreiunddreißigjähriger, der schon drei Jahre allein lebte. »Meine Saufkumpane sind prima, aber wenn die richtige Frau käme, würde ich auf der Stelle das Leben mit ihr teilen.«

Auch die Rolle als Besuchsvater kann frustrierend und schwierig sein, vor allem für Männer, die mit der Scheidung nicht einverstanden waren. Zu den traurigsten Folgen der Scheidung gehört, daß der Besuchsvater keine Beziehung zu seinen Kindern hat, die ihn anspornt und seine Freude als Vater, seinen Stolz und seine Kompetenz in dieser wichtigen Rolle fördert. In unserer Studie wurden mit einer einzigen Ausnahme die Kinder immer der Frau zugesprochen. Der einzige Mann, der seine zwei kleinen Kinder allein aufziehen mußte, brachte es in kürzester Zeit zu großer Reife und Sensibilität. Er zeigte im Umgang mit seinen Kindern sogar die schnellsten Lernerfolge, die wir je beobachtet haben. Als er das erste Mal zu uns kam, war er völlig ratlos, wie er seinen zweijährigen Jungen und sein dreieinhalbjähriges Mädchen beruhigen sollte. Sie waren durch ein Erdbeben erschreckt worden und glaubten, ihre Mutter wäre von der Erde verschluckt worden. Er lernte zu sagen: »Papa bleibt bei dir. Papa bringt dich ins Bett. Papa ist auch morgen früh bei dir.« Er nahm die Kinder und besuchte mit ihnen ihre Mutter, um ihnen zu zeigen, daß sie in Sicherheit war. Der junge Vater war begeistert, als sich die Kinder erholten. In den folgenden Jahren zog er als Alleinerziehender seine Kinder auf und gab ihnen so viel Liebe und Geborgenheit wie eine Frau. Die Kinder beteten ihn an.

Zehn Jahre nach der Scheidung lebten ein Fünftel der Kinder bei ihren Vätern. In einigen Fällen sprachen die Kinder stolz davon, wie sie ihre Väter beeinflußt hätten und wie wichtig die Väter für sie seien. Die meisten jungen Väter aus unserer Studie — die zehn Jahre nach der Scheidung Mitte bis Ende Dreißig waren — hatten in den zehn Jahren nach der Scheidung zu keiner Zeit das volle oder halbe Sorgerecht für ihre Kinder, und sie wollten es auch nicht. Statt dessen besuchten sie ihre Kinder, und ihr Selbstbild als Vater litt stark darunter. Sie hatten das Gefühl, keine zentrale Rolle mehr im Leben ihrer Kinder zu spielen, und waren, deutlicher als jede andere Gruppe von Vätern in unserer Studie, nicht imstande, die Beziehung zu ihnen aufrechtzuerhalten. Abgesehen von einer Ausnahme hatten diese Väter zehn Jahre nach der Scheidung Kinder unter 16 Jahren, doch sie besuchten sie viel weniger oft als ältere Väter. Meist schliffen sich die Besuchsgewohnheiten schon bald nach der Scheidung ein; danach sahen drei Viertel der Männer ihre kleinen Kinder nur zweimal im Jahr oder gar nicht — sie haben sich offenbar nicht nur von ihren Ehepartnern, sondern auch von ihren Kindern scheiden lassen. Aber geschiedene junge Männer brauchen ihre Kinder mehr, als sie selbst wissen. Bob sehnte sich nach seinen Kindern, fühlte sich aber von Rosemarys zweitem Ehemann verdrängt. »Meine Kinder brauchen mich nicht mehr«, sagte er. Weil seine Identität als Vater und Ehemann noch nicht gefestigt war, ließ sich Bob leicht von einem Menschen vertreten, den er für den »richtigen Mann« hielt. Er fürchtete sich vor dem psychischen Streß, den die Besuche bei seinen Kindern mit sich brachten, und war in der Zeit nach der Scheidung zusätzlich noch von finanziellen Rückschlägen überfordert. Er fühlte sich als Vater und Ehemann wertlos, nicht gebraucht und ungeliebt.

Die Vaterschaft ist nicht zuletzt eine Herausforderung, sich den Aufgaben eines erwachsenen Mannes zu stellen. Nach einer Scheidung weichen viele junge Männer dieser Herausforderung aus. Als Väter in einer intakten Familie würden sie sich rascher weiterentwickeln und reifer werden, doch ohne die Familienstruktur fehlt ihnen ein wichtiger Rückhalt. Einige junge Männer aus unserer Untersuchungsgruppe waren sich dieses Problems bewußt und sprachen vage und abstrakt über ihre Liebe zu ihren Kindern. Bob sagte immer wieder: »Ich hoffe, sie wissen, daß ich sie liebe, auch wenn ich sie nicht besuche.« Andere junge Männer wirkten entwurzelt; sie lebten ziellos dahin und fanden keine Lebensaufgabe. Sie fühlten sich erdrückt von den finanziellen Verpflichtungen, und moralisch schuldig, weil sie sie nicht erfüllen konnten.

Wir stellten fest, daß diese Männer stark dazu neigen, die Schuld am Scheitern ihrer Ehe auf sich zu nehmen. Im Vergleich zu allen anderen Gruppen hatten sie zehn Jahre nach der Scheidung am wenigsten Aggressionen gegen ihre ehemaligen Ehefrauen; viele sprachen mit Respekt und Zuneigung von ihnen wie von ehemaligen Geliebten. »Es ist merkwürdig«, sagte Bob. »Rosemary bedeutet mir immer noch etwas, aber ich wollte nicht, daß wir wieder zusammen wären.« Es ist, als ob ein wichtiges Kapitel im Leben dieser jungen Männer endgültig abgeschlossen worden wäre, sie aber unglücklicherweise nicht imstande wären, sich die Erfahrung zunutze zu machen und sich psychisch weiterzuentwickeln. Statt dessen bleiben ihre Ehen unglückliche Erinnerungen, die mit dem wehmütigen Gefühl einer verspielten Chance verknüpft sind.

Die zweite Ehe

Nichts stellt die Selbstachtung und das Glück der Erwachsenen nach einer Scheidung so schnell und gründlich wieder her wie eine Liebesaffäre oder eine erfolgreiche zweite Ehe. So enttäuscht die Männer und Frauen aus unserer Untersuchungsgruppe auch von ihrer ersten Ehe waren, kein Mann und keine Frau schlossen die Möglichkeit einer neuen Verbindung aus. Wer konnte, suchte aktiv nach einem neuen Partner.

Zwei Drittel der Männer und ein wenig mehr als die Hälfte der Frauen aus unserer Untersuchungsgruppe heirateten in den zehn Jahren nach der Scheidung wieder. Wenn die zweite Ehe funktionierte — und bei vielen funktionierte sie nicht —, fanden die Männer und Frauen, daß sich die Scheidung gelohnt und ihre Lebensqualität sich erheblich verbessert habe. Die Männer und Frauen, die in dem Jahrzehnt alleine blieben — 50 Prozent der Frauen und 30 Prozent der Männer —, sagten, daß sie einsam seien und gerne eine zweite Ehe eingehen würden, bislang jedoch noch keine Möglichkeit dazu gehabt hätten.

Obwohl es im Volksmund heißt, Geschiedene seien dazu verdammt, in der zweiten Ehe dieselben Fehler wieder zu machen, konnten dies die meisten Männer und Frauen aus unserer Untersuchungsgruppe vermeiden. Mit einigen wenigen Ausnahmen heirateten Frauen, die von ihren Männern mißhandelt worden waren, nicht noch einmal einen »Schläger«. Wer von einem Alkoholiker geschieden worden war, vermied in der Regel Partner, die viel tranken. Männer, die sexuell verklemmte Frauen verlassen hatten, suchten sich Frauen, die sexuell aufgeschlossen waren. Allerdings schafften es Frauen, die sich von ihren untreuen Männern getrennt hatten, in der zweiten Ehe nicht immer, Seitensprünge ihrer Partner zu verhindern.

Männer und Frauen sagten übereinstimmend, daß sie sich für ihre zweite Ehe andere Menschen gesucht hätten. Frauen suchten Männer, die charakterlich gefestigter, finanziell besser abgesichert und liebevoller waren. Das waren oft geschiedene Männer mit Kindern, die ein Jahrzehnt oder mehr älter waren als die Frauen. Sexualität wird offen als ein wichtiger Aspekt der Ehe genannt, während ökonomische Sicherheit ein zwar unausgesprochener, aber zweifellos wichtiger Faktor ist. Die Frauen räumten ein, daß sie in der zweiten Ehe freiwillig einige Zugeständnisse gemacht hätten. Sie bezeichneten die Ehe im allgemeinen als »ganz gut«, aber sie versuchten nicht, ihre Ehepartner zu etwas zu machen, was sie nicht waren, und zeigten sich durchaus bereit, ihnen mehr als den halben Weg entgegenzukommen. Es bedeutete ihnen sehr viel, daß ihre Ehe funktionierte; der Gedanke an eine zweite Scheidung war den meisten unerträglich.

Da die Frauen aus unserer Untersuchungsgruppe Kinder in ihre zweiten Ehe brachten, trugen sie ihren Teil der Arbeitslast. Die meisten arbeiteten außer Haus und übernahmen die Hauptverantwortung für den Haushalt und die Erziehung der Kinder. Wenn die Bedürfnisse der Kinder mit den Bedürfnissen des zweiten Ehepartners in Konflikt gerieten, ergriffen die Frauen, wie sie stillschweigend einräumten, Partei für ihren Ehemann. Viele Frauen schickten ihre Kinder zu ihrem leiblichen Vater, um ihre zweite Ehe zu retten.

Die Männer heirateten nach der Scheidung meist schneller als die Frauen. Auch sie waren sehr bedacht darauf, daß ihre zweite Ehe funktionierte, und viele fanden Frauen, die flexibler waren und auf ihre Bedürfnisse besser eingingen als ihre ersten Ehefrauen. Sexualität war ein wichtiges, offen diskutiertes Problem. Viele Männer heirateten Frauen, mit denen sie schon während der Ehe ein Verhältnis gehabt hatten. Einige heirateten viel jüngere Frauen, die irgendwann einmal darauf bestanden, selbst Kinder zu haben. Obwohl die Männer zunächst dagegen waren, lenkten die meisten schließlich ein und wurden mit vierzig oder fünfzig noch einmal Vater. Im allgemeinen gefiel ihnen die Rolle sogar, und sie hingen sehr an ihren neuen Kindern.

Wir registrierten auch in unserer Untersuchungsgruppe ein inzwischen weitverbreitetes Phänomen: Viele geschiedene Männer und Frauen lebten einfach zusammen, ohne ein zweites Mal zu heiraten. Zehn Prozent der Männer und Frauen in unserer Studie lebten langfristig in einer eheähnlichen Gemeinschaft. Nach ihren Motive gefragt, antworteten einige Männer freimütig, daß sie nie wieder heiraten wollten, nachdem sie eine Scheidung erlebt hatten. Sie ärgerten sich darüber, daß sie Alimente zahlen mußten, und meinten, daß ihre ersten Frauen sie finanziell bestrafen würden. Ein Mann sagte zu mir: »Die Ehe tötet die Liebe.« Einige Frauen meinten, sie fürchteten sich davor, ein zweites Mal zu heiraten, weil allein die Institution »Ehe« die Beziehung zerstören könnte. Jenny zum Beispiel lebte auf eigenen Wunsch bei Max. Sie nahm offiziell den Nachnamen ihres Lebensgefährten an, obwohl kein Trauschein existierte. »Wir halten uns unsere Freunde vor Augen«, sagte sie. »Viele leben zusammen, dann heiraten sie und lassen sich sechs Monate später wieder scheiden. Als einer unserer besten Freundinnen das passierte, fragten wir, was geschehen sei. Sie sagte, sie hätten sich nicht mehr um einander bemüht.« Jenny fügte sehr ernst hinzu: »Wir sind verheirateter als die meisten Ehepaare. Wir reden über unsere Probleme und lassen uns gegenseitig Platz und Freiheit. Wir haben uns wirklich aufeinander eingelassen.«

In den Interviews erfuhren wir, daß in langfristigen eheähnlichen Gemeinschaften meist einer der Partner gegen eine Ehe ist. Der andere will oft heiraten, ist aber nicht imstande, seinen Willen durchzusetzen.

Wenn auch die zweite Ehe scheiterte, waren Männer und Frauen völlig niedergeschmettert und hatten oft schwere Depressionen. »Ich habe immer geglaubt, ich müßte hart arbeiten und für den anderen leben«, sagte ein Mann. »Jetzt lerne ich gerade, egoistischer zu sein. Es ist in letzter Zeit nicht einfach für mich, allein zu leben.« Als er beschrieb, wie sein Haus und sein Garten verkämen, seit seine zweite Frau ihn verlassen hatte, dachte ich unwillkürlich, daß er in Wirklichkeit von seinem inneren Selbst sprach. »Ich kann nichts renovieren«, sagte er, »kann nichts ersetzen. Als meine zweite Frau noch hier lebte, war alles war tadellos in Ordnung.«

»Woran ist die Ehe gescheitert?«

»Bei meiner ersten Ehe bin ich mir nicht sicher, wer für die Scheidung verantwortlich war. Aber in der zweiten Ehe habe ich alles versucht, meine Frau zu halten. Bei meiner ersten Frau war ich so durcheinander. Es war mir egal, daß wir uns trennten. Aber diese zweite Scheidung hat mich völlig fertiggemacht. Ich komme einfach nicht mehr auf die Füße. Die erste Scheidung bedeutete für mich eine physische Veränderung, ich habe Besitz verloren, ein Reich wurde zerstört. Ich sehe die Kinder kaum noch. Meine zweite Scheidung jedoch kam einer emotionalen Vernichtung gleich. In beiden Scheidungen hatte ich finanzielle Verluste, aber beim zweiten Mal nahm ich sie gar nicht wahr. Nach der ersten Scheidung war ich wütend und machte mir Sorgen um meine Kinder. In der zweiten empfinde ich Trauer um das, was hätte sein können.«

»Sie meinen Bedauern?«

»Nein«, sagte er. »Trauer.«

Die Hälfte der Männer aus unserer Untersuchungsgruppe, die wieder heirateten, ließen sich ein zweites Mal scheiden. Das ist eine erstaunlich hohe Scheidungsrate. Die zweite Scheidung hat oft schwerwiegende Folgen für die betroffenen Männer. In den meisten Fällen reichte die zweite Ehefrau die Scheidung ein. Nichts sprach dafür, daß eine dieser Ehen an der Zuneigung des Mannes zu seiner ersten Frau gescheitert war. Die Männer erzählten uns, sie hätten sich sehr darum bemüht, daß die zweite Ehe funktionierte, aber sie wären gescheitert. Auch ein Viertel der Frauen, die wieder geheiratet hatten, erlebte eine zweite Scheidung. Auslöser der zweiten Scheidung waren oft die Streitereien über heranwachsende Kinder – ihre oder seine. Wenn man bedenkt, wie sehr Männer und Frauen darunter litten, daß ihre erste Ehe scheiterte, ist die Anzahl der neuerlichen Scheidungen alarmierend hoch. Haben bestimmte Männer oder Frauen, wie man sagt, Pech in der Liebe, oder wirken in Zweitehen neue soziale Kräfte, mit denen sich die hohe Scheidungsrate erklären ließe?

14

Billy Catalano

Söhne und Väter

Als Bob Catalano auszog, ging der fünfjährige Billy in sein Zimmer, machte die Tür zu, zog die Jalousien herunter und verließ den Raum drei Tage lang nur, um zu essen und auf die Toilette zu gehen.

Billy erkundete bei seinem ersten Besuch in unserem Zentrum nicht wie die meisten anderen Kinder den bunten Spielraum, sondern blieb in einer Ecke neben dem Puppenhaus sitzen und beschäftigte sich die ganze Zeit über mit einem einzigen Spiel: Immer wieder legte er den Puppenvater und die Puppenmutter vorsichtig zusammen ins Bett und holte sie wieder heraus. Das Spiel schien ihm keine Freude zu bereiten, denn er lächelte nicht. Ich stellte ihm dieselben Fragen, die ich auch den anderen Kindern stellte, aber er war zu traurig, um zu sprechen. Wenn ich seinen Vater erwähnte, vor allem ihre gemeinsamen Aktivitäten, sah Billy aus dem Fenster. Schließlich wurde es zuviel für ihn; er brach in Tränen aus.

Als Billy endlich redete, benutzte er Metaphern des Schmerzes und der Zerstörung. Er zeigte auf seinen Finger und sagte: »Ich blute hier.« Er redete von kaputtem Spielzeug, kaputten Möbeln, abgebrochenen Fingernägeln und blutenden Wunden. Sein Hund war krank, und auch seiner Katze ging es nicht gut. Alles, was er sagte, beschwor Bilder von Verletzungen und Wunden herauf. Billy war nach allen klinischen Maßstäben depressiv.

Bei unserem Gespräch fünf Jahre nach der Scheidung war Billy zu einem hübschen neunjährigen Jungen mit einem dunklen Lockenkopf herangewachsen. Er sah seinem Vater erstaunlich ähnlich. Rosemary hatte vor dem Gespräch zu mir gesagt: »Billy ist jetzt besser in der Schule. Er hat ein paar Freunde, vor allem bei den Pfadfindern. Wahrscheinlich ist er auch deshalb glücklicher, weil Bob öfter vorbeischaut. Das einzige Problem ist, daß Bob normalerweise in der Auffahrt hält und nur zehn Minuten bleibt. Die Kinder hängen sich an ihn und weinen, wenn er wegfährt.« Und trotzdem, sagte sie, »glaubt Billy, daß sein Vater nichts falsch machen kann«.

Billy rutschte auf seinem Stuhl hin und her, als er über seinen Stiefvater Charlie sprach. Er meinte, Charlie sei zu streng. Er sprach über seine Liebe zur Fotografie, seine Pfadfindergruppe, seinen Lehrer und seine Schwester. Er beantwortete meine Fragen kooperativ und sachlich — offensichtlich war er darauf bedacht, alles richtig zu machen. Als ich jedoch nach seinem Vater fragte, wurden seine Antworten plötzlich vage und unzusammenhängend, als ob wir ein völlig anderes Gebiet betreten hätten. Ich hatte ein Thema berührt, über das Billy nur unter großen Schwierigkeiten nachdenken und noch viel weniger reden konnte. Er versank in Schweigen und schluchzte dann hemmungslos volle 35 Minuten lang. Dabei hatte ich nur gefragt: »Wie oft siehst du deinen Vater?«

Als ich Billy fünf Jahre später wiedersah, war er groß und muskulös — ein richtiger Adonis und gewiß sehr beliebt bei seinen Altersgenossinnen. Nach Aussage seiner Mutter hatte er schlechte Noten und strengte sich in der Schule nicht gerade an.

Da ich seinen früheren Schmerz noch gut im Gedächtnis hatte, fürchtete ich mich ein wenig davor, auf seinen Vater zu sprechen zu kommen. Wir unterhielten uns ein wenig über Fotografie.

»Fotografie ist super. Auf Kameras fahre ich voll ab«, sagte er munter. »Ich will meine Zukunft auf der Fotografie aufbauen. Mein Vater arbeitet bestimmt irgendwann mal ganztags als Fotograf.«

Dann wagte ich die Frage: »Wie oft siehst du deinen Vater, seit er nach Los Angeles gezogen ist?«

Billys Miene verdüsterte sich, aber diesmal konnte er weitersprechen. »Mein Vater steht unter absolutem Zeitdruck«, sagte er. »Als ich erfuhr, daß er wegzieht, habe ich nichts gesagt. Ich bin einfach hoch in mein Zimmer gegangen.« Billy stiegen die Tränen in die Augen. Es gelang ihm in diesem Gespräch nicht mehr, die Fassung wiederzufinden. »Bitte entschuldigen Sie«, sagte er. »Ich rege mich darüber immer so auf.«

»Hast du mal daran gedacht, bei deinem Vater zu leben?«

»Ja, ich habe meiner Mutter gesagt, daß ich bei ihm leben will. Sie sagte: ›Geh und frag ihn.‹ Als ich dann dort war, wurde mir klar, daß sie recht hatte. Unmöglich, keine Stabilität. Er lebt allein in einem Zimmer und ißt meistens im Restaurant.«

»Wie kommst du mit deiner Mutter aus?«

Billy schüttelte den Kopf, als ob das nicht gerade ein einfaches Thema sei. »Meistens kommen wir gut miteinander aus. Manchmal schreien wir uns an, aber« — er zog die Schultern hoch — »so ist das vermutlich in jeder Familie.« Billy erzählte dann, von ihm werde erwartet, daß er den Großteil der schweren Hausarbeiten erledige. Seine kleine Schwester Kelly komme »mit allem durch«, meinte er. »Sie steht meiner Mutter ziemlich nahe, und Charlie mag sie am liebsten. Ich habe das Gefühl, daß ich irgendwie draußen stehe.«

Billy erzählte, er rede meist mit seinem Freund Justin, der auch gerne fotografiert. Justins Eltern hätten sich erst vor kurzem scheiden lassen, doch »er hat mir nichts davon erzählt«, rief Billy. »Ich mußte es in der Zeitung lesen!« Aber sein Freund hätte Glück, sagte Billy. »Er sieht seinen Vater zwei- bis viermal in der Woche. Er hat keine Probleme.«

Ich bat Billy, mir seine Freundin zu beschreiben.

»Sie ist still«, sagte er. »Das, was man sich unter einem richtig netten, stillen Mädchen vorstellt, aber sie ist freundlich, wenn man sie besser kennt. Ich hatte schon viele Freundinnen, aber mit ihr bin ich am längsten zusammen.« Im letzten Sommer hatte sie ihn dabei erwischt, daß er sie »betrog«. Aber das war alles vergeben. »Ich bin gerade noch mal davongekommen«, sagte er lachend.

Ich fragte nach Drogen.

»Ich habe nichts mit Drogen im Sinn«, sagte Billy. »Ich habe noch nie was genommen. Ist Alkohol eine Droge? Ich war ein paarmal blau. Okay, Grass habe ich auch mal probiert.« Ich bekam langsam ein anderes Bild von ihm. Billy erzählte mir, wie seine Mutter ihn im Jahr zuvor beim Haschischrauchen erwischt hatte. »Sie war wütend. Ich hatte an dem Tag auch geschwänzt und kriegte ganz schön was zu hören. Inzwischen rauche ich nur auf Partys. Aber dieses Jahr, am Anfang des Schuljahrs, haben ein paar andere und ich uns vor der Schule immer einen reingezogen. Ich weiß, das war falsch. Ich habe mich ganz merkwürdig gefühlt. Ich konnte nicht denken.« Der Exzeß dauerte drei Wochen. Billy sagte, daß er kein Kokain schnupfe. Aber wie stand es mit Alkohol? »Ich mag Alkohol. Ich trinke dauernd. Ich habe gerne das Gefühl, total entspannt zu sein. Diesen Sommer habe ich mich mit Whisky vollaufen lassen. Das war der beste Sommer, den ich je erlebt habe. Alle meine Freunde waren da. Ich trinke nicht, um Probleme zu vergessen. Ich entspanne mich einfach und fühle mich wohl. Ich schlafe sehr schlecht, Alkohol tut gut.«

Billy hatte einen Job in einem Fotogeschäft am Ort. Der Ladenbesitzer brachte ihm verschiedene Techniken der Filmentwicklung bei. Aber als seine Noten noch schlechter wurden, bestand Charlie darauf, daß Billy den Job aufgab. Billy war wütend, aber er fügte sich. Er meinte, sein Verhältnis zu Charlie sei nicht allzu gut. »Wir streiten viel. Es geht auf und ab; meistens ab. Er kann einfach nicht zugeben, daß er auch mal unrecht hat. Er gibt nie nach.« Manchmal mische sich Rosemary ein und ergreife seine Partei, aber nicht sehr oft. »Ich kann mich nicht auf sie verlassen«, sagte er.

Billy meinte, seine Mutter und sein Stiefvater kämen recht gut miteinander aus. Hat er manchmal Angst, sie könnten sich scheiden lassen? »Ja«, sagte er, »aber ich glaube nicht, daß sie es tun werden.« Als ich ihn fragte, warum er das glaube, füllten sich seine Augen mit Tränen. »Ich will das einfach nicht noch mal durchmachen.«

Ich fragte, warum seine Eltern sich seiner Ansicht nach damals scheiden ließen.

»Ich weiß nicht. Vermutlich kamen sie nicht miteinander aus.«

Als ich die Bemerkung machte, daß er etwas verloren hätte, nickte er. In seinen Augen standen Tränen. »Was würdest du ändern, wenn du könntest?«

»Ich möchte gerne bei meinem Vater leben«, sagte er. »Ich weiß nicht, ob es klappen würde. Einfach neu anfangen.«

»Neu anfangen? Wo?«

»Von Anfang an.«

»Als du sechs oder sieben Jahre alt warst?«

»Nein, vor meiner Geburt.«

Neue Formen des Familienlebens

Die Familie, die nach der Wiederverheiratung eines geschiedenen Mannes oder einer geschiedenen Frau entsteht, ist kein Überrest und auch keine Neuauflage der intakten Familie, sondern eine völlig neue Form. Jede solche Familie ist anders und hat eine andere Geschichte, die an einem anderen Punkt im Lebenszyklus jedes einzelnen Familienmitglieds beginnt und verschiedene Wendepunkte, Belastungen und Implikationen für die psychische Entwicklung von Männern, Frauen und Kindern hat.

Solange die intakte Familie als primäres Modell der Eltern-Kind-Interaktion gilt, können wir die Interaktionen in der Familie nach der Scheidung, die signifikant anders sind, nicht entschlüsseln. In der intakten Familie gibt es keine Entsprechung für die Beziehungen zu dem Besuchsvater oder der Besuchsmutter oder die Beziehungen bei gemeinsamem elterlichen Sorgerecht. Ebensowenig läßt sich eine Familie, in der beide Eltern berufstätig sind und die Mutter jeden Morgen zur Arbeit hastet, nicht mit einer Familie vergleichen, in der es nur einen Erziehungsberechtigten gibt. Wenn eine Ehe endet, werden Eltern und Kinder, wie wir gesehen haben, mit völlig neuen Rollen konfrontiert. Diese Rollen können scharf mit den Rollen kontrastieren, die sie vor der Scheidung gespielt haben.

Wir müssen diese neuen Formen des Familienlebens und der Beziehungen mit unverstelltem Blick betrachten, wenn wir ihre spezifischen Qualitäten verstehen wollen. Nur dann können wir psychologische und soziologische Theorien bilden, die der Realität entsprechen. Als wir 1971 mit unserer Studie begannen, erwarteten wir aufgrund der geltenden psychologischen Theorie gewisse Kontinuitäten in den Jahren nach der Scheidung. So rechneten wir zum Beispiel damit, daß der Kern der Eltern-Kind-Beziehungen eine Scheidung überstehen würde und daß die emotionale Anteilnahme eines Elternteils an einem Kind sich nicht verändern würde. Wenn ein Elternteil in der Ehe liebevoll und fürsorglich gewesen war, so glaubten wir, würden Liebe und Fürsorge auch die Wirren in den Jahren nach der Scheidung überstehen: Gute Eltern würden gute Eltern bleiben — unabhängig von ihrem Familienstand.

Doch die Erfahrung lehrte uns anderes. Das ganze Geflecht von psychischen Bedürfnissen, Wünschen und Erwartungen, das zwischen Eltern und Kindern besteht, wird durch das Scheitern der Ehe und den Prozeß der Scheidung radikal modifiziert. Die Eltern-Kind-Beziehungen werden von Aggressionen zwischen den Geschiedenen belastet, und die Bedürfnisse der Kinder werden vernachlässigt, während sich die Eltern bemühen, ihr eigenes Leben neu zu gestalten. Wir haben gesehen, wie liebevolle Väter sich von sehr kleinen Kindern abwenden, und beobachtet, wie tüchtige Mütter ihre Kinder vernachlässigen. Wir haben Kinder erlebt, die jede Regung ihrer Eltern mit der quälenden Frage verfolgen: »Hast du mich lieb?« Und wir haben mit Jugendlichen gesprochen, die sich mit Fragen von Nähe und Distanz herumschlugen, während sie zugleich darum kämpften, sich von zu Hause abzunabeln. Die Eltern-Kind-Beziehungen werden durch eine Scheidung dauerhaft verändert, und zwar auf eine Weise, wie es die Gesellschaft nicht erwartet hat.

Erwachsene und Kinder lavieren sich durch die Scheidung hindurch und sind später, wenn sie sich auf ein neues Familienleben einlassen, viel ängstlicher und haben weniger Vertrauen zu der Zuverlässigkeit menschlicher Beziehungen. Sie kommen mit dem Gefühl, sie hätten bei einem ersten, wichtigen Entschluß den kürzeren gezogen, in die neue Familie. Eltern und Kinder reagieren sehr empfindlich auf Fehlschläge und haben Erfolg und Bestätigung ganz besonders nötig.

In einer durchschnittlich glücklichen, intakten Familie fühlt sich ein Kind zuerst zu dem einen Elternteil hingezogen, dann zu dem anderen. Es macht sich im Laufe seiner Entwicklung eine Kombination aus den Fähigkeiten und Eigenschaften beider Eltern zunutze. Wenn beide Eltern zur Verfügung stehen, schaffen sich Kinder intuitiv ihre eigenen Rezepte für ihr Aufwachsen. Diese Rezepte bestehen aus einer reichen Mischung all der Dinge, die sie schätzen und respektieren. Die Eltern ergänzen einander, so daß der eine einspringen kann, um die Bedürfnisse des Kindes zu befriedigen, wenn der andere nicht verfügbar ist.

Nach der Scheidung stehen diese elterlichen Ressourcen in viel geringerem Umfang zur Verfügung. Beziehungen, die in einer intakten Familie selbstverständlich sind, werden zerbrechlicher. Sie erscheinen nicht mehr so dauerhaft und zuverlässig. Für Kinder aus geschiedenen Ehen ist es sehr viel schwieriger, den benötigten Elternteil um sich zu haben, wenn sie ihn brauchen. Der kleine Junge im Grundschulalter hat vielleicht einen Vater, der 500 Kilometer weit weg wohnt. Das pubertierende Mädchen, das sich dem Vater zuwendet, empfindet die Nähe zu ihrem Vater möglicherweise als erotisch, weil die Mutter nicht da ist, und fühlt sich unbehaglich. Wenn Kinder in wichtigen Übergangsphasen ihrer Entwicklung sind, und ihnen fehlt die weibliche oder männliche Bezugsperson, dann leiden sie unter großen Orientierungsschwierigkeiten.

Wie das Beispiel Billy und Bob Catalano zeigt, kann die Beziehung zwischen dem Vater, der den Sohn nur noch besucht, für beide Seiten von Mißverständnissen und Enttäuschungen geprägt sein. So erstaunlich es auch klingen mag, aber es ist noch gar nicht so lange her, daß die Entwicklungspsychologie erkannt hat, was für eine entscheidende Rolle Väter im Leben ihrer Kinder spielen. Viele Jahre lang konzentrierte sich die Kinderpsychologie völlig auf die Mutter-Kind-Beziehung, als ob die Väter Randfiguren seien, deren wichtigste Rolle in psychologischer Hinsicht darin besteht, ihren Söhnen bei der Suche und Festigung ihrer männlichen Identität zu helfen.

Die Ergebnisse unserer Studie bestätigen eine wachsende Zahl von

Erkenntnissen, durch die diese etwas einseitige Ansicht über die kindliche Entwicklung zurechtgerückt wird. Väter haben die gesamte Kindheit und Pubertät über einen entscheidenden Einfluß auf ihre Söhne und Töchter. Sie prägen den Charakter, die Wertvorstellungen, die Beziehungen zu anderen Menschen und die Berufswünsche. Auch getrennt lebende Väter beeinflussen ihre Kinder auf diese Weise — durch das, was sie in Wirklichkeit oder in den Phantasien der Kinder tun oder nicht tun. Kinder lassen ihre Väter nicht fallen, nur weil es zu einer Scheidung gekommen ist. Vielmehr vermittelten uns gerade Kinder aus geschiedenen Ehen schon sehr früh, daß die Trennung von ihren Vätern für sie unerträglich war. Die Heftigkeit ihrer Reaktionen war erstaunlich, besonders bei den Sechs-, Sieben- und Achtjährigen. Sie weinen, weil der Vater weg ist — ob es ein guter, schlechter oder gleichgültiger Vater war, spielt dabei keine Rolle.
Die Väter bleiben auch nach der Scheidung bedeutende psychologische Faktoren im Leben der Kinder, gleichgültig, ob sie nur drei Straßen weiter wohnen und regelmäßig zu Besuch kommen oder ob sie weit weg leben und sie nur gelegentlich besuchen. Der Vater gehört zur Gefühlswelt des Kindes, er spielt eine Rolle für dessen Selbstachtung und Selbstbild, für die Lebensziele und die Beziehungen zum anderen Geschlecht. In unserer Studie ersetzte nur ein einziges Kind den Vater voll und ganz durch den Stiefvater. Es war zur Zeit der Scheidung noch sehr klein; die Mutter heiratete bald darauf wieder, und das Kind hatte keinen Kontakt zu seinem Vater. Aber auch dieses Kind, ein Mädchen, sprach während der Pubertät davon, daß sie ihren richtigen Vater gern kennenlernen würde. Die meisten Kinder geben ihre biologischen Väter nicht auf, auch wenn sie nichts taugten und sie bedenkenlos im Stich gelassen haben. Wie wir am Beispiel Carl Pattons gesehen haben, neigen Kinder dazu, sich aus allen möglichen Informationsfetzen ein glaubwürdiges Bild ihres Vaters zu konstruieren, obwohl sie ihn nicht gekannt haben; dabei tendieren sie dazu, ihn zu idealisieren.
Wenigen Menschen ist bewußt, wie schwierig es ist, die Vater-Kind-Beziehung aus einem erfüllten Familienleben in das komplizierte Besuchsverhältnis zu verpflanzen. Das Besuchsverhältnis ist nicht eindeutig definiert und steckt deshalb voller Spannungen. Welche Rolle spielt der Besuchsvater überhaupt? Da sein Verantwortungsbereich und seine Autorität nicht klar abgesteckt sind, fühlt er sich oft überflüssig. Er meint, er sei an den alltäglichen Fragen und Problemen, die in der intakten Vater-Kind-Beziehung eine Rolle spielen, nicht

mehr beteiligt. Die Besuchsmodalitäten werden meist im Laufe des ersten Jahrs nach der Scheidung festgelegt, also in der für alle Beteiligten schwierigsten Phase. Deshalb werden die Besuche in »günstige« Zeiten gequetscht und durch häufiges Abschiednehmen noch negativ betont. All das spielt sich in einer Zeit ab, in der die Gefühle hinsichtlich der Scheidung noch ganz frisch sind. Kinder stoßen in der Wohnung des Vaters auf unbekannte Erwachsene; allgemeine Verunsicherung ist die Folge. Erwachsene und Kinder müssen neue soziale Rollen übernehmen, für die es keine gesellschaftlichen Konventionen gibt; dadurch befinden sie sich in einem Wechselbad von Frustration, Angst und Befriedigung.

Die Gerichte gehen davon aus, daß ein Vater, der seine Kinder liebt, sie auch besucht. Mütter und Kinder gehen ebenfalls davon aus. Diese Annahme läßt aber völlig unberücksichtigt, wie schwer es ist, die empfindliche, vielschichtige Vater-Kind-Beziehung aufrechtzuerhalten, wenn die Familie aufgelöst wurde. Die meisten Leute verstehen nicht, wie leicht das Besuchsverhältnis durch die heftigen Emotionen während der Scheidung und durch die komplexen Gefühle des Vaters gestört werden kann. Männer wie Bob Catalano, die ihre Kinder innig lieben, fällt es schwer, sie zu besuchen; obwohl sie gern bei ihnen sind und sich für sie engagieren, wollen sie die schmerzlichen Gefühle verdrängen, die sie mit der gescheiterten Ehe verbinden. Jeder Besuch kann von neuem Gefühle wie Schmerz, Zorn, Scham, Verlust, Kummer, Schuld und Sehnsucht wecken. Viele Männer können dem Drang, die Flucht zu ergreifen, nicht widerstehen. Bob konnte diese Situation nicht mehr ertragen. Er löste das Problem, indem er immer nur auf einen Sprung vorbeikam: Er fuhr in die Auffahrt und blieb zehn Minuten. Das hatte schlimme Auswirkungen auf die Gefühle der Kinder.

Besuche bedeuten zwangsläufig auch Abschiednehmen, und das kann bei Vätern, die ihre Kinder lieben, zu Depressionen und Trauer führen. Wenn die Männer beobachten, wie ihre Kinder älter werden, und sie nur selten sehen, entwickeln sie manchmal schreckliche Schuldgefühle, weil sie sie verlassen haben — eben weil die Besuche die Diskontinuität der Beziehung nur noch unterstreichen. Der Vater erkennt bei jedem Besuch, daß er nicht zum Leben der Kinder gehört. Er fühlt Trauer und Erleichterung zugleich, daß er durch einen anderen Mann ersetzt wurde.

Auch die Organisation eines Besuchsverhältnisses ist extrem schwierig. Wohin geht man mit den Kindern? Was macht man jeden zweiten

Sonntag mit einem Zehnjährigen und einem Dreijährigen? Intakte Familien planen nicht jeden Ausflug im voraus, sondern unternehmen oft etwas ganz spontan. Die Besuchsbeziehung dagegen verwandelt sich oft in eine Art »Beschäftigungstherapie«. Die Väter gehen mit ihren Kindern in den Zoo, zu Ballspielen, in Videotheken und andere Vergnügungsstätten, statt sich der komplexeren Aufgabe einer persönlichen Auseinandersetzung zu widmen. Wenn sich der Besuchsvater nicht ganz besonders anstrengt, weiß er nicht, wann sein Kind die nächste Abschlußarbeit abgeben muß, welche Probleme es in Mathematik hat oder wer nächsten Donnerstag an der Reihe ist, von der Schule nach Hause zu fahren. Im Gegensatz zu den Vätern, die mit ihren Kindern zusammenleben, ist der Besuchsvater von der Alltagsroutine ausgeschlossen und hat mit vielen elterlichen Aufgaben nichts mehr zu tun.

Viele Leute glauben, die Besuchsbeziehung werde oft von eifersüchtigen Ehefrauen sabotiert. Das erlebten wir im Rahmen unserer Studie allerdings nicht sehr häufig; nur ein paar Männer besuchten ihre Kinder nicht, weil sie von ihren ehemaligen Frauen konsequent daran gehindert wurden. Einige Kinder wurden gelegentlich von wütenden Müttern angehalten, zu lügen oder den Vater zurückzuweisen. In einer Familie durften die Kinder den Namen ihres Vaters nicht erwähnen, als ob er nicht mehr existierte. Fast die Hälfte der Frauen sahen jedoch einen guten Sinn in den Besuchen und ermunterten ihre Exmänner, die Besuche fortzusetzen.

Im Laufe der Zeit nimmt der Einfluß der Mutter auf die Besuche stark ab. Während sich die Beteiligten allmählich an die Besuche gewöhnen und die Kinder größer werden, greifen die Mütter seltener ein. Zehn Jahre nach der Scheidung haben die Besuche nichts mehr mit den Gefühlen der Mutter zu tun; eine wachsende Zahl von Kindern übernimmt selbst die volle Verantwortung für Besuchsregelungen.

In der idealen, intakten Familie entwickeln sich die Eltern im Lauf der Jahre mit ihren Kindern psychisch weiter. Wenn ein Kind eine neue Entwicklungsstufe erreicht, reagieren die Eltern entsprechend auf das Kind. Sie erweitern ihre Wahrnehmungen und ihr Verständnis und schöpfen aus ihren Erinnerungen. In Zusammenarbeit mit dem anderen Elternteil versuchen sie Lösungen zu entwickeln, die genau auf die Bedürfnisse jedes Kindes zugeschnitten sind und in Einklang mit ihren eigenen Wertvorstellungen stehen.

Ein Vater, der nicht in die Familienstruktur eingebunden ist, hat viel

weniger Platz zum Manövrieren. Da ihm der tägliche und jährliche Kontakt mit dem Kind in verschiedenen Entwicklungsphasen versagt bleibt, weiß er weniger über seine Kinder und sich selbst. Ihm kann die interaktive Elternrolle nicht als Motor seiner psychischen Entwicklung dienen. Zugleich ist der Besuchsvater oft nicht in der Lage, mit der Entwicklung seiner Kinder Schritt zu halten, und verhält sich deshalb manchmal unangemessen. Einer der Väter aus unserer Untersuchungsgruppe hatte vor der Scheidung seine vierjährige Tochter beim Abendessen immer auf dem Schoß. Er hielt noch Jahre später, als sie acht war, an dieser Gewohnheit fest, obwohl das dem Entwicklungsstand seiner Tochter nicht mehr angemessen war. Die Stiefmutter erkannte, wie inadäquat er sich verhielt, wollte aber nichts sagen, da sie fürchtete, das könne als Versuch interpretiert werden, einen Keil zwischen ihren Mann und sein Kind zu treiben. Viele Stiefmütter, die von den Kindern ihrer Ehemänner besucht werden, fühlen sich nicht wohl dabei, wenn sie in die historische und manchmal entscheidende Rolle der Frau schlüpfen und Veränderungen in der Entwicklung der Kinder interpretieren sollen. Dem Vater fehlt dadurch der wichtige Informationsinput aus einer weiblichen Perspektive, und er wird in seiner Rolle als Elternteil noch unflexibler.
Obwohl wir aus einer umfassenden Statistik wissen, daß eine sehr große Anzahl von Kindern nicht von ihren Eltern besucht werden — eine Studie spricht von 40 Prozent[1] —, wurden die Kinder in unserer Untersuchungsgruppe zum größten Teil relativ regelmäßig besucht. Über ein Drittel der Jungen und Mädchen sahen ihre Väter zehn Jahre nach der Scheidung wenigstens einmal im Monat oder öfter. Wenn man bedenkt, daß die Kinder älter geworden und Teenager oft sehr beschäftigt sind, ist das eine erstaunlich hohe Besuchsfrequenz. Über zehn Prozent der Jungen und Mädchen sahen ihre Väter nach zehn Jahren mindestens ein- bis zweimal, während ebenfalls zehn Prozent seltener als einmal jährlich besucht wurden. Ein paar Väter zogen sich im Laufe der zehn Jahre ganz zurück.

Aus der Sicht des Kindes ist die Besuchsbeziehung ebenfalls sehr kompliziert. Kinder wollen fast immer besucht werden und warten sehnsüchtig auf die Ankunft des besuchenden Elternteils. Viele betrachten den Besuch als den Höhepunkt der Woche oder des Monats und haben Angst, der Vater könnte zur vereinbarten Zeit nicht erscheinen. Manche Kinder zeigen sich nur noch von ihrer besten Seite, um sicherzustellen, daß der Vater auch wirklich kommt. Der Vater denkt: Bin ich überhaupt willkommen? Wird ihr das Ballspiel gefallen? Das Kind denkt: Kommt er? Ist er beleidigt, wenn ich nicht zu dem Ballspiel gehen möchte? Diese Art von Unsicherheiten gibt es auch in einer intakten Familie, aber sie werden durch das Besuchsverhältnis verstärkt.

Die Besuche verlaufen selbstverständlich anders, wenn Vater und Kind, wie Steve und Dale Burrelle, durch große Entfernungen getrennt sind. Wie ich festgestellt habe, sind Kinder angesichts solcher realen Hindernisse zu recht großzügigen Zugeständnissen bereit und haben erstaunlich realistische Erwartungen; allerdings müssen sie sicher sein, daß sie ihren Vätern wichtig sind. Ein Vater, der wie Bob Catalano ganz in der Nähe wohnt, seine Kinder aber nur selten besucht, bewirkt zweifellos viel mehr Kummer. Das Kind kann aus diesem Verhalten nur eines schließen: Desinteresse und Zurückweisung.

Unserer Erfahrung nach wird das Besuchsverhältnis von Kindern und ihren Vätern oft sehr unterschiedlich erfahren. Ein Vater sagte uns zum Beispiel: »Meine Tür steht immer offen. Mein Sohn ist willkommen. Er kann mich immer besuchen, und ich werde ihm alles geben, was er braucht.« Sein Sohn sagte: »Ich bin in seinem Haus nicht willkommen. Ich fühle mich dort nicht wohl. Ich mache nichts anderes als fernsehen, während er sich mit seinen Freunden unterhält.«

Es kommt sehr oft vor, daß der Vater glaubt, sein Bestes zu tun, während das Kind meint, ihm fehle etwas. Der Vater glaubt, seine Pflichten zu erfüllen, während das Kind sich an den Rand gedrängt fühlt. Der Vater glaubt, er sei liebevoll, aber das Kind fühlt sich zurückgewiesen. Der Vater meint, neutral und ehrlich zu sein, und das Kind glaubt, daß er lügt. Gleichzeitig kommt es aber auch vor, daß der Vater sich schämt, während das Kind ihm vergeben will. Das Ergebnis dieser Mißverständnisse ist: Die meisten Väter in unserer Studie meinten, sie seien ihren Verpflichtungen recht gut nachgekommen, während drei von vier Kindern den Eindruck hatten, sie bedeuteten ihren Vätern nicht viel. Sie meinten, ihre Väter seien zwar körperlich, nicht aber geistig anwesend. Die meisten Väter wären sehr überrascht, wenn ihnen der Zusammenhang zwischen den Gefühlen ihrer Kinder und den tiefgreifenden Folgen bewußt wäre.

Zu meiner Überraschung stellte ich fest, daß das Gefühl des Verlustes, das die Kinder erfahren, nichts damit zu tun hat, wie oft sie besucht werden. Die meisten Jugendlichen besuchten regelmäßig ihre Väter, hatten aber dennoch vielfach das Gefühl, ihn verloren zu haben. Anders als viele Eltern erwarten, hat die Frequenz der Besuche nichts

mit der Qualität der Beziehung zu tun. Auch die wenigen Kinder aus unserer Untersuchungsgruppe, die von ihren Vätern in den zehn Jahren ein- bis zweimal pro Woche besucht wurden, fühlten sich zurückgestoßen.
Was zählt, ist nicht die Quantität der gemeinsam verbrachten Zeit, sondern ob es dem Vater und den Kindern gelungen ist, eine Beziehung aufrechtzuerhalten, in der das Kind sich akzeptiert fühlt. Aus unserer Studie geht klar hervor, daß der psychische Allgemeinzustand von Jungen nach der Scheidung stark von der Vater-Sohn-Beziehung abhängig ist. Dabei ist es belanglos, ob die Mutter wieder geheiratet hat oder nicht. Die Frequenz der Besuche ist nicht wichtig, entscheidend sind vielmehr die Beziehung zum Vater und die Persönlichkeit des Vaters. Wenn die Vater-Sohn-Beziehung schlecht ist, leidet der Junge vielleicht an einem geringen Selbstwertgefühl, bekommt schlechte Noten, zeigt keinen großen Ehrgeiz und fühlt sich zurückgewiesen. In einer guten Vater-Sohn-Beziehung, in der der Vater als moralischer und tüchtiger Mann gilt und der Junge das Gefühl hat, daß sein Vater ihn braucht und akzeptiert, ist die psychische Verfassung des Jungen höchstwahrscheinlich gut. Heranwachsende Jungen fügen sich nach der Scheidung viel besser in die neue Familienstruktur ein, wenn sie den Eindruck haben, daß »mein Vater ein guter Mann ist, daß er für mich sorgt, mich ermutigt und respektiert«. Offenbar profitieren Jungen, die den Sommer oder überhaupt längere Zeit beim Vater verbringen, sehr viel von der Beziehung.

Billy identifizierte sich mit seinem Vater, glaubte sich von seinem Stiefvater nicht geliebt und fühlte sich in der Familie als Fremder. Obwohl Billy die Schwächen seines Vaters durchaus kannte, lehnte er ihn als Rollenvorbild nicht ab, liebte ihn und vergab ihm alles. Rosemary dagegen brachten Bobs viele Versäumnisse als Vater zur Raserei. Es war ihr wirklich rätselhaft, warum Billy seinen Vater anbetete. (Rosemary war nicht die einzige Mutter, die sich in einer solchen Situation wunderte.) Billy suchte bei seinem Vater verzweifelt all die Dinge, die er im Laufe der Jahre vermißt hatte. Aus seiner Sicht war sein Vater freundlicher und sanfter als sein Stiefvater. Billy konnte die Hoffnung auch deshalb nicht aufgeben, weil er glaubte, es gäbe niemanden, an den er sich sonst wenden könnte.
Billys Sehnsucht nach seinem Vater — ein Problem, das er als die große Tragödie seines Lebens betrachtete — nahm auch im Laufe der Zeit nicht ab. Billy wußte, daß er nicht mit seinem Vater leben konnte;

deshalb weinte er um den Phantasievater, den er nie hatte, aber brauchte, und um den echten Vater, den er vermißte, liebte und bemitleidete. Er weinte in dem vollen Bewußtsein, daß seine Sehnsucht niemals befriedigt werden kann.

Es ist schwer zu sagen, inwieweit Billys Sehnsucht nach dem Vater durch das Gefühl genährt wurde, daß seine Mutter nicht in dem Maße für ihn da ist, wie er das gerne hätte. Er sprach darüber, wie beschäftigt sie sei, und sah ein, daß sie arbeitete, sich um die Familie kümmerte und den ganzen Haushalt versorgte. Aber er redete nie von irgendwelchen wirklich fröhlichen Unternehmungen oder gemeinsamen Erlebnissen mit seiner Mutter, seinem Stiefvater und seiner Schwester. Nichts konnte die Sehnsucht nach dem Vater oder das Gefühl, nirgendwohin zu gehören, ausgleichen.

Ironischerweise liebte Bob Catalano seinen Sohn Billy, aber er war nicht imstande, seine Liebe in eine Beziehung umzusetzen, die für seinen Sohn fruchtbar war. Billy wandte sich an seine Mutter, hatte aber den Eindruck, daß sie mehr für ihren neuen Ehemann da war als für ihn; sie ging nicht auf ihn zu und zeigte kein Verständnis für seine Trauer über seinen Verlust. Es ist zweifelhaft, ob sie überhaupt erkannte, wie sehr Billy sie brauchte. Er war auf zweifache Weise einsam: Er spürte weder die Liebe seines Vaters aus der Ferne, noch die Liebe und das Engagement seiner Mutter, die ständig in seiner Nähe war.

Wenn Billy seiner Mutter und seinem Stiefvater — oder nur seiner Mutter — näher gewesen wäre, hätte die Besuchsbeziehung zu seinem Vater in seinem Leben vielleicht eine geringere Rolle gespielt. Die Sehnsucht nach seinem Vater ist um so größer, da er, ob nun zu Recht oder nicht, das Gefühl hat, daß Rosemary und Charlie nicht voll hinter ihm stehen. Unsere Studie bewies, daß die Hälfte der Kinder, deren Mütter wieder heirateten, meinten, sie seien in der neuen Familie nicht willkommen. In einem Viertel dieser Familien fühlte sich ein Kind ausgeschlossen, während das andere sich der Familie zugehörig fühlte. Viele Kinder, die sich ausgeschlossen fühlten, sprachen wehmütig und traurig von ihren Erfahrungen, als wären sie Zuschauer bei einem Fest, das ihren Müttern zwar Spaß machte, zu dem sie selbst aber nicht eingeladen waren.

Billy Catalano beschrieb mit seinem Verhältnis zwischen ihm und seinem Stiefvater Charlie keine ungewöhnliche Situation. Wie Billy und Rosemary uns erzählten, setzte sich Charlie schnell als Herr des Hauses durch und wollte Billy dauernd bestrafen. Billy akzeptierte

Charlie nie in dieser Rolle. »Er ist nicht mein Vater«, betonte er immer wieder. »Er ist Mamas Mann. Er will nichts anderes als Anpassung und Gehorsam. Und von mir will er nur, daß ich im Garten arbeite.«

Billy vermied Loyalitätskonflikte im Hinblick auf seinen Vater und seinen Stiefvater, weil sein Stiefvater in seinem Bewußtsein kein Objekt seiner Zuneigung ist. Wie viele Jungen blieb Billy in erster Linie seinem Vater verbunden. Im allgemeinen fällt es älteren Jungen, die ihre Väter gut kennen, viel schwerer, sich ohne schwere innere Konflikte ihren Stiefvätern zuzuwenden. Manchmal werden diese Dreiecksbeziehungen noch dadurch erschwert, daß der Sohn dem Vater sehr ähnlich sieht — oder ihm angeblich ähnlich sieht oder nur glaubt, ihm ähnlich zu sehen. Dadurch repräsentiert er gleichsam seinen Vater in der neuen Familie. Rosemary sagte uns einmal, Billy sei wie Bob, und Billys Interesse an der Fotografie sei ein Versuch, sich mit seinem Vater zu identifizieren. Auch das trug vielleicht dazu bei, daß es Charlie nicht gelang, eine enge Beziehung zu Billy zu knüpfen.

Billy fühlte sich weiterhin als Außenseiter in einer Ehe, die geschlossen wurde, als er sechs Jahre alt war. Obwohl er den größeren Teil seines Lebens in der zweiten Ehe seiner Mutter verbrachte, sagte er, er sei nicht willkommen. Seine jüngere Schwester jedoch fühlte sich voll in die Familie integriert.

15

Kelly Catalano

Moderne Dreiecksbeziehungen

Kelly Catalano war bei unserem Interview zehn Jahre nach der Scheidung ein stämmiges, geradezu freches zwölfjähriges Mädchen. Nach dem Gespräch mit ihrem Bruder war ich besonders neugierig, was sie über ihre Beziehungen zu ihrem leiblichen Vater, den sie selten sah, und ihrem Stiefvater, mit dem sie lebte, seit sie vier Jahre alt war, sagen würde.

Wir gingen zusammen in ein nahe gelegenes Restaurant. Nach dem Essen schlenderten wir über die Straße und setzten uns auf eine Parkbank. Kelly trug einen bunt bedruckten Rock und Clogs. Auf der Bank zog sie die Knie an, stopfte den Rocksaum unter ihre Füße und redete weiter in ihrem assoziativen Stil. Sie war ein redseliges Kind und hielt nichts zurück.

»An die Scheidung kann ich mich nicht erinnern«, sagte sie. »Ich war erst zwei. Mama hat Papa verlassen, das weiß ich. Ich habe lange gebraucht, bis ich das akzeptiert habe. Aber ich weiß auch, daß meine Eltern jetzt glücklich wären, wenn sie sich nicht hätten scheiden lassen und zusammengeblieben wären. Mein Vater hat sein Leben jetzt nämlich wirklich im Griff.«

»Das ist ja wunderbar, Kelly«, sagte ich. »Das muß schön für dich sein.«

»Ja«, sagte sie im Brustton der Überzeugung. »Bis ich sechs oder sieben war, habe ich meinen Vater oft gesehen, ich glaube zweimal im Monat, aber ich weiß, daß es oft war. Er hat bloß ein paar Straßen weiter gewohnt. Aber dann hat er Oona geheiratet.« Sie runzelte die Stirn. »Ich habe sie gehaßt. Sie war wie Aschenbrödels Stiefmutter — böse.«

»Das hört sich ja schrecklich an, Kelly.«

Sie nickte und redete weiter wie ein Maschinengewehr. »Nach der Scheidung wurde Papa in der Fernsehreparatur-Werkstatt, wo er arbeitete, nicht befördert. Er war ganz schön enttäuscht. Verstehen Sie, er hatte einfach nicht die Zeit, mich oft zu besuchen, und er hatte auch nicht viel Geld für den Unterhalt, aber ich weiß, daß er zahlen wollte. Er hat Tag und Nacht gearbeitet und immer nur drei Stunden Schlaf bekommen.« Kelly sprach mit eindringlicher Stimme. Sie bemühte sich, mir zu erklären, wie schwierig es für Bob gewesen war, mehr Zeit mit ihr zu verbringen. »Ich habe dauernd kurze Briefe an ihn geschrieben«, sagte sie, »obwohl er nur dreieinhalb Blocks weg wohnte. Aber ich habe sie nicht abgeschickt, weil er mich immer nur für ein paar Minuten sah und gar keine Zeit gehabt hätte, alle meine Fragen zu beantworten.« Kelly sah mich an, um festzustellen, ob ich ihren Gedanken gefolgt war. Doch bevor ich etwas sagen konnte, setzte sie ihren Gedankengang fort. »Einmal fuhr er für ein paar Monate fort, und ich war wütend, weil er mir nichts gesagt hatte. Er hat mir nicht geschrieben und mir auch nicht erzählt, daß er weggehen würde. Er hat mir noch nicht mal Bescheid gesagt, als er nach Los Angeles zog.« Sie zog den Rock noch enger um die Beine. »Aber es ist nicht alles schlimm. Einmal, vor zwei Jahren, als er wieder geschieden wurde, hat er mich für ein Wochenende eingeladen. Das waren die besten zwei Tage in meinem ganzen Leben. Ich liebe ihn über alles.«

»Wie geht es ihm jetzt?«

»Ich habe ihn vor einem Monat gesehen. Er sieht toll aus. Eigentlich lebt er gern in Los Angeles. Er sagt, daß ich ihn mal besuchen darf. Wir waren drei Stunden zusammen.«

Das war objektiv das erste Mal seit zwei Jahren, daß Kelly ein wenig Zeit mit ihrem Vater verbracht hatte.

»Er fehlt mir. Er fehlt mir so sehr«, sagte Kelly. »Meine Freundin sagt, daß er wahrscheinlich ein Hippie ist, ein Gammler und Nichtsnutz, weil er mich nicht gerade oft besucht.«

»Was meinst du dazu?« fragte ich vorsichtig.

»Ich glaube, das war er früher mal, aber er hat sich gemacht. Er hat Interesse an anderen Menschen und er hat echtes Interesse an mir.« In ihren Augen schwammen Tränen. »Er hat mir gesagt, daß er all die Male, die er nicht gekommen ist, wettmachen wird. An meinem letzten Geburtstag hat er mir keine Karte geschickt, nichts, aber er war so durcheinander, daß er nicht wußte, welches Datum oder welcher Tag war. Richtig vergessen tut er eigentlich nie was. Früher, als ich klein war, hat mein Vater nur drei Blocks weiter gewohnt«, sagte sie, »aber jetzt würde ich gern näher bei ihm sein.«

Kelly und ihr Vater hatten in ihrer frühen Kindheit eine enge, liebevolle Beziehung, die im Laufe der Jahre nahezu völlig auseinandergegangen ist. Für Kellys Innenleben blieb die Beziehung zum Vater immer ein mächtiger Faktor und wurde vielleicht sogar noch wichtiger, als sie in die Pubertät kam. Im Gegensatz zu ihrem deprimierten Bruder Billy bewahrte Kelly sich ihre gute Laune und ihre Selbstachtung mit Hilfe der Vision eines liebenden Vaters, der auf dem Weg zu ihr nur noch eine Bergkuppe zu überwinden hat, das aber nie ganz schafft. Kelly leugnete Bobs langes Register von Versäumnissen nicht, im Gegenteil. Sie hatte alle Daten im Kopf und führte Buch über alle gehaltenen und gebrochenen Versprechen. Zugleich hielt sie an einem positiven, idyllischen Bild von ihrem Vater fest. Als Bob auf ihre Annäherungsversuche nicht reagierte, entschuldigte Kelly das mit seiner Verstörtheit, seiner Erschöpfung und seinen zwei Arbeitsstellen. Sie führte eine Reihe von Erklärungen ins Feld, um an der Hoffnung festhalten zu können, daß er sein Leben wieder in den Griff bekommen würde. Trotz ihrer Loyalität gegenüber ihrer Mutter und ihrem Stiefvater hielt Kelly uneingeschränkt an der Hoffnung fest, daß sie und ihr Vater eines Tages eine engere Beziehung haben würden und er der Vater ihrer Träume wäre.

Die Behauptung, daß Kinder ihre abwesenden Väter idealisieren, wäre eine zu starke Vereinfachung. Ich habe ein komplizierteres Phänomen festgestellt, eine Art zweifacher Vorstellung. Wie kleine Detektive kennen die Kinder aus geschiedenen Ehen die echte Lebensgeschichte ihrer Väter, ihre guten und ihre schlechten Seiten. Aber sie ziehen aus diesen Informationen in der Regel nicht die Schlußfolgerungen, die ein objektiver Beobachter ziehen würde. Statt dessen verspüren sie den mächtigen Drang, sich einen fürsorglichen, liebevollen Vater zu schaffen, der sie niemals absichtlich im Stich lassen würde. Da sie die Fakten durch ein Prisma des Mitgefühls und der Gnade betrachten, bekunden sie ewige Liebe für den Mann, der sie als Ernährer, als Rollenvorbild und als liebevoller, interessierter Vater im Stich gelassen hat. Ohne den inneren Widerspruch zu bemerken, haben sie gleichzeitig eine Liste von Zurückweisungen und Versäumnissen *und* das positive Bild eines liebevollen Vaters im Kopf.

Da Jungen und Mädchen in der Pubertät ein wachsendes inneres Bedürfnis nach ihren Vätern verspüren, sammeln sie eifrig alle Informationen, die sie bekommen können, um sich ein Bild zu konstruieren, das diesem Bedürfnis entspricht. Wenn die Mutter sehr streng ist, wird der Phantomvater verständnisvoll sein, ein mitfühlender Märchenprinz, der notfalls herbeieilt, um das Kind zu retten. Wenn die Mutter schroff und geistesabwesend ist, wird der idealisierte Vater zärtlich und aufmerksam sein. Je jünger die Kinder bei der Scheidung sind, desto weniger sind sie durch Fakten eingeschränkt und desto erfinderischer können sie in späteren Jahren ihre Phantasien ausschmücken, um die Versäumnisse ihres Vaters zu erklären.

Neben einem Phantomvater brauchen Kinder aus geschiedenen Ehen aber auch richtige Väter, die ihnen in bestimmten Phasen ihres Lebens Mut machen. Mädchen brauchen ihren Vater vor allem in der Frühpubertät im Alter von 13 oder 14 Jahren. Viele Mädchen aus unserer Untersuchungsgruppe sehnten sich gerade in dieser Zeit nach ihren Vätern. Kelly sagte zum Beispiel: »Aber jetzt würde ich gern näher bei ihm sein.«

Ein Mädchen aus unserer Untersuchungsgruppe, das seinen Vater kaum kannte, schrieb ihm in dem Sommer, als sie dreizehn wurde, einen Brief: »Lieber Papa, erinnerst du Dich noch an mich? Hier bin ich, Deine Tochter.« Sie war begeistert, als er zurückschrieb, aber die Korrespondenz brach bald ab.

Ein anderes dreizehnjähriges Mädchen schickte ihrem Vater ihr Tagebuch. Sie hatte es »Blutende Schriften« genannt, weil es all ihren Kummer, ihren Zorn und ihre Traurigkeit offenbarte — ihre geheimsten Gefühle über sich selbst und die Welt. Sie wollte ihre Gefühle dem Vater mitteilen, weil er, wie sie sagte, »mich verstehen wird«. Der Vater hatte seine Tochter immer nur während der Sommerferien gesehen. Er war völlig verblüfft und hatte wenig Verständnis dafür, was diese Korrespondenz für seine pubertierende Tochter bedeutete. Er blätterte in den leidenschaftlichen Gedichten, den Songfragmenten und den Bekenntnissen herum, ohne zu verstehen, was für eine große Ehre sie ihm damit erwies und was für ein starkes Bedürfnis nach Zuwendung sie damit ausdrückte.

Die Aufzeichnungen in solchen Tagebüchern sind oft psychologisch hochinteressant. In intakten Familien achten die Kinder sehr darauf, daß kein Erwachsener ein intimes Tagebuch oder persönliche Briefe liest. Die meisten Eltern respektieren diesen Bereich der Intimsphäre Heranwachsender. Kinder aus geschiedenen Ehen, vor allem Mädchen, haben dieses Bedürfnis nach Diskretion jedoch nicht, zumindest nicht am Anfang der Pubertät. Das junge Mädchen stattet den Vater mit der magischen Fähigkeit aus, sie in dieser Phase ihres Lebens zu verstehen und ihr zu helfen.

Der idealisierte Vater, den sich das pubertierende Mädchen vorstellt, ist das genaue Gegenteil des Bildes vom Vater, das später, wenn sie älter wird, in ihrer Vorstellung dominiert: der Vater als treuloser Mann. Beide Vorstellungen verhindern, daß sie sich ein realistisches Bild vom Vater macht. Da die Töchter aus geschiedenen Ehen nur selten herausfinden, wie ihre Väter wirklich sind, haben sie oft große Schwierigkeiten, sich ein realistisches Bild von Männern im allgemeinen zu machen und realistische Erwartungen an sie zu stellen. Oft fehlt ihnen auch das Urteilsvermögen bei der Wahl ihrer Partner und bei ihren sonstigen Beziehungen zu Männern.

Nachdem Kelly mir von ihrem Vater erzählt hatte, brachte ich das Gespräch auf ihren Stiefvater. »Wie ist er und wie kommst du mit ihm aus?« fragte ich.

»Mein Stief«, sagte Kelly kichernd. »Ich nenne ihn meinen Stief. Mein Stief will, daß ich Klavierspielen lerne. Wir hören zusammen Musik. Er spielt Trompete, Banjo und Gitarre.« Kelly war offenbar sehr beeindruckt von den Talenten ihres Stiefvaters und fügte hinzu: »Ich kann mich nicht erinnern, daß mein Vater ein Instrument gespielt hat.«

»Erzähl mir von ihm.«

»Ich habe ihn kennengelernt, als ich noch ganz klein war«, sagte sie und streckte ihre Beine lang aus. »Er hat mich immer wie ein richtiger Vater behandelt und sich wirklich bemüht, mir über die Scheidung hinwegzuhelfen. Die meisten Leute mögen ihre Stiefeltern wahrscheinlich nicht, aber wir kommen gut miteinander aus.« Kelly ließ einen Arm außen an der Bank herunterbaumeln. »Er ist ein lieber Mensch, nett und freundlich. Er ist mir gegenüber nie launisch, er interessiert sich für mich, er schreit mich noch nicht einmal an. Er ist genau der Vater, den man immer haben will, ein richtiger Wunschvater, von dem man in der Schule träumt.«

»Du magst ihn wirklich gern.«

»So einen Mann wie meinen Stiefvater würde ich gerne einmal heiraten«, sagte Kelly vergnügt. »Mama und Charlie haben eine echt gute Beziehung, sie könnte nicht besser sein. Sie führen eine sehr gute Ehe.« Sie hielt einen Augenblick inne. »Ich glaube, für meinen Stief bin ich so was wie Papas Liebling. Töchter kommen mit Vätern besser aus.«

Das Leben in der modernen Zweitehe ist viel komplizierter und vielschichtiger geworden. In früheren Generationen wurde meistens deshalb ein zweites Mal geheiratet, weil der Ehemann oder die Ehefrau gestorben war. Wenn der Stiefvater oder die Stiefmutter auf den Plan traten, wurde von ihnen erwartet, daß sie den verstorbenen Elternteil in möglichst jeder Hinsicht ersetzten. Wer heute jedoch ein zweites Mal heiratet, hat meist eine Scheidung hinter sich. Der fehlende Vater oder die fehlende Mutter des Kindes sind nicht tot, und die Rolle der Stiefeltern hat sich stark verändert.

Von den 113 Kindern aus unserer Studie hatten zehn Jahre nach der Scheidung 55 Kinder in dem vergangenen Jahrzehnt einige Zeit mit einem Stiefvater gelebt. Aus ausführlichen Diskussionen dieser Beziehungen ging eines klar hervor: Wenn Kinder beteiligt sind, ist es viel schwieriger, eine zweite Ehe zu führen als eine erste, und es ist viel wichtiger, daß diese Ehe nicht scheitert. Es steht viel mehr auf dem Spiel. Die Risiken sind höher. Und alle Beteiligten wissen das.

Aus der Sicht des Kindes ist ein Stiefvater eine Art Hauptfigur in einem Theaterstück, die mitten im zweiten Akt den ersten Auftritt hat. Er rauscht wie ein maskierter Eindringling auf die Bühne, in eine bereits fortgeschrittene Geschichte hinein. Er kann als Retter begrüßt, als Fremder abgewiesen oder als möglicher Ernährer und Quelle von Liebe und Zuneigung geliebt werden. Vielleicht wird er aber auch als Objekt der Eifersucht oder als potentieller Rivale gehaßt. In jedem Fall jedoch tritt er erst mitten im Stück auf, als unbekannter, aber mächtiger Faktor, der die anderen Figuren beeinflussen kann und vielleicht entscheidet, wie das Stück schließlich endet.

Das ungute Gefühl, das Kinder im Zusammenhang mit Stiefeltern überkommt — so wie es in bekannten Märchen dargestellt wird —, ist psychologisch gesehen durchaus berechtigt. Aus der Sicht des Kindes ist es beängstigend, einen Mann kennenzulernen, der nichts mit ihm zu tun hat, aber dennoch erwartet, von dem Kind als Vater akzeptiert zu werden. Es stimmt zwar, daß Kinder Rollenvorbilder und Identifikationsfiguren brauchen, aber daraus folgt nicht zwangsläufig, daß sie sich mit Stiefvätern identifizieren und sich an ihnen orientieren oder daß sie sie lieben und von ihnen wiedergeliebt werden. Kinder haben Angst, wenn ihre Mütter wieder heiraten, weil sie tief in ihrem Innern wissen, daß ihr Lebensplan sich von dem ihrer Mütter unterscheidet und daß Eltern-Kind-Beziehungen nicht von selbst entstehen, sondern hart erkämpft werden müssen.

Wenn ein Stiefvater auftaucht, entstehen plötzlich schwerwiegende Fragen: Was wird dieser neue Mann für mich tun? Wird er meine Position in der Familie bedrohen? Wird er meine Beziehung zu Mama und Papa stören? Da Kinder um das Wohlergehen ihrer Mütter sehr besorgt sind, fragen sie: Ist er der Richtige für meine Mutter? Wird sie bessere Laune haben? Wird sie mich besser behandeln? Und da sie sich auch Sorgen um ihre Väter machen, fragen sie sich: Wird mein Vater wütend sein? Wird mein Vater mich öfter oder seltener besuchen, wenn der Stiefvater da ist? Wird er ganz verschwinden? Wird Mama zu Papa jetzt freundlicher sein? Werden Mama und Papa je wieder heiraten, nachdem ein anderer aufgetaucht ist?

Die Kinder in der zweiten Ehe sind von der ersten Ehe geprägt und durch ihr Scheitern belastet. Sie sind viel liebebedürftiger und fürchten sich viel mehr davor, zurückgewiesen und an den Rand gedrängt zu werden, als Kinder in intakten Familien. Ein Problem ist allerdings vorprogrammiert: Die Kinder fühlen sich zurückgewiesen, weil das frischverheiratete Paar das Bedürfnis hat, allein zu sein. Für Kinder ist dieses Bedürfnis oft ein Hindernis, das ihnen den Kontakt zur Mutter verwehrt. Ihre Befürchtung, daß die Mutter seltener für sie da sein wird, scheint sich zu bestätigen. In unserer Studie hörten wir von Kindern, die sich vor der Tür zum Schlafzimmer versammelten, weil die Eltern jeden Abend nach dem Abendessen verschwanden und die Tür hinter sich abschlossen. In anderen Familien begannen Kinder und Erwachsene getrennt zu Abend zu essen, obwohl das vor der Wiederverheiratung nicht üblich gewesen war. Erwachsene können trotz allerbester Absichten ihren Kindern das Gefühl geben, daß die zweite Ehe auch noch den Verlust der Mutter bedeutet.

Aus der Sicht des Kindes kann ein Stiefvater den biologischen Vater nur selten ganz ersetzen. Die Beziehung zum Stiefvater ist nicht dieselbe Beziehung, die ein Kind zu seinem leiblichen Vater hat; und sie kann es auch nie werden. Wenn ein Stiefvater an die Stelle des abwesenden leiblichen Vaters treten will, ist er von vornherein zum Scheitern verurteilt. Er kann für seine Stiefkinder natürlich ein guter und liebenswerter Partner, ein Freund, Mentor und ein Rollenvorbild sein. Einige Kinder ziehen ihre Stiefväter sogar vor, weil sie glauben, sie wären ehrlicher und liebevoller als ihre leiblichen Väter, aber immer können sie zwischen den beiden Vätern klar unterscheiden. In der Vorstellung des Kindes kann es auf dieser Welt nur einen leiblichen Vater geben. Auch Kinder, die bei der Scheidung sehr klein sind, unterscheiden klar zwischen Stiefvater und Vater, wenn sie älter werden. Wenn die Mutter oder der Vater wieder heiraten, kommt für das Kind ein Elternteil hinzu, aber damit ist der Elternteil, der vorher da war, nicht weg. Der hinzugekommene Elternteil bekommt einen

neuen Platz zugewiesen, und zum Schluß gibt es in der Welt des Kindes einen Platz für die Mutter, einen für den Vater, einen für die Stiefmutter und einen für den Stiefvater.
Kinder richten an Stiefväter und biologische Väter verschiedene Erwartungen und haben unterschiedliche Phantasien über sie. Ein Zweiundzwanzigjähriger erklärte das sehr gut. Um ihn aus der Reserve zu locken und mehr über seine Traurigkeit zu erfahren, wies ich darauf hin, daß er doch ein ausgezeichnetes Verhältnis zu seinem Stiefvater hätte. »Wie kommt es«, fragte ich, »daß du immer noch so gekränkt und wütend bist, wenn es um deinen Vater geht, obwohl dein Stiefvater dir so viel hilft und dich so gut unterstützt? Die Beziehung zu deinem Vater nimmt immer noch einen Großteil deines Gefühlslebens in Anspruch.«
Geduldig antwortete er: »Das verstehen Sie nicht. Mein Stiefvater könnte der heilige Benedikt oder der heilige Franz sein. Er könnte über die Wasser wandeln, und es würde nichts an dem Schmerz ändern, den ich im Hinblick auf meinen Vater empfinde.« Das zeigte sich auch bei Kelly ganz deutlich. Sie liebt Charlie und respektiert ihn. Sie meint sogar, er sei ihrem Vater Bob in vielerlei Hinsicht überlegen, und sie will später einmal einen Mann wie Charlie heiraten. Doch diese Gefühle schmälern keineswegs ihre Sehnsucht nach Bob und die Phantasien, die sie mit ihm verknüpft hat.
Das Alter des Kindes bei der Wiederverheiratung hat einen großen Einfluß auf die Beziehung zwischen Stiefvater und Stiefkind. Als Faustregel gilt, daß jüngere Kinder, wie Kelly, eher mit ihren Stiefvätern auskommen als ältere. Von den jüngeren aus unserer Untersuchungsgruppe meinten neun von zehn, daß ihr Leben durch ihre Stiefväter auf gewisse Weise besser geworden sei. Zwei Drittel glaubten, daß es ihnen möglich sei, ihre Stiefväter und Väter gleichzeitig zu lieben, und nur ein Drittel schlug sich mit Loyalitätskonflikten herum.
Außerdem ist es für einen Stiefvater leichter, mit einem kleineren Kind Kontakt aufzunehmen, weil die kleineren Kinder besser auf Annäherungsversuche von Erwachsenen ansprechen. Ein Stiefvater empfindet bei einem Fünfjährigen natürlich viel eher fürsorgliche und väterliche Gefühle als bei einem Fünfzehnjährigen; Eltern und Kind werden schneller belohnt, wenn das Kind noch klein ist. Und das Kind profitiert sehr davon.
Obwohl Kelly eine eigene, unabhängige Beziehung zu Bob hat, dürfte Charlie mehr Einfluß auf ihre Entwicklung haben. Da Kelly die

zweite Ehe ihrer Mutter als gelungen und glücklich betrachtet, kann sie zuversichtlich in die Zukunft blicken. Kelly bewundert die Beziehung zwischen Rosemary und Charlie; für sie ist die Beziehung der Inbegriff einer guten Ehe. Sie hofft eines Tages, einen Mann wie Charlie zu heiraten. Diese Dreiecksbeziehung zwischen Tochter, Mutter und Stiefvater bildet ein Modell für Kellys künftige Beziehungen. Ihre Selbstachtung steigt, weil sie überzeugt ist, daß Charlie sie liebt, und im Gegenzug liebt sie ihn auch. All das faßt sie kurz und bündig in dem Satz zusammen, daß Charlie ein Mann ist, wie sie ihn sich als Ehemann wünscht. Daß sie ein anderes Verhältnis zu ihrem Stiefvater hat als Billy, erklärt sie damit, daß Töchter besser mit ihren Vätern auskommen.

Kinder, die schon einige Jahre in der Schule waren, als ihre Eltern sich scheiden ließen, erzählten zehn Jahre nach der Scheidung eine andere Geschichte. Über die Hälfte lehnten wie Billy ihren Stiefvater ab, und 90 Prozent meinten, ihr Leben sei durch den Stiefvater nicht besser geworden. Da sie älter waren, hatten diese Kinder vor der Scheidung ein engeres Verhältnis zu ihren leiblichen Vätern und gerieten deshalb oft in große Loyalitätskonflikte. Nur sehr wenige Kinder über neun Jahren entwickelten eine gute Beziehung zu ihren Stiefvätern; allerdings gab es einige wichtige Ausnahmen. Aus der Sicht eines Heranwachsenden ist der Stiefvater einfach ein Mann, der in das Leben der Mutter eindringt und mit ihr ins Bett geht. Obwohl er die Hauptfigur des Stückes ist, kann er zu diesem Zeitpunkt von dem Heranwachsenden nicht als Autorität akzeptiert werden. Der Jugendliche ist in dieser Phase mit einer der zentralen Aufgaben des Erwachsenwerdens beschäftigt: Er nabelt sich von seiner Familie ab und schafft sich eine eigenständige Identität. Der Teenager stellt die Autorität jedes Erwachsenen grundsätzlich in Frage, und ein Stiefvater, der gerade die Szene betreten hat, wird zum Inbegriff dieser fragwürdigen Autorität. In dieser Situation wird der Stiefvater – ohne eigenes Verschulden, allein durch seine Gegenwart – als Rivale oder sogar als Bösewicht angesehen. Von Anfang an sorgt der Stiefvater auch in sexueller Hinsicht für Spannung und Angst, und zwar wieder nur durch seine Gegenwart und seine Beziehung zur Mutter. Dann kommt noch dazu, daß der Heranwachsende Loyalitätsprobleme hat: Wie wirkt sich die Anwesenheit dieses Stiefvaters auf das Verhältnis zu seinem Vater aus? Wie kann er seinem Vater treu bleiben und zugleich mit seinem Stiefvater auskommen?

Jungen und Mädchen reagieren unterschiedlich auf Stiefväter. Mädchen sind viel eher geneigt, den Stiefvater freundlich am Familienleben zu beteiligen, wenn sie die von Mißtrauen geprägte Anfangszeit hinter sich haben. Viele Mädchen, aber nur sehr wenige Jungen, zogen den Stiefvater dem leiblichen Vater vor. Außerdem waren Mädchen viel eher bereit als Jungen, den Stiefvater nicht nur als Freund, sondern auch als Elternteil zu akzeptieren. Im großen und ganzen wurden Mädchen weniger von Loyalitätskonflikten belastet als Jungen. Kellys liebevolle Beziehung zu Charlie ähnelt in vielerlei Hinsicht den Beziehungen, die andere Mädchen aus unserer Untersuchungsgruppe zu ihren Stiefvätern hatten.

Allerdings gibt es ein paar andere Gefahren. Aus der Sicht einer pubertierenden Tochter kann die Gegenwart eines Stiefvaters ein schwieriges Problem mit sich bringen: Die Inzestbarriere ist niedriger. Väter und Töchter aus intakten Familien haben starke, nach geltender Lehre angeborene Barrieren dagegen, sich als mögliche Sexualpartner zu betrachten. Wenn ein Vater seine leibliche Tochter im Bikini sieht, werden seine sexuellen Gefühle von der Erinnerung beeinträchtigt, daß er ihr einmal die Windeln gewechselt und die Rotznase geputzt hat oder daß er sie gezwungen hat, ihren Spinat zu essen. Die gemeinsame Vergangenheit in Verbindung mit mächtigen gesellschaftlichen Tabus und dem Bewußtsein, daß er ihr biologischer Vater ist, bilden eine starke Hemmschwelle gegen den Inzest. Der Vater soll seine Tochter beschützen, und dieser Impuls ist gewöhnlich stärker als jede sexuelle Erregung.

Diese Impulse gehören zu den normalen Spannungen im Familienleben, wenn Mutter und Vater ihrer Tochter helfen, mit ihrer Sexualität umgehen zu lernen. In einer neugegründeten Familie nach einer Scheidung sind die Erwachsenen offenbar nicht so gut auf die sexuelle Entwicklung eines heranwachsenden Mädchens vorbereitet. Erstens kennt der Stiefvater seine Tochter nicht schon seit ihrer Geburt. Zweitens ist er aus der Sicht des Mädchens ein neuer Mann, der als der Geliebte der Mutter eindeutig eine sexuelle Rolle spielt. Der Stiefvater ist nicht der biologische Vater, und das Mädchen weiß das. Deshalb spielt in ihr Verhältnis potentiell mehr sexuelles Interesse und sexuelle Erregung hinein. Diese Impulse werden nicht unbedingt in die Tat umgesetzt. Aber sie addieren sich zu den Spannungen in der neuen Familie und werden unter Umständen zu einer gefährlichen Belastung für die eheliche Beziehung. Im Rahmen meiner Forschungen habe ich derartige Spannungen, die zum Scheitern der Ehe führen, häufiger erlebt als praktizierten Inzest. Viele Stiefväter unterwerfen

ihre Stieftöchter strengen Regeln, um auf diese Weise mit ihrer eigenen Begierde fertig zu werden. Doch auch das kann die zweite Ehe destabilisieren.
Aus der Sicht der Mutter ist eine zweite Ehe mit hohen Erwartungen verknüpft. Rosemary hoffte, daß Charlie schnell die Vaterrolle übernehmen und ihr helfen würde, moralischen, sozialen und psychischen Einfluß auf Billy und Kelly auszuüben. Vor allem aber hoffte sie, daß Charlie für Billy eine positive Identifikationsfigur würde, um ihrem Sohn bei seiner Entwicklung zum jungen Mann zu helfen.
Viele Frauen vergessen bei einer zweiten Ehe in ihrem Eifer, die neue Familienbeziehung zu zementieren, daß es eine Weile dauert, bis sich Vertrauen, Anerkennung und Zuneigung entwickelt haben. Der zweite Ehemann und die Kinder brauchen Zeit, um sich kennenzulernen und Vertrauen zueinander zu fassen. Manche Mütter erwarteten wider besseres Wissen, daß ihre Kinder ihre Wahl sofort billigen und den neuen Mann sofort mögen sollten, oder doch wenigstens so tun, als ob. Die Kinder sollten sein Recht auf die Autorität im familiären Alltag anerkennen, obwohl sie vielleicht auch ohne diesen neuen Herrn mit ihrem Leben völlig zufrieden waren. Nur selten erkennt die Mutter, daß die Kinder sich zurückgesetzt fühlen oder Angst haben, den Elternteil zu verlieren, der in ihrem Leben einige Zeit die Rolle gespielt hat. Sie wird sich dieser Ängste oft erst bewußt, wenn zwischen ihrem zweiten Ehemann und einem oder mehreren Kindern offene Konflikte ausbrechen. Oder sie erfährt nie von diesen Problemen, weil die Kinder sich emotional zurückziehen, nur pro forma kooperieren, sich innerlich aber der neuen Familie nicht zugehörig fühlen. Manche Mütter, die von den Konflikten zwischen ihrem neuen Ehemann und den Kindern wissen, behandeln ihre Kinder dennoch nicht sehr fürsorglich. In einem Extremfall war eine Frau so versessen darauf, ihre zweite Ehe zu erhalten, daß sie ihrem neuen Mann gestattete, ihre heranwachsende Tochter zu schlagen, obwohl sie sich von ihrem ersten Mann hatte scheiden lassen, weil er sie verprügelt hatte.

Am allerschwierigsten ist wohl die Rolle des Stiefvaters. Er hat in der neuen Familie verschiedene Möglichkeiten. Er kann sofort die Rolle des Zuchtmeisters übernehmen und Gehorsam fordern. Oder er kann sich Zeit nehmen, um die Kinder kennenzulernen, bis er und die Kinder zu gegenseitiger Zuneigung und Achtung gefunden haben. Ich finde es erstaunlich, daß Erwachsene im Umgang mit Kindern oft alles ignorieren, was sie über das Entstehen einer Freundschaft wissen. Das kann damit zusammenhängen, daß die Rolle des Stiefvaters sehr zwiespältig ist, vor allem, wenn die Kinder weiterhin ihren biologischen Vater besuchen. Der Stiefvater bringt aus seinem eigenen Leben nur wenige Erfahrungen mit, auf die er zurückgreifen könnte, um sich in seiner neuen Rolle zurechtzufinden. Diese Ambiguität sorgt anfangs für Unsicherheit und Angst. Trotzdem habe ich mich oft gefragt, warum Stiefväter so häufig allzu schnell in die Rolle des Zuchtmeisters schlüpfen. Jeder Stiefvater fragt sich unwillkürlich: »Wie gut schneide ich ab — als Liebhaber, Ernährer und Vater? Werden die Kinder mich akzeptieren? Was erwarten sie von mir? Werde ich ihre Erwartungen erfüllen? Werden sie mich mögen?« Vielleicht um seine eigenen Ängste zu zerstreuen und mit den Kindern eines anderen Mannes besser zurechtzukommen — vielleicht sogar um einen guten Eindruck auf seine neue Frau zu machen —, übernimmt er die Rolle des autoritären Hausvaters. Damit verdrängt er zugleich seine eigenen Zweifel.

Aus demselben Grund möchten viele Stiefväter glauben, daß die Geschichte der Familie mit ihnen beginnt. Das ist eine romantische Vorstellung, die mitunter von der neuen Frau geteilt wird. Die Kinder jedoch akzeptieren diese Vorstellung niemals. Sie stellen vielmehr die selbsternannten Hüter der Familiengeschichte dar. Sie wollen den ersten Akt des Stückes nicht vergessen und begegnen jeder neuen Person im zweiten Akt mit Mißtrauen. Da so viel von ihrer Identität im ersten Akt wurzelt, ist ihr stärkster Wunsch, die Kontinuität des Stücks zu erhalten, nicht aber, einen Akt aus der Geschichte zu streichen.

Es ist für Stiefväter oft sehr schwierig, den Standpunkt der Kinder zu verstehen, nicht zuletzt, weil der »Eindringling« die Familiengeschichte nicht aus erster Hand kennt. Er weiß wenig von den Erfahrungen der Kinder, und es ist nicht leicht, sie aus Erzählungen seiner Frau herauszulesen, weil die Kinder gewöhnlich einen ganz anderen Blickwinkel haben als die Mutter. Vielen Menschen fällt es schwer, zu verstehen, daß Kinder sich stark zu einem Mann hingezogen fühlen, den ihre Mutter als Schurken empfindet. Und die Stiefväter sind natürlich verwirrt durch die verschiedenen »Bilder« der Familienmitglieder von ihren Bezugspersonen.

Jede neue Eltern-Kind-Beziehung erfordert harte Arbeit. Um eine gute Beziehung zu einem Stiefkind aufzubauen, braucht es mehr als »miteinander zu spielen«. Takt, Sinn für Humor und Intelligenz sind ebenso erforderlich wie Zeit und Geduld, damit sich allmählich Vertrauen entwickeln kann und Gefühle natürlich wachsen, statt erzwungen zu werden. Kinder sind wachsame Wesen. Eine unabhängige Beziehung zwischen Stiefeltern und Stiefkind entsteht durch zahllose Handlungen und Reaktionen, aus denen das Kind lernt: Dieser Mensch interessiert sich für mich; dieser Erwachsene gehört zu mir; ich habe unabhängig von meiner Mutter ein Anrecht auf ihn. Wir haben in einigen erstaunlichen Fällen erlebt, wie ein Stiefvater durch seine Beziehung zu einem Kind das Leben des Kindes völlig verändert hat.

Rina war ein unordentliches kleines Mädchen mit strähnigen Haaren, die ihr in die Augen hingen. Als ihre Eltern sich scheiden ließen, war sie zwölf. Sie hatte in allen Lebensbereichen Schwierigkeiten – im Freundeskreis, in der Schule und zu Hause. Sie wollte nicht interviewt werden und beantwortete meine Fragen nur mürrisch. Rina war von der Vorstellung besessen, allein auf einem Berg zu wohnen und ihre Eltern vielleicht alle vierzehn Tage einmal zu sehen. Sie sagte, ihre Mutter sei egoistisch und ihr Vater gemein. Beide seien ohnehin nur zu Hause, wenn sie stritten. Sie gehörte zu den hilfsbedürftigsten Kindern, die ich erlebt habe. Beim Eintritt in die Pubertät war sie extrem aggressiv und meinte, sie habe sich von ihren Eltern entfremdet.

Fünf Jahre später war Rina in einem noch viel schlimmeren Zustand. Ich erfuhr von ihrer Mutter, daß sie sich mit einer üblen Bande herumtrieb, bereits in eine ganze Reihe von kleinen Delikten verwickelt war und allenfalls einmal pro Woche in die Schule ging. Ihre Mutter hatte kaum Einfluß auf sie. Bei dem Interview fünf Jahre nach der Scheidung trug sie Jeans und ein enges, rückenfreies Leder-Top. Sie rauchte eine Zigarette nach der anderen, was ihre Wut auf die Welt und alle, die in ihr lebten, ausdrückte. Ich fragte sie: »Rina, gibt es einen Erwachsenen, den du magst?«

»Ja, einen«, antwortete sie. »Die Frau, die in der Schule die Klos putzt, weil sie mich dort rauchen läßt.«

»Gibt es sonst noch jemanden?«

Ja, räumte sie ein. Es gebe einen Lehrer, den sie möge, weil er der Klasse die Aufgabe gestellt habe, das Märchen *Rotkäppchen* aus der Sicht des Wolfes zu schreiben. Das gefiel ihr. Für sie war es leicht, sich mit dem Wolf zu identifizieren.

Plötzlich sagte Rina völlig unvermittelt: »Ich habe beschlossen, die Wahrheit zu sagen und niemals zu lügen. Die Erwachsenen lügen. Ich werde das nicht tun.« Ich war gerührt von ihrer Bemerkung und hatte den Eindruck, daß unter dem Leder und dem dicken Make-up sehr wohl ein Kern von Integrität verborgen sein könnte, den man nur irgendwie erreichen müßte. Außerdem dachte ich, daß Rina ein sehr aufgewecktes Mädchen sein müßte, denn sie hatte die Absicht meiner Frage sehr schnell begriffen. Aber ich machte mir Sorgen wegen ihres selbstzerstörerischen Verhaltens und der Tatsache, daß sie keinen Erwachsenen in ihrem Leben für wichtig hielt. Ich beschloß, mit ein paar Leuten an Rinas High-School zu reden. Ich erfuhr, daß ihre Lehrer und Berater sie für notorisch aggressiv und widerspenstig hielten und aufgegeben hatten.

Deshalb war ich sehr verblüfft, als ich Rina fünf Jahre später wiedersah. Sie trug ein klassisches Kostüm und wirkte sehr damenhaft. Zuerst erkannte ich sie überhaupt nicht.

»Du hast dich sehr zu deinem Vorteil verändert«, sagte ich.

Sie lächelte; ihre Schroffheit war verschwunden. »Nun«, sagte sie, »ich werde Sie auf den Stand der Dinge bringen. Ich studiere jetzt Informatik.« Sie lächelte mich verschmitzt an. »Ich wette, Sie fragen sich, was mit mir passiert ist.«

»Ja«, sagte ich immer noch ein wenig ungläubig.

»Als ich sechzehneinhalb war, hat meine Mutter einen wundervollen Mann geheiratet«, sagte sie lächelnd. »Ich war damals dauernd mit diesem Hund von einem Freund und seinen Kumpanen zusammen. Aber dann hat meine Mutter Jeff geheiratet. Er hat mich beiseite genommen und mit mir geredet, wie noch nie jemand mit mir geredet hat. Er sagte, daß ich mit meinen Freunden auf keinen grünen Zweig kommen würde. Er hat noch oft mit mir gesprochen und mich gefragt, was ich mit meinem Leben anfangen wolle und wo ich wohl in ein paar Jahren wäre. Dann machte Jeff mir ein unglaubliches Angebot. Er sagte, wenn ich einen neuen Anfang machen wolle, würde er mir helfen. Wenn ich aufs College gehen wolle, würde er mich unterstützen.« Sie machte eine theatralische Pause.

»Er hat Wort gehalten. – Also ging ich ins College und bekam gute Noten. Er war sehr stolz auf mich, und meine Mutter auch.«

Rina faßte über den Tisch und berührte meine Hand. »Sie müssen etwas Wichtiges wissen: Bevor ich achtzehn wurde, habe ich Jeff gefragt, ob er mich adoptiert. Ich wußte, daß ich bald erwachsen sein würde, aber ich wollte seinen Namen führen. Ich habe zuerst mit meiner Mutter gesprochen. Sie hat gesagt, daß ich ihn fragen soll. Er sagte, er fühle sich geehrt. Dann fragte ich meinen richtigen Vater. Er war sehr gekränkt, sagte aber, er werde es nicht verhindern, wenn ich es wolle. Ich wußte damals auch, daß es nur ein symbolischer Akt war, aber ich wollte es so.«

Rinas Stiefvater sagte dazu voller Stolz: »Ich bin gerade zum richtigen Zeitpunkt gekommen. Außerdem bin ich halb Ire und halb Jude. Diese Mischung gibt die besten Eltern, wie meine Frau sagt. Als ich zu ihrer Abschlußfeier ging, stand da vorn auf dem Podest meine Tochter.«

Keine Frage, Rinas Stiefvater krempelte das Leben seiner Stieftochter zu einem Zeitpunkt um, als ihre leiblichen Eltern sie schon aufgegeben hatten. Er brachte Liebe und Engagement auf. Sie stellte die Beziehung auf die Probe und fand heraus, daß sie verläßlich war. Rina war sich voll bewußt, welche zentrale Rolle er in ihrem Leben gespielt hat. Um seine Bedeutung für sie in Liebe und Dankbarkeit anzuerkennen, bat sie ihn, sie zu adoptieren, obwohl sie bei diesem symbolischen Schritt nur noch sechs Monate bis zur Volljährigkeit hatte.

Obwohl 78 Kinder aus unserer Untersuchungsgruppe in den zehn Jahren nach der Scheidung irgendwann einmal eine Stiefmutter hatten, wuchsen nur wenige Kinder bei den Stiefmüttern auf. Viele Kinder verbrachten während der Pubertät ein Jahr im Haus des Vaters und lernten so ihre Stiefmütter besser kennen. Im allgemeinen spielten die Stiefmütter, die an unserer Studie beteiligt waren, im Gefühlsleben der Kinder als Elternteil nur eine Nebenrolle — obwohl es für die Kinder sicherlich ein psychischer Gewinn war, daß ihre Väter wieder glücklich verheiratet waren. Da ich die meisten Stiefmütter gar nicht kennengelernt habe, kann ich nicht einschätzen, wie sie die Familie sehen. Aber ich kann berichten, was mir die Kinder erzählt haben.

Im allgemeinen lösen Stiefmütter in Kindern weniger Loyalitätskonflikte aus, weil sie einfach keine ernst zu nehmende Konkurrenz für die Liebe und Hingabe der leiblichen Mutter sind. Wenn Kinder ihre Mütter und Stiefmütter miteinander vergleichen, gewinnen fast immer die Mütter. In unserer Studie entwickelten weniger als zehn Prozent der Kinder ein enges Verhältnis zu ihren Stiefmüttern. Trotzdem nahmen viele Stiefmütter ihre Rolle ernst. Sie wollten, daß die Kinder sie mochten, und waren enttäuscht, wenn ihre Zuneigung nicht erwidert wurde. Eine Stiefmutter wurde von den Kindern ihres Mannes nie akzeptiert, weil sie ihr nicht verziehen, daß ihr Vater wegen

ihr in der ersten Ehe untreu gewesen war. Sie sagte: »Wenn ich damals gewußt hätte, wie schwierig das Verhältnis zwischen mir und seinen Kindern werden würde, hätte ich ihn vielleicht gar nicht geheiratet.«
Die meisten Väter hofften sehr, daß ihre Kinder ihre neuen Ehefrauen lieben oder wenigstens auf freundschaftlicher Ebene akzeptieren würden. Für die Kinder war die Stiefmutter jedoch größtenteils nur ein angenehmer Mensch, der vor allem deshalb geschätzt wurde, weil er zum Glück des Vaters beitrug. »Wenn Diana meinen Vater verlassen würde, wäre er ein Nichts«, sagte Terry. »Es ist erstaunlich, wie er sie vergöttert. Ich habe nie beobachtet, daß er einen anderen Menschen so ansieht. Er hat große Angst, sie zu verlieren. Aber ich glaube, daß zwischen ihnen schon eine gewisse Solidarität besteht. Sie bleiben wahrscheinlich für immer zusammen.«
Unter den heranwachsenden Mädchen fühlten sich einige, vor allem sehr junge Mädchen zu ihrer Stiefmutter hingezogen und betrachteten sie als Freundin und Verbündete. Einem Mädchen im Teenageralter fällt es vielleicht leichter, mit der Stiefmutter über ihre sexuellen Beziehungen zu reden, als mit der Mutter. Sie kann sich bei der Stiefmutter auch über die Strenge ihrer Mutter beklagen und bedauern, daß sie nicht auf ihre Bedürfnisse eingeht. Wenn Stiefmutter und Stieftochter Interesse an der Beziehung haben, kann sich eine echte Freundschaft entwickeln. Und wenn Stiefmütter ein Kind bekommen, haben die älteren Kinder oft großen Spaß daran, bei der Versorgung des Säuglings zu helfen, allerdings nur, solange sie sich in dieser Rolle nicht ausgenutzt fühlen. In vielen Fällen diente die Stiefmutter als wichtiges Rollenvorbild für Kinder beiderlei Geschlechts, besonders aber für Mädchen.
Aus der Sicht der Kinder sind Stiefmütter im allgemeinen nicht die bösen Stiefmütter aus dem Märchen. In unserer Studie hatten wir nur sehr wenige Fälle, in denen das Verhältnis zwischen Kindern und Stiefmüttern von Aggressionen geprägt war. Das kam eigentlich nur vor, wenn die Kinder — meist mit einiger Berechtigung — das Gefühl hatten, im Haus des Vaters und der Stiefmutter nicht willkommen zu sein. In einigen Familien waren die Stiefmütter ärgerlich, weil ihre Ehepartner Unterhalt für die Kinder bezahlten, und ließen die Stiefkinder ihren Ärger spüren. Andere meinten, die Stiefkinder würden in ihren Bereich eindringen oder würden bei den Besuchen die Wohnung auf den Kopf stellen. Die Kinder hatten manchmal auch das Gefühl, daß ihre Stiefmutter zwar freundlich, aber eben doch keine Verbündete sei. »Sie ergreift fast nie meine Partei«, beklagten sie sich. All-

gemein läßt sich sagen, daß Kinder ihre Stiefmütter realistischer betrachten als andere Elternfiguren. Die Erwartungen sind nicht so hoch und die Enttäuschungen deshalb auch nicht so groß. Die Kinder erwarten von einer Stiefmutter, daß sie nett zu ihrem Vater ist, daß sie sie willkommen heißt und ihnen nicht das Gefühl gibt, Eindringlinge zu sein. Viele Kinder waren traurig, wenn ihre Väter sich ein zweites Mal scheiden ließen, weil sie eine Beziehung verloren, die ihnen teuer war. Sie erkannten, daß ihre Beziehung zur Stiefmutter unabhängig von der Ehe mit dem Vater höchstwahrscheinlich keinen Bestand haben würde.

16

Gemeinsames Sorgerecht

Die modernste Form der Familie

Als wir 1971 mit unseren Studien begannen, war die »Gemeinsame elterliche Sorge« kaum bekannt. Heute bevorzugen bereits 33 Staaten der USA diese Rechtsform oder lassen sie als Option zu. Dieser Trend hat sich rasch durchgesetzt, obwohl wir noch wenig über diese neue Form der Familie wissen.

Der genaue Ausdruck »Gemeinsame Vermögenssorge und persönliche Sorge« hat mehrere Bedeutungen, die manchmal durcheinandergebracht werden. Vermögenssorge bezeichnet ein Arrangement, bei dem die Eltern sich die Verantwortung für ihre Kinder teilen und bedeutsamere Entscheidungen gemeinsam treffen; dazu gehören Fragen der Erziehung, der Religion, der Gesundheit und manchmal auch die Wahl des Wohnortes. Die alltäglichen Entscheidungen sind dem Elternteil vorbehalten, der das persönliche Sorgerecht hat. In einigen Staaten müssen die Eltern bei der Trennung genau festlegen, in welchen Bereichen gemeinsame Beratung und Übereinstimmung erforderlich sind.

Die Rechtsform des gemeinsamen Sorgerechts bringt eine neue Form der Familie hervor: Die geschiedenen Eltern gehen in getrennten Lebensräumen ihren elterlichen Pflichten nach, oder anders ausgedrückt, die Kinder haben buchstäblich zwei Elternhäuser und verbringen ihre Zeit abwechselnd bei der Mutter und beim Vater. Die Eltern verpflichten sich, für ihre Kinder zwei Elternhäuser zu unterhalten und Entscheidungen weiterhin gemeinsam zu treffen. Beispielsweise können die Eltern abwechselnd in das Haus ziehen, in dem die Kinder leben; in Amerika spricht man in diesem Fall von *»birdnesting«:* die Eltern ziehen ein und aus, während die Kinder an Ort und Stelle bleiben. Da solche Abmachungen auf Dauer schwer durchzuhalten sind, funktionieren sie nach der Scheidung oder Trennung gewöhnlich nicht länger als ein oder zwei Jahre. Wenn ich in diesem Kapitel von *gemeinsamem Sorgerecht* oder *gemeinsamer elterlicher Sorge* spreche, meine ich immer die persönliche Sorge.

Es gibt keine vorgegebenen Regeln, wie das gemeinsame Sorgerecht praktiziert wird, sondern die Eltern einigen sich auf ein Arrangement, das ihnen am angenehmsten erscheint. Sehr häufig sind die Kinder abwechselnd drei Tage bei dem einen Elternteil und vier Tage beim anderen. Andere Kinder wechseln wöchentlich, wieder andere jährlich ab. Manchmal wechselt das Sorgerecht täglich: Einige Säuglinge und sehr kleine Kinder sind montags bei Mama, dienstags bei Papa, mittwochs bei Mama, donnerstags bei Papa und so weiter, über Wochen und Monate hinweg.

Begründet wird das gemeinsame Sorgerecht mit einer Vielzahl von Forschungsergebnissen, darunter auch meinen eigenen, aus denen hervorgeht, daß die Scheidung für ein Kind eine ganze Reihe von Verlusten mit sich bringt. Durch die Scheidung verlieren Kinder die vertraute Familie und sehr oft auch den Kontakt zu einem Elternteil, meist dem Vater. Das gemeinsame Sorgerecht ist ein Versuch, diese Verluste möglichst gering zu halten. Das Kind profitiert von der Gewißheit, daß es trotz des Scheiterns der Ehe zwei engagierte Eltern hat. Aus psychologischer Sicht basiert deshalb das zentrale Argument für eine gemeinsame elterliche Sorge darauf, daß es für das Kind sehr wichtig ist, auch nach der Scheidung Kontakt zu beiden Eltern zu haben. Meine Forschungen zeigen immer wieder, daß eine gute Vater-Kind-Beziehung für das psychische Wohl und die Selbstachtung der Kinder aus geschiedenen Ehen von entscheidender Bedeutung ist. Unsere Langzeitstudien über zehn und fünfzehn Jahre hinweg brachten neue Hinweise darauf, daß Jugendliche besonders empfindlich auf die fehlende Vaterbeziehung reagieren. Leider trennen sich viele Väter von ihren Kindern, wenn die Besuchsregelungen, wie so oft, nicht den Bedürfnissen von Vater und Kind entsprechen. Versäumnisse bei Unterhaltszahlungen können die Ursache sein, warum der Vater seine Kinder selten besucht und folglich seine Vatergefühle gegenüber den Kindern abstumpfen. Das gemeinsame Sorgerecht dient dazu, Väter an die wichtige Elternrolle zu binden.

In dem Trend zum gemeinsamen Sorgerecht spiegelt sich auch wider, daß die Rollen von Frau und Mann am Arbeitsplatz und in der Familie in zunehmendem Maße austauschbar werden. Frauen sind nicht dazu bestimmt, bessere Eltern zu sein als Männer, genausowenig wie Männer dazu bestimmt sind, bessere Berufstätige zu sein als

Frauen. Heutzutage wollen mehr Männer am Leben der Kinder teilnehmen. Sie sind immer weniger bereit, das Sorgerecht ganz an ihre Exfrauen abzutreten. Andererseits wollen immer mehr Frauen trotz ihrer Kinder ihren Beruf weiter ausüben oder wieder aufnehmen und sind deshalb vielleicht ganz froh über die Möglichkeiten, die ihnen ein gemeinsames Sorgerecht bietet.

Ein drittes Argument für diese Lösung ist die Regelung des Unterhalts. Viele Gerichte richten die Höhe der Unterhaltszahlungen daran aus, wieviel Zeit ein Kind in den beiden Haushalten der Eltern jeweils zubringt. In Kalifornien zum Beispiel gibt der Vater der Mutter entsprechend weniger Geld, wenn das Kind 30 Prozent der Zeit bei ihm verbringt. Dabei wird allerdings nicht berücksichtigt, daß es unvermeidlich mehr kostet, wenn ein Kind mit gemeinsamem Sorgerecht aufgezogen wird, als wenn ein Elternteil das alleinige Sorgerecht besitzt.

Eltern haben mir erzählt, daß beide Haushalte kindgerecht ausgestattet sein müssen. Das heißt oft: zwei Dreiräder, zwei volle Kleiderschränke und zwei getrennte Schlafzimmer... Außerdem muß in beiden Wohnungen so viel Platz sein, daß das Kind nicht eingeschränkt ist; dazu gehört auch, daß Freunde übernachten können. Da die Kinder bei gemeinsamer elterlicher Sorge oft die Wohnung wechseln, müssen sie hin und her transportiert werden, und auch das kostet Geld.

In den gerichtlichen Regelungen fallen diese zusätzlichen Ausgaben unter den Tisch. Die Unterhaltskosten werden im wesentlichen dadurch festgesetzt, daß die täglichen Lebenshaltungskosten des Kindes wie Essen und sonstige Aufwendungen geteilt werden; dabei wird jedoch nicht berücksichtigt, welche zusätzlichen Kosten es verursacht, ein Kind in zwei Haushalten aufzuziehen.

Da mit jedem Jahr mehr Bundesstaaten die gemeinsame elterliche Sorge in ihre Gesetzgebung aufnehmen, wächst auch das allgemeine Interesse an dieser Form des Sorgerechts. In der landesweit geführten Diskussion über das Problem der Scheidung haben sich viele Gruppierungen sofort für das gemeinsame elterliche Sorgerecht eingesetzt. Bislang ist jedoch noch wenig darüber geforscht worden, wie sich diese Form des Sorgerechts kurzfristig und langfristig eigentlich auf die Kinder auswirkt. Wir wissen, daß Väter deprimiert sind, wenn man ihnen ihre Kinder nimmt, und daß Mütter mehr Zeit brauchen, um beruflich aufzusteigen, wenn sie ihre Kinder ohne Mann aufziehen. Aber wir wissen nahezu nichts darüber, welche psychischen Auswir-

kungen das gemeinsame Sorgerecht auf die Kinder selbst hat. Ist es gut für sie? Wie wirkt es auf sie, wenn sie zwischen zwei Elternhäusern hin und her pendeln? Inwiefern unterscheiden sich die Erfahrungen eines Kindes von den Erfahrungen eines Erwachsenen? Wir wissen nicht, was mit den Eltern-Kind-Beziehungen im Rahmen der gemeinsamen elterlichen Sorge passiert. Wie verändern sie sich? Wie wirkt sich das gemeinsame Sorgerecht auf die Entwicklung eines Kindes, auf seine soziale Kompetenz und seine schulischen Leistungen aus? Vor allem wissen wir nichts über die langfristigen Folgen, und das ist den Eltern aus unserer Untersuchungsgruppe, die sich für die geteilte Sorge entschieden haben, schmerzlich bewußt.
1985 machten wir den Versuch, mehr über die Entwicklung dieser neuen Formen des Familienlebens herauszufinden, und baten 25 Paare, die das gemeinsame Sorgerecht gewählt hatten, an einer Pilotstudie teilzunehmen. Wir hatten keine Ahnung, wie die Kinder, die zwischen acht Monaten und fünf Jahren alt waren, damit fertig werden würden, daß sie sich immer zwischen zwei Elternhäusern hin und her bewegten. Die Eltern aus unserer Gruppe — eine Mischung aus höheren Angestellten, Facharbeitern oder ungelernten Arbeitern — waren überwiegend dafür, daß beide Elternteile ihren Kindern auch nach der Scheidung verbunden bleiben sollten. Sie hatten sich freiwillig für das gemeinsame Sorgerecht entschieden, weil sie hofften, daß sie ihren Kindern dadurch langfristig helfen könnten, mit der Scheidung besser fertig zu werden. Die meisten Eltern hatten sich darauf geeinigt, daß die Kinder drei Tage beim einen Elternteil und vier Tage beim anderen blieben. Einige wechselten auch wochentags ab und teilten die Wochenenden. Die meisten Paare hatten nur ein Kind. Viele Paare trafen sich ein halbes Jahr lang als Gruppe einmal im Monat in unserem Zentrum, um ihre Erfahrungen auszutauschen. Außerdem sahen wir Kinder und Eltern einzeln über ein paar Jahre hinweg alle drei bis sechs Monate.

»Tja, zuerst entscheidet man sich für das gemeinsame Sorgerecht und dann findet man heraus, was da alles dranhängt«, sagte ein Vater und hob verzweifelt die Hände. Alle am Tisch lachten.
»Wir sind wahrscheinlich Pioniere«, sagte eine Mutter. »Wissen Sie, nach all dem, was wir durchgemacht haben, würde ich mich sehr freuen, wenn ich das, was wir gelernt haben, an andere Leute weitergeben könnte.«
Eine andere Frau sagte: »Ich war gegen die gemeinsame Sorge, aber er

hat zu mir gesagt, daß er mich vor Gericht bringen würde, wenn ich nicht mitmachte, und das wollte ich ja auch nicht.«

Wir wissen nicht, was Eltern dazu bewegt, das gemeinsame Sorgerecht für ihre Kinder zu wählen. Viele Leute nehmen an, daß Eltern das immer aus Liebe zu ihren Kindern tun oder weil sie eine enge Beziehung fortführen wollen. Andere sind trotz vieler Bedenken überzeugt, daß ein Kind beim Aufwachsen beide Eltern braucht.

»Ich wollte mit ihr nach Sibirien oder sonst irgendwohin, wo ihr Vater sie nicht findet«, erklärte eine Mutter, als sie gefragt wurde, warum sie sich schließlich doch für das gemeinsame Sorgerecht entschieden hat. »Ich wollte sie beschützen und sie irgendwie vor der schlimmen Zeit bewahren, die meiner Vorstellung nach vor ihr liegen mußte. Doch gleichzeitig war da ganz hinten in meinem Kopf eine Stimme, und die sagte: ›Aber wie kannst du die Tatsache leugnen, daß sie einen Vater hat? Natürlich kannst du sie wegbringen, so daß ihr Vater sie nicht sieht und keine aktive Rolle in ihrem Leben spielen kann. Aber irgendwann muß er in ihr Leben integriert werden, und wie soll das dann gehen?‹ Jetzt denke ich: ›Haben wir wirklich das Beste getan, als wir uns für das gemeinsame Sorgerecht entschieden haben?‹ Ich weiß es einfach nicht, weil es eine so schwere Entscheidung ist. Ich würde mich viel besser fühlen, wenn jemand sagen würde: ›Ja, du hast genau das Richtige getan. Wenn sie achtzehn ist, ist sie durch das, was du getan hast, ein ganz normaler Teenager.‹ Es war so schwer für uns. Daß wir uns scheiden lassen, war keine Frage. Das mußte einfach sein. Hoffentlich hilft es ihr, daß ihr Vater an ihrem Leben aktiv beteiligt ist.«

Als sie geendet hatte, sagte ein Mann: »Ich weiß, was Sie meinen. Ich habe drei Söhne, und nach meiner Ansicht sind sie prima Kerle. Als mein jüngster drei war, verließ mich meine Frau. Sie ging einfach. Ein Jahr lang war sie weg, dann tauchte sie wieder auf und wollte die Kinder. Da machte ich nicht mit, aber ich hatte ja gesehen, wie es die Kinder getroffen hatte, die Mutter zu verlieren. Deshalb schlug ich vor, es mit dem gemeinsamen Sorgerecht zu probieren. Ich glaube, es ist wichtig für die Jungs, auch bei ihrer Mutter zu sein. Manchmal ist sie immer noch irgendwie verrückt, und sie regen sich auf. Aber ich glaube, sie werden schon selber schlau aus ihr, wenn sie älter sind.«

Im Laufe der Gespräche erfuhren wir weitere Gründe, warum Eltern sich für ein gemeinsames Sorgerecht entscheiden: Sie können die Absprachen mit ihren Partnern an ihre Arbeitszeiten anpassen. Ein Flugbegleiter zum Beispiel kann seine Arbeitszeiten auf die Tage legen, an denen die Kinder beim anderen Elternteil leben. Eine solche Planung ist besonders angenehm und vielleicht auch notwendig, wenn Eltern zum Beispiel im Gaststättengewerbe, im Gesundheitswesen oder in der Unterhaltungsindustrie tätig sind. Aber auch für Eltern, die ganz normal von acht bis vier arbeiten, ist sie nützlich.

In manchen Fällen basiert das gemeinsame Sorgerecht darauf, daß beide Elternteile nicht bereit sind, die volle Verantwortung für die Kinder zu übernehmen; das Arrangement der gemeinschaftlichen Sorge ist ein Kompromiß. Es gibt viele Fälle, in denen die Eltern eigentlich sagen: »Nimm sie, sie gehören dir.« Beide Partner feilschen dann um mehr Freizeit.

Manche junge Frauen, die von sich aus die Scheidung eingereicht haben und wissen, daß ihr Mann sie liebt und unter der Trennung leidet, entscheiden sich für das gemeinsame Sorgerecht, um den Schlag ihrer einseitigen Entscheidung ein wenig abzuschwächen. Wenn sie ihren Exehemann bitten, die Kinder mit ihnen zu teilen, fühlen sie sich weniger schuldig. Andere Eltern wählen und praktizieren die gemeinschaftliche Sorge, um den Kontakt mit der Exfrau und dem Exmann weiter zu pflegen. Die Kinder werden ein Symbol für die Ehe und eine Möglichkeit, auch in der gescheiterten Ehe noch einen gewissen Halt zu finden. Die Motive, warum die Eltern sich jeweils für das gemeinsame Sorgerecht entscheiden, wirken sich darauf aus, welches Verhältnis Kinder und Eltern in den Jahren der gemeinsamen Sorge haben.

Die Eltern erzählten uns, daß sie dauernd von Angst gequält würden, weil sie etwas Neues und Unerprobtes machten. »Wie wird sich diese Regelung auf unsere Kinder auswirken?« fragte ein Vater. »Verhält sich mein Sohn so oder so, weil er sich normal entwickelt oder weil er in eine andere Schule gekommen ist, oder hat sein Verhalten etwas mit dem gemeinsamen Sorgerecht zu tun?« Aus solchen Bemerkungen dieser Eltern spricht eine quälende Unsicherheit; schließlich experimentieren sie mit dem Leben ihrer eigenen Kinder. »Sie müssen glauben, daß Ihr Kind unverwüstlich ist«, sagte ein Mann, »und hoffen, daß es gut mit der Sache fertig wird. Es ist keiner da, der Ihnen sagen kann, ob Sie etwas falsch machen, und keiner, der Ihnen auf die Schulter klopft, wenn alles gut läuft.«

Die Eltern erzählten uns, daß sie sich permanent Sorgen machten, weil sie mit fundamentalen Dingen im Aufwachsen ihrer Kinder »herumspielten«. Jedermann weiß, daß diese Experimente mit dem Sorgerecht tiefgehende Auswirkungen auf das Leben eines Kindes haben, aber ich glaube, Eltern verstehen das besser als Richter und Rechtsanwälte. Durch das gemeinsame Sorgerecht verändert sich das Aufwachsen eines Kindes grundlegend, und es spricht für die Eltern, wenn ihnen klar ist, daß sie mit dem Wertvollsten experimentieren, das sie haben. Psychologen haben unterschiedliche Theorien, wie sich das gemeinsame Sorgerecht auf Kinder auswirkt, und können nur wenige konkrete Hinweise darauf geben, was langfristig am besten funktioniert.

Die Eltern aus unserer Untersuchungsgruppe waren sich einig, daß ihre Kinder echte Probleme damit hatten, von einem Haushalt in den anderen zu wechseln. Der Tag, an dem das Kind die Wohnungen tauschte, wurde »Übergabetag« getauft. »Wir haben einen Dreijährigen. Wir wechseln uns mit der Sorge täglich ab, und das Kind wechselt vielleicht vierzehnmal in der Woche hin und her«, sagte eine Frau mit sorgenvoller Miene. »Letzte Woche sagte er: ›Mama, ich mag nicht geschieden sein. Da muß man über so viele Sachen nachdenken.‹ Das Hin und Her ist so unglaublich schwer.«

»Fran kommt in die Wohnung und schaut erst mal, ob alles an seinem Platz ist«, erzählte die Mutter einer Vierjährigen. »Sie merkt es sofort, wenn ich nur ein einziges Möbelstück verrückt habe. Am Übergabetag stehen wir auf, und ich sage: ›Heute ist Samstag. Dein Papa kommt um zehn.‹ Wir frühstücken und packen dann zusammen ihre Sachen. Ich frage: ›Willst du irgendwas mitnehmen?‹ Ich erkundige mich immer im voraus bei ihrem Vater, ob sie was Besonderes unternehmen wollen. Ich habe festgestellt, daß Fran völlig durcheinander ist, wenn er kommt und irgend etwas Unerwartetes ankündigt; deshalb bereite ich sie vor. Früher mußte ich zur Arbeit und habe sie am Übergabetag beim Babysitter abgeliefert. Sie sollte dort auf ihren Vater warten, aber das hat nicht funktioniert. Meine Tochter braucht den direkten Wechsel zwischen uns. Auch die Schule taugt nicht als Zwischenstation. Sie will, daß ich oder ihr Vater da ist; wir müssen miteinander interagieren. Wenn ein Dritter beteiligt ist, funktioniert es nicht.«

»Wenn sie von ihrem Vater kommt«, fuhr Frans Mutter fort, »dann ist das etwas ganz anderes. Sie ist ein anderer Mensch. Anderthalb Stunden ist sie völlig aufgedreht, und es fällt ihr schwer, sich einzugewöhnen. Sie ist oft aggressiv und abweisend. Als ob sie vor irgendwas auf der Hut wäre, verstehen Sie, als ob gleich jemand aus der Wand springen und über sie herfallen würde. Nach anderthalb Stunden ungefähr beruhigt sie sich, und wenn sie ein paar Tage später wieder zu ihrem Vater geht, ist sie zärtlich und umarmt mich und küßt mich. Ich begleite sie immer bis zum Auto.«

Eine andere Mutter nickte verständnisvoll. »Ich versuchte, immer besonders liebevoll zu sein, wenn meine Tochter nach Hause kam, und fragte, wie das Wochenende mit ihrem Vater gewesen sei. Ich machte die Erfahrung, daß sie darauf sehr wütend reagierte. Sie brauchte Zeit, herumzulaufen, ihre Spielsachen zu überprüfen, in ihr Zimmer zu gehen und zu spielen. Sie brauchte offenbar Zeit, um sich von ihrem Vater zu lösen. Wenn ich ihr genug Freiraum lasse, geht es gut.«

Alle Eltern konnten Geschichten davon erzählen, wie ängstlich die Kinder bei der Rückkehr »nach Hause sind«, wie sie darauf achten, ob sich auch nichts verändert hat, und sie sich kleine Rituale angewöhnen, um sich wieder zurechtzufinden. Einige Kinder brauchen offenbar mehrere Stunden, um den Übergang zu vollziehen, und alle Eltern haben gelernt, das zu akzeptieren.

Ein Vater fügte noch hinzu: »An jedem Übergabetag macht mein Sohn in gewisser Weise wieder eine große Trennung durch. Er bittet mich, ihm mehr Freiraum zu geben.«

Die Übergabetage sind für die Erwachsenen ebenso schwierig wie für die Kinder. Wie alle Eltern wissen, brauchen Kleinkinder eine Art permanenter Aufmerksamkeit, die man selbst erfahren haben muß, um sie sich vorstellen zu können. Diese geistige Haltung der Eltern, die mit der Sorge für ein kleines Kind einhergeht, wird unterbrochen, wenn das Kind für ein paar Tage fort ist. Eltern berichteten, daß sie ihre Kinder am Übergabetag sehr vermißten. Doch wenn der eine Elternteil sich nach drei Tagen oder einer Woche wieder daran gewöhnt hat, als ein Erwachsener in der Welt der Erwachsenen zu leben, kommt das Kind wieder zurück. Diese permanente Umstellung fordert ihren emotionalen Tribut von den Eltern, aber so schwer das auch ist, sie sagen, es sei der Mühe wert.

»Ich will 24 Stunden am Tag bei meiner Tochter sein, und zwar immer«, sagte eine Mutter. »Ich kann Ihnen nicht sagen, wie viele Freitagabende ich einfach dagesessen bin und geheult habe, weil er an der Reihe war. Sie war erst zweieinhalb, und ich habe gelitten, weil sie nicht da war. Ich hatte Angst, er würde sie nicht gut versorgen. Ich dachte: ›O Gott, bestimmt vergißt er, ihr die Zähne zu putzen und ihr einen sauberen Schlafanzug anzuziehen.‹ Es war eine schwere Entscheidung, gemeinsam die Sorge für sie zu übernehmen.«

Besonders bei kleinen Kindern verlangt ein gemeinsames Sorgerecht ein außergewöhnliches Maß an Kooperation und Kommunikation zwischen den geschiedenen Eltern. Sie müssen sich über alltägliche Kleinigkeiten wie Fütterungszeiten, laufende Nasen, Hygiene etc. unterhalten. Beide Elternteile müssen ihre Tage so organisieren, daß es keine Überschneidungen mit den Zeiten der Tagesmutter oder der Kindertagesstätte gibt. Die Kinder müssen für Notfälle die Telefonnummern beider Eltern auswendig lernen. Jede Kleinigkeit — verlorenes Spielzeug, versäumter Mittagsschlaf, Arzttermine und so weiter — muß regelmäßig abgesprochen werden, wenn die gemeinschaftliche Sorge funktionieren soll.

»Es sind wirklich die Kleinigkeiten, auf die es ankommt. Sauberkeit zum Beispiel«, sagte eine Mutter. »Ich könnte einen Kompromiß eingehen und sie lassen, wie sie ist. Das würde die Sache für Pammy viel einfacher machen. Aber er badet sie nicht jeden Tag. Wenn sie bei ihm ist, wird sie drei Tage lang nicht gebadet, ich dagegen bade sie jeden Abend. Oder die Schlafenszeiten, die sind auch völlig durcheinander. Bei ihrem Vater geht sie um elf ins Bett, bei mir um halb acht. Es ist jedesmal ein Kampf.«

Aus den Gesprächen der Eltern erfuhren wir, daß die Schlafenszeiten für die geschiedenen Eltern wahrscheinlich das problematischste Thema sind. Hier fällt die Einigung am schwersten. Viele Kinder gehen offenbar im einen Haus um sieben Uhr, im anderen um Mitternacht zu Bett. Für einen Elternteil ist die Schlafenszeit ein wichtiger Faktor für die gesunde Entwicklung des Kindes, während der andere Elternteil ihr keine besondere Bedeutung zumißt. Den Kindern ihrerseits fällt es sehr schwer, sich an zwei verschiedene Schlafenszeiten zu gewöhnen. Sie kommen müde und mit roten Augen von einem Zuhause und können im anderen Zuhause nicht einschlafen. Während sich die Kinder problemlos damit abfinden, daß es im einen Haus Weißbrot, im anderen aber Vollkornbrot gibt, beeinträchtigen sie unterschiedliche Schlafenszeiten sehr stark.

Ein anderes schwerwiegendes Problem ergibt sich, wenn Kinder im einen Haushalt im Bett des Vaters oder der Mutter schlafen, im anderen aber allein in einem eigenen Bett schlafen sollen. Eltern, die ihre Kinder in ihrem Bett schlafen lassen, sind meist nicht bereit, über dieses Thema zu diskutieren oder diese Gewohnheit aufzugeben. Einem Kind bereitet es jedoch massive Schwierigkeiten, wenn man von ihm erwartet, daß es in dem einen Haus allein schläft und im anderen Haus im elterlichen Bett. Wenn die Eltern-Kind-Beziehung nicht erotisch ist, läßt sich meiner Ansicht nach nichts dagegen einwenden, daß ein Kind gelegentlich im Bett der Eltern schläft. Allerdings ist es sicherlich nicht empfehlenswert, diese Praxis die ganze Kindheit über beizubehalten.

»Denken Sie auch ans Fernsehen«, fuhr eine andere Mutter fort. »Ich habe von Kent erfahren, daß er bei seinem Vater den ganzen Nachmittag fernsehen darf. Darüber rege ich mich auf. Ich will nicht, daß er dahockt und fernsieht. Ich will, daß er draußen spielt. Jetzt muß ich mir überlegen, wie ich dieses Themas aufs Tapet bringen soll. Sein Vater schreibt mir Briefe, wenn er etwas zu sagen hat. Aber Briefe sind nicht meine Stärke. Ich könnte ihn anrufen oder mit seiner Frau sprechen, aber wahrscheinlich werde ich keinen Erfolg haben.«

»Ich verstehe, was Sie meinen«, sagte eine Frau auf der anderen Seite des Tisches. »Meine Tochter war ganz begeistert von den Schlümpfen und von diesen Kindersendungen. Ich sagte: ›Schaust du dir diesen Quatsch bei deinem Vater an?‹ Als sie nickte, machte ich den Vorschlag, daß wir statt dessen miteinander spielen.«

Der Mann neben ihr ging darauf ein: »Ich habe meiner Tochter gesagt, daß Kinder, die weniger fernsehen, besser lernen; deshalb habe ich in meinem Haus keinen Fernsehapparat. Aber ich weiß, daß sie bei ihrer Mutter viel fernsieht.« Alle am Tisch kennen dieses Thema, und es ist bei allen mit starken Emotionen verbunden.

Durch das gemeinsame Sorgerecht wächst die Zusammenarbeit der Geschiedenen, die Aggressionen zwischen ihnen schwinden jedoch nicht unbedingt. Das überrascht viele Leute, denn die meisten meinen, Kommunikation würde die Aggressionen zwischen zwei Menschen verringern. Viele Eltern, die täglich miteinander telefonierten, waren dennoch sehr aggressiv gegeneinander. Ihre Aggressionen wuchsen, wenn sie sich persönlich gegenüberstanden. Eine Frau sagte: »Mein Exmann und ich können keine fünf Minuten zusammensein, ohne zu streiten. Ich habe mir in letzter Zeit oft auf die Zunge gebissen. Man muß das tun, wenn es funktionieren soll.«

Andere sind weniger zurückhaltend. »Sicher«, sagte eine Frau, »Zuerst beißt man sich auf die Zunge. Aber dann kommt es doch aus einem heraus.«

Nach Aussage der Eltern führen Kinder, deren Eltern sich das Sorgerecht teilen, buchstäblich ein Doppelleben. Ein Vater meinte: »Ich will Ihnen sagen, was mir Sorgen bereitet. Mein Sohn führt zwei Leben. Dann ist da noch die Schule, und das ist wieder ein anderes Leben, und die Kindertagesstätte. Ich glaube langsam, daß wir eine gespaltene Persönlichkeit heranziehen.«

»Als Wendy einmal bei ihrem Vater war«, erzählte eine Mutter, »traf sie auf der Straße Helen, meine beste Freundin. Wendy kennt Helen schon seit ihrer Geburt. Außer mir und ihrem Vater hat wahrscheinlich niemand mehr Zeit mit ihr verbracht als Helen. Aber Wendy verhielt sich, als würde sie Helen nicht erkennen. Kurze Zeit später war eine Freundin von mir im Haus von Wendys Vater. Sie hörte, wie ein kleines Kind Wendy fragte: ›Hast du eine Mama?‹ Und Wendy sagte ja. Aber das kleine Mädchen glaubte ihr nicht. ›Bist du sicher, daß du eine Mama hast? Ich habe sie noch nie gesehen.‹ Da wurde meinem Exmann und mir klar, wie schwierig es für Wendy sein muß, zwei getrennte Leben zu führen, die sich nicht überschneiden.«

Ein Vater fügte hinzu: »Ja, das ist mir auch passiert. Ein gemeinsamer Freund sah meinen Sohn und sagte ›hallo‹, aber mein Sohn grüßte nicht zurück. Er lebte gerade in seinem anderen Leben.«

Eine Mutter meinte: »Apropos schizophrenes Leben. Wenn mein Sohn bei seinem Vater ist, springt er über die Möbel, schaukelt an den Kronleuchtern und bleibt bis zehn oder elf auf, bis seinem Vater der Kragen platzt. Bei mir muß er sich benehmen. Er lebt in zwei verschiedenen Welten.«

Als diese Probleme diskutiert wurden, wunderte ich mich, wie unflexibel die meisten Eltern sind, wenn es um zeitliche Absprachen geht. Offenbar machen die Arbeitszeiten der Eltern und die Unterbringung der Kinder bei Tagesmüttern oder in Kindertagesstätten Veränderungen nahezu unmöglich. Die Kinder sind auf Arbeits- und Schulpläne festgelegt, und ihre Zeiten werden in den Terminkalendern ihrer Eltern festgehalten. Ich hatte eigentlich erwartet, daß die Absprachen zur gemeinschaftlichen Sorge in der Praxis feiner abgestimmt oder verändert würden: Wenn der Wechsel jeden zweiten Tag für die Kinder nicht gut ist, könnte doch die Vereinbarung zum Besten der Kinder modifiziert werden. Aber das funktioniert nicht. Wenn der Plan einmal aufgestellt ist, bleiben die Geschiedenen anscheinend dabei. Das mag zum Teil natürlich an der Unnachgiebigkeit der Eltern liegen. Jedenfalls ist den geschiedenen Paaren, die sich für das gemeinsame Sorgerecht entscheiden, im voraus nicht klar, wie starr diese Regelungen meist sind.

Andererseits sagten viele Eltern, im Rahmen der streng geregelten gemeinschaftlichen Sorge sei es leichter, neue Beziehungen zu knüpfen. Besonders Frauen freuen sich, ein etwas spontaneres soziales Leben führen zu können. Wenn die Kinder beim Vater sind, können sie abends jemanden mit nach Hause bringen oder erst spät heimkommen. Dabei gilt es jedoch wieder zu bedenken, daß die Eltern bei dieser Form des Sorgerechts auch nach der Scheidung viel mehr miteinander zu tun haben und damit mehr Raum für Eifersucht und Animositäten zwischen ihnen besteht. Wenn der eine ein fröhliches gesellschaftliches Leben führt, der andere aber nicht, kann derjenige, der zu Hause bleibt, dem andern vorwerfen, den Kindern eine schlechte Mutter oder ein schlechter Vater zu sein oder Geliebte zu haben, die das Kind schlecht behandeln. Das kann neue Spannungen in die Beziehung der geschiedenen Eltern bringen.

Wenn die gemeinschaftliche Sorge funktioniert, entwickeln Männer und Frauen, wie wir festgestellt haben, echte Achtung vor ihren ehemaligen Ehepartnern und respektieren sie in ihren Rollen als Vater oder Mutter. Sie erkennen, daß sie einander als Eltern vertrauen müssen.

»Er ist ein anständiger Mann und ein liebevoller Vater«, sagte eine Frau über ihren Exmann.

»Von irgendeinem Punkt an muß man Vertrauen zu seinen Fähigkeiten als Vater haben«, sagte eine andere Frau und legte die Hände flach auf den Tisch. »Man muß eine Verpflichtung eingehen und sich klarmachen, daß es eine gute Lösung nicht gibt. Was man macht, ist das kleinste Übel.«

»Es ist wichtig, daß man zwischen dem Ehepartner als Menschen und als Vater oder Mutter unterscheidet«, sagte ein Mann. »Ich halte meine Exfrau nicht für einen guten Menschen, aber ich bin zu dem Schluß gekommen, daß sie eine gute Mutter ist. Als Mensch traue ich ihr immer noch nicht, aber sie hat wenigstens gelernt, mir als Vater zu vertrauen. Und bei unserem Sohn können wir uns auf sein Wohlergehen konzentrieren.«

»Gut. Wir haben einander nicht vertraut und haben uns scheiden lassen«, sagte ein anderer Mann. »Aber ich wünschte, sie würde mir als Vater trauen. Ich meine als Ehemann, okay, da bin ich lausig, vergessen wir's. Aber als Vater, da möchte ich, daß man mir vertraut.«

Viele Eltern gelangten zu der Überzeugung, sie würden ihre Kinder auf das 21. Jahrhundert vorbereiten, weil sie sie an ständige Veränderungen gewöhnten. »Meine Ansichten zu diesem Thema sind stark davon beeinflußt, wie ich aufwuchs: in einer kleinen Stadt und einer Umgebung, in der alle Kinder in dieselbe Schule gingen und nach der Schule zusammen spielten. Sie kennen das ja«, sagte ein Vater. »Das ist meiner Meinung nach die beste Art aufzuwachsen. Immer dieselben Freunde, dasselbe Haus, dieselben Nachbarn. Und dann ertappe ich mich, wie ich über meinen Sohn nachdenke. Ich wünschte, er könnte so wie ich zwanzig Jahre lang in demselben Haus leben und überhaupt genauso aufwachsen wie ich — in einem einfachen, klaren und konventionellen Leben, in dem man in den Jahren der Kindheit alles und jeden kennt. Aber ich glaube, für ihn wird das nicht so sein, und vielleicht ist es heutzutage besser für ihn, wenn er sich gleich an Veränderungen gewöhnt. Er wird noch viele Veränderungen durchmachen, darauf können Sie Gift nehmen.«

Zusätzlich zu den Gesprächen mit den Eltern hatten wir die Kinder zum Teil über vier Jahre hinweg alle paar Monate einzeln bei uns im Spielraum, um unabhängig festzustellen, wie es ihnen im Laufe ihrer Entwicklung ging. Außerdem sprachen wir periodisch mit den Tagesmüttern und Kindergärtnerinnen über ihre Beobachtungen. Kinder zeigen in verschiedenen Umgebungen oft sehr unterschiedliches Verhalten: Ein Kind, das zu Hause ruhig spielt, kann auf dem Spielplatz des Kindergartens ein Quälgeist sein. Wir wollten wissen, ob unsere Eindrücke, die Beobachtungen der Kindergärtnerinnen oder Tagesmütter und die Bemerkungen der Eltern übereinstimmten.
Allgemein läßt sich feststellen, daß Kinder, deren Eltern sich für das gemeinsame Sorgerecht entschieden haben, weniger an Kinder aus intakten Familien erinnern, sondern eher an Kinder, die von einem Alleinerziehenden versorgt wurden. Ungefähr die Hälfte der Kinder entwickelt sich normal und ist zu Hause und in der Schule freundlich und aufgeschlossen; die andere Hälfte ist ängstlich, hat Schwierigkeiten im Umgang mit Gleichaltrigen, zeigt Symptome wie Schlaflosigkeit, Phobien und sondert sich ab — ganz ähnlich wie Kinder dieses Alters, die allein von einem Elternteil aufgezogen werden. Mit dem gemeinschaftlichen Sorgerecht läßt sich der Kummer des Kindes nicht aus der Welt schaffen. Die zentrale Sorge kleiner Kinder bleibt nach der Scheidung bei beiden Formen des Sorgerechts dieselbe: Sie fürchten, im Stich gelassen zu werden. Zwei Elternhäuser bedeuten aus der Sicht des Kindes immer noch weniger Stabilität als ein Zuhause, in dem Mutter und Vater zusammen mit den Kindern unter einem Dach leben. Das Pendeln zwischen den beiden Elternhäusern kann die Angst der Kinder noch verstärken, daß Beziehungen zu Menschen und Bindungen an Orte keinen Bestand haben.
Die an unserer Studie beteiligten Kinder wandten sich insgesamt lieber an Erwachsene als an Gleichaltrige, wenn sie Probleme hatten. In einigen Fällen klammerten sie sich an die Erwachsenen in der Schule und waren weniger unabhängig als andere Kinder in ihrem Alter. Zu-

gleich vertrauen sie offenbar darauf, daß die Erwachsenen ihnen tatsächlich helfen werden.

Wie die Kinder mit der Situation fertig werden, hat weniger mit einer bestimmten Form der gemeinsamen Sorge zu tun als damit, wie man sich in den beiden Elternhäusern um das Kind kümmert, wie die Eltern kooperieren, welche Konflikte zwischen ihnen bestehen und mit welchen Situationen sich das Kind jeweils noch außerhalb der »Elternhäuser« auseinandersetzen muß.

Zu unserer Überraschung stellten wir fest, daß Kinder im Kindergartenalter (drei bis fünf Jahre) mehr Verhaltensstörungen zeigten als die Ein- bis Zweijährigen. Einige Vier- und Fünfjährige hatten ständig Alpträume und waren offensichtlich sehr betrübt über die vielen Veränderungen in ihrem Leben.

Die Vier- bis Fünfjährigen könnten deshalb mehr Probleme haben, weil Kinder in diesem Alter eine komplexe Entwicklungsphase durchmachen. Sie befinden sich in einer wichtigen Übergangszeit, in der sie sich von der Mutter weg bewegen und allein nach draußen wagen. Sie müssen viel lernen: in der Gruppe zusammen mit anderen spielen, teilen, der Reihe nach etwas tun, Fahrrad fahren und Chancen ergreifen, die ein Kleinkind noch nicht hat. Einige Kinder sind offenbar überfordert von der Verbindung von Übergabetagen, den Anforderungen, die der Kindergarten an sie stellt, unbekannten Erwachsenen, die ihre Eltern mit nach Hause bringen, und den vielen verschiedenen Regelungen an den verschiedenen Orten. All das kommt zu den normalen Schwierigkeiten bei der Entwicklung in der frühen Kindheit noch hinzu.

Forschungen zum Thema[1] und meine eigenen Beobachtungen lassen den Schluß zu, daß Kinder im Grundschulalter für die Regelungen der gemeinschaftlichen Sorge ein wenig besser gerüstet sind. Erstens können sie für sich selbst sprechen. Sie gewöhnen sich eher an verschiedene Beziehungen zu verschiedenen Menschen und werden mit Veränderungen in ihrem Alltag leichter fertig als Vorschulkinder. Sie kommen wahrscheinlich auch besser mit dem Wohnungswechsel zurecht, während kleinere Kinder den Wechsel oft als eine Art Strafe betrachten, als ob sie weggeschickt würden, weil sie ungezogen waren. Schulkinder haben eher das Gefühl, daß der andere Elternteil sie vermißt, und können besser damit umgehen, den einen Elternteil zu verlassen, um den anderen zu besuchen. Mitunter sind sie sogar stolz darauf, daß sie mit dem Wechsel gut zurechtkommen, wozu jüngere Kinder nicht imstande sind. Die Sechs- bis Zehnjährigen freuen sich vielleicht sogar, daß sie von beiden Eltern umworben werden. Sie haben eine Vorstellung von Zeit, Entfernung und wechselnden Plänen. Außerdem müssen die Eltern von älteren Kindern zwar weiterhin auf alle Probleme der Kindererziehung aufmerksam eingehen, aber sie sind nicht gezwungen, die intensive, detaillierte Kommunikation aufrechtzuerhalten, die bei der Erziehung von Vorschulkindern unumgänglich war.

Viele Grundschulkinder erzählten uns, daß es ihnen gefalle, von beiden Eltern mit gemeinsamem Sorgerecht aufgezogen zu werden. Sie räumten zwar ein, daß es oft schwierig sei, sagten aber, daß sie sich besser fühlten und glaubten, sie hätten mehr Glück gehabt als ihre Altersgenossen, die bei einem Elternteil aufwachsen. Dennoch stellten wir in einer unserer Studien zur gemeinsamen elterlichen Sorge fest, daß ein Drittel der Kinder im Grundschulalter deprimiert und unglücklich waren.

Gelegentlich wurden wir jedoch auch getäuscht. Ein achtjähriger Junge, den wir für zufrieden hielten, war sein halbes Leben von einem Bundesstaat zum andern und zwischen zwei Elternhäusern hin und her gependelt. Als ich ihm die Frage stellte, die wir allen Kindern aus geschiedenen Ehen stellen — wenn du drei Wünsche frei hättest, was würdest du dir wünschen —, sagte Ben: »Ich möchte sterben.«

Ich war entsetzt über diese unerwartete Antwort und sagte: »Warum? Was wäre, wenn du tot wärst?«

»Wenn ich tot wäre«, sagte der kleine Junge traurig, »wäre ich im Himmel. Mein Papa wäre dort. Meine Mama wäre dort. Und wir würden alle zusammen im selben Haus wohnen.«

Wir haben keine detaillierten Informationen, was jüngere oder ältere Jugendliche von der geteilten elterlichen Sorge halten. Die meisten Jugendlichen, die ich kenne, ziehen es vor, in einem Haushalt zu leben und eine Telefonnummer zu haben. Das scheint besser zu ihrer Lebensweise zu passen. Viele Teenager sagten, sie würden lieber die Ferien beim anderen Elternteil verbringen als das ganze Jahr über in einem Arrangement mit gemeinschaftlicher elterlicher Sorge leben. Sie fanden es in gewisser Weise beleidigend, daß sie in einem Alter zwischen ihren Eltern hin und her pendeln sollen, in dem Eltern nicht mehr im Zentrum ihres Lebens stehen. Einige Jugendliche zogen die gemeinsame Sorge vor, wenn ein Elternteil oder beide Eltern wieder geheiratet hatten.

Die Untersuchungsgruppe dieser Studie war sehr klein. Aber unsere Studie war zu dem Zeitpunkt, da dieses Buch geschrieben wurde, die einzige Untersuchung über sehr kleine Kinder, deren Eltern sich nach der Scheidung das Sorgerecht teilten. Wir kamen zu dem Ergebnis, daß kleine Kinder durch die gemeinschaftliche elterliche Sorge nicht unbedingt vor den schädlichen Folgen einer Scheidung bewahrt werden. Es spricht auch nichts dafür, daß eine gut funktionierende gemeinsame elterliche Sorge besser für die Kinder ist als die gut funktionierende Sorge eines einzelnen Elternteils. Das gilt vor allem dann, wenn der Elternteil, der nicht das Sorgerecht hat, weiterhin am Leben des Kindes teilnimmt. Es ist wichtig, daß die Väter sich mehr an der Aufzucht der Kinder beteiligen; dennoch ist eine gemeinsame elterliche Sorge keine Garantie für glücklichere Kinder.

Die freiwillige gemeinsame elterliche Sorge ist nicht einfach. Die Eltern müssen langfristige Verpflichtungen eingehen und für ihre Kinder eine konfliktfreie Zone schaffen. Solche Eltern leben mit einem hohen Maß an Ambiguität und Spannung. Sie lernen ganz allmählich, ihre Meinungsverschiedenheiten im Interesse der Kinder beizulegen. Meiner Erfahrung nach kümmern sich die Gerichte eher um die »großen« familiären Probleme wie religiöse Erziehung, Ausbildung und moralischer Einfluß. Ob die gemeinsame elterliche Sorge funktioniert oder nicht, hängt aber von den »kleinen« Problemen ab. Sie verlangt ein hohes Maß an Kooperation, Kommunikation, Einfühlungsvermögen, Flexibilität und darüber hinaus die Bereitschaft, dem Expartner ein eigenständiges Leben zuzugestehen, einschließlich neuer Liebesbeziehungen.

Das gemeinsame Sorgerecht stellt nicht nur spezielle Anforderungen an die Eltern, sondern auch an die Kinder. Nicht alle Kinder sind so flexibel, daß sie zwischen zwei Elternhäusern hin und her pendeln und sich an zwei verschiedene Umgebungen gewöhnen können. In der Tat trägt die Persönlichkeit eines Kindes entscheidend dazu bei, wie es mit der Situation fertig wird. Kinder, die gut mit dem gemeinsamen Sorgerecht ihrer Eltern zurechtkommen, haben eine schwer faßbare Charaktereigenschaft, die wir bei psychologischen Beurteilungen gewöhnlich nicht berücksichtigen — Flexibilität. Sie ist wichtig, wenn diese neue Form der Familie funktionieren soll. Psychologische Tests messen viele Charaktereigenschaften, aber Flexibilität gehört nicht dazu. Kinder, die von Geburt an relativ ruhig und gelassen sind, kommen wahrscheinlich besser mit den Arrangements der geteilten elterlichen Sorge zurecht, so wie sie wahrscheinlich insgesamt besser mit Veränderungen fertig werden. Kinder, die von Anfang an

launisch und reizbar sind und bereits mit einfachen Regeln Schwierigkeiten haben, werden auch mit dem gemeinschaftlichen Sorgerecht schlechter zurechtkommen. Der Charakter eines Kindes hat also ebenfalls Einfluß darauf, wie diese Form der Familie funktioniert.
Im günstigsten Fall ermöglicht das gemeinschaftliche Sorgerecht den Kindern weiterhin eine enge Beziehung zu beiden Eltern. Sie können ihr Leben durch die Mitgliedschaft in zwei funktionierenden Elternhäusern bereichern. Im schlimmsten Fall kann das Kind durch eine destruktive Beziehung zu einem gewalttätigen oder ansonsten ungeeigneten Elternteil Schaden nehmen oder in dem fortgesetzten Kampf der Eltern zwischen die Fronten geraten. Dann hat es das Gefühl, gar kein Elternhaus zu haben.
Noch schlimmer ist vielleicht, daß durch die gemeinsame elterliche Sorge eine große potentielle Gefahr für die Kinder besteht: Falls ein Elternteil auf seinen Anteil am Sorgerecht verzichtet, hat das Kind keinerlei Möglichkeit, den Verlust dieses Elternteils auf das Scheitern der Ehe zurückzuführen. Das Kind kann den Verlust im Innern seines Herzens nur als Zurückweisung seiner Person ansehen.[2]

Kleine Studien wie diese liefern viele Details über die Auswirkungen der gemeinsamen elterlichen Sorge. Um die verschiedenen Arrangements des Sorgerechts wissenschaftlich bewerten zu können, bedarf es jedoch größerer Studien. Die bislang umfassendste Studie zur gemeinsamen elterlichen Sorge, zu der auch eine sorgfältige langfristige Untersuchung von Kindern gehörte, wurde erst vor kurzem an unserem Zentrum fertiggestellt. Im Jahr 1981 versicherten wir uns der Mitarbeit von 184 Paaren mit insgesamt 354 Kindern zwischen drei und vierzehn Jahren und begleiteten sie einige Jahre lang. Zwei Jahre nach der Trennung lebte ein Drittel der Kinder in einem Arrangement mit gemeinsamer elterlicher Sorge, während der Rest bei einem Elternteil lebte, der das alleinige Sorgerecht hatte. Beim Vergleich der beiden Gruppen konnten wir erstmals untersuchen, wie Kinder in den ersten Jahren nach der Scheidung mit verschiedenen Formen des Sorgerechts fertig werden.
Anhand der Lebensläufe der Kinder stellte sich rasch heraus, daß die Dauer der Zeit, die jeweils in dem einen oder anderen Elternhaus verbracht wird, nicht das entscheidende Problem ist. Vielmehr schien die Zahl der Wechsel zwischen den beiden Häusern eine wichtige Rolle zu spielen. Ein Kind kann zum Beispiel jeweils eine Woche bei einem Elternteil leben oder aber täglich das Elternhaus wechseln. Die

Zeit, die bei der Mutter beziehungsweise beim Vater verbracht wird, ist ungefähr gleich, aber das eine Kind erlebt viel mehr Wechsel oder Übergabetage als das andere Kind. Wir haben festgestellt, daß häufige Wechsel Auswirkungen auf die Kinder haben, denn sie bedeuten immer eine Unterbrechung und erfordern in kurzer Zeit viele Umstellungen.

Als wir mit dieser Studie begannen, vertraten die Fachleute in der Diskussion um das gemeinsame Sorgerecht zwei gegensätzliche Ansichten. Die einen meinten, es würde den Kindern schaden, häufiger zwischen zwei Elternhäusern hin und her zu pendeln. Die anderen vertraten die Ansicht, daß es den Kindern nach ein paar Jahren viel besser gehen würde, weil sie durch die Scheidung weniger traumatisiert wären. Sie hätten fast wie in einer intakten Familie Zugang zu beiden Elternteilen.

Unsere Ergebnisse werden beide Lager überraschen. Zwei Jahre nach der Scheidung hatten sich die Kinder, deren Eltern sich das Sorgerecht teilten, keineswegs besser mit der Situation abgefunden als Kinder, die von einem Elternteil mit dem alleinigen Sorgerecht aufgezogen wurden. Obwohl die Kinder, deren Eltern sich das Sorgerecht teilten, mehr Zugang zu beiden Elternteilen hatten, zeigten sie ebenso viele Störungen und hatten dieselben Anpassungsschwierigkeiten wie Kinder von Alleinerziehenden. Die negativen Auswirkungen der Scheidung auf Kinder in den ersten Jahren nach der Scheidung verringern sich leider durch die gemeinsame elterliche Sorge nicht. Die Form des Sorgerechts hat nur einen geringfügigen Einfluß darauf, wie die Kinder psychisch mit der Situation fertig werden. Andere, viel bekanntere Faktoren wiegen wesentlich schwerer — die Angst oder Depression der Mutter, die emotionalen Reaktionen der Eltern bei der Trennung, das Ausmaß der Konflikte zwischen den Eltern ein Jahr danach, das Alter und das Geschlecht der Kinder und die Persönlichkeit der Kinder. Die gemeinsame elterliche Sorge *kann* langfristig durchaus positive Auswirkungen haben —, doch wir wissen es noch nicht. Da wir aber wissen, daß die ersten zwei bis drei Jahre nach der Scheidung besonders problematisch sind und daß sich fünf oder zehn Jahre nach der Scheidung zwischen Gruppen, wie zwischen einzelnen Personen, wichtige Unterschiede zeigen können, hoffen wir, mit diesen Familien eine langfristige Nachuntersuchung durchführen zu können.

Ein wenig ermutigender ist das Ergebnis, daß Väter, die sich das Sorgerecht mit ihren ehemaligen Frauen teilen, mehr Engagement für

ihre Kinder zeigen. Kein Vater ist »ausgestiegen« oder hat seine Besuche abgebrochen, während sieben Prozent der Väter bei alleinigem Sorgerecht der Mutter ihre Kinder nicht mehr besuchten. Der Vater eines Zweijährigen sagte zu mir: »Das hat mich gezwungen, ein anderes Verhältnis zu meinem Sohn zu entwickeln. Wenn wir zusammen sind, dann sind wir wirklich zusammen.« Viele Väter sind stolz auf ihre neuen Fähigkeiten und erfreut über die Beziehungen zu ihren Kindern. Aber die Tatsache, daß die Väter stärker involviert sind, bringt für sich genommen keinerlei Verbesserungen für die psychische Verfassung der Kinder zwei Jahre nach der Scheidung.
Unsere gesamte Forschungsarbeit hat gezeigt, daß viele Faktoren bei der psychischen Anpassung eines Individuums mitwirken und sie beeinflussen. Es ist verlockend, sich auf den einen oder anderen Aspekt zu konzentrieren, aber das würde in die Irre führen: Das Zusammenwirken der Faktoren bestimmt das psychische Wohlbefinden in den Jahren nach der Scheidung. Unsere neueren Studien lassen darauf schließen, daß die Form des Sorgerechts und die Besuchsregelungen nur einzelne Fäden in dem Beziehungsgeflecht sind, das die Lebensqualität der Familie nach der Scheidung bestimmt.

Noch weniger wissen wir über eine weitere neue Form der Familie: die *gerichtlich angeordnete* gemeinsame elterliche Sorge. Bislang haben wir nur Familien betrachtet, die freiwillig bestimmte Arrangements zum Sorgerecht getroffen haben. Beide Eltern standen hinter dem Arrangement und bemühten sich aktiv, ihre Konflikte im Interesse der gemeinsamen Sorge für das Kind beizulegen. In der Rechtsprechung wurde zeitweise jedoch das gemeinsame Sorgerecht verfügt, auch wenn ein Elternteil sich heftig dagegen wehrte. Wie ergeht es diesen Kindern? Kommen ihre Eltern zu irgendeiner Form der Verständigung? Oder werden die Kinder als Waffen benützt?
Die erste Studie über solche Familien, die unter Dr. Janet Johnston, Forschungsleiterin an unserem Zentrum, durchgeführt wurde, verheißt nichts Gutes.[3] Kinder, die nach einer mit harten Auseinandersetzungen verbundenen Scheidung unter gerichtlich angeordneter gemeinschaftlicher elterlicher Sorge leben, sind offenbar viel schlimmer dran als Kinder, die in der traditionellen Form des alleinigen Sorgerechts eines Elternteils aufwachsen, auch wenn das Familienleben durch bittere Kämpfe zerrissen ist. In Anbetracht unserer Forschungsergebnisse, daß der häufige Kontakt mit zwei aggressiven, streitenden Eltern den Kindern schadet, ist das nur zu verständlich. In einigen Fäl-

len sind die Gerichte allzu optimistisch davon ausgegangen, daß sich die Aggressionen zwischen den Eltern durch die gemeinsame Sorge legen würden und daß die Kooperation, die bei der gemeinschaftlichen Sorge unumgänglich ist, die wütenden Eltern zwingen würde, eine gemeinsame Ebene zu finden. Das ist nicht der Fall, im Gegenteil. Kinder, die in solchen Situationen leben müssen, sind extrem niedergeschlagen, zurückhaltend oder aggressiv und fast immer sehr verstört. Im allgemeinen werden kleine Mädchen durch die enge Mutter-Tochter-Beziehung beschützt, die sich nach der Scheidung entwickelt. Ein erzwungenes gemeinsames Sorgerecht kann diese Beziehung jedoch verhindern. Durch die heftigen Dispute verhalten sich einige Mütter völlig irrational: Sie werden wütend auf ihre kleinen Töchter, weil sie zum Vater gehen, und behandeln sie abweisend, wenn sie wieder zurückkommen. Den kleinen Jungen geht es nicht besser. Diese Form des Sorgerechts, die aus der Sicht der Gerichte den Kindern helfen soll, macht für die Kinder alles nur noch schlimmer.

Diese Ergebnisse sind entmutigend. Wir hatten gehofft, daß es den Kindern helfen würde, wenn die Väter die Rolle des zweiten Erziehungsberechtigten bekämen. Eine gemeinschaftliche elterliche Sorge, die nicht beide Elternteile freiwillig auf sich nehmen, ist wahrscheinlich keine Lösung. Nichts spricht dafür, daß das gemeinsame Sorgerecht für alle Familien, oder wenigstens für einen Großteil, die beste Lösung ist. Wir wissen immer noch nicht, welches Arrangement zu welchem Zeitpunkt und für wen am besten geeignet ist. Ebensowenig wissen wir, wie lange die freiwillige gemeinsame Sorge dauern sollte.

In einer kurzen Nachfolgeuntersuchung mit den Teilnehmern an unserer Studie zur gemeinsamen elterlichen Sorge im Frühling 1987 stellte ich fest, daß viele die Arrangements geändert hatten, weil einer oder beide Eltern meinten, die früher getroffenen Absprachen seien für die Kinder nicht mehr förderlich. Eine gleich große Zahl von Eltern hatten durchgehalten, und diese Eltern und Kinder machten einen sehr zufriedenen Eindruck. Übrigens wäre es den Diskussionen, die in der Gruppe anfangs geführt wurden, nicht zu entnehmen gewesen, welche Arrangements höchstwahrscheinlich halten und welche scheitern würden.

Es gibt viele verschiedene Ehen und Scheidungen, und deshalb sollte es nach einer Scheidung auch viele verschiedene Formen der Familie geben. Die formalen Absprachen zwischen den Eltern und Kindern — wer mit wem wo Zeit verbringt — prägen die Beziehungen zwischen Eltern und Kindern in Familien nach der Scheidung offenbar genauso wenig wie in intakten Familien. Gemeinsam verbrachte Zeit garantiert ebenso wenig ein gutes Eltern-Kind-Verhältnis, wie eine gute Ehe daraus wird, wenn man einen Mann und eine Frau zusammen in ein Haus, ein Zimmer oder ein Bett steckt. Die Beziehungen selbst sind entscheidend.

Teil 5

Gefahren und Chancen — Möglichkeiten

17

Die psychischen Aufgaben der Scheidung

In der chinesischen Kalligraphie wird das Wort *Krise* durch eine Verbindung der Symbole für Gefahr und Chance ausgedrückt. Das besagt im wesentlichen, was Psychologen durch jahrelange Beobachtung von Menschen in verschiedenen Krisensituationen festgestellt haben. Eine schwere persönliche Enttäuschung, ein schmerzlicher Verlust, eine Scheidung, eine Katastrophe in der Gemeinde oder eine sonstige Krise bedroht das psychische und physische Wohlergehen von Einzelpersonen und Familien; wie die einzelnen Menschen jedoch auf die Krise reagieren, trägt entscheidend dazu bei, wie die Krise schließlich bewältigt wird. Jede Krise ist ein Schlag *und* eine Herausforderung, oder genauer gesagt, sie impliziert eine ganze Reihe von Herausforderungen und Aufgaben.

Bei jeder Krise besteht die Gefahr, daß die Menschen sich nicht weiterentwickeln, sondern jahrelang unter dem ersten Schicksalsschlag leiden, als ob er sie gerade erst getroffen hätte. Doch in jeder Krise stecken auch die Chancen, das, was zerstört wurde, wiederaufzubauen oder einen angemessenen Ersatz zu schaffen. Die Menschen können sich durch Krisen emotional weiterentwickeln, neue Kompetenzen erlangen und zuletzt stolz auf das Geleistete sein. Sie festigen oft ihre Beziehungen mehr, als sie das früher jemals vermocht hätten.

Psychische Aufgaben für Erwachsene

Eine Scheidung bringt für Erwachsene Aufgaben aus zwei verschiedenen Bereichen mit sich. Erstens müssen sie ein neues Leben als Erwachsene aufbauen, um die Chance des Neubeginns nach der Schei-

dung richtig zu nutzen. Zweitens müssen sie sich nach der Scheidung um die Kinder kümmern und sie davor bewahren, zwischen die Fronten der ehemaligen Ehepartner zu geraten.
Häufig fühlen sich die in Scheidung Lebenden völlig überfordert, weil zu viel auf einmal über sie hereinbricht. Doch unsere Studie hat gezeigt, daß dem Chaos eine bestimmte logische Struktur zugrunde liegt. Kein Mensch wird auf Anhieb mit allen Herausforderungen einer Scheidung fertig. Die verschiedenen Herausforderungen und Aufgaben haben vielmehr die Funktion von Wegweisern. Die Bewältigung dieser Aufgaben erfordert alle Kraft, allen Mut und die ganze Ausdauer eines Menschen.

Aufgabe: Die Ehe beenden

Der konkrete Verlauf einer Scheidung hat (unabhängig davon, wie die Ehe war) wesentlichen Einfluß darauf, was in den Jahren nach der Scheidung passieren wird. Die Trennung ist sogar ein in sich abgeschlossenes Ereignis, ein wichtiger Markstein der Scheidung. Bestimmte Erinnerungen prägen sich für immer ein: der Abschiedsbrief auf dem Küchentisch, das Ausräumen des Kinderzimmers. Der »Stil« der Trennung bestimmt unwiderruflich den Verlauf des weiteren Lebens. Wenn Ehepartner noch viele Jahre nach der Scheidung launisch und destruktiv sind, hat das oft seinen Grund darin, wie die Ehe auseinanderging: Fand die Frau plötzlich heraus, daß der Mann ein Verhältnis mit der gemeinsamen besten Freundin hat, oder hinterließ ein Partner ohne Vorankündigung einen Zettel, auf dem er dem Partner mitteilte, er wolle sich scheiden lassen? Verließ die Frau plötzlich ohne Angabe des Reiseziels mit den Kindern das Haus? Suchte der verlassene Elternteil verzweifelt nach einem Lebenszeichen? Wenn eine Ehe mit solchen Szenen endet, prägen sich bestimmte Bilder ein; sie fachen die unterschwellige Wut noch nach Jahren immer wieder an und verringern die Chancen auf einen Neubeginn.
Die erste Aufgabe lautet deshalb, die Ehe so gelassen und sachlich wie möglich zu beenden. Beide Partner müssen ihre Rechte angemessen vertreten. Keiner darf einfach die Flucht ergreifen, um alles möglichst schnell hinter sich zu bringen. Keiner darf den Heiligen oder den Sünder, den Sadisten oder den Masochisten spielen oder sich von dem Wunsch hinreißen lassen, den anderen zu verletzen und sich zu rächen. Solche Gefühle und Versuchungen können im Endstadium einer Ehe beherrschend werden. Auch wenn es außerordentlich schwie-

rig ist, müssen die Erwachsenen ihre finanziellen Absprachen und Vereinbarungen bezüglich der Kinder mit möglichst viel Realitätssinn, Anstand, Gleichmut und vorurteilsfreiem Eigeninteresse treffen. Das verlangt nahezu übermenschliche Anstrengungen in einer Zeit extremer Belastung. Die Erwachsenen müssen intensive widersprüchliche Emotionen unterdrücken und ohne Rücksichten auf ihre eigenen Bedürfnisse angemessene Regelungen für ihre Kinder treffen. Nur so kommen brauchbare und faire Vereinbarungen zustande.
Wenn diese Aufgabe angemessen bewältigt wurde, können sich nach der Scheidung die Lebensumstände für Erwachsene und Kinder verbessern. Wird sie schlecht gelöst, werden die Beteiligten jahrelang unter Aggressionen, wirtschaftlicher Not und psychischen Störungen leiden.

Aufgabe: Um den Verlust trauern

Diese Aufgabe stellt sich, sobald die Ehe geschieden ist. Die »Trauerarbeit« muß sorgfältig getan werden, wenn sich die Beteiligten ganz erholen sollen. Die Auseinandersetzung mit der Vergangenheit und mit sich selbst ist Voraussetzung für einen Neubeginn. Wenn die Ehe viele Jahre gewährt hat, ist die Bewältigung der Vergangenheit schwieriger, und es wird länger getrauert. Aber auch um eine kurze Ehe muß angemessen getrauert werden, vor allem wenn Kinder da sind.
Die ehemaligen Partner müssen zuerst den Verlust akzeptieren und um jene Träume und Hoffnungen trauern, die nicht in Erfüllung gegangen sind und niemals in Erfüllung gehen werden. Nur wenn der Mensch trauert, ist er in der Lage, das, was er verloren hat, nach einiger Zeit angemessen zu beurteilen und eine distanzierte Haltung zur Vergangenheit einzunehmen. Selbst in der schlechtesten Ehe gab es die Hoffnung auf eine bessere Zukunft, auf Partnerschaft, Liebe und Achtung. Auch wenn dem verlorenen Partner keine Träne nachgeweint wird, sollte die Ehe in ihrer symbolischen Bedeutung behutsam zu Grabe getragen werden.
Es birgt viele Gefahren, wenn die Trauerarbeit nicht geleistet wurde. Manche Menschen wollen nicht wahrhaben, daß die Ehe zu Ende ist. Sie sitzen Abend für Abend neben dem Telefon und hoffen, daß der Expartner anruft. Andere beschäftigt das Leben des ehemaligen Partners so stark, daß sie ihre Kinder als Spione benutzen. Und wieder andere erzwingen den Kontakt mit dem ehemaligen Partner durch langwierige Prozesse. Eine Ehe, um die nicht getrauert wurde, ist psy-

chisch nicht beendet; das leistet Gefühlen Vorschub, die mit der Scheidung zu tun haben, und führt dazu, daß der Schmerz weiterhin andauert.

Aufgabe: Sich selbst wiederfinden

Diese Aufgabe ist, ebenso wie die Trauer, Voraussetzung, um Abstand von der Ehe zu gewinnen. Die Geschiedenen müssen ein neues Gefühl ihres Selbst entwickeln und eine neue Identität aufbauen. In einer langen Ehe ist die Identität des einen Partners oft an den Ehepartner oder die Ehe gebunden. Die meisten verheirateten Paare führen denselben Namen aus Gründen, die über die Konvention hinausgehen. Sie sind in vielerlei Hinsicht ein neues »Wir« geworden, das sich von dem »Ich und Du« vor der Ehe unterscheidet. Selbst im Zeitalter des Feminismus leiten noch viele Frauen ihre Identität in erster Linie aus der Ehe ab. Nach der Scheidung muß ein neues Selbst aufgebaut werden, das die alte Identität ersetzt.

Es gibt viele Wege, das zu tun. Beide Partner können auf frühere Erfahrungen zurückgreifen; vielleicht finden sie dort Vorstellungen und Fähigkeiten, die ihnen helfen, ein unabhängiges Selbstbild aufzubauen, allein zu leben und die Chancen zu einem Neubeginn zu ergreifen.

Vor allem aber muß jeder die nörgelnde oder demütigende, gereizte oder fordernde Stimme des ehemaligen Partners aus seinem Innern verbannen, damit er das destruktive Verhalten nicht in einer neuen Beziehung wiederholt. Sonst kann die Furcht zu versagen zu einem Wiederholungszwang führen, und die neue Ehe scheitert an denselben Verhaltensweisen wie die alte.

Aufgabe: Emotionen beherrschen lernen

Im Gegensatz zu anderen Krisen löst eine Scheidung Gefühle aus, die einen Menschen jahrelang behindern können. Sie kommen als unerwünschte Flashbacks oder bittere Erinnerungen an Ausbeutung und Treulosigkeit im Bewußtsein immer wieder hoch. Diese Gefühle erhalten im Laufe der Jahre oft neue Nahrung: durch die Wiederverheiratung des Expartners, durch das Scheitern der eigenen Zweitehe, durch finanzielle Ungerechtigkeit oder durch den zwangsläufig verschiedenen Lebensweg der Partner nach der Scheidung. Diese dominierenden Emotionen können einen Menschen zerstören, allein weil

er sich ungerecht behandelt fühlt. Man sollte sie deshalb beherrschen lernen. Die Aufgabe ist nicht, die andere Wange hinzuhalten, sondern das Trauma der Scheidung im eigenen Interesse zu überwinden.
Wut oder Empörung können sich in den verschiedensten Formen von Gewalt entladen. Direkte physische Gewalt zwischen Erwachsenen kommt nach der Scheidung nur selten vor. Kindesraub dagegen — eine andere Form der Gewalt zwischen Eltern — ist nicht ungewöhnlich. Häufig werden die Kinder in dem erbitterten Kampf als Waffen benutzt, um sich am ehemaligen Partner zu rächen. Dabei wird aus Rachsucht in Kauf genommen, daß die Kinder unter diesem Machtspiel extrem leiden und psychische Schäden davontragen.

Aufgabe: Sich wieder hinauswagen

Um Souveränität und Selbstachtung wiederzugewinnen, müssen die Geschiedenen den Mut aufbringen, neue Beziehungen, neue Rollen und neue Lösungen für alte Probleme am Arbeitsplatz oder in ihrem Sexualleben auszuprobieren. Nach einer Scheidung verlieren viele Leute das Vertrauen zu ihrem Urteilsvermögen. Sie müssen sich jedoch von neuem ins Leben hinauswagen, um dieses Vertrauen wiederzugewinnen. Da sie meinen, sie hätten bei ihrem ersten Partner die falsche Wahl getroffen, fürchten sie sich davor, noch einmal zu wählen und das Wagnis einer Beziehung einzugehen.
Manchmal haben die Menschen den Eindruck, daß jede Planung sinnlos ist. Sie wissen nun, daß Schicksalsschläge nicht vorhersehbar sind, daraus schließen sie, daß auch die besten Pläne scheitern können. Sie haben nicht mehr den Mut, sich langfristige, ja nicht einmal kurzfristige Ziele zu stecken, ganz abgesehen davon, daß ihnen die Kraft fehlt, auf diese Ziele hinzuarbeiten.
Mut ist unabdingbare Voraussetzung. Wenn die Betroffenen aus dem Schatten der Scheidung hinaustreten wollen, machen sie unweigerlich die Erfahrung, daß sie auch wieder scheitern können. Jede Chance, etwas zu gewinnen, birgt die Gefahr, den Einsatz (das seelische Engagement) zu verlieren. Und das Vertrauen eines Menschen erwirbt man nicht mit einem großen Schritt, sondern im Laufe der Zeit mit vielen kleinen Schritten, und kaum jemals auf geradem Wege.

Aufgabe: Wiederaufbau

Das ist die zentrale psychische und soziale Aufgabe nach einer Scheidung. Sie schließt alle oben genannten Aufgaben ein. Das Ziel ist eine neue, reife, dauerhafte Beziehung, die auch den Kindern ein neues Zuhause und eine neue Bezugsperson bietet. Die Alternative kann ein befriedigendes Leben ohne eine zweite Ehe sei. Die Kinder müssen daran teilhaben, ohne von dem Alleinerziehenden überfordert zu werden. Wer nach der Scheidung Stabilität finden will, muß die Verpflichtungen, die Erinnerungen und die Lektionen der Vergangenheit neben den Erfahrungen der Gegenwart gelten lassen. Wer dazu fähig ist, hat menschlich durch die Scheidung und den Neubeginn mehr gewonnen als verloren.

Ich habe die Aufgaben hier in eine bestimmte Reihenfolge gebracht, aber jeder Betroffene arbeitet zwangsläufig einmal an der einen, dann wieder an der anderen Aufgabe oder gleichzeitig an verschiedenen Aufgaben. Doch auch diese Lösungen sind relativ. Ich habe festgestellt, daß nur wenige Menschen dem anderen verzeihen können. Die meisten vergessen niemals, und für sie besteht auch keine psychische Notwendigkeit dazu. Aber neues Wachstum ist nur auf bearbeitetem Boden möglich. Das Gestrüpp alter Emotionen muß gerodet werden. Neue Beziehungen brauchen seelischen »Platz«, und der wird nur dadurch frei, daß man sich vom Alten löst und dem Neuen öffnet.

Aufgabe: Den Kindern helfen

Doch nicht nur diese Aufgaben sind zu lösen. Auch den Kindern muß über die Trennung und die Jahre nach der Scheidung hinweggeholfen werden.

Kinder aus geschiedenen Ehen haben am eigenen Leibe erlebt, wie Beziehungen abgebrochen werden. Sie fürchten lebenslang, daß sie noch einmal im Stich gelassen werden. Sie haben gesehen, wie ihre Eltern gekämpft haben. Ihnen bleibt die Furcht, zwischen die Fronten zu geraten. Sie haben gesehen, wie ihre Eltern gescheitert sind, und fürchten weitere Fehlschläge in ihrem zukünftigen Leben und im Leben ihrer Eltern. Sie haben Untreue in der Ehe der Eltern erlebt und meinen, ihre Eltern müßten auch ihnen untreu werden. Deshalb brauchen sie die Gewißheit, daß ihre Eltern für sie da sind und auf ihre Bedürfnisse und Sorgen eingehen.

Auch wenn die Eltern zerstritten sind, müssen sie im Interesse ihrer Kinder langfristige Verpflichtungen eingehen. Sie sollten sich dazu durchringen, die Bedürfnisse des Kindes von den eigenen Bedürfnissen zu trennen. Finanziell muß ebenso gut für die Kinder gesorgt werden wie in einer intakten Ehe. Außerdem brauchen die Kinder mehr emotionale Unterstützung, um ihnen über die Angst während und nach der Trennung hinwegzuhelfen.
Das heißt nicht, daß alle Eltern mit ihren Kindern in engem Kontakt bleiben sollten. Es gibt viele Eltern, die einen schädlichen Einfluß auf ihre Kinder haben. In solchen Fällen ist es unter Umständen ganz im Interesse des Kindes, den Kontakt so gering wie möglich zu halten. Andererseits können gelegentliche Begegnungen verhindern, daß die Kinder diesen Elternteil idealisieren. Doch diese komplizierten Angelegenheiten müssen von Fall zu Fall beurteilt werden.
Kinder reagieren auf eine Scheidung je nach Alter und Entwicklungsstand. Wenn Eltern die altersspezifischen Reaktionen kennen und wissen, was sie zu erwarten haben, sind sie besser in der Lage, jedem einzelnen Kind angemessen zu helfen.

Vorschulalter
Da Kinder im Vorschulalter völlig von ihren Eltern abhängig sind, haben sie besonders große Angst, im Stich gelassen zu werden. Sie haben noch keinen Begriff von Zeit und auch keine Vorstellung von dem Zusammenhang zwischen Ursache und Wirkung. Aufgrund mangelnder Erfahrungen ziehen sie einen simplen Schluß: Wenn ein Elternteil verschwinden kann, kann auch der andere verschwinden. Außerdem ist ihre Vorstellung von Zeit so begrenzt, daß sie die Aussage »Papa kommt nächsten Montag« keineswegs beruhigen muß. Ähnliches gilt für ihre Vorstellung von Entfernungen: Sie besuchen den Vater in seiner Wohnung, aber sie haben Angst, daß sie den Weg zum Haus der Mutter nicht wiederfinden könnten. Wegen ihrer Abhängigkeit, ihrer Ängste, ihrem begrenzten Verständnis für die familiären Veränderungen und ihrer Unfähigkeit, sich selbst zu trösten, reagieren Kinder im Vorschulalter am heftigsten auf eine Scheidung.
Es fällt ihnen schwer, sich tags oder nachts von den Eltern zu trennen, und sie lassen vor allem den sorgeberechtigten Elternteil nicht aus den Augen. Viele sind anhaltend verstört und schlafen nachts nicht durch. Manchmal fallen sie in ihrer Entwicklung zurück: Sie lutschen am Daumen, nässen nachts ins Bett oder entwickeln eine neurotische Anhänglichkeit an trostspendende Gegenstände. Kleine Kin-

der tendieren dazu, aggressiv zu werden. Sie schlagen Babys oder verprügeln ihre Spielgefährten. Oft glauben sie, daß ihr reales oder eingebildetes ungezogenes Verhalten die Scheidung verursacht hat, und haben Schuldgefühle. Sie werden depressiv und ziehen sich zurück.
Für Eltern ist es oft nicht ganz einfach, sich klarzumachen, daß sehr kleine Kinder ihre Umgebung anders wahrnehmen als Erwachsene. Was dem Kind Angst einflößt — ein unbekanntes Gesicht oder ein unbekanntes Geräusch —, registriert der Erwachsene manchmal gar nicht. Da kleine Kinder den Zusammenhang zwischen Ursache und Wirkung nicht kennen, muß ihnen auch das Verhalten der Eltern rätselhaft erscheinen. Vergessen wir nicht, daß wir für ein zweijähriges Kind so groß sind wie die Riesen aus dem Märchen.

Die ersten Schuljahre

Kinder dieser Altersgruppe haben das Gefühl des Verlustes und der Zurückweisung. Sie haben Schuldgefühle und leiden unter Loyalitätskonflikten. Sie fürchten, daß sie den Elternteil, der die Familie verlassen hat (meist der Vater), für immer verlieren. Ihre größte Angst ist, daß in der Gunst des Vaters ein anderer an ihre Stelle treten könnte. »Bekommt Papa einen neuen Hund? Eine neue Mama? Einen neuen kleinen Jungen?« Kleine Mädchen entwickeln komplizierte Phantasien und behaupten, der Vater würde zu ihnen zurückkehren, wenn »er erwachsen ist«.
Ihr Verhalten während und nach der Scheidung spiegelt diese Ängste und Phantasien wider: Sie weinen und sind launisch, sie fühlen sich innerlich leer und können sich nicht konzentrieren. In unserer Studie stellten wir bei der Hälfte der Kinder aus dieser Altersgruppe ein steiles Abfallen der schulischen Leistungen fest, das ungefähr ein Jahr andauerte. Viele kleine Jungen haben heftige Sehnsucht nach dem Vater und leiden anscheinend auch physisch. Sie fürchten sich davor, allein in der Obhut einer Frau zu sein, die den Vater aus dem Revier verjagt hat. Aufgrund ihrer eigenen psychischen Bedürfnisse — und nicht unbedingt, weil sie von einem Elternteil dazu angehalten wurden — betrachten viele Kinder dieses Alters die Scheidung als einen Kampf und fühlen sich verpflichtet, Partei zu ergreifen. Daraus entstehen oft quälende Loyalitätskonflikte.

Späte Schuljahre

Kinder von neun bis zwölf sind vor allem im Hinblick auf Stabilität von ihren Eltern abhängig. Das Kind lernt spielend Rollenverhalten und soziale Fähigkeiten. Bei einer Scheidung haben die Kinder große Angst, den sicheren Rahmen zu verlieren, innerhalb dessen sie lebensnotwendige Fähigkeiten lernen können. Sie fürchten, daß all ihre gegenwärtigen und zukünftigen Pläne zunichte werden könnten.

Diese Angst spiegelt sich in ihrem Verhalten wider. Viele Kinder dieses Alters werden der Scheidung wegen sehr wütend auf ihre Eltern. Besonders zornig sind sie auf den Elternteil, dem sie die Schuld an der Scheidung zuschieben. Sie empfinden Trauer und Angst und fühlen sich einsam und ohnmächtig. Durch ihre Unsicherheit und ihre Tendenz zur Schwarzweißmalerei sind sie für die Schmeicheleien von Eltern empfänglich, die sie als Verbündete bei ihrem Krieg benützen wollen. In unserer Studie gingen vornehmlich Kinder aus dieser Altersgruppe verhängnisvolle Bündnisse mit einem Elternteil ein, um den anderen Elternteil zu demütigen und zu schikanieren.

Kinder machen sich auch große Sorgen um ihre betrübten Eltern und können ihnen manchmal sehr einfühlsam helfen. Sie bieten Liebe, Anteilnahme und Kameradschaft und wollen durch ihr Verhalten verhindern, daß ihre Eltern zerbrechen. Manchmal übernehmen sie im Verhältnis zu einem hilflosen Elternteil die Funktionsrollen eines Erwachsenen; eine solche Situation kann ein Kind emotional überfordern.

Kinder dieser Altersgruppe klagen mitunter auch über somatische Beschwerden, gewöhnlich über Bauch- oder Kopfschmerzen. Häufig leiden die Beziehungen zu Gleichaltrigen; manchmal kommt es zu Straftaten wie Bagatelldiebstählen, Betrügereien und Fälschungen; oft fallen die Schulleistungen rapide ab. Außerdem werden die Kinder oft durch häufig wechselnde Partner und das Sexualverhalten ihrer Eltern zu vielen Reizen ausgesetzt.

Jugendliche

Die Leute sind oft überrascht, wie heftig Jugendliche auf eine Scheidung reagieren. Sie nehmen an, daß Teenager alt genug sind, die Ereignisse zu verstehen und sich auf die Situation einzustellen. Dabei wird aber nicht berücksichtigt, wie bedrohlich eine Scheidung für junge Menschen ist. Die Auflösung eines Haushalts ist für Jugendliche sehr problematisch, weil sie ein starkes Bedürfnis nach einer Familienstruktur haben, in der sie mit ihren sexuellen Impulsen und Aggressionen umgehen lernen.

Teenager haben außerdem Angst, die Fehler ihrer Eltern zu wiederholen. Sie machen sich bereits Sorgen um ihre Zukunft. Wird ihre eigene Ehe auch einmal scheitern? Viele fühlen sich von ihren Eltern zurückgestoßen, weil sie sich nur noch um ihre eigenen Probleme kümmern und zuwenig Zeit für die Jugendlichen haben. Auch die Verletzlichkeit ihrer Eltern kann sie sehr ängstigen. Die normalen Ängste der Pubertät werden verstärkt. Die Teenager sind verstört durch die Wahrnehmung, daß auch ihre Eltern normale Menschen mit sexuellen Bedürfnissen und Problemen sind, weil sie selbst gerade mit ihrer eigenen aufbrechenden Sexualität fertig werden müssen. Die Wut auf die Eltern und das Gefühl, im Stich gelassen worden zu sein, veranlassen viele Teenager, sehr früh sexuell aktiv zu werden. Andere übernehmen mehr Verantwortung, machen Hausarbeiten und beteiligen sich an Entscheidungen. Das läßt sie vielleicht früher reifen, birgt jedoch die Gefahr, daß sie wichtige Erfahrungen der Pubertät versäumen.

Die Eltern können ihren Kindern durch ihr Verhalten während der Krise und danach das Leben in jeder Hinsicht erleichtern. Die Unterstützung der Eltern ist entscheidend, um Kinder auf eine Scheidung vorzubereiten und ihnen durch das unvermeidliche Chaos zu helfen. Kinder aus geschiedenen Ehen sind auf die Hilfe von Erwachsenen angewiesen. Ohne sie verstehen sie nicht, was in der Familie vor sich geht. Sie werden mit den neuen, komplexen Beziehungen in den Jahren nach der Scheidung sonst nicht fertig. Sie unterdrücken die psychisch notwendige Trauer und verdrängen ihre Schuldgefühle. Ihre unterschwellige Angst beherrscht sie jahrelang und macht sie unfähig, all die psychischen Aufgaben anzugehen, die sie nach der Scheidung bewältigen müssen.

Die Unterstützung der Kinder muß beginnen, sobald die Trennung sich ankündigt. Zu diesem Zeitpunkt können Eltern ihre Kinder auf das vorbereiten, was auf sie zukommt. Die Eltern sollten sehr ernst nehmen, was sie zu ihren Kindern sagen und wie sie es sagen, denn es wird lange im Gedächtnis der Kinder haftenbleiben. Es ist unmöglich, ein Kind davor zu bewahren, daß es während der Scheidung leidet, aber es gibt viele Möglichkeiten, seinen Schmerz zu lindern:

Die Eltern sollten die Kinder möglichst gemeinsam informieren. Wenn sie Einheit demonstrieren, vermitteln sie den Eindruck, daß eine rationale, reife Entscheidung getroffen worden ist. Falls das nicht möglich ist, sollte ein Elternteil mit den Kindern sprechen.

Es ist besser, alle Kinder zusammen zu informieren, als jedes Kind einzeln. Wir haben festgestellt, daß Geschwister sich gegenseitig sehr helfen können. Wenn der Altersunterschied groß ist, bietet es sich an, die Kinder erst zusammen zu informieren und dann einzeln; dabei kann die Ausdrucksweise dem Verständnisniveau der Kinder angepaßt werden.

Die Kinder sollten von der Scheidung informiert werden, sobald der Entschluß der Eltern feststeht. Sie sollten ein paar Tage oder sogar ein bis zwei Wochen im voraus wissen, daß ein Elternteil die Familie verlassen wird. Es ist grausam, den Kindern erst etwas zu sagen, wenn ein Elternteil bereits fort ist; diese Erfahrung vergessen sie niemals.

Wenn es an der Zeit ist, über die Entscheidung zu reden, sollten die Eltern unmißverständlich erklären, was in der Familie vor sich geht. Die Kinder müssen wissen, was die Scheidung bedeutet, auch wenn die Erklärungen je nach Alter variieren. Man kann zu einem Dreijährigen nicht sagen: »Papa und ich lassen uns scheiden.« Ein Kind dieses Alters weiß nicht, was eine Ehe, geschweige denn, was eine Scheidung ist. Einem Jugendlichen dagegen sollte man den rechtlichen Ablauf erklären: was das Einreichen der Scheidung bedeutet und welche Entscheidungen getroffen werden.

Kinder haben ein Recht darauf, zu wissen, warum es zu einer Scheidung kommt, denn die Scheidung ist eine wichtige, wenn nicht *die* wichtigste Krise in ihrem Leben. Außerdem können Kinder ihre Energien zu Bewältigung ihrer Konflikte nicht mobilisieren, wenn sie die Krise nicht verstehen. Details über Seitensprünge oder sexuelle Vernachlässigung bedürfen keiner Erwähnung. Die Eltern könnten etwa sagen: »Bei unserer Hochzeit haben wir sehr gehofft und auch erwartet, daß wir uns immer lieben werden. Jetzt haben wir aber entdeckt, daß einer von uns (oder beide) unglücklich ist. Der eine (oder beide) liebt den anderen nicht mehr. Wir streiten miteinander. Mit der Scheidung werden die Streitereien aufhören, und der Friede ist wiederhergestellt.« Auf diese Weise wird die Scheidung als eine Lösung präsentiert, zu der die Eltern widerstrebend gelangt sind, nachdem sie eine Reihe anderer Möglichkeiten in Betracht gezogen haben. Die Entscheidung wurde rational herbeigeführt und nur ungern getroffen. Das Ziel ist, daß die Eltern sich dem Kind als Vorbild präsentieren: Sie geben zu, daß sie einen schweren Fehler gemacht haben. Doch sie wollen diesen Fehler wiedergutmachen und suchen jetzt nach einer moralischen und sozial akzeptablen Lösung. Die Eltern sind verantwortungsbewußte Menschen, die sich der Familie und den Kindern weiterhin verpflichtet fühlen, auch wenn sie beschlossen haben auseinanderzugehen.

Es ist sehr wichtig, daß die Eltern bei den Gesprächen ihre Trauer offen zeigen. Dann dürfen auch die Kinder weinen und trauern und versuchen nicht, ihr Leid über den Verlust vor den Erwachsenen oder vor sich selbst zu verbergen.
Rationalität ist ebenfalls wichtig, denn sie trägt zur moralischen Entwicklung des Kindes bei: Die Eltern bleiben in der Vorstellung des Kindes moralisch handelnde Personen.
Klarheit ist notwendig, damit die Kinder nicht zu Versöhnungsversuchen ermutigt werden. Die Eltern müssen den Kindern einerseits versichern, daß die Kinder nicht für das Scheitern der Ehe verantwortlich sind, ihnen aber zugleich deutlich machen, daß sie die Ehe nicht retten können.
Widerwillen gegen die Scheidung zu vermitteln ist wichtig. Die Kinder müssen spüren, daß die Eltern sich den Schmerz der Kinder vorstellen können. Wenn sie sich für diesen Schmerz, den sie den Kindern zumuten, entschuldigen, machen die Eltern deutlich, daß sie die Kinder nicht verletzen oder bestrafen wollten. Kurz gesagt: Die Eltern sollten sich bei ihren Kindern für all den Kummer entschuldigen, den sie ihnen machen.
Die Eltern müssen die Kinder auf das, was vor ihnen liegt, so konkret und detailliert wie möglich vorbereiten. Sie sollten ganz ehrlich zugeben, daß es Veränderungen geben wird: Das Leben wird chaotisch, und alte Gewohnheiten werden abgelegt. Ein Elternteil zieht von zu Hause aus. Vielleicht wird das Haus verkauft. Die Familie muß vielleicht in ein anderes Viertel ziehen. Wenn die Mutter nicht gearbeitet hat, macht sie jetzt vielleicht eine Ausbildung oder sucht sich eine Teilzeit- oder Vollzeitbeschäftigung.
Die Kinder müssen die Gewißheit haben, daß sie über alle wichtigen Veränderungen rechtzeitig informiert werden. Sobald der Elternteil, der ausgezogen ist, eine neue Wohnung hat, muß man ihn zusammen mit den Kindern besuchen. Die Kinder müssen bei den Besuchsregelungen, die möglichst bald getroffen werden sollten, mitreden dürfen. Der Besuchsplan sollte ihnen ganz genau erklärt werden.
Kinder fühlen sich bei einer Scheidung oft ohnmächtig und sollten deshalb angeregt werden, Vorschläge zu machen, die von den Erwachsenen ernsthaft in Erwägung gezogen werden müssen. Dadurch haben sie das Gefühl, mit der Krise aktiv umzugehen, statt sie passiv zu erdulden. Das heißt jedoch nicht, daß man den Kindern das Gefühl geben sollte, sie seien für wichtige Entscheidungen verantwortlich.

Sie sollen lediglich angemessen beteiligt werden. Sie sollen spüren, daß sie an der Lösung einer familiäre Krise mitwirken.
Kinder müssen auch immer wieder darauf hingewiesen werden, daß die Scheidung das Band zwischen Eltern und Kind nicht zerreißt, auch wenn sie in Zukunft getrennt leben. Räumliche Distanz bedeutet nicht emotionale Distanz oder weniger Liebe. Die Eltern lassen sich nicht von ihren Kindern scheiden. Dennoch sollte den Kindern realistisch klargemacht werden, daß Eltern und Kinder sich nach der Scheidung mehr anstrengen müssen, um den wichtigen Kontakt aufrechtzuerhalten.
Schließlich müssen die Eltern zulassen, daß die Kinder beide Elternteile lieben. Das ist für Eltern wohl die schwerste Aufgabe. Kinder brauchen jedoch das Gefühl, daß ihre individuelle Integrität respektiert wird, daß sie ein Recht auf ihre eigenen Gefühle haben und daß sie nicht gebeten werden, sich mit dem einen Elternteil gegen den andern zu verbünden. Die Scheidung, das ist ganz wichtig, ist eine Angelegenheit zwischen zwei Erwachsenen.
Diese Ratschläge gelten vor allem für die frühen Phasen der Scheidung. Wie wir am Beispiel der Moores, Burrelles, Catalanos und anderer Familien gesehen haben, brauchen Kinder und Jugendliche auch in den Jahren nach der Scheidung die Unterstützung der Eltern. Das wird aus den Aufgaben, mit denen die Kinder konfrontiert sind, sehr deutlich.

Psychische Aufgaben für Kinder

Kinder und Erwachsene müssen sich in jeder Lebensphase vorhersehbaren Problemen stellen, die sich aus dem Zusammentreffen von gesellschaftlichen Anforderungen und einem biologischen und psychologischen Programm ergeben. So wie wir sitzen, krabbeln, gehen und rennen lernen, machen wir auch Fortschritte in unserer psychischen und sozialen Entwicklung. Auf jeder Stufe werden wir mit einer Reihe von Aufgaben konfrontiert, mit denen wir uns auseinandersetzen müssen. Wir können sie besser oder schlechter oder auch überhaupt nicht bewältigen, aber die Aufgaben stellen sich jedem Menschen. Sie beginnen mit der Geburt und enden mit den Tod.
Alle Kinder müssen eine gemeinsame Entwicklung durchmachen, auch wenn jedes Kind sein eigenes Tempo hat. So festigen sie allmählich das Gefühl für ihre Identität. Sie entwickeln Bewältigungsstrate-

gien, ein Gewissen und die Fähigkeit, Liebe zu geben und zu nehmen. Kinder aus geschiedenen Ehen müssen im Laufe ihrer Entwicklung zusätzliche psychische Aufgaben bewältigen, die speziell mit der Scheidung zu tun haben. Für sie sind Kindheit und Pubertät zwangsläufig schwieriger als für Kinder aus intakten Familien.

AUFGABE: Die Scheidung verstehen

Kinder müssen vor allem eine realistische Vorstellung davon bekommen, was die Scheidung bedeutet und welche konkreten Folgen sie haben wird. Kleine Kinder haben furchteinflößende Alpträume. Sie fürchten, daß sie im Stich gelassen oder zu Stiefeltern gebracht werden oder einen Elternteil nie wiedersehen. Sie können das alles nur bewältigen, wenn sie mit Hilfe der Eltern langsam die Realität verstehen lernen und sich auf die aktuellen Veränderungen einstellen.
Was tatsächlich zum Scheitern der Ehe geführt hat, verstehen erst Jugendliche oder junge Erwachsene. In der frühen Kindheit halten die meisten Kinder die Scheidung für einen großen Fehler. In der Pubertät vertreten sie dann meist die Ansicht, die Eltern hätten niemals heiraten sollen. Die Aufgabe, die Scheidung zu verstehen, gliedert sich also in zwei Phasen. In der ersten Phase müssen die konkreten Veränderungen verstanden und imaginäre Ängste von der Wirklichkeit getrennt werden. Die zweite Phase kommt später, wenn die Kinder in der Lage sind, aus der Distanz heraus und mit mehr Reife die Handlungen ihrer Eltern zu beurteilen und nützliche Schlußfolgerungen für ihr eigenes Leben zu ziehen.

AUFGABE: Strategischer Rückzug

Kinder und Jugendliche müssen sich nach der Scheidung möglichst früh wieder ihrem eigenen Leben zuwenden. Das gilt besonders für Jugendliche. Sie haben vielleicht gerade damit begonnen, selbständig zu werden, wenn sie durch die Scheidung wieder zurück in den Kreis der Familie gezogen und dort von der Sorge um Geschwister oder verstörte Eltern in Anspruch genommen werden. Auch ihr schulisches und gesellschaftliches Leben wird beeinträchtigt. Im Unterricht sind sie mit ihren Sorgen beschäftigt und müssen wegen häuslicher Pflichten soziale Kontakte vernachlässigen. Das heißt jedoch nicht, daß Kinder die Scheidung verdrängen sollten. Sie müssen ihre Sorgen offen zeigen und Eltern und Geschwistern angemessen helfen. Sie sollten sich jedoch bemühen, die Scheidung aus dem Zentrum ihrer Gedanken zu verbannen, damit sie sich auch ihren eigenen Interessen, Hobbys, Problemen und Beziehungen mit Gleichaltrigen widmen können. Um diese Aufgabe zu lösen, müssen die Eltern die Kinder dazu anhalten, Kinder zu *bleiben*.

AUFGABE: Den Verlust bewältigen

In den Jahren nach der Scheidung erleben Kinder zwei große Verluste: Sie verlieren die intakte Familie und damit den symbolischen und realen Schutz, den sie bot; und sie verlieren im täglichen Leben einen Elternteil, meist den Vater.

Als Reaktion idealisieren sie oft den Vater. Er repräsentiert all das, was in ihrem Leben fehlt, und sie meinen, wenn er da wäre, wäre alles besser.

Die Aufgabe, den Verlust zu bewältigen, ist vielleicht die schwierigste Aufgabe, die eine Scheidung stellt. Im wesentlichen verlangt sie von den Kindern, das tiefe Gefühl der Zurückweisung, Demütigung und Ohnmacht zu überwinden. Wenn ein Elternteil die Familie verläßt, machen sich Kinder aller Altersstufen selbst dafür verantwortlich. Sie sagen: »Er hat mich verlassen, weil ich seiner Liebe nicht wert war. Ich war seiner nicht würdig.« Sie ziehen den Schluß, daß die Eltern zusammengeblieben wären, wenn sie anders gewesen wären. Auf diese Weise verbindet sich der Verlust eines Elternteils mit einem Verlust an Selbstwertgefühl.

Um diese schmerzlichen Gefühle abzuwehren, versuchen Kinder, die Ehe wieder zu kitten oder sich wenigstens die Liebe des abwesenden Elternteils zu erhalten. Die Interpretation: »Wenn er mich geliebt hätte, dann hätte er die Familie nicht verlassen« wird umgewandelt in: »Wenn er mich liebte, würde er mich öfter besuchen«. Deshalb sind Kinder nicht nur während der Scheidung, sondern noch jahrelang danach verletzlich. Viele bemühen sich in der Pubertät, den Kontakt zu dem abwesenden Elternteil zu intensivieren, um das traurige Ereignis ungeschehen zu machen und ihre Selbstachtung wiederzugewinnen.

Das ist einfacher, wenn Eltern und Kinder im Rahmen einer praktikablen Besuchsregelung oder einer funktionierenden gemeinsamen Sorge eine gute Beziehung zueinander aufgebaut haben.

AUFGABE: Mit Zorn umgehen

Anders als der Tod ist die Scheidung immer auf einen Entschluß wenigstens eines Elternteils zurückzuführen. Auch das Kind weiß, daß

eine Scheidung keine Naturkatastrophe ist. Ihre wahre Ursache liegt in der Unfähigkeit der Eltern, zusammenzuleben; jemand muß also schuld sein.
Mit diesem Wissen stecken die Kinder in einem schrecklichen Dilemma. Sie wissen, daß ihr Unglück von den Menschen verursacht wurde, die sie eigentlich beschützen und für sie sorgen sollen. Die Eltern verursachen den Kummer der Kinder. Erschwerend kommt hinzu, daß die Eltern nicht zu diesem Entschluß gezwungen waren. Diese Erkenntnis bringt die Kinder in ein entsetzliches Dilemma: Sie wissen, daß es einen Schuldigen geben muß, wagen das jedoch nicht auszusprechen, entweder aus Furcht oder aus dem Wunsch heraus, ihre Eltern zu beschützen.
Die Kinder werden wütend auf ihre Eltern, weil sie die Scheidung als Gleichgültigkeit gegenüber ihren Bedürfnissen erfahren. Sie empfinden ihre Eltern, mitunter zu Recht, als egoistische und lieblose Menschen, meinen, daß sie eine korrupte Moral predigen, oder halten sie für schwach und unfähig, ihre Probleme anders als durch Weglaufen zu regeln.
Zugleich wissen die Kinder, wie liebebedürftig und schwach ihre Eltern sind und welche Sorgen sie sich wegen ihrer verschiedenen Lebensprobleme machen. Auch wenn Kinder kaum Verständnis für eine Scheidung haben — ausgenommen, die Konflikte wurden offen und gewaltsam ausgetragen —, erkennen sie, wie unglücklich und verwirrt ihre Eltern sind, und das macht ihnen große Angst. Die Kinder sind zwischen Wut und Liebe hin und her gerissen und haben Angst wegen ihrer Wut, denn sie lieben ihre Eltern und sehen, wie sie leiden. Das Mitgefühl für die Eltern macht es den Kindern schwer, sich ihre Wut auf sie einzugestehen.
Für Kinder ist es deshalb sehr wichtig, sich diesen Zorn einzugestehen und ihn zu überwinden. Sie müssen ihre Eltern als Menschen akzeptieren, die Fehler machen, und sie achten, weil sie sich wirklich bemühen und persönlichen Mut beweisen.
Wenn das Kind reifer wird und für die unterschiedlichen Bedürfnisse der verschiedenen Familienmitglieder Verständnis entwickelt, läßt dieser Zorn nach. Erst dann haben die junge Menschen den Schock der Scheidung überwunden. Wenn die Kinder ihren Eltern verziehen haben, verzeihen sie auch sich selbst, daß sie Wut und Schuld empfunden haben und die Ehe nicht kitten konnten. Auf diese Weise können sich die Kinder aus der Identifikation mit dem aggressiven oder gewalttätigen Elternteil oder dem Opfer befreien.

Aufgabe: Schuldgefühle überwinden

Kleine Kinder fühlen sich oft für die Scheidung verantwortlich. Sie glauben, sie hätten den einen Elternteil durch ihr ungezogenes Verhalten vertrieben. Manchmal glauben sie sogar, daß ihr imaginärer Wunsch, einen Keil zwischen Vater und Mutter zu treiben, auf magische Weise erfüllt wurde. Zur Zeit der Scheidung haben sie Schuldgefühle, aber sie zerstreuen sich größtenteils ganz von alleine, wenn die Kinder älter werden. Andere bleiben bestehen; sie wurzeln meist in dem tiefsitzenden Gefühl, das Undenkbare getan zu haben: Einen Elternteil zu beseitigen, um den andern ganz für sich zu haben.

Andere Schuldgefühle wurzeln in der Erkenntnis der Kinder, daß sie wirklich eine Ursache für die ehelichen Konflikte waren. Oft kommt es nach der Geburt eines Kindes zu einer Scheidung, und das Kind hat zu Recht den Eindruck, daß es einen Keil zwischen die Erwachsenen getrieben hat.

Bei Mädchen läßt sich noch eine weitere Form von Schuldgefühlen feststellen: Sie haben sich mit ihren bekümmerten Müttern identifiziert und fürchten, ihren Müttern überlegen zu sein. Solche jungen Frauen haben Schwierigkeiten, sich von ihren Müttern zu lösen und glückliche Beziehungen zu jungen Männern aufzubauen.

Aufgabe: Die Endgültigkeit der Scheidung akzeptieren

Zunächst haben Kinder verständlicherweise ein starkes Bedürfnis, die Scheidung zu ignorieren. Das mag ein erster Schritt im Verarbeitungsprozeß sein. Wie ein Vorhang, der sich hebt und senkt, hilft das Leugnen den Kindern, sich der vollen Wirklichkeit der Scheidung Schritt für Schritt zu stellen. Die ganze Wahrheit auf einmal könnten sie nicht ertragen.

Dennoch haben wir festgestellt, daß einige Kinder und Jugendliche sich noch fünf oder sogar zehn Jahre nach der Scheidung weigern, die Scheidung als endgültig anzuerkennen. Bewußt oder unbewußt hoffen sie, daß die Eltern wieder zusammenfinden, und sehen in jedem Händeschütteln oder freundlichen Nicken einen Hinweis auf eine baldige Versöhnung.

Diese Versöhnungsphantasien kommen tief aus der Psyche eines Kindes. Kinder brauchen das Gefühl, daß ihre Eltern zusammen glücklich sein könnten. Sie überwinden diese Wunschvorstellung erst, wenn sie sich selbst von ihren Eltern trennen und von zu Hause ausziehen.

Aufgabe: Das Risiko der Liebe eingehen

Das ist vielleicht die wichtigste Aufgabe für ältere Kinder und für die Gesellschaft. Trotz allem, was das Leben ihnen angetan hat, trotz rudimentärer Ängste, müssen die Kinder geschiedener Eltern sich weiterentwickeln, die Chance zu Erfolg oder Mißerfolg ergreifen und das Risiko der Liebe eingehen. Sie müssen innerlich bereit sein, zu lieben und geliebt zu werden.

Das ist die zentrale Aufgabe für Kinder in der Pubertät oder beim Eintritt in das Erwachsenenleben. Tragischerweise scheitern viele Jugendliche gerade an dieser Aufgabe. Auch Kinder, die wegen einer Scheidung nicht in einer intakten Familie aufgewachsen sind, müssen das Risiko einer Bindung eingehen. Sie wissen zwar genau, daß eine Scheidung jederzeit möglich ist, müssen aber dennoch den Mut zu Liebe, Bindung, Ehe und Treue finden.

Dazu müssen sie sich vom Beispiel der Eltern lösen. Die Jugendlichen in unserer Studie waren zwar alle auf der Suche nach der romantischen Liebe, fürchteten aber zum großen Teil die potentielle Untreue oder Lieblosigkeit des anderen so sehr, daß sie absolut unfähig waren, die notwendigen Erfahrungen zu sammeln und zu reifen. Dazu gehört der Mut, das Risiko der Liebe einzugehen, anstatt nur über die Gefahren des Wagnisses nachzudenken.

Diese Aufgabe beschäftigt die Kinder geschiedener Eltern ihre ganze Pubertät hindurch. Aus diesem Grund ist die Pubertät für sie auch eine überaus problematische Zeit. Sie können sie nur lösen, wenn all die anderen Aufgaben erfolgreich gelöst worden sind; gelingt ihnen auch noch der letzte Schritt, dann werden sie psychisch frei und leiden nicht mehr unter ihrer Vergangenheit. Davon hängt es ab, ob die Kinder geschiedener Eltern »Gewinner« oder »Verlierer« sind.

18

Der Gipfel des Berges

Fast zwanzig Jahre sind vergangen, seit Karen, die Freundin meiner Tochter, mich dazu anregte, über die Scheidung und ihre Folgen nachzudenken. Ich habe mich zwei Jahrzehnte meines Lebens mit dem Problemkreis beschäftigt. Seit 1980, als ich das Center for the Family in Transition gründete, bekomme ich pro Tag durchschnittlich mindestens zwei, zuweilen sogar vier Telefonanrufe von Menschen, die sich gerade scheiden lassen und mich um Hilfe bitten. Meistens sind es Fremde, die meinen Namen in der Zeitung gelesen haben oder durch Freunde von meiner Arbeit erfahren haben. Viele Anrufer haben Kinder.

Erst kürzlich rief ein Mann aus Pennsylvania an und sagte: »Ich bin Lehrer. Meine Frau hat die Scheidung eingereicht.« Seine Stimme klang angespannt. »Soviel ich weiß, haben Sie darüber geschrieben, daß Väter für die Kinder sehr wichtig sind und daß Kinder sie auch nach der Scheidung unbedingt sehen müssen. Können Sie mir einen Rat geben?«

Am selben Tag bekam ich einen Anruf von einer Frau aus dem Süden Kaliforniens. Sie erzählte mir, das Gericht habe verfügt, daß ihr Kleinkind, das sie noch stillte, jedes zweite Wochenende bei seinem Vater verbringen müsse, der mehrere hundert Kilometer weit weg wohne. Die Frau mußte immer Milch abpumpen, einfrieren und sie dem Vater mitgeben. Sie erzählte mir auch, daß sie mit dem Vater des Kindes nicht verheiratet gewesen sei, sondern nur kurz mit ihm zusammengelebt habe; sie habe keine Ahnung, wie er sich als Vater verhalte. Dann fragte sie: »Was soll ich tun?«

Ich war empört; schließlich ging es hier um die intimste menschliche Beziehung überhaupt, die Beziehung zwischen einer stillenden Mutter und ihrem Kind. Ich konnte der Frau nur sagen, daß es keine psychologischen Untersuchungen gibt, die diese Entscheidung des Gerichts rechtfertigen könnten. Im Augenblick sah ich jedoch keine Möglichkeit, ihr zu helfen.

Hin und wieder rufen mich Kinder oder Eltern aus unserer Untersuchungsgruppe an, meist um mir eine wichtige Veränderung in ihrem Leben mitzuteilen. Erst letzte Woche rief Kedric an und sagte, er sei zu einem Graduiertenstudiengang in der Luftfahrttechnik zugelassen worden. Damit erfüllte sich endlich sein Lebenstraum. Vor kurzem rief auch Denise aus Dänemark an. Sie erzählte mir, daß sie heiraten werde, und fügte hinzu: »Wissen Sie, ich denke immer noch jeden Tag an die Scheidung meiner Eltern.« Ich notierte, daß sie »jeden Tag« gesagt hatte.

Der dritte Anruf an einem normalen Tag kommt meist von einem Anwalt. Ich werde gefragt, ob ich als Gutachterin in einem Sorgerechtsstreit auftreten könnte, aber ich habe ein solches Angebot noch nie angenommen. Ich möchte meine Glaubwürdigkeit als Wissenschaftlerin nicht verlieren, denn aufgrund meiner Aussagen vor Gericht könnte man mir eine bestimmte Sehweise des Problems unterstellen.

Auch in meiner täglichen Korrespondenz spiegelt sich wider, wie viel ich mit Problemen im Umkreis der Scheidung zu tun habe und daß das Phänomen »Scheidung« in den USA und in der ganzen Welt immer häufiger auftritt. Vergangene Woche erhielt ich eine Einladung, an der Universität Rom zwei Tage lang Referate zu halten und bei der Konzeption einer Studie über Scheidungen in Italien mitzuwirken. Außerdem wurde ich gebeten, in Wisconsin an einer Konferenz über die Problematik des Sorgerechts teilzunehmen, auf der nationale Richtlinien entwickelt werden sollen. Meine Hauptaufgabe in dieser Woche bestand darin, die Grundsatzrede für einen Familienrechtskongreß in Los Angeles zu schreiben, an dem Richter, Vermittler und Anwälte aus den gesamten Vereinigten Staaten und Kanada teilnahmen.

Durch all diese Betätigungen — neben meiner laufenden Langzeitstudie über die gemeinsame elterliche Sorge und meiner intensiven Supervision der verschiedenen Beratungsprogramme an unserem Zentrum — habe ich einen umfassenden Überblick über das Drama der sich wandelnden Beziehungen zwischen Männern und Frauen, Eltern und Kindern in unserer Gesellschaft. Ich glaube, ich hatte das Privileg, eine der zweifellos wichtigsten Revolutionen der Moderne ganz unmittelbar beobachten zu dürfen. Wenn wir uns mit dem Problem Scheidung beschäftigen, befassen wir uns sozusagen mit der Kehrseite der Ehe; wir gewinnen neue Einsichten in fundamentale Wertvorstellungen der Familie. Unsere Gesellschaft macht gerade einen grundlegenden Wandel durch und verändert sich in eine völlig neue und unerforschte Richtung.

Beim Nachdenken über diese Veränderungen muß ich an ein Gespräch zurückdenken, das ich 1972 mit der Anthropologin Margaret Mead führte. Ich war damals sehr bestürzt, als ich feststellte, wie verstört Kinder nach einer Scheidung sind. Ich suchte Rat und hatte mit Margaret Mead vereinbart, mich mit ihr um Mitternacht auf dem Flughafen von San Francisco zu treffen. Sie befand sich auf ihrer letzten Reise nach Neuguinea. Wir hatten ein paar Stunden Zeit. Auch sie war bestürzt über die Ergebnisse unserer Untersuchung und sagte im Laufe unseres Gesprächs: »Judy, es gibt auf der ganzen Welt keine Gesellschaft, in der die Menschen zusammenbleiben, wenn die Gemeinschaft nicht einen gewaltigen Druck auf sie ausübt. Und ich glaube nicht, daß irgend jemand absehen kann, was Sie herausfinden werden.«
Ihre Worte machen mir noch heute immer wieder deutlich, wie wenig wir eigentlich über die Welt wissen, die wir in den letzten zwanzig Jahren geschaffen haben — *eine Welt, in der eine Ehe erstmals in der Geschichte problemlos beendet werden kann.* Als Psychologin sollte ich vielleicht gestehen, daß wir damals wirklich bei Null anfingen. Uns fehlte, und fehlt noch heute, eine psychologische Theorie, mit deren Hilfe wir die Folgen einer Scheidung verstehen und prognostizieren könnten. Dieses theoretische Defizit besteht, weil die Psychoanalyse, die systemische Familientheorie und die Theorie der kindlichen Entwicklung im Kontext der intakten Familie mit zwei Elternteilen entwickelt wurden. Wir sind jetzt in der prekären Situation, daß wir die notwendige Theorie entwickeln müssen, während wir neue Fakten sammeln. Eigentlich haben wir erst seit Mitte der siebziger Jahre mühsam und langsam zu einem Konsens gefunden und eine vertretbare Theorie aufgebaut.
Aus den Erzählungen der Kinder und ihrer Eltern und all der anderen Menschen, mit denen wir im Laufe der Jahre gesprochen haben, kristallisieren sich aber doch einige Ergebnisse heraus. Wir haben viel gelernt, was wir vorher nicht wußten und auch nicht wissen konnten:

- Die Scheidung ist für viele Erwachsene und nahezu alle Kinder eine schmerzliche Erfahrung. Sie ist für die Kinder fast immer schmerzvoller als für die Eltern.
- Die Scheidung ist in der Erfahrung von Kindern und Erwachsenen kein einzelnes, abgeschlossenes Ereignis. Sie ist ein Kontinuum, das in der unglücklichen Ehe beginnt und über die Trennung und Scheidung hinweg bis in weitere Ehen oder weitere Scheidungen reicht. Die Scheidung selbst ist nicht das Verhängnis; vielleicht ist sie sogar nur eine von vielen Erfahrungen in einem größeren Kontinuum.

- Die Scheidung hat oft langwierige Folgen. Kinder sind besonders betroffen, denn die Scheidung fällt in entscheidende Jahre ihrer Entwicklung. Was sie sehen und erfahren, wird Teil ihrer inneren Welt, ihrer Ansichten über sich selbst und über die Gesellschaft. Die Erfahrungen, die sie in einer scheiternden Ehe gemacht haben, werden durch die Scheidung nicht getilgt. Kinder, die gewalttätige Auseinandersetzungen zwischen ihren Eltern erlebt haben, stellten oft fest, daß diese frühen Erlebnisse noch zehn oder fünfzehn Jahre später ihre eigenen Beziehungen dominierten. Eine Scheidung kann für einen Elternteil die Befreiung aus einer untragbaren Situation bedeuten, aber für die Kinder ist sie keine Befreiung.
- Fast alle Kinder geschiedener Eltern sind der Ansicht, daß ihre Kindheit und ihre Pubertät von der Scheidung überschattet wurden. Auch wenn viele Kinder später einräumen, daß es klug von ihren Eltern war, sich zu trennen, haben sie dennoch das Gefühl, unter den Fehlern ihrer Eltern gelitten zu haben. In vielen Fällen waren die Kinder nach der Scheidung mehr Belastungen ausgesetzt und fühlten sich weniger geborgen als in der scheiternden Ehe.
- Kinder geschiedener Eltern streben mit allen Kräften nach einer dauerhaften Liebesbeziehung und Ehe, wenn sie in das Erwachsenenleben eintreten. Sie nehmen das Problem Scheidung sehr ernst.
- Die Kinder unserer Studie standen in den Jahren nach der Scheidung vor folgenden Problemen:

  Die Hälfte der Kinder erlebte, daß Mutter oder Vater sich im Laufe der zehn Jahre nach der ersten Scheidung ein zweites Mal scheiden ließen.

  Die Hälfte wuchs in Familien auf, in denen es zwischen den Eltern weiterhin Aggressionen gab.

  Zwei von fünf Kindern erlebten langfristig ein steiles Absinken ihres Lebensstandards und als Folge davon eine deutliche, dauerhafte Diskrepanz zwischen der wirtschaftlichen Situation im Haushalt der Mutter und im Haushalt des Vaters. Sie drückten sich an den Fensterscheiben im Haus des Vaters die Nasen platt und betrachteten ein Leben, das von Rechts wegen ihres sein sollte.

  Drei von fünf Kindern fühlten sich von mindestens einem Elternteil zurückgewiesen und hatten das Gefühl, ein psychisches oder wirtschaftliches Relikt einer Reise zu sein, die nie hätte unternommen werden dürfen.

  Nur sehr wenige erhielten finanzielle Unterstützung für ein Studium, auch wenn sie ihre Väter weiterhin regelmäßig besuchten. Weil die Väter in der Regel finanziell relativ gut gestellt waren, bekamen die Kinder keine staatlichen Stipendien.

- Viele Kinder entwickelten sich zu mitfühlenden, couragierten und lebenstüchtigen Erwachsenen. Die Kinder, die gut zurechtkamen, konnten im Laufe ihrer Entwicklung auf eigene, innere Ressourcen zurückgreifen und auf hilfreiche Beziehungen zu einem oder beiden Elternteilen, Großeltern, Stiefeltern, Geschwistern und Mentoren. Einige erlebten später befriedigende Liebesbeziehungen und führten gute Ehen, die sie frei gestalteten. Andere Kinder hatten das hilfreiche Beispiel von Eltern vor Augen, die es geschafft hatten, ihr Leben nach der Scheidung erfolgreich wiederaufzubauen. Wieder andere kamen gut zurecht, weil sie sich bewußt vom Beispiel ihrer Eltern abgrenzten. Eine kleinere Zahl von Kindern profitierte von der kontinuierlichen Beziehung zu zwei guten Eltern, die — trotz ihrer Aggressionen und Frustrationen — in der Lage waren, bei der Erziehung der Kinder zu kooperieren.
- Die Hälfte der Kinder aus unserer Untersuchungsgruppe waren jedoch beim Eintritt ins Erwachsenenleben deprimierte, manchmal sogar aggressive junge Männer und Frauen, die nicht das leisteten, was sie hätten leisten können. Sie verachteten sich selbst. Einige meinten, sie seien in einem Kampf benutzt worden, der nicht ihr eigener war. Andere fühlten sich um die elterliche Fürsorge und den Schutz der Familie betrogen, nach dem sie sich immer gesehnt und den sie nie bekommen hatten. Die Kinder, die als junge Erwachsene Probleme hatten, waren durch die Erfahrungen, die sie vor und nach der Scheidung ihrer Eltern gemacht hatten, geschwächt. Sie hatten weniger psychische Kraft als andere Kinder und erhielten oft nur wenig Unterstützung von ihren Eltern oder anderen Menschen. Einige Kinder waren auch noch für das Wohlergehen eines verstörten Elternteils verantwortlich.
- Obwohl Jungen im Laufe der Jahre mehr Schwierigkeiten und mehr Probleme mit schulischen Leistungen, dem Kontakt mit Gleichaltrigen oder dem Umgang mit Aggressionen hatten als Mädchen, verwischen sich diese Unterschiede zwischen den Geschlechtern, wenn man insgesamt betrachtet, wie sie mit der Situation fertig geworden sind. Als die jungen Frauen alt genug waren, um eine Bindung zu einem Mann einzugehen, merkten viele, daß sie noch immer mit Angst- und Schuldgefühlen kämpften. Diese Spätfolge der Scheidung rief viele chaotische Reaktionen hervor wie zum Beispiel rasch wechselnde Beziehungen oder spontane Ehen, die bald wieder geschieden wurden.

- Die Pubertät birgt für Kinder geschiedener Eltern große Risiken. Besonders schwer war es für die Jugendlichen, die unmittelbar nach der Scheidung ihrer Eltern in die Pubertät kamen. Die Jugendlichen sagten uns immer wieder, wie sehr sie eine Familienstruktur brauchten, wie sehr sie sich danach sehnten, beschützt zu werden, und wie sehr sie klare Wertvorstellungen vermißten. Sie erzählten uns, daß sie in dem komplizierten Prozeß des Erwachsenwerdens mehr Unterstützung von ihren Eltern benötigten. Weil ihnen diese Unterstützung fehlte, gerieten einige auf die schiefe Bahn. Da sie sich in dieser entscheidenden Phase ihres Lebens im Stich gelassen fühlten, wurden sie von inneren Zweifeln und von Zukunftsängsten gequält. Eine alarmierend hohe Zahl von Teenagern fühlte sich physisch und emotional im Stich gelassen.
- Die Folgen der scheiternden Ehe und Scheidung — und dies ist vielleicht für die Gesellschaft die wichtigste Erkenntnis — offenbarten sich schließlich in ihrem vollen Ausmaß, als aus den Kindern junge Erwachsene wurden. Denn in dieser Phase, in der die jungen Männer und Frauen entwicklungsmäßig vor der Aufgabe stehen, eine Liebesbeziehung einzugehen und Intimität aufzubauen, spürten sie besonders deutlich, daß ihnen ein Modell für eine liebevolle, dauerhafte und moralische Beziehung zwischen Mann und Frau fehlte. Die Angst, die den jungen Menschen aus dem Familienleben nach der Scheidung geblieben war, behinderte sie dabei, selbst eine intakte Familie zu gründen. Wenn diese Ängste der Kinder geschiedener Eltern in unserer Gesellschaft ihren Höhepunkt erreichen, kommen die Folgen der vergangenen zwanzig Jahre erst in vollem Umfang zum Tragen. Die neu gegründeten Familien sind für die Auswirkungen einer Scheidung offenbar sehr anfällig. Obwohl es viele junge Menschen in der Studie schafften, sich weiterzuentwickeln und intakte Familien zu gründen, ist diese Zeit für alle eine sehr kritische Phase.

Für Erwachsene bedeutet die Scheidung oft das Ende eines unglücklichen Lebensabschnitts. Aus unserer Untersuchungsgruppe gelang es vielen, nach der Scheidung ein viel glücklicheres und besseres Leben zu führen, oft, aber nicht unbedingt, im Rahmen einer zweiten Ehe.
Andere dagegen, und sie stellten die Mehrheit, erfuhren die Scheidung im wesentlichen als den Beginn einer dauerhaften Diskrepanz zwischen ihnen und ihrem ehemaligen Ehepartnern. Im Laufe der Jahre schaffte es der eine Lebenspartner, seine Lebensqualität zu verbessern, während der andere sich als »Verlierer« fühlte — wirtschaftlich, psychisch und gesellschaftlich.

Aus den Beobachtungen, wie die Erwachsenen ihre Chancen nutzen oder auch nicht, haben wir folgendes gelernt:

- Viele Zweitehen sind in der Tat glücklich. Die Erwachsenen haben aus ihren früheren Erfahrungen gelernt und vermeiden es, dieselben Fehler noch einmal zu machen.
- Viele Erwachsene, vor allem Frauen, machten hinsichtlich ihrer Lebenstüchtigkeit und Selbstachtung erstaunliche Fortschritte.
- Die vollständige Erholung von der Scheidung ist auch im Leben eines Erwachsenen keine Selbstverständlichkeit. Die Annahme, daß alle Menschen sich psychisch erholen, entbehrt jeglicher Grundlage. Was bringt uns zu der Annahme, daß Menschen sich nach zwanzig oder fünfundzwanzig Jahren Ehe auf jeden Fall wieder aufrappeln und von vorn anfangen könnten?
- Gefühle, vor allem aggressive Gefühle und Gefühle des Schmerzes und der Erniedrigung können nach der Scheidung noch viele Jahre lang unvermindert fortbestehen.
- Einige Erwachsene sind gefährdeter als andere. Frauen mit kleinen Kindern, besonders wenn sie durch die Scheidung in die Armut getrieben wurden, müssen einen übermenschlichen Kampf bestehen, um emotional und physisch zu überleben. Wer es nicht am eigenen Leib erfahren hat, kann sich nicht vorstellen, welchen Streß eine Alleinerziehende mit kleinen Kindern hat, die ihren Lebensunterhalt mit Tag- und Nachtschichten verdienen muß. Kein Wunder, daß uns viele Frauen sagten, sie würden sich innerlich wie tot fühlen.
- Viele ältere Männer und Frauen, die sich nach langen Ehejahren scheiden ließen, sind einsam und unglücklich und denken mit wachsender Angst an das Alter. Sie stützen sich zehn und fünfzehn Jahre nach der Scheidung auf ihre Kinder und suchen bei ihnen Hilfe und Freundschaft. Die Chancen, Arbeit, Sexual- oder Ehepartner zu finden, verringern sich mit dem Alter rapide, vor allem für Frauen.
- Jüngere Männer lassen sich oft ziellos treiben. Die Scheidung hindert sie offenbar daran, in ihre Rollen als Ehemänner und Väter hineinzuwachsen.
- Bei den Erwachsenen hat sich schließlich gezeigt, daß bei Zweitehen die Scheidungsrate bedenklich hoch ist. Das hat, wie wir festgestellt haben, oft verheerende Folgen, weil eine zweite Scheidung die destruktive Wirkung der ersten um ein Vielfaches verstärkt.

Die interessantesten Ergebnisse unserer Studie beziehen sich meist auf Veränderungen im Eltern-Kind-Verhältnis, die während der Scheidung und in den Jahren danach auftreten. Da Kinder wirtschaftlich und emotional lange von ihren Eltern abhängig sind, können diese Veränderungen schwerwiegende Folgen haben. Offensichtlich gedeiht die Beziehung zwischen Eltern und Kindern am besten auf dem Boden einer glücklichen, intakten Familie. Ohne diese Basis wird die Eltern-Kind-Beziehung oft sehr instabil und zerbricht leicht. Was bedeutet das für die Familien? Was haben wir gelernt?

- Wie in der intakten Familie ist auch nach einer Scheidung die kontinuierliche Beziehung des Kindes zu guten Eltern, die miteinander kooperieren, entscheidend für seine normale Entwicklung. Eine gute, kooperative elterliche Fürsorge ist in der Familie nach der Scheidung jedoch oftmals sehr viel schwieriger als in einer intakten Familie.
- Wenn eine Ehe gescheitert ist, fühlen sich die meisten Männer und Frauen zunächst einmal außerstande, ihre elterliche Pflichten zu erfüllen. Sie widmen ihren Kindern weniger Zeit, sorgen weniger für Disziplin und gehen weniger auf sie ein, weil sie selbst in den Sog der Scheidung und ihrer Nachwirkungen geraten sind. Viele Eltern sind zeitweise nicht in der Lage, ihre Bedürfnisse von den Bedürfnissen der Kinder zu trennen. In vielen Familien ist die elterliche Fürsorge innerhalb von ein oder zwei Jahren nach der Scheidung wiederhergestellt. In erstaunlich vielen Familien dauert der Zustand verringerter elterlicher Fürsorge an; dadurch können die erzieherischen Funktionen der Familie dauerhaft gestört werden.
- Da die meisten Kinder nach der Scheidung bei ihren Müttern leben, ist die geistige Gesundheit der Mutter und die Qualität ihrer elterlichen Fürsorge der wichtigste langfristige Faktor für die psychische Entwicklung und das Wohlbefinden des Kindes.
- Wir haben gesehen, wie schwer es getrennt lebenden Vätern fällt, über eine größere Entfernung hinweg eine enge und liebevolle Beziehung zu ihren Kindern zu unterhalten. Das gilt vor allem, wenn einer oder beide Elternteile wieder heiraten. Aber wir haben auch gesehen, wie fest die Kinder an einem Bild ihres Vaters festhalten — oft an einem reinen Wunschbild des abwesenden Vaters oder des Besuchsvaters — und wie Väter und Kinder Phantombeziehungen zueinander aufbauen.
- Die Kinder haben auch nach der Scheidung das Bedürfnis nach einem Vater. In der Pubertät wird dieses Bedürfnis besonders stark, vor allem, wenn es für die Kinder Zeit ist, das Elternhaus zu verlassen. Das Wesen der Vater-Kind-Beziehung, nicht die Anzahl seiner Besuche, hat sehr große Auswirkungen auf die psychische Entwicklung des Kindes.

- Manche Väter haben nach der Scheidung offenbar nicht mehr das Gefühl, daß ihre Kinder eine Möglichkeit sind, die eigene Sterblichkeit zu überwinden. Daß die Gefühle des Vaters zu seinen Kindern nach der Scheidung abstumpfen, gehörte zu unseren erstaunlichsten Entdeckungen.
- In Familien, in denen das Kind mit der Verantwortung für das psychische Wohlergehen eines Elternteils überfordert wird oder als Werkzeug der elterlichen Rache dient, haben sich neue, bislang unbekannte Eltern-Kind-Beziehungen entwickelt.
- Wir haben gelernt, daß gute Stiefeltern-Kind-Beziehungen nicht garantiert sind. Sie müssen entsprechend gepflegt werden, damit sie in den Köpfen und Herzen der Kinder Wurzeln schlagen. Viele Kinder fühlen sich aus der neuen Familie nach einer zweiten Eheschließung ausgeschlossen.
- Zugleich haben wir jedoch einige Mütter und Väter und sogar einige Stiefeltern erlebt, die ihren Kindern gegenüber ein großes Maß an Loyalität, Selbstlosigkeit und Hingabe entgegenbrachten.

Ich habe mich oft gefragt, ob diese Kinder und Erwachsenen, die in den frühen siebziger Jahren die Erfahrung der Scheidung gemacht haben, sich von jenen unterscheiden, die heutzutage eine Scheidung erleben. Im Center for the Family in Transition beraten wir monatlich ungefähr 30 neue Familien, mehr als jede andere Beratungsstelle im ganzen Land. Die Scheidungsrate stieg in den siebziger Jahren steil an und pendelte sich in den achtziger Jahren bei einer Quote ein, nach der jede zweite heute geschlossene Ehe höchstwahrscheinlich geschieden wird. 38 Prozent der Kinder, die Mitte der achtziger Jahre geboren wurden, werden unter der Scheidung ihrer Eltern zu leiden haben, bevor sie achtzehn sind.[1]

Ich stelle mit Erstaunen fest, wie wenig sich die emotionalen Reaktionen von Erwachsenen und Kindern bei einer Scheidung verändert haben. Es fällt Eltern immer noch schwer, die Kinder über die Scheidung zu informieren. Obwohl sich die Medien verstärkt mit dem Problem Scheidung befassen, erzählen fast 50 Prozent der Eltern, die wir beraten, ihren Kindern erst am Tag der Trennung oder noch später, daß ihre familiäre Welt auseinanderbricht.

Weder haben sich die Ursachen der Scheidung verändert noch die Gefühle der Männer und Frauen. Die Quantität des Leids hat sich nicht verringert. Viele Menschen möchten gerne glauben, daß Erwachsene und Kinder die Scheidung heute leichter ertragen als früher oder vielleicht gar keine Probleme haben, weil es so viele Geschiedene gibt. Aber die

Statistik kann weder Eltern noch Kinder trösten. Die Scheidung ist keine »normale« Erfahrung, nur weil viele Menschen mit ihr konfrontiert werden. Wir haben festgestellt, daß alle Kinder unter einer Scheidung leiden, gleichgültig, wie viele ihrer Freunde eine Scheidung erlebt haben. Und obwohl die Scheidung in jüngster Zeit ihr moralisches Stigma fast ganz verloren hat, ist der Schmerz, den jedes Kind empfindet, nicht geringer geworden.

Ein alarmierender Unterschied zwischen den siebziger und den achtziger Jahren, der sich den Berichten von psychiatrischen Kliniken entnehmen läßt, besteht in der Zunahme von sehr heftigen Reaktionen auf eine Scheidung: Es gibt heute mehr Gewalttaten, mehr Eltern, die von ihren Kindern abhängig sind, und mehr verstörte oder gar selbstmordgefährdete Kinder. Mich beunruhigen besonders die schweren Depressionen vieler Jugendlicher, denen es vor der Scheidung gutgegangen war. Auch Berichte über sexuelle Nötigung und Kindesmißbrauch häufen sich. Obwohl es manchmal schwer ist, zwischen tatsächlichem Mißbrauch und erfundenen Geschichten zu unterscheiden, vor allem wenn das Thema im Kampf um das Sorgerecht für das Kind aufkommt, ist das Problem alarmierend. Schlimmer noch ist, daß das Gesellschaftssystem für den Umgang mit diesem Problem völlig inadäquat ist.

In der Einstellung der Väter haben wir eine deutliche Veränderung festgestellt: Viel mehr Männer versuchen, auch nach der Scheidung eine aktive Rolle als Elternteil im Leben der Kinder zu spielen. Die Frauen sind inzwischen eher bereit, dieses Engagement der Väter zu dulden, und erwarten ein solches Verhalten sogar, unabhängig davon, wie das Sorgerecht geregelt ist. Andererseits beobachten wir ein geringes, aber dennoch signifikantes Ansteigen der Zahl von Frauen, die ihre Kinder verlassen und sich dafür entscheiden, sie vorübergehend oder ganz in die Obhut ihres Exmannes zu geben. Es gibt viele Motive für eine solche Entscheidung, unter anderem auch, daß diese Regelung in unserer Gesellschaft für eine Frau inzwischen eine durchaus akzeptable Option ist.

Ein wichtiger Unterschied zwischen den siebziger und den achtziger Jahren ist die Zunahme der gemeinsamen elterlichen Sorge. Das kommt vor allem Familien zugute, in denen sich beide Eltern freiwillig für die gemeinsame Sorge entschieden haben und diese Form des Sorgerechts der Persönlichkeit des Kindes angemessen ist. Es spricht allerdings nichts dafür, daß sich die gemeinsame elterliche Sorge für alle Familien eignet, nicht einmal für die meisten. Dagegen spricht sehr viel dafür, daß sich verschiedene Sorgerechtsmodelle für verschiedene Familien eignen. In der Praxis lautet die Aufgabe, für jede Familie die individuell beste Lösung zu finden.

Wenn die gemeinsame elterliche Sorge gerichtlich verfügt wird, weil die Eltern sich um das Sorgerecht für die Kinder streiten, werden die schwersten Folgen des Streits leider auf die Familienmitglieder abgewälzt, die sich am wenigsten wehren können — auf die Kinder. Sie erleiden dadurch oft schwere psychische Schäden. Ich bin in vielen Fällen für ein gemeinsames Sorgerecht, allerdings nur unter der Voraussetzung, daß Eltern und Kinder damit umgehen können; ein Allheilmittel ist die gemeinsame Sorge jedoch nicht. Wir müssen immer noch viel lernen.

Ich habe mir eine weitere Frage gestellt: Gelten die Erkenntnisse, zu denen wir in Kalifornien gelangt sind, für die ganze Nation? Sie gelten meiner Ansicht nach vor allem für Familien der Mittelschicht in der postindustriellen Welt. Wir wissen viel weniger darüber, welche Erfahrungen Familien aus anderen sozialen Schichten und in anderen ethnischen Gruppen machen.[2] Wenn ich auf Kongressen in ganz Amerika, Europa und Lateinamerika Vorträge halte, bestätigen mir Fachleute und Laien, daß ihre Beobachtungen erstaunlich genau mit meinen Ergebnissen übereinstimmen.

Auch wenn unsere Ergebnisse insgesamt bedenklich stimmen, sollten wir die Scheidung nicht verdammen. Eine Scheidung ist oft die einzige rationale Lösung für eine schlechte Ehe. Wenn ich von Ehepaaren gefragt werde, ob sie um der Kinder willen verheiratet bleiben sollen, muß ich sagen: »Selbstverständlich nicht.« Alle unsere Ergebnisse deuten darauf hin, daß Kinder, die miterleben, wie die Eltern sich terrorisieren oder schlagen, dadurch noch schwerere Schäden davontragen als durch eine Scheidung. Eine rücksichtsvoll und pragmatisch durchgeführte Scheidung kann Kindern zeigen, wie man ernste Lebensprobleme mit Mitgefühl, Klugheit und angemessenem Verhalten meistert.

Wer das Rad der Zeit zurückdrehen möchte, darf sich nicht auf unsere Ergebnisse berufen. Seit familiäre Probleme ein zentrales Thema der Politik geworden sind, werden bei Konservativen nostalgische Stimmen laut, die fordern, die Scheidung wieder sehr zu erschweren. Sie bieten jedoch keine Lösungen für die ernsten Probleme an, die überhaupt erst zum Anstieg der Scheidungsrate geführt haben. Die Progressiven behaupten, die Beziehungen zwischen Mann und Frau seien ehrlicher und partnerschaftlicher geworden und die Veränderungen der letzten beiden Jahrzehnte hätten lediglich »die neue Form der Familie« hervorgebracht. Doch die »neuen« Formen der Familie bieten den Kindern *nicht* dieselbe Geborgenheit wie die traditionelle Ehe. Überdies sind die Stimmen der Kinder in unserer politischen Arena nicht zu hören. Män-

ner und Frauen sprechen zwar *über* die Kinder, aber ich bezweifle entschieden, daß sie *für* die Kinder sprechen.
Wir erleben Veränderungen in der Familie, die ein integraler Bestandteil der größeren Veränderungen unserer Gesellschaft sind. Wir befinden uns auf einem neuen Kurs, der uns noch nie dagewesene Möglichkeiten eröffnet, bessere Beziehungen und stärkere Familien zu schaffen, der aber auch noch nie dagewesene Gefahren für die Gesellschaft mit sich bringt, vor allem für unsere Kinder.
Wir haben Ende der achtziger Jahre den Gipfel des Berges erreicht. Wenn ich in die Zukunft blicke, sehe ich Anzeichen für eine Veränderung zum Besseren.

- Die Gesellschaft interessiert sich allmählich für die wirtschaftliche Not der Frauen und Kinder und für die sogenannte Feminisierung der Armut. Wir tolerieren die wirtschaftliche Ungerechtigkeit nicht mehr, die durch die Scheidung gefördert wird.
- Beim Gesetzgeber und in den Gerichten werden Stimmen laut, aus denen die Sorge um die unbefriedigten Bedürfnisse aller Kinder und Familien in unserer Gesellschaft spricht.
- Die Gesellschaft wird sich offenbar in zunehmendem Maße bewußt, welche Folgen eine Scheidung für Familien und Kinder hat. Lehrer, Psychotherapeuten, Geistliche, Ärzte, Richter, Familienanwälte und Eltern sind besser auf die besonderen Bedürfnisse der Familienmitglieder nach einer Scheidung vorbereitet.
- Es gibt mehr Beratungsdienste, die im Falle einer Scheidung in Anspruch genommen werden können, eine Gerichtshilfe und mehr psychologische Beratungsstellen in den Gemeinden.

Aber diese hoffnungsvollen Zeichen stehen immer noch in keinem Verhältnis zu der Masse der Probleme. In den rechtlichen oder psychologischen Beratungsstellen konzentriert man sich fast ausschließlich auf die akute Krise während der Scheidung. Die Unterhaltszahlungen für das Kind werden an Hand der aktuellen, und nicht der sich wandelnden zukünftigen Bedürfnisse des Kindes festgesetzt. Selbst Besuchsregelungen werden auf dieser Basis getroffen. Alle Beratungsstellen gehen davon aus, daß sie den Leuten nur helfen müßten, ihre Besitzverhältnisse, das Sorgerecht und die Besuchsregelung zu klären — alles weitere werde sich dann von allein ergeben. Aber das ist nicht so.
Wenn das Ziel der Rechtsprechung ist — und ich bin der Ansicht, daß es das sein sollte —, die Auswirkungen der Scheidung auf die Kinder

möglichst gering zu halten und ihnen möglichst viel von der sozialen, ökonomischen und emotionalen Sicherheit zu bewahren, die sie genossen, solange die Ehe ihrer Eltern intakt war, dann haben wir noch einen weiten Weg vor uns.[3]

Zumindest sollten Beratung und Hilfe für die Familien *nach* der Scheidung thematisch und zeitlich ausgedehnt werden. Die Ehepaare müssen während der Scheidung über die speziellen Probleme aufgeklärt werden, die ihr Entschluß nach sich ziehen wird. Man muß ihnen helfen, Entscheidungen über Lebensformen, Besuchsregelungen und die Form des Sorgerechts zu treffen. Und man muß ihnen helfen, diese Entscheidungen im Laufe von vielen Jahren in die Tat umzusetzen — und zu modifizieren, wenn die Kinder älter werden und die Familie sich verändert. Familien brauchen universell verfügbare Vermittlungsdienste. Wenn Kinder gefährdet sind, wenn Eltern immer noch in schwere Konflikte verwickelt sind und wenn es in der Familie zu Gewalttätigkeiten gekommen ist, dann ist eine langfristige Einzelberatung unumgänglich. Frauen und Männer in der Scheidung müssen realistische Vorkehrungen für den finanziellen Unterhalt ihrer Kinder treffen; wenn nötig muß der Staat eingreifen.

Darüber hinaus müssen wir noch viel mehr über die Scheidung lernen. Wir müssen herausfinden, warum das Verhältnis zwischen geschiedenen Männern und Frauen, die zusammen Kinder hatten, so schlecht ist, obwohl sie größtenteils behaupten, sie hätten aus Liebe geheiratet. Wir müssen lernen, wie man die Gefühle des Selbstzweifels, der Wut und der Enttäuschung reduziert, die im Verhältnis zwischen Mann und Frau so häufig sind. Und wir müssen mehr über die Anfangsphasen von Beziehungen, über Ehe und Zweitehe und über die inneren Regeln einer guten Ehe lernen.

Als Gesellschaft haben wir immer schnell auf individuelle Bedürfnisse reagiert. Es kam uns ganz natürlich vor, dem kleinen Mädchen, das vor kurzem in einen stillgelegten Brunnen gefallen ist, unsere kollektive Aufmerksamkeit zu schenken, gab dieser Unfall doch den Stoff für ein gutes Rührstück im Fernsehen ab. Aber es fällt uns viel schwerer, die Probleme wahrzunehmen, die unser kollektives Sein angehen — und das hat einen sehr guten Grund. Ich möchte in diesem Zusammenhang die unvergeßlichen Worte des Cartoonisten Walt Kelly wiederholen: »Wir haben den Feind gesehen. Wir waren es selbst.« Bei der Scheidung geht es nicht um »wir« versus »sie«. Tiefgreifende Veränderungen haben die moderne Familie erschüttert. Wir sind nicht weniger tugendsam geworden oder interessieren uns weniger für unsere Kinder, aber wir haben die vielfältigen Bedürfnisse der Kinder aus geschiedenen Ehen und ihrer Eltern zu lange ignoriert. Und wir haben nur zögernd die kollektive Verantwortung für diese Menschen übernommen.

Wenn eine Gesellschaft die Scheidung einer Ehe zuläßt, muß sie zwangsläufig ein gewisses Maß an Verantwortung übernehmen. Es liegt an uns, uns gegenseitig, vor allem aber unsere Kinder, soweit wie möglich vor negativen psychischen und wirtschaftlichen Folgen einer Scheidung zu schützen. Die Kinder der modernen Welt fühlen sich weniger sicher als frühere Generationen. Sie spüren, daß die Institution Familie schwächer ist als je zuvor. Kinder geschiedener Eltern wachsen mit dem Bewußtsein auf, daß Liebe vergänglich sein kann. Alle Kinder — selbst wenn sie in glücklichen, intakten Familien aufwachsen — haben Angst, daß auch ihre Familie auseinanderbrechen könnte. Die moderne Gesellschaft hat die Aufgabe, die Familie, alle Familien, zu unterstützen und zu stärken.

Ich fürchte, wir sorgen nicht gut genug für unsere Kinder — und folglich auch nicht für die Zukunft unserer Gesellschaft. Wir entziehen uns dieser Aufgabe und bürden unabsichtlich unseren Kindern die Last auf, mit dem Wandel der Familie fertig zu werden. Konkreter ausgedrückt heißt das: Wir lassen es zu, daß unsere Kinder die psychische, ökonomische und moralische Last der Scheidung tragen müssen.

Aus den Erzählungen der Kinder geht klar hervor, daß sie sich dieser Lasten bewußt sind, die auf ihre schmalen Schultern geladen wurden. Als der sechsjährige John kurz nach der Scheidung seiner Eltern zu uns ins Zentrum kam, murmelte er nur: »Ich weiß nicht.« Er beantwortete keine Frage, sondern beschäftigte sich nur mit seinen Spielen: Zuerst suchte er den ganzen Spielraum nach Puppenbabys ab. Als er genügend zusammenhatte, stellte er die Puppenbabys fest auf ihre Füße und häufte dann Miniaturtische, Stühle, Betten und schließlich das gesamte Mobiliar des Puppenhauses auf ihre Köpfe. Dann sah John mich zufrieden an. Die Babys trugen die Last... Anschließend setzte John wortlos die Puppenmütter und Puppenväter in gefährlichen Positionen auf das steile Dach des Puppenhauses. Als ein Puppen-Vater hinunterrutschte, fing John ihn auf und sagte zu mir: »Er hätte tot sein können.« Als die Puppenmütter und Puppenväter nacheinander das Dach hinunterrutschen, fing John sie alle vorsichtig auf.

»Sind die Babys die stärksten?« fragte ich ihn.

»Ja«, rief John aufgeregt, »die Babys halten die Welt zusammen.«

Anhang

Methode und Sample

Die Untersuchungsgruppe

Im Jahr 1971 wurden 131 Kinder und Jugendliche aus 60 Familien zusammen mit ihren Eltern kurz nach der Trennung der Eheleute sechs Wochen lang intensiv untersucht. Als Trennung galt der Zeitpunkt, von dem an die Eltern auf Dauer getrennt lebten.[1] Jedes Familienmitglied wurde jeweils 18 Monate, 5 und 10 Jahre nach der Trennung ein zweites Mal untersucht. Während dieses Buch entstand, sind viele Teilnehmer auch 15 Jahre nach der Trennung noch einmal interviewt worden. Die 131 Kinder verteilten sich fast paritätisch auf die beiden Geschlechter (48 Prozent Jungen, 52 Prozent Mädchen). Zum Zeitpunkt der Trennung war ein wenig mehr als die Hälfte 8 Jahre alt oder jünger, 47 Prozent waren zwischen 9 und 18 Jahren alt. Zunächst wurden 59 Mütter und 47 Väter interviewt.
18 Monate nach der Trennung wurde mit 58 der ursprünglich 60 Familien wieder Kontakt aufgenommen. Da sich zwei Paare inzwischen wieder versöhnt hatten und zwei andere Familien die Teilnahme zurückzogen hatten bzw. nicht ausfindig gemacht werden konnten, beruhte die Erhebungsgrundlage bei der ersten Nachuntersuchung auf 56 Familien. Die Daten stammten aus Interviews mit 41 Vätern, 53 Müttern und 108 Kindern. Von den restlichen Kindern waren 45 Prozent Jungen und 55 Prozent Mädchen.
Fünf Jahre nach der Trennung nahmen wir wieder mit 58 der ursprünglich beteiligten Familien Kontakt auf. Um genügend Daten für eine umfassende psychologische und soziologische Beurteilung zu bekommen, führten wir ausgedehnte Interviews mit 96 Kindern aus 56 Familien; außerdem wurden 54 Mütter und 41 Väter interviewt.
Zehn Jahre nach der Trennung wurden 54 (90 Prozent) der ursprünglich 60 Familien ausfindig gemacht; die Mitglieder von 52 Familien (87 Prozent) wurden interviewt. 110 Kinder wurden direkt interviewt, über weitere 6 Kinder wurden ausführliche Informationen von Familienmitgliedern eingeholt. Damit wurde die Zahl der Interviews mit den Kindern im Vergleich zu der Folgeuntersuchung nach 5 Jahren überschritten. Von allen Kindern, die wir erreichen konnten, erfüllten 113 die Bedingungen für eine Teilnahme an der Untersuchung. Die 50 männlichen und 63 weiblichen Versuchspersonen wurden

zwischen 1981 und 1983 über einen Zeitraum von 2 Jahren hinweg beobachtet. Von den Erwachsenen erfüllten 47 Frauen und 36 Männer die Bedingungen für eine unbeschränkte Teilnahme an der Untersuchung.[2] Durchschnittlich waren seit der Trennung 10,9 Jahre vergangen; die Streuungsbreite bewegte sich zwischen 9,6 und 13,1 Jahren.

Als bei der Vorbereitung dieses Buches die einzelnen Versuchspersonen aufgesucht und um ihre Einwilligung zur Veröffentlichung von Informationen gebeten wurden, erklärten sich praktisch alle zu einem weiteren Interview bereit. Diese Interviews entsprechen in etwa einer Folgestudie 15 Jahre nach der Scheidung. Diese neueste Untersuchung ist gegenwärtig noch nicht abgeschlossen. Bei der Veröffentlichung dieses Buches hatten wir die Hälfte der Kinder und mehr als ein Drittel der Eltern interviewt. Wie wir leider erfahren mußten, sind seit der letzten Nachuntersuchung 10 Jahre nach der Trennung aus unserer ursprünglichen Untersuchungsgruppe ein Vater und vier Kinder ums Leben gekommen.

Es sei ausdrücklich darauf hingewiesen, daß die Kinder zunächst einmal auf chronische psychische Probleme untersucht wurden. Vor dem familiären Bruch hatten alle Kinder nach Ansicht ihrer Eltern und Lehrer die ihrem Alter entsprechenden Entwicklungsphasen erreicht. Auch in der Schule verhielten sie sich altersgemäß. Kinder, denen zu einer psychologischen oder psychotherapeutischen Behandlung geraten worden war, wurden aus der Untersuchung ausgeschlossen. Die Untersuchungsgruppe bestand wahrscheinlich aus jungen Menschen, die psychisch eher gesund waren; schließlich hatten sie es geschafft, sich innerhalb einer scheiternden Ehe normal zu entwickeln.

Demographische Daten der ursprünglichen Untersuchungsgruppe

Mit Ausnahme von 10 Prozent der Männer und 7 Prozent der Frauen waren alle Versuchspersonen erstmals verheiratet gewesen. Die Männer waren bei der Trennung durchschnittlich 36,9 Jahre alt, die Frauen durchschnittlich 34,1. Die Paare waren bis zur endgültigen Trennung durchschnittlich 11,1 Jahre verheiratet gewesen — mit Variationen zwischen 4 und 23 Jahren. Auf eine Familie kamen durchschnittlich 2,2 Kinder.

Die Gruppe hatte ein recht hohes Bildungsniveau. Ein Viertel der Männer besaßen einen Hochschulabschluß in Medizin, Jura oder Betriebswirtschaft. Ein Drittel der Frauen hatten einen Collegeabschluß und einige wenige sogar einen Graduiertenabschluß. Nur 18 Prozent der Männer und 24 Prozent der Frauen hatten ihre Ausbildung schon mit dem High-School-Diplom beendet. In ihrer ursprünglichen sozioökonomischen Schichtung spiegelten die Familien die Population der nordkalifornischen Vorstädte wider, in denen sie lebten. Die Familien stammten größtenteils, aber nicht vollständig, aus der Mittelschicht. Von den ursprünglich 60 Familien waren 88 Prozent weiß, 3 Prozent schwarz und 9 Prozent rassisch gemischt; ein Ehemann war Asiate. Die Verteilung der Familien auf soziale Klassen wurde mit Hilfe des »Hollingshead Two Factor Index of Social Position« bestimmt.[3] 43 Prozent der Familien fielen in die zwei höchsten Kategorien, 28 Prozent rangierten in der mittleren Kategorie, und weitere 28 Prozent standen auf den zwei niedrigsten Stufen.

Die Erhebungsgrundlage nach zehn Jahren

Die sozioökonomischen Unterschiede zwischen Männern und Frauen waren 10 Jahre nach der Trennung weniger ausgeprägt als die Unterschiede, die 18 Monate und 5 Jahre nach der Trennung beobachtet wurden. Damals stellten wir bei 60 Prozent der Frauen einen steilen wirtschaftlichen Abstieg fest und bei der Mehrheit der Frauen und Kinder ein Absinken des Lebensstandards. Zehn Jahre nach der Trennung gehörten 40 Prozent der Frauen und 50 Prozent der Männer in die zwei höchsten Kategorien der fünfstufigen Hollingshead-Skala. In den zwei niedrigsten Kategorien waren Frauen immer noch deutlich stärker vertreten als Männer: 30 Prozent der Frauen fielen in diese Kategorien verglichen mit 17 Prozent der Männer.

Zehn Jahre nach der Trennung waren 42 Frauen und 46 Männer berufstätig. Im Hinblick auf die Art des Berufes übten sie im gleichen Verhältnis (42 Prozent) gehobene Berufe aus; bezeichnenderweise waren die Männer Ärzte, Rechtsanwälte und Manager, während es unter den Frauen nur eine einzige Ärztin gab. Die Mehrzahl der Frauen hatten Berufe im Bereich der Lehre, der Pflege oder der schönen Künste; das spiegelte sich in einem erheblichen Unterschied im sozialen Status sowie im Einkommen wider. Ein Viertel der Frauen und ein bißchen weniger als ein Fünftel der Männer hatten große finanzielle Probleme.

Methodik

Die Wahl des Forschungsplans — einschließlich der Meßstrategien und der Schaffung von Variablen durch Verschlüsselungsschemata — ergab sich aus den Entscheidungen, welche Bereiche der untersuchten Phänomene von Interesse sind. Die Untersuchung war ursprünglich als Studie zur Hypothesenbildung geplant und hatte das Ziel, die Wahrnehmungen und Erfahrungen der einzelnen Familienmitglieder, besonders der Kinder, nach der Scheidung zu untersuchen und zu verfolgen. Die qualitative Ausrichtung der Untersuchung eignet sich ideal für diesen Zweck, denn der Schwerpunkt liegt auf dem Versuch, die Komplexität und die Veränderungen, die dem langwierigen Scheidungsprozeß innewohnen, aus der Sicht der Beteiligten zu verstehen. Die verschiedenen Methoden der Datenerhebung und Analyse, einschließlich der ausgedehnten klinischen Interviews und der Entwicklung von Codierungskategorien, die den Komplexitätsgrad der klinischen Daten wahrheitsgetreu widerspiegelten, wurden ausgewählt, weil sie besonders geeignet waren, die qualitative Natur der untersuchten Phänomene zu erhalten und hervorzuheben.

Erster Kontakt

Die Familien nahmen von vornherein an, daß sie als Gegenleistung für ihre bereitwillige Teilnahme an dem Forschungsprojekt bei den Entscheidungen, die sie hinsichtlich ihrer Kinder treffen mußten, beraten würden. Die Rollen des Beraters und des Forschers wurden verknüpft. Die Familien wurden in erster Linie von Anwälten und Schulen an uns verwiesen. Nur sehr wenige prozeßführende Familien wurden zur Teilnahme an der Studie zugelassen.
Jedes Familienmitglied wurde einzeln interviewt. Durch die Einzelgespräche mit Eltern und Kindern und die Beschaffung unabhängiger Informationen aus den Schulen sollte eine komplexe und vielfältige Datenmenge über jedes einzelne Familienmitglied sowie über die Beziehungen innerhalb der einzelnen Familien beschafft werden. Die potentiellen Gefahren, die darin liegen, nur ein Familienmitglied zu den Erfahrungen zu befragen, die die Familie insgesamt mit der Scheidung gemacht hat, traten im gesamten Verlauf des Projektes überzeugend zutage. Die verschiedenen Daten, die wir erhoben, ermöglichten uns, oft augenscheinlich widersprüchliche Daten zu einem sinnvollen psychologischen Porträt der Familie und ihrer Mitglieder während der Scheidung zusammenzusetzen. Alle Eltern wurden über 6 Wochen hinweg wöchentlich interviewt; die Kinder kamen zu drei bis vier Sitzungen. Die Interviews mit den Eltern dauerten zwischen einer und anderthalb Stunden, die Sitzungen mit den Kindern meistens 50 Minuten. Wenn ein Familienmitglied die Teilnahme verweigerte, wurde nicht die ganze Familie aus der Studie ausgeschlossen. Im allgemeinen war immer ein klinischer Psychologe für alle Familienmitglieder zuständig; wenn zeitliche Überlegungen oder besondere Fachkompetenz es erforderten, übernahm gelegentlich ein Mitarbeiter die Eltern und ein anderer die Kinder. Pro Familie wurden durchschnittlich 15 Interviews geführt.

Die Folgestudien

Die Familien wurden 18 Monate, 5 Jahre und 10 Jahre nach der endgültigen Trennung der Eltern wieder aufgesucht. Mit den einzelnen Familienmitgliedern wurde ein einziges, in einigen Fällen mehrstündiges Folgeinterview geführt; kleinere Kinder wurden bei ausgedehnten Spielsitzungen beobachtet. Zehn Jahre nach der Trennung waren jedoch auch die jüngsten Kinder alt genug, um interviewt zu werden. Bei den Interviews nach 18 Monaten und 5 Jahren führte derselbe Psychologe die Gespräche mit den Familienmitgliedern, der sie ursprünglich beurteilt hatte. Bei den Gesprächen nach 10 Jahren standen immer noch 3 der ursprünglich 5 Fachleute zur Verfügung; damit war eine relativ hohe Kontinuität bei den Kontaktpersonen für die jungen Menschen und ihre Eltern gesichert. Bei den Folgestudien 18 Monate und 5 Jahre nach der Trennung wurden unabhängige Interviews in den Schulen geführt; bei der Folgestudie nach 10 Jahren wurde das Interviewmaterial durch Fragebogen für Eltern und Kinder ergänzt. Bei der noch nicht abgeschlossenen Folgestudie nach 15 Jahren wird ausschließlich mit Interviews gearbeitet.

Erste Beurteilung

Geschulte Kliniker führten mit den Kindern und ihren Eltern jeweils einzeln halbstrukturierte klinische Interviews; sie orientierten sich bei der Gesprächsführung an einer einheitlichen Vorgabe von inhaltlichen Bereichen, die abgedeckt werden sollten. Von den Eltern wurden zunächst umfassende Daten über das Leben der Familie und jedes Familienmitglieds während der ehelichen Schwierigkeiten und der Entscheidung zur Trennung erhoben. Andere wichtige Schwerpunkte waren die Qualität und die Veränderungen der elterlichen Beziehung und der Eltern-Kind-Beziehung, welche Reaktionen und Verhaltensweisen der Kinder beobachtet worden waren, welchen Belastungen die Eltern ausgesetzt waren, wie sie die Situation bewältigten und wie es ihnen gelang, ihr Leben wiederaufzubauen. Wie die Eltern sich die Zukunft für sich selbst und für ihre Kinder vorstellten, wurde ebenso angesprochen wie ihre Ansichten zu Problemen des Sorgerechts oder der Besuchsregelungen. Diese Informationen wurden durch Daten ergänzt, die für die Geschichte und Situation der jeweiligen Familie spezifisch waren. Das erlaubte die Entwicklung verschiedener verschachtelter Aussagen über die zentralen psychischen Reaktionen der Eltern auf die Scheidung und ihre Motivation und Fähigkeiten, ihre Elternrolle in der neuen familiären Struktur nach der Scheidung weiterzuspielen oder wiederaufzunehmen.

Bei der Beurteilung der Kinder konzentrierten wir uns darauf, wie sie auf die Belastungen der Scheidungssituation reagierten; gemessen wurde das daran, inwieweit sie psychisch und sozial ihrem Alter entsprechend entwickelt waren. Daraus folgerten wir eine »scheidungsspezifische« Beurteilung von Kindern, die in der Anfangsphase des Projekts noch verfeinert wurde. Sie umfaßte eine fundamentale Einschätzung der psychischen Verfassung des einzelnen Kindes mit besonderer Berücksichtigung der Scheidung und scheidungsbezogener Veränderungen. Zu den drei wichtigen Untersuchungsbereichen dieser scheidungsspezifischen Beurteilung gehörten: (1) die spezifische Reaktion des Kindes und seine Erfahrung mit der Trennung und Scheidung seiner Eltern; (2) Kontinuität und Veränderung in der Eltern-Kind-Beziehung; (3) die Unterstützung, die den Kindern außerhalb des Elternhauses zu Verfügung stand. Die Kliniker bereiteten ausführliche Zusammenfassungen der Interviews vor, transkribierten sie und verschlüsselten bzw. codierten die (coding = die Zuordnung empirisch ermittelter Sachverhalte oder Merkmalsausprägungen zu theoretisch vorgegebenen Kategorien mit Hilfe von numerischen, alphabetischen oder alphanumerischen Symbolen; A. d. Ü.) Transkripte unter Zuhilfenahme von verschiedenen Bewertungsskalen und Kategorien.[4] Reliabilität erreichten die ausgebildeten Kliniker mit Hilfe der Konsensmethode. Wenn bestimmte Codes eine klinische Beurteilung erforderten, wurden sie diskutiert; Unstimmigkeiten wurden gelöst. Wenn ein Konsens erreicht war, vervollständigten dieselben klinischen Beurteiler die Verschlüsselung der Transkripte.

Beurteilungen nach 18 Monaten und 5 Jahren

Die Methode der Beurteilung war bei den Folgeuntersuchungen nach 18 Monaten und 5 Jahren im wesentlichen so, wie sie für die Anfangsphase beschrieben wurde. Für die halbstrukturierten Interviews wurde dieselbe Gliederung benutzt, allerdings wurden bei beiden Folgestudien noch zusätzliche Bereiche angesprochen. Sie bezogen sich hauptsächlich auf die sozioökonomische und psychische Situation, die sich in dem jeweiligen Zeitraum ergeben hatte. Die Teile des Interviews, die mit dem vorehelichen und ehelichen Leben zu tun hatten, wurden nicht wiederholt.

Beurteilung nach 10 Jahren

Wie zuvor wurden die Vorgaben für die Gesprächsführung so modifiziert, daß sie neue Bereiche umfaßten, die für die Beurteilung des Status 10 Jahre nach der Trennung relevant waren. Die Vorgaben für die Interviews 10 Jahre nach der Trennung umfaßten alle inhaltlichen Bereiche der Vorgabe für das Anfangsinterview (abgesehen von dem Leben vor der Scheidung) und all die neuen Punkte, die bei den Interviews nach 18 Monaten und 5 Jahren hinzugekommen und bei den Interviews nach 10 Jahren immer noch relevant waren. Dadurch wurden die Interviews sehr ausgedehnt; die Folgeuntersuchung 10 Jahre nach der Trennung war somit die umfangreichste Nachuntersuchung im Rahmen der Gesamtstudie. Wie in den früheren Phasen wurden die Interviews transkribiert, und die Transkripte wurden verschlüsselt. Die Codierungsformulare bei der Folgeuntersuchung nach zehn Jahren enthielten Kategorien, die bereits in früheren Phasen benutzt wurden, zusätzlich aber auch Kategorien, die sich auf Fragen bezogen, die bei den Interviews 10 Jahre nach der Trennung neu hinzugekommen waren. (Tabelle 1 ist eine Zusammenfassung der Funktionsbereiche, auf die sich diese Kategorien bezogen.)

Die Items der Codierung, die einer klinischen Beurteilung bedurften, wurden von ausgebildeten klinischen Bewertern gründlich untersucht. Operationale Kriterien, die sich auf Skalenpunkte beziehen, wurden entwickelt und ausführlich diskutiert. Die Transkripte von 10 Prozent des Samples wurden ausgewählt und individuell verschlüsselt. Die Bewerter-Reliabilität wurde bei Ordinalvariablen mit Hilfe des Kendallschen Tau *b* und bei nominalen Variablen mit Hilfe der K-Maßzahl berechnet. Die Variablen mit einem akzeptablen Grad der Übereinstimmung (*p* kleiner als .05) konstituierten 62 Prozent der Ordinalcodes und 54 Prozent der Nominalcodes. Die übrigen Codes wurden überprüft; weitere operationale Kriterien wurden definiert. Wenn zu diesen Kriterien kein Konsens erreicht werden konnte, wurden die Codes aus der formalen Analyse eliminiert.

Tabelle 1

*Zusammenfassung der Funktionsbereiche, die bei der Folgeuntersuchung 10 Jahre nach der Trennung codiert wurden**

Kinder	*Eltern***
Familienstand/Geschichte	Familienstand/Geschichte
Lebenssituation (und Sorgerecht)	Anstellung
Schema des Kontakts zum Vater	Ausbildung/Schulung
Schema des Kontakts zur Mutter	Wirtschaftliche Situation
Einstellung zum Kontakt mit den Eltern	Lebenssituation
Ausbildung	Soziale Beziehungen
Anstellung	Unterstützung/Bedürfnisse
Ökonomische Situation	Elterliche Pflichten
Entwicklung in der Pubertät	Gegenwärtige psychische Verfassung
Geschichte der frühen/mittleren Pubertät	Verlauf der Behandlung
Geschichte der Spätpubertät	Einstellung zur Scheidung
Unterstützung	Beziehung der Eltern zu den gemeinsamen Kindern
Beziehungen zu Gleichaltrigen	Beziehung der Eltern zueinander
Sexuelle Beziehungen/Liebesbeziehungen	
Gegenwärtige psychische Verfassung	
Psychotherapie und Krankengeschichte	
Beziehung zum Vater	
Beziehung zur Mutter	
Einstellung zur Wiederverheiratung der Mutter	
Einstellung zur Wiederverheiratung des Vaters	
Einstellung zur Scheidung	
Erwartungen von der Zukunft/ Einstellungen zur Zukunft	

* Diese Funktionsbereiche wurden hauptsächlich in Form klinischer Bewertungen verschlüsselt. Die Bewertungen basierten in erster Linie auf Interviewdaten und in zweiter Linie auf Daten von Fragebögen, die den Eltern und Kindern ausgehändigt worden waren.

** Mutter und Vater wurden getrennt beurteilt.

Analyse der Daten

Alle Daten der Eltern und Kinder, die bis zur Folgeuntersuchung nach 5 Jahren erhoben worden waren, wurden computerisiert und mit Hilfe verschiedener statistischer Tests und Methoden analysiert. Zu den Analysemethoden gehörten die Varianzanalyse, Faktorenanalyse und andere Korrelationstechniken.

Reduzierung der Datenmenge

Die Datenanalyse bei der Folgeuntersuchung 10 Jahre nach der Trennung war umfangreicher als alle anderen Analysen, die bis zu diesem Punkt durchgeführt wurden. Sie umfaßte Querschnittsanalysen und Langzeitanalysen.

Bevor die klinischen Probleme irgendwelchen Tests unterzogen wurden, stellten wir fest, wie häufig die Codierungskategorien jeweils vorgekommen waren. Alle Kategorien, die statistisch irrelevant waren, wurden überprüft und eliminiert, sofern die Häufigkeit ihres Auftretens nicht klinisch von Bedeutung war. Bei den übrigen Kategorien wurden durch geeignete Meßmethoden Abhängigkeiten festgestellt. Kategorien mit einer Abhängigkeit, die über 0.8 lag, wurden entweder kombiniert oder reduziert. Die übrigen Daten bildeten die Datenbasis.

Bei der Datenanalyse 10 Jahre nach der Trennung wurde das Sample hauptsächlich mit Hilfe der Chi-Quadrat-Maßzahl bewertet, da die Daten in Kategorien eingeteilt waren. Die Kinder wurden nach Geschlecht, Altersgruppe und Geschwisterstatus beurteilt. Die Definition der Altersgruppen veränderte sich im Laufe der Untersuchung je nachdem, was die statistischen Kriterien verlangten und was klinisch sinnvoll war. Die Daten aus den ersten Interviews und der Folgestudie nach 18 Monaten wurden in sechs Altersgruppen analysiert, ausgehend von dem Alter bei der Trennung: 2—4 Jahre alt, 5—6 Jahre, 7—8 Jahre, 9—10 Jahre, 11—12 Jahre und 13—18 Jahre. Bei der Folgestudie nach 5 Jahren wurden die 6 Gruppen für die weitere Untersuchung auf 4 Gruppen reduziert: 2—5 Jahre, 6—8 Jahre, 9—12 Jahre und 13—18 Jahre. Bei der Folgeuntersuchung nach 10 Jahren ging man bei der Festlegung der Altersgruppen von dem Alter und dem Entwicklungsstand zum Zeitpunkt der Untersuchung aus und nicht vom ursprünglichen Alter zum Zeitpunkt der Trennung (siehe Tabelle 2).

Tabelle 2

Altersgruppen der Kinder nach Geschlecht
(10 Jahre nach der Trennung)

Altersgruppe	*Männlich*	*Weiblich*	*Insgesamt*	*in Prozent*
11—15 Jahre	10	16	26	23 %
16—18 Jahre	22	16	38	33 %
19—23 Jahre	12	27	39	35 %
24—29 Jahre	6	4	10	9 %
	50	63	113	100 %

Abhängige Messungen wurden in verschiedenen Bereichen vorgenommen, die widerspiegelten, in welcher psychischen, sozialen und ökonomischen Situation das Kind ist, welche bildungsmäßigen Voraussetzungen es hat, welche Einstellung es zur Scheidung hat, was es von der Zukunft erwartet und wie es den langfristigen Einfluß der Scheidung bewertet.
Eine Gesamtbewertung der Verfassung des Kindes namens »Ego Cope« wurde entwickelt, indem zwei Codes mit verschiedenen, sich jedoch überschneidenden Funktionsbereichen verbunden wurden. In dem einen Bereich »ego intactness« geht es darum, inwieweit die jeweilige Person psychisch integriert ist, ob sie emotional stabil ist und wie fest ihre Defensivstruktur ist. Der zweite Bereich, die allgemeine Kompetenz (Lebenstüchtigkeit; A. d. Ü.), repräsentiert die Art und Weise, wie ein Individuum in verschiedenen Gebieten der externen Umgebung funktioniert; dazu gehören Schule, Beruf, Sozialkontakte und familiäre Beziehungen.
Die Erwachsenen wurden nach Geschlecht, Altersgruppe und Familienstand beurteilt. Für die Analyse nach Altersgruppen wurden die Eltern nach ihrem Alter zur Zeit der Trennung eingeteilt. Zu diesem Zeitpunkt waren die Frauen zwischen 22 und 53 Jahre alt, die Männer zwischen 25 und 65 Jahre alt. Vier Altersgruppen wurden identifiziert; durch die Verteilung im Sample ergaben sich leichte Unterschiede zwischen den Altersgruppen der Frauen und den Altersgruppen der Männer. Bei den Frauen gab es die Gruppen 22—29 Jahre, 30—33 Jahre, 34—39 Jahre und 40—53 Jahre. Bei den Männern gab es die Gruppen 25—29 Jahre, 30—34 Jahre, 35—39 Jahre und 40—65 Jahre.
Die individuellen Eltern-Kind-Beziehungen wurden an Hand von verschiedenen Bereichen analysiert. Dazu gehörten die allgemeine Qualität der Beziehung, der Typus der Identifikation und Gefühle von Zurückweisung, Liebe, Vertrauen, Sorge oder Wut.
Profile wurden entwickelt, in denen sich Kombinationen von Charakteristika der jeweiligen Elternpaare widerspiegelten, so zum Beispiel Strukturen psychischer Veränderungen, Lebensqualität, sozioökonomischer Status, Konflikt und Aggressionen, Kooperation bei der Besuchsregelung, Einstellung zum Exehepartner und dessen Elternrolle, Grad der Verantwortung, die den Kindern gegenüber empfunden wird. Die Elternprofile wurden anhand der Erkenntnis entwickelt, daß sich viele wichtige langfristige Folgen der Scheidung am besten auf der Ebene der Familie konzeptualisieren lassen. Obwohl sich die Reaktionen der einzelnen Personen zum Teil auf individuelle Veränderungen und bestimmte Lebenserfahrungen zurückführen lassen, können wichtige individuelle Transformationen vielleicht gerade im Zusammenhang mit den Veränderungen in der ganzen Familie am besten verstanden werden. Die Elternprofile sind ein Versuch, die Information von einzelnen Elternteilen in Variablen auf der Ebene der Familie zusammenzufassen, mit denen sich die tatsächliche Umgebung, in der die Kinder nach der Scheidung gelebt haben, vielleicht genauer darstellen läßt. Diese Elternprofile wurden dann mit Wertungen des kindlichen Verhaltens verglichen. Auf diese Weise ließen sich

triadische Beziehungen oder Beziehungen innerhalb der Familie erkennen.[5] Außerdem wurden die langfristigen Auswirkungen der Scheidung auf Eltern und Kinder analysiert; untersucht wurde unter anderem, inwieweit bestimmte Verhaltensmuster im Laufe der Zeit stabil geblieben sind oder sich verändert haben, und welche langfristigen Prognosen für das Verhalten getroffen werden können. Dazu wurde eine abhängige Variable konstruiert, in der sich widerspiegelte, wie adäquat die psychische Anpassung zum Zeitpunkt des ersten Kontakts und dann wieder zehn Jahre nach der Trennung war. Auf diese Weise ließen sich über den gesamten Zeitraum hinweg durch den Vergleich mit einer Untergruppe von Variablen, die im Laufe der Querschnittsanalyse als psychologisch bedeutsam oder statistisch signifikant erschienen waren, Verbesserungen und Verschlechterungen erkennen.

Dank

An diesem Buch wirkten viele begabte und engagierte Menschen mit — die Kliniker, die Erwachsene und Kinder interviewten, die Wissenschaftler, die bei der Analyse der Daten halfen, die Lektoren und das Hilfspersonal, die dem Buch seine endgültige Form gaben. Ich habe aus Gründen der Kohärenz und des Aufbaus alle Interviews so dargestellt, als hätte ich sie selbst geführt. Das war selbstverständlich nicht möglich. Die Interviews wurden von einer Gruppe von Klinikern geführt, zu denen auch ich gehörte. Ich möchte den Klinikern, die so viel zu diesem Buch beigetragen haben, Dank und Anerkennung aussprechen. Ich danke allen für ihre Sensibilität und ihr Mitgefühl, das sich in jedem Kontakt mit den Familien über die Jahre hinweg zeigte. Bei der Folgestudie zehn Jahre nach der Trennung wurden die Interviews geführt von Shauna B. Crobin, Ph.D.; Doris Schwarz Crittenden; Barry Feinberg; Holly Gordon; Angela Homme, Ph.D.; Susannah Roy. Von den Genannten haben Doris Schwarz Crittenden, Angela Homme, Susannah Roy und ich von Anfang an an der Studie mitgearbeitet. Alle Genannten haben eine wissenschaftliche Ausbildung.

Ich fühle mich dem Zellerbach Family Fund zu Dank verpflichtet, der diese Arbeit von Anfang an unterstützt hat. Eine so langfristige Unterstützung wäre ohne ihn nicht finanzierbar gewesen. Ganz besonders danke ich Edward Nathan, dem geschäftsführenden Direktor des Zellerbach Family Fund, für sein Vertrauen und seine Unterstützung. Auch der Marion E. Kenworthy-Sarah H. Swift Foundation, Inc., möchte ich meinen Dank aussprechen. Vor allem danke ich W. Walter Menninger, dem Chef der Menninger Clinic, der mich ermunterte, diese Untersuchung durchzuführen, und mir half, die zusätzlichen Finanzmittel aufzutreiben, die ich benötigte. Außerdem danke ich der San Francisco Foundation und der Marin County Community Foundation für ihre Hilfe beim Aufbau des Center for the Family in Transition und ihre kontinuierliche Unterstützung.

Die Ergebnisse der ersten fünf Jahre der Studie, die inzwischen als die »California Children of Divorce Study« bekannt ist, wurden in dem Buch *Surviving the Breakup: How Children and Parents Cope with Divorce* (Judith S. Wallerstein and Joan B. Kelly, Basic Books, 1980) veröffentlicht. Frau Dr. Kelly hat die Projektgruppe nach der Publikation der Folgeuntersuchung nach fünf Jahren verlassen. Ich danke dem Verlag für die Genehmigung, auf das Material aus diesem Buch gelegentlich zurückzugreifen. Vier Berichte mit den Ergebnissen der Folgestudie nach zehn Jahren wurden im *American Journal of Orthopsychiatry* veröffentlicht, und ich danke für die freundliche Genehmigung, auch dieses Material gelegentlich zu benutzen. Ergebnisse der Folgestudie nach zehn Jahren wurden noch in folgenden Zeitschriften veröffentlicht: *Behavioral Sciences and the Law, Columbia Journal of Law and Social Problems, Family Law Quarterly* (mit Shauna B. Corbin), *Journal of the American Academy of Child Psychiatry, Mediation Quarterly* und *Social Work.* Gemeinsam mit Kollegen verfaßte Kapitel, die auf der Studie basieren, erschienen in *Advances in Family Intervention, Assessment and Theory,* Bd. 4 (JAI Press, 1987; Kapitel von Julia M. Lewis und Judith S. Wallerstein) und in *Impact of Divorce, Single Parenting, and Stepparenting on Children,* Hetherington und Arasteh, Herausgeber (Lawrence Erlbaum Associates, 1988; Kapitel von Judith S. Wallerstein, Shauna B. Corbin und Julia M. Lewis). *Factors Affecting Similarities and Differences Among Siblings Ten Years Following Parental Divorce* (Shauna B. Corbin und Julia M. Lewis) war ein Papier, das bei dem 65. jährlichen Treffen der American Orthopsychiatric Association im März 1988 vorgelegt wurde. Ein Großteil des Materials in diesem Buch wurde noch nicht veröffentlicht.

Aufsätze über die gemeinsame elterliche Sorge (von Rosemary McKinnon und Judith S. Wallerstein) erschienen im *American Journal of Orthopsychiatry* und *Behavioral Sciences and the Law.* Ein Papier zur gemeinsamen elterlichen Sorge wurde auch zum 65. jährlichen Treffen der American Orthopsychiatric Association vorgelegt (»A Rose by Any Other Name: Children's Adjustment in Joint and Sole Physical Custody Families« von Marshal Kline, Jeanne M. Tschann, Janet R. Johnston und Judith S. Wallerstein).

Julia M. Lewis, Ph.D., leitete bei der Folgestudie nach zehn Jahren die Forschungsarbeiten. Shauna B. Corbin, Ph.D., war bei den Folgestudien nach zehn und fünfzehn Jahren Projektleiterin. Ich möchte Frau Dr. Lewis und Frau Dr. Corbin meinen tiefen Dank aussprechen für ihre sorgfältige Analyse der riesigen Datenmengen und die vielen wertvollen Einsichten, die sie im Laufe unserer langjährigen Zusammenarbeit beigesteuert haben. Ich möchte unterstreichen, wie dankbar ich Shauna B. Corbin bin für ihre Freundlichkeit, ihre Geduld, ihre Sorgfalt und ihre Hingabe über so viele Jahre hinweg. Außerdem möchte ich die kompetente und phantasievolle Unterstützung von Barbara Lehman, Editorial Assistant, erwähnen und Elzy Burton für ihre Hilfe danken. Sandra und ich bedanken uns auch bei unserer Lektorin, Katrina Kenison, für ihre Begeisterung, ihre Fähigkeit, uns bei der Stange zu halten, ihre Geduld und ihre glänzenden Einfälle bei der Lösung struktureller Probleme. Unser Dank gilt auch Jan Blakeslee für ihre sorgfältige Lektüre des Manuskripts im Anfangsstadium und für viele anregende redaktionelle Vorschläge, die wir gut verwerten konnten.

Schließlich danken Sandra und ich unseren Ehemännern, Robert S. Wallerstein und Kenneth L. Stallcup, sowie Sandras Kindern Abi und Matt für ihre gute Laune und beständige Ermunterung.

Anmerkungen

Einleitung

1 Wir wußten zuwenig über Scheidungen; deshalb war es verfrüht, eine Kontrollgruppe zu planen. Unsere Studie war darauf angelegt, Hypothesen zu bilden und Scheidungen als einen Prozeß mit einer sich entfaltenden Geschichte zu betrachten. Wir beschlossen, eine detaillierte Studie durchzuführen. Die Versuchsgruppe sollte eine überschaubare Größe haben, damit wir jedes Familienmitglied und jede Familie in ihrem jeweiligen Motivations- und Bedingungszusammenhang studieren konnten. Aus den Ergebnissen einer derartigen Studie wollten wir Hypothesen ableiten, die anschließend gezielter überprüft werden sollten, d. h. anhand einer richtig proportionierten und ausgewählten Versuchsgruppe und besserer Kontrollmöglichkeiten.
Eine Kontrollgruppe war im Stadium unserer Studie zur Hypothesenbildung nicht sinnvoll. Als wir anfingen, wußten wir nicht einmal, was wir hätten kontrollieren sollen oder wie eine geeignete Kontrollgruppe hätte zusammengesetzt sein müssen. Beispielsweise wird sich eine Versuchsgruppe aus intakten Familien gerade in einigen für den Scheidungsprozeß wesentlichen Punkten (wie zum Beispiel die Auseinandersetzungen in der Familie) deutlich von anderen Versuchsgruppen unterscheiden; die Versuchs- und Kontrollgruppen müßten also diesbezüglich der jeweiligen Gruppe angeglichen werden. Auch andere, weniger offensichtliche Variablen hätten in den beiden Versuchsgruppen kontrolliert werden müssen, obwohl wir erst nach Beendigung der Studie wissen konnten, um welche es sich dabei handelt. Schließlich würde es in jeder Versuchsgruppe intakter Familien unweigerlich nach einer bestimmten Zeit ebenfalls zu Scheidungen kommen. Wie sollte man derartige Dinge unter Kontrolle halten? Durch die Herausnahme der Ehen, die geschieden werden, würde die gesamte Kontrollgruppe verfälscht; dann wäre eine überproportional große Gruppe von Familien eliminiert worden, in denen es schwere Auseinandersetzungen gab. Daher sind formale Kontrollgruppen für diese Studie erst dann sinnvoll, wenn wir die Erkenntnisse gesammelt haben, die wir in der darauffolgenden Phase der Hypothesenüberprüfung testen wollen.

2 Judith S. Wallerstein and Joan B. Kelly, *Surviving the Breakup: How Children and Parents Cope with Divorce* (New York: Basic Books, 1980); E. Mavis Hetherington, Martha Cox, and Roger Cox, »The Aftermath of Divorce«, in *Mother-Child, Father-Child Relations*, ed. H. Stevens, Jr., and M. Mathews (Washington, D.C.: National Association for the Education of Young Children, 1978), 149—76; E. Hetherington, M. Cox, and R. Cox, »The Development of Children in Mother-Headed Families«, in *The American Family: Dying or Developing*, ed. H. Hoffman and D. Reiss (New York: Plenum, 1978); Neil Kalter, »Children of Divorce in an Outpatient Psychiatric Population«, *American Journal of Orthopsychiatry* 47 (1977): 40—51.

3 Diese Interviews sind in dem Buch *Surviving the Breakup* (Judith S. Wallerstein and Joan B. Kelly; New York: Basic Books, 1980) verarbeitet. In diesem Buch wurde anhand der Folgestudie nach fünf Jahren über die Ergebnisse des California Children of Divorce Project berichtet. Auch im vorliegenden Buch wird häufig auf Beobachtungen, Erkenntnisse und statistische Ergebnisse verwiesen, die aus diesem ersten Buch stammen. Mit Rücksicht auf die Lesbarkeit des Buches wird darauf verzichtet, diese Verweise jedesmal mit Belegen zu versehen. Wenn nicht extra ausgewiesen, bezieht sich das Material aus der Zeit vor der Folgestudie nach zehn Jahren auf das oben genannte Buch.

4 Kai T. Erikson, *Everything in Its Path: Destruction of Community in the Buffalo Creek Flood* (New York: Simon und Schuster, 1976).

5 Lenore C. Terr, »Children of Chowchilla: A Study of Psychic Trauma«, *The Psychoanalytic Study of the Child* 34 (1979): 547—623; L. Terr, »Chowchilla Revisited: The Effects of Psychic Trauma Four Years After a School Bus Kidnapping«, *American Journal of Psychiatry* 140 (1983): 1543—50.

6 Da die Interviews nach zehn Jahren in einem Zeitraum von zwei Jahren stattfanden, trafen wir manche Leute erst zwölf Jahre nach der Scheidung wieder. In allen Fällen definierten wir den Zeitpunkt der Scheidung als den Zeitpunkt, zu dem Mutter und Vater nicht mehr zusammenlebten; in den meisten Fällen wurde die Scheidung gleichzeitig eingereicht.

7 Dr. Joan B. Kelly verließ das Projekt, nachdem die Ergebnisse der Folgestudie nach fünf Jahren veröffentlicht worden waren.

Kapitel 1

1 Michael Rutter, »Parent-Child Separation: Psychological Effects on the Children«, *Journal of Child Psychology and Psychiatry* 12 (1971): 233—60.

2 Judith S. Wallerstein and Shauna B. Corbin, »Father-Child Relationships After Divorce: Child Support and Educational Opportunity«, *Family Law Quarterly* 20 (Summer 1986): 109—28.

3 Lenore Weitzman, *The Divorce Revolution: The Unexpected Social and Economic Consequences for Women and Children in America* (New York: Free Press, 1985).

Kapitel 3

1 Als Scheidungswillige betrachteten wir nicht automatisch denjenigen, der die Scheidung eingereicht hatte. Wir haben die Erfahrung gemacht, daß der Ehepartner, der die Scheidung einreicht, diese nicht unbedingt am meisten wünscht. Mit diesem Schritt versuchen manche, den Partner zu erpressen. Er soll durch die Scheidungsdrohung unter Druck gesetzt werden, soll Schuldgefühle entwickeln und reumütig zum Ehepartner zurückkehren. Ich muß jedoch vor der Anwendung dieser Taktik warnen. Die Rechnung geht meist nicht auf. Wer bestraft werden soll, ergreift häufig das Angebot, seine Freiheit wiederzubekommen, und zwingt den Partner zu einer nicht wirklich gewollten Entscheidung.

2 Arthur J. Norton, Stellvertretender Leiter der Abteilung für Bevölkerungsfragen beim Statistischen Bundesamt der Vereinigten Staaten von Amerika. Telefongespräch mit der Autorin am 26. April 1987.

3 Arthur Norton konnte keine neueren Zahlen nennen. Seine jüngsten Daten zu dieser Frage stammen aus dem Jahr 1975. Nach diesen Statistiken haben sich Frauen in der Altersgruppe zwischen 40 und 75 Jahren in 28 Prozent der Fälle wieder verheiratet. Diese Zahl ist zwar realistischer als die erwähnten 75 Prozent, jedoch immer noch mit Vorsicht zu genießen. Wir wissen beispielsweise, daß Frauen mit Kindern seltener wieder heiraten als Frauen ohne Kinder. Dieser Aspekt wurde in Arthur Nortons Statistik nicht berücksichtigt. Ich vermute, daß die Zahl der Zweitehen bei über 40jährigen Frauen mit Kindern weit unter den genannten 28 Prozent liegt.

Kapitel 6

1 Neil Kalter, Barbara Riemer, Arthur Brickman, an Jade Woo Chen, »Implications of Parental Divorce for Female Development«, *Journal of the American Academy for Child Psychiatry* 24 (1985): 538—44.

Kapitel 8

1 Lenore J. Weitzman, »Child Support: The National Disgrace«, in *Family Relations: A Reader*, ed. Norval D. Glenn und Marion T. Coleman (Chicago: Dorsey Press, 1988), 353, 363. Die von Weitzman zitierten Zahlen über Nichterfüllung der Zahlungsverpflichtungen stammen aus einer Erhebung, die das Statistische Bundesamt der Vereinigten Staaten von Amerika im Jahr 1981 durchführte.

Kapitel 11

1 L. Belmont und F. Marolla, »Birth Order, Family Size and Intelligence«, *Science* 182 (1973): 1096—1101: L. Belmont, Z. A. Stein und J. T. Wittes, »Birth Order, Family Size and School Failure«. *Developmental Medical Child Neurology* 18 (1976): 421—30.

Kapitel 13

1 Daniel J. Levinson, *Das Leben des Mannes: Werdenskrisen, Wendepunkte, Entwicklungschancen* (München: Goldmann, 1983).

Kapitel 14

1 Frank F. Furstenberg, S. Phillip Morgan und Paul D. Allison, »Paternal Participation and Children's Well-Being After Marital Dissolution«, *American Sociological Review* 52 (1987): 695—701.

Kapitel 16

1 Susan B. Steinman, »The Experience of Children in a Joint Custody Arrangement: A Report of a Study«, *American Journal of Orthopsychiatry* 51, Nr. 3 (1981): 401—414; Susan B. Steinman, Steven E. Zemmelman und Thomas M. Knoblauch, »A Study of Parents Who Sought Joint Custody Following Divorce: Who Reaches Agreement and Sustains Joint Custody and Who Returns to Court«, *Journal of the American Academy of Child Psychiatry* 24 (1985): 545—554.
2 Marshal Kline, Jeanne M. Tschann, Janet R. Johnston und Judith S. Wallerstein, »A Rose by Any Other Name: Children's Adjustment in Joint and Sole Physical Custody Families«. Referat zum 65. jährlichen Treffen der American Orthopsychiatric Association, San Francisco, März 1988.
3 Janet R. Johnston, Marsha Kline und Jeanne M. Tschann, »Ongoing Post-Divorce Conflict in Families Contesting Custody: Does Joint Custody and Frequent Access Help?« Referat zum 65. jährlichen Treffen der American Orthopsychiatric Association, San Francisco, März 1988.

Kapitel 18

1 Arthur J. Norton und Jeanne E. Moorman, »Current Trends in Marriage and Divorce Among American Women«, *Journal of Marriage and the Family* 49 (1987): 3—14
2 John Guidubaldi, Helen K. Cleminshaw, Joseph D. Perry und Caven S. Mcloughlin, »The Impact of Parental Divorce on Children: Report of the Nationwide NASP Study«, *School Psychology Review* 12 (1983): 300—323; E. Mavis Hetherington und Kathleen A. Camera, »The Effects of Family Dissolution and Reconstitution on Children«, in *Family Relations: A Reader*, ed. Norval D. Glenn und Marion T. Coleman (Chicago: Dorsey Press, 1988), 420—431.
3 Bericht der Governor's/Massachusetts Bar Associaltion's Commission über die unbefriedigten rechtlichen Bedürfnisse von Kindern (1988), 29.

Anhang

1 Wallerstein und Kelly, 1980.
2 Die Analyse der Familien, die an der Nachuntersuchung nach 18 Monaten und 5 Jahren nicht mehr teilnahmen, ergab, daß sie sich weder hinsichtlich ihrer Rasse oder ihres sozioökonomischen Status in irgendwelchen psychischen Bereichen, die wir ermitteln konnten, von der Untersuchungsgruppe unterschieden, die weiterhin an der Studie teilnahm. Die Familien, die bei der Folgeuntersuchung nach 10 Jahren nicht mehr teilnahmen, unterschieden sich allerdings geringfügig von den anderen Familien im Sample, vor allem hinsichtlich ihres niedrigeren sozioökonomischen Status und der größeren psychischen Instabilität der Erwachsenen. Zwei Paare mit insgesamt 5 Kindern versöhnten sich wieder und wurden bei den beiden Nachfolgeuntersuchungen von der Analyse ausgeschlossen.
3 August B. Hollingshead, »Two Factor Index of Social Position«, unveröffentlichtes Manuskript, Yale University, New Haven, Connecticut, 1957.
4 Details siehe Wallerstein und Kelly, 1980.
5 Eine vollständige Erörterung dieser Methode der Datenanalyse findet sich in Julia M. Lewis und Judith S. Wallerstein, »Methodological Issues in Longitudinal Research on Divorced Families«, in *Advances in Family Intervention, Assesssment and Theory*, Bd. 4, ed. J. P. Vincent (Greenwich, Conn.: JAI Press 1987).